编委会

普通高等学校"十四五"规划旅游管理类精品教材
教育部旅游管理专业本科综合改革试点项目配套规划教材

总主编

马 勇　教育部高等学校旅游管理类专业教学指导委员会副主任
　　　　中国旅游协会教育分会副会长
　　　　中组部国家"万人计划"教学名师
　　　　湖北大学旅游发展研究院院长，教授、博士生导师

编 委（排名不分先后）

田 里　教育部高等学校旅游管理类专业教学指导委员会主任
　　　　云南大学工商管理与旅游管理学院原院长，教授、博士生导师
高 峻　教育部高等学校旅游管理类专业教学指导委员会副主任
　　　　上海师范大学环境与地理学院院长，教授、博士生导师
韩玉灵　全国旅游职业教育教学指导委员会秘书长
　　　　北京第二外国语学院旅游管理学院教授
罗兹柏　中国旅游未来研究会副会长，重庆旅游发展研究中心主任，教授
郑耀星　中国旅游协会理事，福建师范大学旅游学院教授、博士生导师
董观志　暨南大学旅游规划设计研究院副院长，教授、博士生导师
薛兵旺　武汉商学院旅游与酒店管理学院院长，教授
姜 红　上海商学院酒店管理学院院长，教授
舒伯阳　中南财经政法大学工商管理学院教授、博士生导师
朱运海　湖北文理学院资源环境与旅游学院副院长
罗伊玲　昆明学院旅游管理专业副教授
杨振之　四川大学中国休闲与旅游研究中心主任，四川大学旅游学院教授、博士生导师
黄安民　华侨大学城市建设与经济发展研究院常务副院长，教授
张胜男　首都师范大学资源环境与旅游学院教授
魏 卫　华南理工大学经济与贸易学院教授、博士生导师
毕斗斗　华南理工大学经济与贸易学院副教授
史万震　常熟理工学院商学院营销与旅游系副教授
黄光文　南昌大学旅游学院副教授
窦志萍　昆明学院旅游学院教授，《旅游研究》杂志主编
李 玺　澳门城市大学国际旅游与管理学院院长，教授、博士生导师
王春雷　上海对外经贸大学会展与旅游学院院长，教授
朱 伟　天津农学院人文学院副教授
邓爱民　中南财经政法大学旅游发展研究院院长，教授、博士生导师
程丛喜　武汉轻工大学旅游管理系主任，教授
周 霄　武汉轻工大学旅游研究中心主任，副教授
黄其新　江汉大学商学院副院长，副教授
何 彪　海南大学旅游学院副院长，副教授

普通高等学校"十四五"规划旅游管理类精品教材
教育部旅游管理专业本科综合改革试点项目配套规划教材

总主编 ◎ 马 勇

旅游策划理论与实务
Tourism Planning Theory and Practice

杨振之　周　坤 ◎ 编　著

华中科技大学出版社
http://www.hustp.com
中国·武汉

图书在版编目(CIP)数据

旅游策划理论与实务/杨振之,周坤编著. —武汉:华中科技大学出版社,2019.1(2025.1重印)
全国普通高等院校旅游管理专业类"十三五"规划教材
ISBN 978-7-5680-4724-1

Ⅰ.①旅… Ⅱ.①杨… ②周… Ⅲ.①旅游业-策划-高等学校-教材 Ⅳ.①F590.1

中国版本图书馆 CIP 数据核字(2018)第 275326 号

旅游策划理论与实务
Lüyou Cehua Lilun yu Shiwu

杨振之 周 坤 编著

策划编辑:李　欢
责任编辑:倪　梦
封面设计:原色设计
责任校对:李　琴
责任监印:周治超

出版发行:华中科技大学出版社(中国•武汉)　　电话:(027)81321913
　　　　　武汉市东湖新技术开发区华工科技园　　邮编:430223
录　　排:华中科技大学惠友文印中心
印　　刷:武汉市籍缘印刷厂
开　　本:787mm×1092mm　1/16
印　　张:22.75
字　　数:549 千字
版　　次:2025 年 1 月第 1 版第 9 次印刷
定　　价:59.80 元

本书若有印装质量问题,请向出版社营销中心调换
全国免费服务热线:400-6679-118　竭诚为您服务
版权所有　侵权必究

Abstract

本书是全国高等院校旅游管理专业类"十三五"规划精品教材和教育部旅游管理专业本科综合改革试点项目配套规划教材。

全书共分为理论篇与实践篇两部分。理论篇按照旅游策划方案的编写体例展开,全篇共分为九章,第一章旅游策划的基本概念,第二章旅游策划的基本原理,第三章旅游策划的条件及环境分析,第四章旅游策划的市场调查,第五章旅游策划的定位分析,第六章旅游产品策划,第七章旅游营销策划,第八章旅游项目投资估算,第九章旅游项目管理。为方便读者学习和理解旅游策划的基本理论与原理,本书在理论篇各章穿插了知识活页和知识关联,部分章节另选了笔者主持的策划规划方案中的相关部分作为拓展内容。实践篇为读者简要介绍了笔者近年来主持的部分策划规划案例,以翔实、优秀的一线策划成果与策划理论形成呼应,且每个实践案例后面均设置问题与思考、实践与练习,使读者更熟练地掌握旅游策划的编制方法与实践技能。同时,每个策划规划案例还配有与之同类型的国际案例,引导读者以国际视野审视旅游策划的理论与方法。

本书可作为高等院校旅游管理、城乡规划、地理学等相关专业的本科生及研究生学习用书,还可作为旅游策划、城乡规划等相关行业的从业者、旅游行政管理部门工作人员及相关专业教师的参考用书。

This book is a high-quality teaching material for the 13th five-year plan of tourism management major in higher education institutions, and it is a supplementary teaching material for the comprehensive reform pilot project of the tourism management major of the ministry of education.

The book is divided into two parts: theory and practice. The theoretical part is developed according to the compilation style of the tourism planning scheme. The theoretical part is divided into nine chapters: Chapter 1 refers to basic concepts of tourism planning, chapter 2 presents basic principles of tourism planning; chapter 3 covers conditions and environment analysis of tourism planning, chapter 4 covers market survey of tourism planning, chapter 5 presents positioning analysis of tourism planning, chapter 6 refers to tourism product planning, chapter 7 elaborates tourism marketing planning, chapter 8 covers investment estimation of tourism projects, chapter 9 refers to tourism project management. In order to facilitate readers to learn and understand the basic theories and principles of tourism planning, this book is interspersed with knowledge leaflet and knowledge association in each chapter of the theoretical parts, some chapters containing

relevant parts of the planning scheme hosted by the author is regarded as the expansion content. The practical parts briefly introduce some planning cases that the author has presided in recent years, and echo the planning theory with detailed and excellent front-line planning results. Besides, there are questions and thoughts, practices and exercises behind each practice case, so that the readers can master the compilation methods and practical skills of tourism planning more proficiently. At the same time, each planning case is also equipped with the same type of international cases to guide readers to view the theory and method of tourism planning from an international perspective.

This book can be used for undergraduate and graduate study of tourism management, urban and rural planning, geography and other related majors in institutions of higher learning. It can also be used as a reference book for practitioners in tourism planning, urban and rural planning and other related industries, as well as for staff of tourism administration departments and teachers in relevant majors.

Introduction 总 序

旅游业在现代服务业大发展的机遇背景下,对全球经济贡献巨大,成为世界经济发展的亮点。国务院已明确提出,将旅游产业确立为国民经济战略性的支柱产业和人民群众满意的现代服务业。由此可见,旅游产业已发展成为拉动经济发展的重要引擎。中国的旅游产业未来的发展受到国家高度重视,旅游产业强劲的发展势头、巨大的产业带动性必将会对中国经济的转型升级和可持续发展产生良好的推动作用。伴随着中国旅游产业发展规模的不断扩大,未来旅游产业发展对各类中高级旅游人才的需求将十分旺盛,这也将有力地推动中国高等旅游教育的发展步入快车道,以更好地适应旅游产业快速发展对人才需求的大趋势。

教育部 2012 年颁布的《普通高等学校本科专业目录(2012 年)》中,将旅游管理专业上升为与工商管理学科平行的一级大类专业,同时下辖旅游管理、酒店管理和会展经济与管理三个二级专业。这意味着,新的专业目录调整为全国高校旅游管理学科与专业的发展提供了良好的发展平台与契机,更为培养 21 世纪旅游行业优秀旅游人才奠定了良好的发展基础。正是在这种旅游经济繁荣发展和对旅游人才需求急剧增长的背景下,积极把握改革转型发展机遇,整合旅游教育资源,为我国旅游业的发展提供强有力的人才保证和智力支持,让旅游教育发展进入更加系统、全方位发展阶段,出版高品质和高水准的"全国高等院校旅游管理类专业'十三五'规划精品教材"则成为旅游教育发展的迫切需要。

基于此,在教育部高等学校旅游管理类专业教学指导委员会的大力支持和指导下,华中科技大学出版社汇聚了国内一大批高水平的旅游院校国家教学名师、资深教授及中青年旅游学科带头人,面向"十三五"规划教材做出积极探索,率先组织编撰出版"全国高等院校旅游管理专业类'十三五'规划精品教材"。该套教材着重于优化专业设置和课程体系,致力于提升旅游人才的培养规格和育人质量,并纳入教育部旅游管理本科综合改革项目配套规划教材的编写和出版,以更好地适应教育部新一轮学科专业目录调整后旅游管理大类高等教育发展和学科专业建设的需要。该套教材特邀教育部高等学校旅游管理类专业教学指导委员会副主任、中国旅游协会教育分会副会长、中组部国家"万人计划"教学名师、湖北大学旅游发展研究院院长马勇教授担任总主编。同时邀请了全国近百所开设旅游管理本科专业的高等学校知名教授、学科带头人和一线骨干专业教师,以及旅游行业专家、海外专业师资等加盟编撰。

该套教材从选题策划到成稿出版,从编写团队到出版团队,从内容组建到内容创新,均展现出极大的创新和突破。选题方面,首批主要编写旅游管理专业类核心课程教材、旅游管

理专业类特色课程教材,产品设计形式灵活,融合互联网高新技术,以多元化、更具趣味性的形式引导学生学习,同时辅以形式多样、内容丰富且极具特色的图片案例、视频案例,为配套数字出版提供技术支持。编写团队均是旅游学界具有代表性的权威学者,出版团队为华中科技大学出版社专门建立的旅游项目精英团队。在编写内容上,结合大数据时代背景,不断更新旅游理论知识,以知识导读、知识链接和知识活页等板块为读者提供全新的阅读体验。

在旅游教育发展改革发展的新形势、新背景下,旅游本科教材需要匹配旅游本科教育需求。因此,编写一套高质量的旅游教材是一项重要的工程,更是承担着一项重要的责任。我们需要旅游专家学者、旅游企业领袖和出版社的共同支持与合作。在本套教材的组织策划及编写出版过程中,得到了旅游业内专家学者和业界精英的大力支持,在此一并致谢!希望这套教材能够为旅游学界、业界和各位对旅游知识充满渴望的学子们带来真正的养分,为中国旅游教育教材建设贡献力量。

丛书编委会
2015 年 7 月

前言

旅游策划是旅游管理专业的一个新兴领域,正在引起旅游行政管理部门、旅游投资商、旅游项目运营商和旅游高等院校的重视。近年来,在旅游投资与开发的热潮之下,众多旅游策划规划机构、旅游项目投资与运营商纷纷面向市场与高校,寻求旅游策划人才。然而,自改革开放以来旅游管理教育的三十多年中,我国高等院校将大部分教学资源投入导游、旅行社和酒店等传统领域的旅游人才培养上,对旅游策划人才培养的重视度不够。旅游策划人才储备远远跟不上激增的市场需求,供需失衡为我国旅游高等教育提供了新的时代命题和历史机遇。

旅游策划是旅游规划的灵魂,它的魅力在于赋予教条式的规划文本以活力,为旅游项目的落地做可行性论证。旅游策划考验人们创意创新的能力、视野的宽度和思维的深度。做好一个旅游策划项目需要有一支强大的创意团队,他们需要熟悉各种相关法律规范和国家标准,洞悉市场的现状和趋势,了解商业运作的内部机制,他们需要丰富的实践经验和项目积淀。而这些恰恰是高校教师和学生所缺少的。本书针对上述内容做了详细阐述,这其中既有旅游策划的基本理论原理,也有近年来笔者主持的部分策划规划案例。理论联系实际,以求"格物致知""知行合一",既是对旅游策划从业者的必然要求,也是旅游策划学习者的必然需求。

本书的编写团队是一个理论研究与实战经验结合得较好的团队,这里面有奋战在旅游策划规划一线的从业者,有来自旅游景区、市场管理、统计调研等相关企事业单位的人员,也有在高等院校从事旅游教育的专业教师。理论与实践紧密结合是本书编写的初衷,也是我们在策划实践和旅游教学中一直遵循的原则。本书由杨振之(四川大学旅游学院教授、博士生导师、来也旅游发展股份有限公司创始人)确定写作的基本思想、思路和大纲,并负责全书的统稿,周坤(重庆文理学院旅游发展研究中心主任、四川大学文化遗产与旅游开发专业博士生)协助统稿和编撰工作。具体参与的人员有:邹积艺(华夏幸福基业股份有限公司)编写第一章,甘露(四川大学旅游学院教授)编写第二章、第五章,甘露、刘红艳(四川大学旅游学院副教授)编写第三章,陈瑾(四川大学旅游学院教师)编写第四章,杨振之、周坤编写第六章,杨振之、周坤、李会云、冯美玲(都江堰市市场和质量监督管理局)编写第七章、第八章,肖聪(四川大学旅游学院副教授)编写第九章。邹积艺、张丹、魏莉莉、刘广锐编写了第五章的案例,齐镭(来也旅游发展股份有限公司研究院院长)编写了实践篇的国际案例。李园(苏州太湖湿地世界旅游发展有限公司)、唐诗(深圳市维度统计咨询股份有限公司)、王仂及博士

生谢辉基参与了书稿的校对和整理工作。本书理论篇和实践篇引用了来也旅游发展股份有限公司编制的部分策划规划案例,凌剑辉、王晓辉、朱利、周坤、何巍、陈晓波、李光凯、黄笑等多位公司副总裁、项目经理及项目组成员为此付出了巨大心血。

本书在《旅游原创策划》(四川大学出版社,2005)和《旅游项目策划》(清华大学出版社,2007)的基础上,继承其精华,根据新时代发展需求新增部分理论研究与实操案例。前两部书出版后,不少高校将其作为本科生、研究生的教材及教辅书,四川大学旅游管理专业硕士、博士招生时,也率先在国内将旅游策划作为考试科目,旨在推进旅游策划作为一门科学登上大雅之堂。

本书在编写过程中参考和引用了国内外的一些相关文献和资料,以及一些成熟的观点,谨向这些文献资料和所引观点的作者致以诚挚谢意。华中科技大学出版社的李欢编辑为本书的出版给予了无私的帮助,在此表示感谢。对关心与支持我们工作的四川大学旅游学院和来也旅游发展股份有限公司的同事,以及委托我们编制旅游策划规划项目的所有单位表示衷心的感谢。由于编者水平有限,书中难免存在疏漏、谬误之处,恳请各位同仁、读者不吝赐教。

Contents 目 录

理 论 篇
Theoretical part

第一章　旅游策划的基本概念
Chapter 1　Basic concepts of tourism planning

第一节　旅游策划的相关概念辨析　　/4
❶　Analysis of related concepts of tourism planning

第二节　旅游策划的范畴与方法　　/12
❷　Scopes and methods of tourism planning

第三节　国内研究基本现状　　/16
❸　Basic status of domestic research

第二章　旅游策划的基本原理
Chapter 2　Basic principles of tourism planning

第一节　以市场需求为导向　　/20
❶　Guided by market demand

第二节　以资源评价为基础　　/27
❷　Based on resource assessment

第三节　以项目策划为灵魂　　/37
❸　Taking project planning as the soul

第四节　以政策法规为保障　　/38
❹　Protected by policies and regulations

第五节　以工程技术为支撑　　/41
❺　Supported by engineering technology

第三章　旅游策划的条件及环境分析
Chapter 3　Conditions and environment analysis of tourism planning

第一节　旅游外部环境调查与分析　/46
Investigation and analysis of tourism external environment

第二节　旅游区位分析　/50
Tourism location analysis

第三节　旅游地块分析　/54
Tourism plot analysis

第四章　旅游策划的市场调查
Chapter 4　Market research of tourism planning

第一节　游客行为研究　/58
Study on tourist behavior

第二节　竞争者调查分析　/68
Competitor survey analysis

第三节　商业业态调查　/73
Business condition survey

第五章　旅游策划的定位分析
Chapter 5　Analysis of the positioning of tourism planning

第一节　旅游形象定位　/86
Tourism image positioning

第二节　旅游市场定位　/92
Tourism market positioning

第三节　旅游产品定位　/94
Tourism product positioning

第四节　竞争定位　/98
Competitive positioning

第六章　旅游产品策划
Chapter 6　Tourism product planning

第一节　旅游产品策划的内涵　/104
Connotation of tourism product planning

第二节　从旅游资源角度看旅游产品策划　/104
Viewing tourism product planning from the perspective of tourism resource

第三节　专项旅游产品策划　　/109
　❸　Planning of special tourism products

第七章　旅游营销策划
Chapter 7　Tourism marketing planning

第一节　旅游营销策划的"智慧之树"理论　　/128
　❶　"Wisdom tree" theory of tourism marketing planning

第二节　旅游营销战略与策略　　/130
　❷　Tourism marketing strategies

第三节　新媒体营销技术　　/142
　❸　New media marketing techniques

第四节　基于网络评论的民宿市场营销研究　　/152
　❹　Research on home stay marketing based on network review

第八章　旅游项目投资估算
Chapter 8　Estimation and calculation of tourism project investment

第一节　投资估算概念及其内容　　/160
　❶　Concepts and contents of investment estimation and calculation

第二节　分类投资估算　　/161
　❷　Classified investment estimation and calculation

第三节　项目投入总资金与分期投资计划　　/169
　❸　Total investment in projects and phased investment plan

第四节　土地国民经济费用的计算方法　　/170
　❹　Calculation methods of land national economic costs

第九章　旅游项目管理
Chapter 9　Tourism project management

第一节　旅游项目管理概述　　/174
　❶　Overview of tourism project management

第二节　旅游项目时间管理　　/179
　❷　Time management of tourism project

第三节　旅游项目成本管理　　/184
　❸　Cost management of tourism project

第四节　旅游项目质量管理　　/188
　❹　Quality management of tourism project

第五节　旅游项目风险管理　　/194
　❺　Risk management of tourism project

实践篇
Practice part

第十章 找差异，做特色：石柱县全域旅游总体规划
Chapter 10 Finding differences and emphasizing features: overall tourism planning of Shizhu county
<!-- page 205 -->

第一节 策划方案的编制体系 /206
Formulation system of the plan

第二节 石柱全域旅游SWOT分析 /207
SWOT analysis of Shizhu global tourism

第三节 全域旅游实施的"四个转变" /209
"Four changes" in the implementation of global tourism

第四节 战略定位与目标 /210
Strategic positioning and objectives

第五节 全域旅游空间引导策划 /213
Space guidance planning of global tourism

第六节 重点项目策划 /214
Key project planning

国际案例：成熟的全域旅游度假目的地——瑞士阿尔卑斯地区 /219
International case: Mature global tourism resort: the Swiss Alps region

第十一章 传统文化类景区的创意与开发：洛阳上清宫老子道源文化旅游区总体策划
Chapter 11 Creativity and development of traditional cultural scenic spots: the overall planning of Luoyang Shangqing palace Laozi Daoyuan cultural tourism area
<!-- page 227 -->

第一节 背景分析 /228
Background analysis

第二节 市场分析 /230
Market analysis

第三节 资源分析 /235
Resource analysis

第四节 定位与策略 /237
Positioning and strategy

第五节 总体布局及项目策划 /239
Overall layout and project planning

第六节　投资运营　　　　　　　　　　　　　　　　　　　/243
❻　Investment operation

国际案例：烟花主题小镇英国Pepperstock村的复兴　　　　/245
❼　International case: The resurgence of the fireworks-themed town of Pepperstock, England

251

第十二章　创新策划，活化遗址：开封城摞城遗址文化旅游开发总体策划
Chapter 12　Innovative planning, revitalization of the site: overall planning of Kaifeng Chengluocheng site cultural tourism development

第一节　项目背景　　　　　　　　　　　　　　　　　　　/252
❶　Project background

第二节　外部条件分析　　　　　　　　　　　　　　　　　/253
❷　External condition analysis

第三节　内部条件分析　　　　　　　　　　　　　　　　　/258
❸　Internal condition analysis

第四节　定位与策略　　　　　　　　　　　　　　　　　　/262
❹　Positioning and strategy

第五节　总体布局与项目策划　　　　　　　　　　　　　　/265
❺　Overall layout and project planning

第六节　游客容量与游客规模测算　　　　　　　　　　　　/271
❻　Measurement of tourist capacity and tourist scale

第七节　效益分析　　　　　　　　　　　　　　　　　　　/273
❼　Benefit analysis

国际案例：日本登别伊达时代村的旅游开发策划　　　　　　/275
❽　International case: tourism development and planning for Japan's Dengbeiyida times village

287

第十三章　小主题，大智慧：茅台国坛酒庄旅游综合体总体规划（策划部分）
Chapter 13　Small theme, great wisdom: general planning of tourism complex of Maotai Guotan winery

第一节　规划总则　　　　　　　　　　　　　　　　　　　/288
❶　General planning

第二节　旅游资源分析与评价　　　　　　　　　　　　　　/289
❷　Analysis and evaluation of tourism resources

第三节　旅游发展战略与目标　　　　　　　　　　　　　　/291
❸　Tourism development strategies and objectives

| 第四节 | 空间布局与分区规划 | /293 |

　　❹　Spatial layout and district planning

| 第五节 | 分区规划 | /296 |

　　❺　District planning

| 第六节 | 旅游产品及线路规划 | /305 |

　　❻　Tourism products and route planning

| 第七节 | 市场营销策划 | /309 |

　　❼　Marketing planning

| 第八节 | 投资估算 | /311 |

　　❽　Investment estimation and calculation

国际案例：以小产业做大文章——奥地利莱希镇的旅游产业发展　　/315

　　❾　International case: the development of tourism industry in lech, Austria

第十四章　旅游导引下的城市新区蝶变：南岳衡山国家级旅游度假区总体规划

Chapter 14　Changes of new city area under the guidance of tourism: overall planning of Hengshan national tourism resort

| 第一节 | 规划总则 | /324 |

　　❶　General planning

| 第二节 | 环境条件分析 | /326 |

　　❷　Environmental condition analysis

| 第三节 | 综合现状 | /328 |

　　❸　Comprehensive status quo

| 第四节 | 战略定位 | /329 |

　　❹　Strategic positioning

| 第五节 | 空间结构与功能分区 | /331 |

　　❺　Spatial structure and function partitioning

| 第六节 | 重大项目及游线策划 | /333 |

　　❻　Planning of major projects and tourist routes

国际案例：以旅游度假小镇引领都市区转型升级——美国奥兰多　　/336

　　❼　International case: As the resort town, Orlando leads the transformation and upgrading of the metro area

参考文献

References

理论篇
Theoretical part

第一章

旅游策划的基本概念

学习导引

什么是旅游策划?旅游策划的研究对象是什么?旅游策划与旅游规划有什么关系?旅游策划在旅游规划中有何特殊地位?本章内容就是围绕这些问题展开的。对基本概念进行阐述,有时候也许会被认为是枯燥无味的,然而,它却是阐述任何问题的起点,因为这让我们有共同的"语言",同时,"思辨"也让我们更加睿智,那么,开始我们的学习之旅吧。

学习重点

通过本章学习,重点掌握以下知识要点:
1. 什么是策划(planning)
2. 什么是旅游项目(tourism project)
3. 什么是旅游策划(tourism planning)

第一节 旅游策划的相关概念辨析

一、旅游的概念

生活中,我们对"旅游"是如此的熟悉,但是,要对"旅游"进行研究,却不是一件轻而易举的事情,这往往需要综合众多学科的知识、方法与观念。要对旅游的概念进行界定,回答"旅游是什么?"这个问题,也不是一件简单的事情,以至于国内外研究者们对它的界定争议颇多。总的来看,对旅游的界定分为两类:将旅游定义为人的一种活动;将旅游定义为一个系统。

世界旅游组织认为,旅游是指人们离开平时的环境,为休闲、公务或其他目的而到外地旅行或逗留时间在一年以内的活动。这是认为旅游为人的一种活动的诸多定义中具有代表性的一种。另外,还有一些研究者从不同的视角对旅游进行定义,比如经济活动论,认为旅游从根本上讲是一种经济活动;文化活动论,认为旅游从根本上讲是一种文化活动;心理体验论,认为旅游是一种经历或体验等。总的来说,他们的定义倾向于从某一学科入手,比如,经济活动论倾向于从经济学入手,文化活动论倾向于从社会学、文化学、人类学入手,心理体验论则倾向于从心理学入手。

知识关联

你如何看待旅游?如果让你来回答"旅游究竟是什么",你有没有更好的定义?

把旅游作为旅游学研究对象,部分研究者从这一视角对旅游进行了定义,他们认为旅游是一些要素的组合,即一个系统。杨振之(2010)认为旅游是在休闲时间离开常住生活地到旅游目的地停留一段时间,又回到常住地的体验过程和旅行经历,是人寻找心灵家园和放松身心的游憩活动。后来,杨振之(2016)又提出旅游的本质是人的诗意的栖居,从哲学角度深刻阐述了旅游的基本内涵。国际旅游专家联合会认为(艾斯特定义),旅游是非定居者(non-residents)的旅行(travel)和暂时居留(stay)而引起的现象和关系的总和,这些人不会导致永久定居(permanent residence),并且不牵涉任何赚钱的活动。部分研究者也受艾斯特定义的影响,认为应将旅游定义为一个系统,对于这个问题,前人多有论述,此处不一一列举。

定义旅游,有不同的语境,不同的视角,或者说有不同的认识论,由于他们展示了各自不同的哲学理念,不能简单地说谁对谁错。鉴于旅游策划的过程将着重考虑对旅游系统的考察与分析,所以我们选择系统的旅游定义:旅游是由旅游者、旅游供应商(business suppliers)、旅游地政府、吸引和接待游客的旅游地社区四者之间的互动(interaction)而产生的所有现象和关系的总和(Robert W. McIntosh,1995)。

对于旅游的系统定义,也许会遭到批评,因为有人会认为这种"组合整体"系统观的"折衷主义"缺少对旅游特征的提炼,缺少对旅游概念的明晰性的揭示,根据这个概念,似乎什么都可以包含在旅游系统之中。然而,旅游确实是一个综合的领域,我们也期待有更好的定义。

二、策划的概念

策划一词在现代社会中被人们经常使用,而"策划"的本意是什么？有必要先对它进行一番探索。策划这个词语包含两个字,即"策"与"划"。

《说文解字》:"册[①],符命也,诸侯进受于王也。象其札一长一短,中有二编之形。"由此看来,策的本意为书简。后来,"册"引申为赐封、竹制的马鞭、谋略、计谋、谋划等意义。

《说文解字》:"画,界也。象田四界,聿所以画之。"另"划"又同"劃",是用刀割开的意思。所以策划的"划",最早有绘画、用刀割开、划分界线的意思,后来引申为计谋。

《辞源》对"策划"的解释为:"筹谋,计划。《文选·晋·干令升(宝)晋纪总论》'筹谋军国'注引《晋纪》曰:'魏武帝为丞相,命高祖(司马懿)为文学掾,每与谋策划,多善。'"《辞海》对"策划"的解释为:"谋划,运筹。"《现代汉语大词典》对"策划"的解释为:"谋划,计谋。"通过对策划词义的探源,可以初步发现,策划一般是指谋划、筹划、打算、计谋、筹谋、对策、设计、计划、办法等智谋活动。

策划的历史与人类社会的历史一样,古老而又久远。中国古代最早的策划大师当首推商周交替时期被民间称作姜太公的吕尚。姜太公吕尚既有军事谋略,又有政治才干,司马迁在《史记·齐太公世家》中说到"阴谋修德以倾商政,其事多兵权与奇计,故后世之言兵及周之阴权,皆宗太公为本谋";"天下三分,其二归周者,太公之谋计居多"。

中国古代著名兵书《六韬》相传也为姜太公吕尚所撰,姜太公吕尚不愧为中国古代策划师之祖。

中国古代的策划历史源远流长,策划理论和策划实践,在政治生活、社会生活和思想文化生活等各个方面都有展现。《孙子兵法》《战国策》《三国演义》《水浒传》等著作中的思想、策略、事件和故事,都反映了策划的神奇功效和巨大魅力。

随着现代社会和经济的发展,人们对策划的理解也在不断发展,众多专家学者在策划的概念上进行了探索。

苏珊(2002)总结了国外学者对策划[②]的定义,认为他们主要从以下几种视角进行定义。

(1) 事前设计说。认为策划是策划者为实现特定的目标,在行动之前为所要实施的行动设计。持这种观点的专家学者以美国学者威廉·H. 纽曼(William H. Newman)、韩国权宁赞以及马修·E. 迪莫克(Marshall E. Dimock)为代表。

(2) 管理行为说。认为策划与管理是密不可分的整体,策划是管理的内容之一,是一种有效的管理方法。持这种观点的专家学者以哈罗德·D. 史密斯(Harold D. Smith)为代表。

(3) 选择决定说。认为策划是一种决定,是在多个计划、方案中寻找最佳的计划(方案),是在选择中做出的决定。持这种观点的专家学者以美国学者哈罗德·库恩兹(Harold Koontz)和塞瑞耳·多恩德(Cyril Donncd)为代表。

---

① 现代策划中的"策"从"册"演变而来,现代策划中的"划"从"劃"演变而来。
② 严格意义上讲,"策划"一词在英语中还没有完全对等的词语,意思相近的词语主要有 planning、scheme、strategy、consulting、plot、hatch 等,但 planning 最常用。

（4）思维程序说。认为策划是人们的一种思维活动，是人类通过思考而设定目标及为达到目标而进行的最基本、最自然的思维活动。持这种观点的专家学者以赫伯特·A.史密斯（Herbert A. Smith）和日本的星野匡为代表。

相比而言，国内专家学者对策划的定义更具东方的智谋色彩，同时也融合了西方学者的观念。

陈放（1998）认为，策划的定义是，为实现特定的目标，提出新颖的思路对策即创意，并注意操作信息，从而制订出具体实施计划方案的思维及创造实施活动。总之，策划是一个综合系统工程。

吴灿（2001）认为，策划就是对某件事、某种项目有何计划、打算，用什么计谋，采取何种谋策、划策，然后综合实施运行，使之达到较好的效果。

李宝山、张利库（2003）认为，策划就是为实现特定的目标，运用科学的方法，产生、设计、选择组织与环境的最佳衔接方式，并制订出具体实施方案的创造性思维活动。

雷鸣雏（2004）认为，策划是通过概念和理念创新，利用、整合各种资源，达到实现预期目标的过程。

杨振之（2005）认为，策划是通过整合各种资源，利用系统分析方法和手段，通过对变化无穷的市场和各种相关要素的把握，设计出能解决实际问题的、具有科学系统分析和论证的可行性方案和计划，并使这样的方案和计划达到最优化，使效益和价值达到最大化的过程。

综合比较中外学者对策划的定义以后，我们认为，策划就是人们谋划和计划的预谋活动，是在整合各种要素的基础上，制订出一套创造性、时效性、可行性兼备的方案，使方案效益和价值达到最大的过程。

策划具有以下几个特征：第一，策划具有智谋性，它常常是一个策划团队的智慧结晶；第二，策划具有预谋性和前瞻性，它是事前精心的智谋活动；第三，策划注重科学的程序，科学性与理性是策划思想的基础；第四，策划同时也是饱含艺术性的创造过程，感性与思辨的灵性是策划的灵魂。

另外，策划还具有综合性。这要求策划人具有广博的知识、宽广的视野和统领全局的眼光和能力，同时注意方案的创造性、时效性和可行性。

谈到策划的概念，可能会想到与此相近的一些概念，比如创意、决策、计划、谋划、规划、咨询等。现对它们的预谋性、创造性、科学性、艺术性、可行性、时效性等方面进行比较，供学习者参考，见表1-1。

表1-1 相近概念比较

概念比较	策划	创意	规划	计划	决策	谋划	咨询
预谋性	强	一般	强	一般	不一定	强	一般
创造性	一定有	一定有	不一定有	不一定有	不一定有	一定有	不一定有
科学性	强	不一定	强	较强	强	较强	强
艺术性	强	强	弱	弱	一般	较强	一般
可行性	强	不一定	较强	较强	强	较强	一般

续表

概念比较	策划	创意	规划	计划	决策	谋划	咨询
时效性	强	强	一般	较强	强	强	较强
涉及的知识面	广泛	较广泛	专业性	专业性	专业性	专业性	广泛
相近的英文词	scheme/planning	idea	planning	planning	decision	strategy	consulting

三、旅游策划的概念

曾经一段时间,旅游开发很多时候只是凭借规划者的思路和政府主要领导、投资者、经营者的"感觉",将这些主观的"感觉"撰写成文或画到图纸上,而市场需要什么,市场的组织形式和行为方式,旅游项目开发的可行性等重大问题,却往往被忽略。在旅游市场竞争尚不激烈的时候,凭政府和投资者的主观认识投资旅游项目,在中国旅游业的起步阶段,也许能收到较好的效果,而随着旅游业的进一步发展,旅游经营竞争加剧后,众多旅游投资项目失败的教训使各级政府和投资者、经营者才日渐认识到旅游策划的重要性。由此,政府开始强调科学决策。此外,旅游投资主体由以前的国有资本投资者转化为民营资本投资者,政府和投资者投资的风险意识都大大加强。因此,旅游策划才得到了前所未有的重视,以至于出现了这样有趣的现象:有的地方已开始规划了,但政府和投资者却将旅游规划先停了下来,重新对市场和项目进行策划论证,待策划完成后,再回过头来规划。如此来看,旅游策划的春天已经来临,旅游策划终于可以登上"大雅之堂"了。

什么是旅游策划呢?沈祖祥、张帆(2000)认为,旅游策划是指旅游策划者为实现旅游组织的目标,通过对旅游市场和旅游环境等的调查、分析和论证,创造性地设计和策划旅游方案,谋划对策,然后付诸实施以求获得最优经济效益和社会效益的运筹过程。简而言之,旅游策划是对某一旅游组织或旅游产品进行谋划和构想的一个运筹过程。

蒋三庚(2002)认为,旅游策划是策划人员为达到一定目的,经过调查、分析与研究,运用其智力,借助一定的科学方法、手段和技术,对旅游组织、旅游产品或旅游活动的整体战略和策略运筹规划的过程。

杨振之(2002)认为,旅游策划是通过创意去整合、连接各种资源和相关因素,再通过对各细分目标市场需求的调查研究,为市场推出需要的产品组合,并对其付诸实施的可行性进行系统论证的过程。旅游策划是一个科学的、完整的、理性的体系。它讲究的是程序,追求的目标是解决旅游业的实际问题(杨振之,2005)。

陈放(2003)认为,旅游策划是以旅游资源为基础,通过创造性思维整合旅游资源,实现旅游资源与市场拟合的同时,实现旅游业发展目标的过程,具有经济性、社会性、创新性和时效性等特点。

欧阳斌(2005)认为,旅游策划是为了满足旅游业发展自身需要和游客需要而设定的一种目标,并为实现这种目标进行的思考和采取的行动。

旅游策划是策划的一种,它具有策划概念的基本特征,旅游策划的概念是建立在旅游和

策划两个概念之上的。但旅游策划常常更具特殊性,在很多时候,旅游策划的特殊性常常要超越策划的普遍性。也就是说,如果对旅游业的特殊性没有深入研究,用策划的普遍原理和方法来解决旅游业的特殊问题,是难以获得令人满意的答案的。杨振之(2005)认为,旅游策划的特殊性表现为以下几个方面。

第一,对旅游资源的认识、评价和把握,是旅游策划的基础。旅游资源的调查和评价是一个科学系统,专业性很强,涉及面广,几乎涉及自然、人文学科的方方面面。即使简单地将各个学科的专家邀请到一起,也难以将旅游资源的评价做好。因为这里面需要一两个通才式的对旅游业很熟悉的领军人物来对旅游资源进行整合性评价。

第二,对旅游产品体系的策划,是旅游策划的难点。旅游资源再好,也不一定能转化为旅游产品。旅游资源的价值再大,将它开发为旅游产品后,却不一定能得到市场的追捧。旅游资源的科学价值并不一定等同于旅游产品的市场价值。若陶醉于旅游资源的科学价值而不能自拔,也难以将旅游策划做好。旅游产品的策划需要熟悉旅游市场,通过对市场需求的确认,来决定将哪些有市场价值的旅游资源转化为旅游产品,以及确定该旅游产品的表现形式。旅游产品的表现形式也是一个十分重要的方面,其表达形式必须能够使游客亲近,能使游客便于购买,能使游客感受到旅游资源的独特魅力,能使游客体验到一种与众不同的特殊经历。

第三,对旅游市场的研究,是旅游策划成功的关键。旅游市场不同于其他类型的市场,其可变性太大,难以把握。由于游客购买的是特殊经历,许多旅游产品具有无形的特征,同时又受时时变化的游客心理因素的影响,市场特征虽有规律可循,但却难以捉摸。或者说,对旅游市场的认识比对其他行业市场的认识要难得多。

旅游策划以上三个方面的特殊性,使旅游策划与其他行业的策划区别开来。这也是旅游策划的生命力之所在。

基于上述分析,笔者认为,旅游策划是通过整合各种资源,利用系统的分析方法和手段,通过对变化无穷的旅游市场和各种相关要素的把握,设计出的能解决实际问题的、具有科学的系统分析和论证的可行性方案和计划,并使这样的方案和计划达到最优化,使效益和价值达到最大化的过程。

旅游策划由旅游地形象策划、旅游产品策划和旅游市场策划三大部分构成,三个部分在策划过程中相互关联、相互证明,构成旅游策划的有机整体。

四、后旅游策划

"后旅游策划"是针对旅游策划可能出现的弊端而提出的概念。后旅游策划与旅游策划在时间上并无先后之分,实则是同时存在着的两种不同的理念和方法论。"后旅游策划"是对"旅游策划"的批判,是对旅游策划注重的科学的、理性体系的批判,它有利于矫正旅游策划的过于理性化,强调旅游策划的感性回归。换而言之,在进行旅游策划的时候,必须抱着"后旅游策划"的批判态度,才能促使旅游策划的理性与感性的统一,也才能使旅游规划、景观规划设计、城市规划设计、建筑规划设计等实现真正意义上的天人合一的理念。

"后旅游策划"的理念与以下几个相关的理念紧密相连,或者说,后旅游策划是对这几个理念的综合概括。

（一）后旅游资源评价

无论是旅游资源评价的定性评价还是定量评价，都是一种科学、理性的评价方法，特别是定量评价，强调的是量化的指标体系。而实际上，游客对景观的心理感受是无法量化的，量化评价在这个意义上只能说明是少数专家做的数字游戏。更重要的是，游客对景观和环境的感受，有时来自当时一时的心情和情绪。每个人对景观的感受是不一样的，即使对同一个景观，由于时空条件的变化和人的心情、情绪的不同，也会做出不同的评价。因此，笔者认为，后旅游资源评价是对旅游资源的感受性评价，是以文学、艺术的方法对旅游资源进行的描述性评价。这一评价方法注重感受性和文学艺术性，是对旅游资源评价的批判和检验，对旅游产品策划也会产生深远的影响。

（二）后旅游市场研究

旅游市场研究强调对市场的调查与分析，由此探讨游客的旅游行为规律，通过对游客行为规律的把握，制定出切实可行的市场营销策略。但由于游客的个性化需求越来越明显，游客的心理难以捉摸，撇开对旅游市场的理性化分析，有时对旅游市场的"感觉"也是非常重要的。

（三）后乡土建筑

后乡土建筑的概念，是笔者在与成都来也旅游发展股份有限公司的总工程师、注册城市规划师何敬东女士讨论时，由何敬东女士提出来的。笔者认为，这一概念能够反映后旅游策划的理念，因此，在本书中，对乡土建筑与后乡土建筑的区别与联系做出初步的梳理。

所谓乡土建筑，是民间具有传统文化意义的、没有建筑设计师的建筑，这些建筑在文化传承、形制、空间、环境等方面都完整地保留了一个民族、一个地区的文化传统，是人类文化遗产的一部分，应该特别加以保护。但这些乡土建筑的"绝大多数村落，生活质量很差，住宅是用半永久性材料和非永久性材料建造的，采用的通风、防寒、防火水平很低，没有合格的卫生设施，更不能适应家庭改型后的新生活方式。[①]"

后乡土建筑是对乡土建筑的批判，它要求在建筑设计中不能完全沿袭和照搬乡土建筑，而应该批判地继承。因为乡土建筑的空间、材料、建筑手段和技术等已经不能适应现代人居住的要求，不能给现代人带来舒适感。所以，后乡土建筑是对乡土建筑的批判、解构、重构和创新。后乡土建筑有以下几个基本元素。

第一，后乡土建筑强调对乡土建筑文化符号与乡土建筑环境的继承和保留。后乡土建筑是现代建筑，它不属于乡土建筑的范畴。它可以批判地继承乡土建筑的某些元素，如文化符号、形制、空间等，但我们不倡导对乡土建筑进行沿袭和照搬。我们在中国的许多景区、古镇等地的规划设计中发现了一个普遍的现象，即在景区、古镇规划设计的现代建筑完全仿古或完全仿乡土建筑，但这些新建筑从建筑材料、建筑工艺、建筑技术等方面都不能与真正的乡土建筑相比，结果做得"四不像"，鱼龙混杂，反而制造了大批建筑垃圾，对乡土建筑的环境造成了很大的破坏。我们认为，在景区和古镇等地新规划设计的建筑就是现代建筑，它们应与乡土建筑有一个隔离带，这些现代建筑只是在建筑的文化符号和环境关系上汲取乡土建筑的元素。特别是对乡土建筑环境的保留，在新规划设计的建筑中是十分重要的。这样，后

---

① 陈志华著，乡土建筑遗产：一个"脆弱"的话题，北京：人民日报，2000年11月04日第五版．

乡土建筑既可以保留乡土建筑的文化和环境要素,又可以在设计上进行创新,体现出了批判与继承、传统与现代的辩证统一关系。

第二,后乡土建筑在继承乡土建筑的文化符号和建筑环境时,应适当借用现代先进的科技和材料,使建筑的空间更具有舒适感、更具人性化,这样可以弥补乡土建筑不适宜人居住的某些不足。风景区的新建建筑,应该在保留传统文化元素的基础上,在后乡土建筑的理念指导下进行创新,这样才能满足游客对舒适感的要求。

第三,在更高的境界上实现人与自然的和谐。风景区的建筑设计强调人与自然的和谐统一,这是中国传统建筑追求的最高理念。在建筑的材料、空间、外观等方面追求人与自然的和谐统一固然重要,但即使用现代建筑材料,仍然能达到天人合一的境界。在20世纪70年代以后,西方兴起了"生态建筑"学派,该学派追求的理念是建筑的可持续发展及建筑与环境的和谐统一。从追求建筑与环境的和谐统一来看,生态建筑学派还是回到了中国几千年来的建筑理念。他们认为,谈论建筑的可持续发展这一问题,意味着未来的建筑学不仅要考虑建筑物实体的耐久性,同时也要考虑我们的星球本身及其能源的耐久性。在这种情形下,可持续发展将是基于对一种能更有效地利用材料和能源,而不是挥霍或忽视资源问题的生产模式的引入。在今天,谈论一座建筑物的生态学,简而言之,就是着眼于它的综合环境和气候因素,并将其转化为高品质空间、高舒适度和完美形式的能力。并且"在景观建筑和建筑物与其环境的关系方面,有些方案的重要之处在于一种人造物与自然之间的新结合。它们被称为是一种通过与环境交互作用而建立起一种恒久的对话关系的建筑,将环境因素变为有自身权力的主体。这是一种与树木、气候、地形并存的整合建筑,而不是模仿现有的自然形态或者与自然完全割裂的建筑。"[①]生态建筑学派既强调建筑物的可持续发展,建筑材料的耐久性,也鼓励对自然循环中可再生的天然材料,如木材的运用,又强调建筑物与自然环境的和谐。这一观点,在现代建筑物追求高舒适度和高品质空间上,实现了更高境界的人与自然的和谐。因此,"生态建筑"与后乡土建筑在本质上是一致的。

(四)后传统建筑

后传统建筑是在后乡土建筑概念的基础上提出来的,后传统建筑包括了后乡土建筑,除此之外,它还包括对传统建筑中的宗教建筑、宫廷建筑等类建筑的继承和批判。后传统建筑与传统建筑的关系,正如后乡土建筑与乡土建筑的关系,两者的基本理念和原则是相同的。在现代的景观建筑设计中,后传统建筑与后乡土建筑遵循同样的原则。

(五)后景观设计

后景观设计是对景观设计的继承与批判。景观设计是从西方国家传过来的概念,它与欧美国家传统上注重景观园林的人工雕琢理念一脉相承。景观设计的手法与技术是注重人对自然环境的改造,如在景观设计中可对地形和环境适当加以改变,各种几何形的构图充分显示出人对自然的抗争能力。这与西方的现代化进程,与西方传统的哲学理念是紧密相连的。但从18世纪开始,西方的一些景观设计师已经转而吸纳中国"因法自然"的园林设计理念。并随着后现代主义的兴起,开始对传统的景观设计理念进行批判。不过到目前为止,传统的景观设计理念在西方仍居主导地位。因此,西方传统的景观设计理念近几十年来对中

---

① (西班牙)帕高·阿森西奥.生态建筑[M].侯正华,宋晔皓,译.南京:江苏科学技术出版社,2001.

国的影响很大,比如庞大的城市广场、音乐喷泉、雕塑、交通主干道的园林绿化设计、大面积的草坪不只是在城市大量出现,在景区也大面积的出现。所有这些,在目前中国的景观设计中已成为主流。因为这样的景观设计手法能体现出现代感、舒适感,表现出高档和"洋气"。而实际上,西方国家在进入后工业时代后,对自己传统的景观设计理念进行了批判,西方人在景观设计中大规模吸取中国园林设计的理念。

后景观设计在很大程度上要回归到中国传统的园林设计理念,但又不主张完全地回到中国的传统中去。它对中国和西方传统的景观设计理念、园林设计理念兼收并蓄,进行批判的继承。在总的理念上,仍然提倡以中国因法自然的传统理念为主,在表现手法上,因地制宜地适当吸收西方景观设计的技术和方法。老子说:"人法地,地法天,天法道,道法自然。"这"道法自然"也是景观设计的最高理念,真正要达到这样的境界对凡人来讲是不可能的。但这种理想境界是后景观设计应该追求的。这也并不是说,西方传统的景观设计与"道法自然"是相矛盾的。实际上,在景观设计中,只要用得巧妙,用得自然,还会收到意想不到的效果。

所以,后旅游策划包含了后旅游资源评价、后旅游市场研究、后传统建筑、后乡土建筑、后景观设计等,它与旅游策划一样,涉及旅游资源、旅游市场、建筑、景观设计等方方面面。在这里,笔者无意于做文字游戏,也并非想建立一个学术体系,只是在旅游规划、策划的实践中,对经验做了一点总结,主要是想说明旅游规划者、策划者要对旅游规划、策划有一种良好的态度,即不断批判的态度。在旅游策划中,旅游策划与后旅游策划应同时存在,如此,可以使因循与创新共存,继承与批判同构。只有抱着这样的态度,旅游规划、旅游策划才能不断地发扬光大,并呈现出生生不息的局面。

五、旅游策划与旅游规划的关系

策划和规划是一对近义词,《辞源》对规划的解释为计划、谋划,和对策划、计划[①]的解释很相近。另外,《辞海》和《现代汉语大词典》对策划与规划的解释[②]也基本一致。从二者的含义比较来看,可以认为,规划是更全面、更长远的计划过程。

就旅游策划和旅游规划而言,旅游策划无论从战略层面还是战术层面来看,都是先于旅游规划的,旅游规划是比策划更大的工程,它是对社会、经济、环境效益的最优化预测后形成的方案。旅游规划比旅游策划更讲求综合效益和协调发展,但是,旅游策划是旅游规划的核心,旅游策划是旅游规划的灵魂,而旅游规划的可行性却是由旅游策划来保证的(杨振之,2002、2005)。

策划更注重谋略,更注重创新,更注重因势利导,更注重可行性;而规划是更全面的计划,更长远的计划,而且更注重战略、注重宏观、注重工程、注重技术。旅游规划是在专家、政府、企业和社会公众的广泛参与下,通过对旅游资源和社会政治、经济等因素的调查研究和评价,为未来旅游业发展寻求社会效益、经济效益、环境效益的最优化过程(杨振之,2002)。有人把旅游策划形容为一种"软科学",这种说法形象地描述了旅游策划的特点。

---
① 《辞源》对计划的解释为:计虑、谋划。
② 《辞海》对规划的解释:谋划、计划;全面而长远的发展计划。《现代汉语大词典》对规划的解释:比较全面的长远的发展计划;计划安排。

第二节 旅游策划的范畴与方法

一、旅游策划的知识范畴与研究内容

正如本书一开始提到的旅游是一个复杂的概念,至今为止,对旅游的研究汇集了各个学科的观点。有些学者坚持要建立"旅游学",坚持成立这样一个学科(discipline),以 Jovicic (1988)、Comic(1989)、Rogozinski(1985)、Leiper Neil(2000)、申葆嘉(1999)、谢彦君(1999、2004)、王德刚(1999)等为代表,对这个问题进行了不少的论述,他们的出发点大多都是为了提高旅游研究的地位,利于旅游研究的发展。但是,部分研究者更倾向于认为旅游研究是一个领域(field),John Tribe(1997、2000)、Jafari(2001)、冈恩(2005)对此皆有阐述,旅游是否是一门学科不是这里讨论的重点,关键是要看旅游研究能做些什么,又做了些什么。

Jafari(2001)描绘了旅游研究涉及的主要学科和与之对应的课程开设,如图1-1所示。

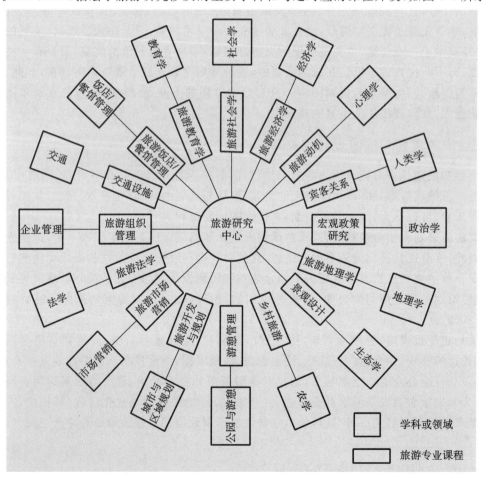

图 1-1　Jafari 旅游研究

旅游策划虽是旅游研究中的子领域，但是，旅游策划的过程不可避免地基本上涵盖了上述所有领域，这更显示出了旅游策划的综合性。旅游策划重智慧、重谋略、重科学性与艺术性的结合、重时效性与可操作性，还要有效把握资源和市场、政策法规和工程技术（这一内容将在第二章做详细阐述）。从这个角度来看，人为地把旅游策划研究分为多种学科的知识范畴似乎有些"武断"，因为有时候各学科的界限非常模糊，但重要的是知识的融合并将其巧妙地应用于实践。

旅游策划是旅游开发前期的论证工作，是对旅游开发项目的重要性、必要性、可行性进行全面系统的论证，它通过对政策法规、社会经济环境、旅游资源评价、旅游市场、旅游产品体系、工程技术可行性、财务等一系列内容做透彻分析和评价，以确立旅游项目开发的可行性，对项目开发的可行性进行深入、全面、系统的论证。

二、旅游策划的研究方法

旅游策划应该采用多视角的研究方法。不仅要学会各种方法的"移植"与"借用"，更需要的是它们之间的"渗透"与"融合"。就像前文把旅游策划分割在各个学科之中一样，很难讲哪一个领域或者哪一种视角的方法最关键、最实用，这种划分也许会使研究往更"熟悉"的方向走，但是，有时也更需要"冒险"，渗透和融合往往更重要。

（一）旅游策划的若干视角

1. 产品开发的视角

国内旅游策划的思想，从以前的资源导向视角，逐步转化为产品导向视角，有学者甚至认为产品开发是规划中的核心内容。这样一来，旅游策划就是围绕旅游产品而进行的，围绕旅游产品的设计、营销和消费。由于旅游产品具有瞬时性、不可储藏性、无形性等特殊性，也为从产品开发的视角进行研究增加了难度。

2. 资源整合的视角

资源整合实际上也是一种运筹学的过程，从这个角度看，旅游策划能力的高低，就在于整合各种资源（广义的"资源"）能力的高低。资源整合的视角为研究者开阔思路，为以运动的视角看待事物提供了较好的策略。

3. 管理学的视角

从管理学的视角看，旅游策划过程就是一个管理的过程，是一个决策、组织、领导、控制和创新的技术过程。以管理学的视角和方法研究旅游策划常常是以企业管理（微观管理）为导向的。

4. 经济学的视角

经济学的视角让旅游策划者更关注旅游供给、需求以及收支平衡、汇率、就业、支出、乘数效应等主题。这种视角在分析旅游宏观经济、旅游需求等方面有效，但是较少顾及旅游开发的社会、文化、心理、环境等要素。

5. 社会学的视角

这种视角的旅游策划常常注重社会、文化、阶层、习惯、风俗等主题，但是这往往不是单一视角的分析,而是融合了历史学、地理学、文化人类学的方法。

6. 地理学的视角

地理学的视角在旅游规划中常常用到,它更关注空间、选址、地理环境、气候、人口等主题,同时也融合了城市规划、经济学等领域的知识。

7. 系统论视角

旅游策划中常常更需要系统思考的方法。系统是相互关联的元素的集(贝塔朗菲,1987),系统思考可以全面审视旅游系统的现状、环境、变化、联系以及走向,还包括旅游系统与其他要素如政治、经济、社会等方面的关系。系统思想在旅游规划及旅游策划中得到广泛应用。彼得·圣吉(1998)、丹尼斯·舍伍德(2004)、弗勒德(2004)等对系统论的应用进行了研究,徐红罡、保继刚(2003)将系统动力学的方法应用到了旅游规划之中。

旅游策划可以有若干视角,各种视角可能不一定完全为并列关系,但却代表了一种看待问题、分析问题、解决问题的方法。

(二) 旅游策划的主要研究方法

研究方法折射了一种观念(方法论),以及在这种观念下的研究过程与程序。做研究就像游泳,有时候不需要什么方法也会浮在水面上,也能游得动,甚至有时候会游得很好很快,或者有意想不到的发现。但是,有了方法,就会游得更好、更快、更省力。这里介绍几种基本的研究方法。

1. 实验法

实验法特别适合范围有限、界定明确的概念与假设,实验法也特别适用于假设检验。这在旅游策划过程中似乎是一种不存在的"理想状态",但在没有更多的数据和经验作为参考的时候,实验法也会派上用场。比如,策划概念性旅游产品的市场测试,虽然产品没有开发出来,但了解市场各方对此的看法和需求是非常必要的,实验结果可以发挥重要的导向作用。

2. 实地调查法

实地调查法可以是实地踏勘,也可以采用问卷调查、深度访谈等方法,或者长期居住观察(常在半年以上,旅游策划中较少使用)等。直接参与的观察与思考,可以给研究者提供系统的数据并帮助其形成较全面的观点。实地调查法是旅游策划过程中较常用的研究方法。

3. 非介入性观察法

非介入性观察法(Unobtrusive Measures)即无干扰研究,又叫做无反应研究(Non-reactive Measures),让研究者作为"旁观者"进行要素考察、资料分析和历史比较研究。非介入性研究者就像侦探一样,寻找线索,发现问题。

4. 统计分析法

近年来,统计分析法在国内旅游研究领域日渐得到深入应用,但是水平仍然较低。多元分析方法的应用仍然较少。近几年来,因子分析等分析方法在国内旅游研究中得到应用。

三、旅游策划者的学识与修养

（一）优秀的道德品质

优秀的道德品质是旅游策划者的基本素质。在工作过程中，旅游策划人员可能面临来自开发商、政府部门、目的地居民等各方面的利益诱惑，这就需要我们严格遵守职业道德，实事求是，不偏不倚，以公正科学的方式处理相关问题。特别是在涉及土地性质、居民安置、产业规划等民生工程方面，更应注意保护弱势群体，合理协调利益相关者之间的关系。

> **知识关联**
>
> 试谈谈你对旅游策划师职业的看法。你若为旅游策划师，你对该职业生涯有何规划？

（二）哲学思辨的基础

爱智的哲学是思想之源，旅游策划者学习哲学往往被误认为是没有作用的，而思辨常常决定策划师的理念、视野、心胸，以及对待各种复杂问题的态度。哲学思辨的基础在研究或实践中表现为策划师的观察能力、想象能力、概括能力、提炼能力和逻辑推理能力。学好哲学，特别是用好哲学思辨，是旅游策划师的重要一课。

（三）多学科有机融合

在旅游策划实践中，常常会有这样的现象：学地理学、城市规划出身者具有宏观战略把握的能力，但又缺少了些文学、文化的积淀；学历史、文学出身者具有深厚的文化功底，但又缺少经济、管理技能；学经济、管理出身者具有经济、管理能力，但又少了些对景观、园林的把握等。虽然上述现象不一定普遍，有时候也不能一概而论，但反映了一种危机：旅游策划者缺少多学科的知识、技能和融会贯通的能力。旅游策划就是在多学科交叉融合过程中迸发出新观念、新理论、新方法和新技术的，旅游策划的生命力与魅力正在于此。

（四）思维广度与理念高度

思维决定广度，理念决定高度。旅游策划人员的眼界、视角和战略高度对项目成功与否具有决定性作用。旅游策划是对目的地旅游产业未来5—10年，甚至更长时间的总体运筹和把握，这就要求策划人员熟悉旅游项目的发展规律，能够超越现实迷雾，洞察未来游客需求的变化轨迹和项目地的发展前景，并做出科学的判断，为旅游项目及旅游地的可持续发展奠定基础。

（五）技术水平与能力

技术水平与能力是我们解决项目策划过程中诸多问题的工具，决定旅游策划人员实际操作项目设计的深度。城市规划、园林规划、建筑设计、景观设计等均是旅游策划人员经常运用的基本工具，他们必须清楚地了解其中的规则规范，不能僭越国家标准。在严格遵守规则规范的同时，旅游策划人员还应具有独特的审美能力，这也是旅游产品的特殊性所决定的。

第三节 国内研究基本现状

一、概念的混乱

研究界对于策划的界定尚少有人探讨,相互认同的策划概念至今依然没有形成,影响了对这一领域的研究,也为此次编写教材文献检索制造了难度。一方面,由于国内外对于策划的称呼尚未达成一致,国外对于规划、策划常用 planning 一词,另外还有 design,scheme,conceptual planning,strategy,consulting,plot,hatch 等译法,而这些规划、设计、概念性规划等提法都包含策划的内容。另一方面,可能由于策划本身难以界定,在旅游规划的研究中常常包含对旅游策划的研究,策划中又有创意、设计等内容,也就是说,几个范畴相互交叉,这种概念和称呼的混乱,造成研究之间缺乏认同,研究的主题也变得混乱。

二、理论滞后于实践

旅游策划的实践,已经广泛应用于旅游开发和经营之中了,但是,真正意义上的旅游策划的学术研究还比较少。[①] 在著书方面,专门研究旅游策划的著作更是少见。

沈祖祥、张帆(2000)的《旅游策划学》是迄今较早专门研究旅游策划的著作,它分析了旅游策划的原理和特点,探讨了旅游策划学的理论体系和架构,并揭示了旅游发展战略策划、旅游形象策划、旅游广告策划、旅游公关策划、旅游服务策划、旅游节庆策划的基本技巧。《旅游策划学》对于旅游策划教学具有推动作用,但其中案例较少,不利于初学者从实战案例中掌握策划的基本方法。

陈放(2003)的《中国旅游策划》从实战的角度阐述旅游策划的技术,它充分重视了市场导向的产品策划,但总结的原理和法则稍泛。蒋三庚(2002)的《旅游策划》的理论提炼也存在这个现象。

保继刚(2004)、沈祖祥(2004)分别编著了《旅游区规划与策划案例》《世界著名旅游策划实战案例》,为研究者提供了丰富的案例,但是对于部分案例却常常仅限于罗列和描述,缺少理论的提炼,另外案例评析有仅是策划文本缩写的嫌疑。如此来看,如何较好地对旅游策划案例进行评价,提炼案例的典型特点、重点与难点,以及由此提炼出一些有价值的理论和法则确非易事。

杨振之等(2005)的《旅游原创策划》,理论结合案例,提出了旅游策划与后旅游策划、形象遮蔽与形象叠加、旅游地形象定位的支撑要素、旅游行为主体的经济行为研究等新观点、新理论,部分理论也已经接受了实践的验证,为以后该领域的进一步研究奠定了基础,该书旨在倡导旅游策划的"原创性",强调从实践中总结出原创理论,但并不着眼于建立旅游策划

[①] 2006 年 7 月,笔者曾在中国知网以"关键词='旅游'and 关键词='策划'"为条件做专业搜索,查得文献 215 篇,且部分文章还为叙述性的文章;以"关键词='旅游策划'"为条件做专业搜索,文献仅 25 篇。2016 年 7 月,笔者以同样的条件做文献搜索,前者文献数量为 387 篇,后者文献数量为 39 篇。可见,无论是成果数量,还是增长幅度,十年以来旅游策划的理论研究并未出现大幅增长。

的理论体系。

总的来说,国内的旅游策划研究水平仍然较低,策划研究远远落后于策划的实践,所以,对这一领域的深入研究还有很大的空间。

三、研究与实践脱节

旅游策划本身应用性极强、实战性极强,对策划者的综合素质要求很高。国内旅游策划研究常常出现研究与实践脱节的现象。由于旅游策划具有跨学科性,需要研究者了解众多学科的基本知识和方法,由于旅游策划不但要有"谋",还需要有"勇",也就是说旅游策划兼顾预谋性、创造性、科学性、艺术性、可行性、时效性;由于旅游策划具有实战性,需要研究者不但能研究,能策划,还能实施运作策划方案。不能兼顾以上几个方面,是很难把旅游策划研究做好的。如何在实践中提炼出有价值的理论或法则,如何利用这些理论和法则反过来指导下一步的实践,是旅游策划需要研究的课题,所以,旅游策划研究还有很长的路要走。

本章小结

1. 后旅游策划包含了后旅游资源评价、后旅游市场研究、后传统建筑、后乡土建筑、后景观设计等有机体系。
2. 旅游策划的特殊性表现在对旅游资源的认识、评价和把握,对旅游产品体系的策划和对旅游市场的研究。
3. 旅游策划的主要研究方法有实验法、实地调查法、非介入性观察法、统计分析法。
4. 旅游策划从业者需要具备优秀的道德品质、哲学思辨的基础、思维的广度与理念高度、技术能力与水平,还要拥有多学科融合的知识体系。

思考与练习

1. 旅游的定义是什么?
2. 旅游策划的概念是什么?旅游策划与旅游规划是什么关系?
3. 旅游策划如何影响旅游地、景区的发展?

 案例分析 中国西部客家第一镇洛带的崛起——旅游策划助洛带走向世界

第二章

旅游策划的基本原理

学习导引

旅游策划的科学性和可行性,基于对策划所依赖的相关要素的把握。其中最重要的要素有市场、资源、政策法令、工程技术、策划程序等。与这些要素相关的理论和认识共同构成了旅游策划的理论基础。

这些要素在旅游策划中所起的作用是具有差异的,它们从不同方面保证了旅游策划的科学性和可行性,是策划的基础性要素。概括来说,可以用下面的话语来描述它们的功用:市场需求是导向,资源评价是基础,项目策划是灵魂,政策法令是保障,工程技术是支撑。相应地,这也就成为本章各节的标题。

学习重点

通过本章学习,重点掌握以下知识要点:
1. 市场需求
2. 项目策划
3. 政策法令
4. 工程技术
5. 资源评价

第一节 以市场需求为导向

最受市场欢迎的产品是最好的产品,旅游业也不例外。旅游策划要以市场需求作为导向,换言之,就是要以旅游消费者为中心,以市场需求为出发点来进行旅游项目的策划和设计。这就要求我们对客源市场以及不同旅游者的兴趣、偏好、支付能力、价值取向等一系列影响市场需求的因素进行深入细致的分析,据此策划出能受到游客喜爱的旅游项目和旅游产品,同时,设计出科学的市场营销模式,使旅游项目能够真正为旅游经营管理者所用,为旅游经营管理者带来效益。

一、旅游市场调查

旅游策划是否成功,关键取决于能否满足旅游者的各种需要。这就要求对旅游客源市场的需求做出预测,而客源市场调查可以了解旅游者或潜在旅游者对旅游产品、旅游活动项目的需求类型特点,从而预测旅游消费需求的变化,为旅游策划提供第一手材料和可靠信息。

(一) 市场细分

以往每个游客都被视为无差异的个体,大多数策划、规划和管理战略都将所有游客当作一个统一的同质体来看待。然而,现在人们已经认识到,将游客分为若干性质相似的团体对充分认识旅游市场和进行旅游策划是十分必要的(Gunn 和 Var,2002)。

Kotler(1988)将市场细分定义为:将整个市场分为几个同质的子集,每个子集都有其各自的市场目标。他认为,市场细分必须满足三个要求:第一,每个细分市场要具备足够多的人数,这样才值得关注;第二,每个细分市场要有足够多的共同特征,这样才能够和其他市场区别开来;第三,每个细分市场必须是可行且值得关注的。

对于市场细分,许多学者给出了不同的划分方法。这要根据实际情况来进行合适的划分。实践证明,由于旅游目的地类型的不同、旅游产品的差异以及地理区域的不同等因素的影响,市场细分往往是不同的。但这并不意味着市场细分是无章可循的。Burke 和 Resnick(2000)提出了一个市场细分模型,在实际使用中,只要对其进行不多的地方性调整,便可以对旅游策划以及旅游地规划等带来很大的帮助。

Burke 和 Resnick 的市场细分模型将旅游市场划分为四个细分市场:人口细分市场、地理细分市场、心理细分市场和行为细分市场。

人口细分市场根据年龄、收入、职业、家庭规模/生命周期、教育水平等人口特征对市场进行划分。旅游策划者必须了解这些不同的因素对旅游及其服务和设施开发的影响。

地理细分市场是根据所处地理区位相同的旅游者会形成大致相似的旅行偏好来进行划分的。它对旅游线路的选择、一定距离内的旅游项目开发,以及不同气候条件下特定目的地的开发等问题具有重要意义。

心理细分市场主要是依据游客的价值观、生活态度、生活方式、兴趣、活动爱好、旅游动机及个性等特征对市场进行分类。它能够帮助策划者有针对性地开发和建设各种项目。

行为细分市场将旅游市场分为几个具有相似消费习惯的群体。这些消费习惯包括旅游习惯和偏好、旅游目的,以及寻求的效用等。这样的细分市场对旅游开发商、旅游策划和规划者进行针对性开发和营销具有很大的价值。

(二) 旅游市场调查与分析

旅游市场的内容根据策划要求不同,大致可以划分为三种:市场过去接待情况及其特征的调查,市场当前接待情况及其特征的调查和对旅游市场产生影响的相关因素调查。

过去和现在的旅游接待情况是衡量旅游总体发展水平的一个决定性指标。通过历史和当前旅游接待情况的资料和数据可以粗略判断出该旅游目的地所处的生命周期阶段。而按月统计的旅游接待人数可以了解旅游接待的季节性变化,这对已有一定开发时间的旅游目的地来说尤为重要。更为关键的是,历史和现在的旅游者数量和类型是确定市场细分的依据。世界旅游组织和其他一些国际机构在确定目标市场时,一般会采取一定措施,例如,增开航班、改进旅游景区设施、组建特殊兴趣旅游线路、加强市场促销等,来考察实际吸引到的旅游者数量和类型。这种方法对新开发的旅游区尤其适用,而相关措施也往往成为吸引和管理旅游者的基础(Inskeep,2004)。

对市场特征的调查是探求旅游行为规律,并据此确定细分市场的重要依据,也是下一步策划的重要依据。通常来说,这些特征包括游客市场的人口统计学特征,如年龄、性别、收入、客源地来源、教育水平等,以及旅游者在目的地的消费特征,如滞留时间、平均日消费、旅游消费在吃住行游购娱等各方面的分配、出游一次总的消费额、满意度等(吴必虎,2001)。

仅仅了解市场接待情况和市场特征是不够的,还需要对它们之间的相互联系进行分析。因为市场调查和分析的目的是确定旅游需求,而旅游者的旅游需求受多种因素影响,这些因素包括旅游动机、支付能力、闲暇时间及身体状况等。只有通过对市场接待情况和市场特征之间的联系进行细致分析,并辅以具有很强目的性的专题调查,才能够确定有效的旅游需求,从而为旅游策划提供有效的市场依据。

二、旅游需求预测

在旅游策划过程中,对旅游市场进行调查分析的目的一是为了了解市场过去及现在的接待情况,对市场特征进行准确把握;二是为了对未来可能的旅游需求进行预测,从而确定相应的策划主题、项目内容和经济效益。因此,可以这样认为,旅游需求预测的准确与否直接影响旅游策划是否能够成功。然而,影响旅游需求的要素很多,而且这些要素充满了很多的不确定性,例如,个人品位的变动、国际汇率的变化以及目的地的多样化等,使旅游需求预测在很大程度上变得十分困难。但是,由于旅游规划和策划十分依赖旅游需求预测,它在旅游市场评估和旅游供给开发中依然占有十分重要的地位。

旅游需求预测的方法很多,Uysal 和 Crompton(1985)将它们归类为定性方法和定量方法两大类。尽管以科学研究方法和统计为基础的定量方法在旅游需求中得到了越来越广泛的应用,但很多时候仍然需要依靠以经验判断为基础的定性预测方法(Gunn 和 Var,2002)。Uysal 和 Crompton 将定性方法归纳为三种。第一种是传统方法,通过浏览研究报告和使用原始市场资源了解历史变化,同时对未来趋势做出判断。第二种是德尔菲法(Delphi Method),是根据专家观点进行反复提问的一种方法,每位专家均采用匿名提问,它非常依赖专家的专业知识和领导者的影响力。这种方法非常实用,尤其是在和其他预测方法同时使用的时候。第三种方法是辅助判断模型法(Judgment-aided Model),该方法通过一组人面对面就几种未来的场景进行交流和辩论,最终达成一致意见。每个场景都建立在不同的假设上,如政策因素、旅游经济发展、促销及交通因素等。

旅游需求的定量预测一直是旅游学术界研究的焦点之一。到目前为止,其中所包含的方法和模型为数众多。许多学者都对这些方法和模型进行了总结,提出了各自的分类系统。Van Doom 和 Van Vught(1978)归纳了各学者的预测方法,将这些方法分为四种基本类型,即探研预测、推演预测、标准预测和综合预测(见表2-1)。另外,Witt(1992、1995、2000)、赵西萍等(1996)、Lim(1997)也都对旅游需求的定量预测方法进行了系统的总结。Uysal 和 Crompton(1985)提出了三种定量预测方法,可以为我们提供一个认识和了解旅游需求定量预测方法的窗口。第一种是时间序列研究,要求进行逐年或逐季度乃至逐月的统计测量,这种方法假设所有的变量类型不随时间发生变化。为了体现关键变量的变化,引入了功能转换模型,但该模型需要复杂的数学和统计技巧。第二种是引力和旅行产生模型(Gravity and Trip Generation Model),其预测基础是假设游客数量会受到客源地相关因素的影响,最主要的是受人口和距离的影响。但很多学者批判这种模型,认为它没有反映出价格因素在其中的影响,也没有体现出现代交通使距离因素变得越来越重要。第三种是多元回归模型,它采用影响旅游需求的多种变量,如收入、人口、旅游费用、国际环境等对需求进行预测。

表2-1 Van Doom 和 Van Vught 归纳的旅游预测方法与模型

预测类型	对类型的解释	适用的方法和模型
探研预测	趋势外推 寻求符合逻辑的变换方案	趋势组合:时间序列分析 回归分析 引力模型 历史类推法 场景预设 现象学分析
推演预测	事件发生概率的估计 决策过程中的内在期望	头脑风暴 德尔菲法
标准预测	对希望达到的未来状态及导致该状态发生途径的外在描述	标准场景预设 贝叶斯统计 模式化方法
综合预测	研究选项的暗示意义 建立已有各孤立预测的相关模式	投入—产出模型 交叉影响分析 图形化方法

三、客源市场范围划定

确定客源市场范围,是旅游景区或目的地有针对性地开展营销活动的前提。那么如何才能准确地定位客源市场呢?除了距离外,还有哪些条件限制客源市场的范围?以下根据《湖北唐崖土司原乡国际旅游休闲区总体策划》(成都来也旅游发展股份有限公司编制,2015年)的案例加以说明。

(一)案例背景

唐崖土司城址地处湖北省恩施州咸丰县西南边陲,武陵山东麓、鄂西渝东交界的唐崖镇,东距咸丰县城30公里,北距恩施州州府116公里。2015年7月,唐崖土司城址正式列入世界文化遗产,成为湖北省第三个世界遗产。世界遗产的金字招牌为唐崖土司城址的开发利用带来新的契机,为咸丰旅游腾飞带来新的历史机遇。

申遗成功虽然为唐崖土司城址带来了新的发展契机,但在国内另两处土司文化世界遗产的夹击之下,在世界文化遗产严格的保护要求与旅游业发展的开发压力之下,如何才能乘唐崖土司城址申遗成功的东风,协调各方诉求,带动唐崖河片区整体开发,推动咸丰旅游跨越式发展?唐崖土司原乡即依托唐崖土司城址开发的休闲娱乐与度假旅游产品,是依托唐崖土司城址世界文化遗产开发的配套产品,希望借助唐崖土司城世界遗产带动周边区域整体开发。兵马未动,粮草先行,市场定位是旅游策划的基础。

(二)需求市场分析

1. 基于地理半径的基础市场

(1)基于时间成本。

项目确定以3小时车程的距离为地理半径,将半径内涵盖的城市确定为一级市场,主要包括恩施市、利川市、咸丰县、黔江区等8个地区的行政中心(见图2-1)。

图2-1 项目地与周边地市的关系图

(2)基于竞争关系。

规划取项目地与湖南永顺老司城遗址距离的一半作为地理半径,半径内包含了酉阳土家族苗族自治县、沿河土家族自治县、石柱土家族自治县、丰都县等22个地区的行政中心(见图2-2)。

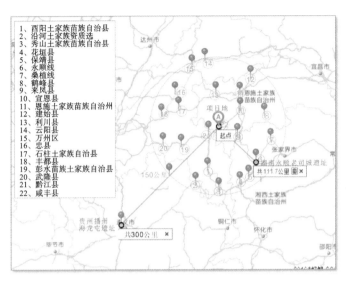

图 2-2　项目地与周边地市的关系图

（3）基础市场评价。

基于上述评价内容，本项目的基础市场范围内大部分城市的居民人均 GDP 小于 2 万元，经济水平总体不佳。基础市场范围内多数城市常住人口在 40 万人左右，人口规模中等（见表 2-2）。但由于距离项目地较近，重复消费可能性较高。

表 2-2　唐崖土司城址基础客源市场基本情况统计表

城市	GDP（亿元）	人均 GDP（万元）	常住人口（万人）	城市	GDP（亿元）	人均 GDP（万元）	常住人口（万人）
恩施市	156.5	2.04	76.72	黔江区	186.31	3.37	55.33
咸丰县	54	1.47	36.7	彭水苗族土家族自治县	108.8	2.11	51.59
利川市	91.74	1.33	68.77	酉阳土家族苗族自治县	110.42	1.96	56.24
宣恩县	50.06	1.38	36.37	秀山土家族苗族自治县	126.5	2.00	63
来凤县	52.82	2.16	24.5	万州区	771.22	4.82	160.46
鹤峰县	43.55	1.95	22.35	忠县	208.26	2.89	72.15
建始县	72.47	1.74	41.63	石柱土家族自治县	119.95	3.03	39.21
云阳县	170.2	1.89	89.87	武隆区	119.98	3.45	34.81
沿河土家族自治县	72.60	1.61	45.09	花垣县	60.32	2.06	29.41
永顺县	50.66	1.15	44.14	保靖县	39.84	1.40	28.46
桑植县	67.92	1.75	38.81	丰都县	117	1.38	84.60

（数据来源于 2014 年各地国民经济和社会发展统计公报。）

(4) 基础市场的价值遴选。

项目引入演变引力模型,选取距项目地距离(r)、目标城市人口数量(x)及人均GDP(a)三个变量,计算各细分市场与项目地的相对引力指数(f)大小,有侧重性地进行市场开拓(见表2-3)。计算公式为:

$$\frac{fr\left(\dfrac{0.6m+0.4x}{n}\right)}{\sum_{b-f}^{b-a}\left(\dfrac{0.6m+0.4x}{n}\right)}$$

表 2-3　基础市场依据 f 值由大到小排序

序号	城市	序号	城市
1	黔江区	12	忠县
2	咸丰县	13	沿河土家族自治县
3	万州区	14	建始县
4	恩施市	15	武隆区
5	利川市	16	永顺县
6	酉阳土家族苗族自治县	17	桑植县
7	彭水苗族土家族自治县	18	石柱土家族自治县
8	宣恩县	19	花垣县
9	秀山土家族苗族自治县	20	鹤峰县
10	云阳县	21	保靖县
11	来凤县	22	丰都县

计算得知,黔江区、咸丰县、万州区、恩施市、利川市位于基础客源市场的前五位,应为项目地重点开拓的基础客源市场。

2. 基于经济半径的二级市场范围

基于项目地周边城市群分布状况,规划选取项目地至长江中游城市群——核心城市(武汉)的距离(516公里)作为经济半径。此半径内包含的关中城市群、成渝城市群、黔中城市群、长江中游城市群四大城市群为项目地二级目标市场(见图2-3)。

(1) 二级目标市场评价。

本级市场经济发达,人口多,旅游消费人口基数大,旅游消费能力大,旅游开发潜力大。但由于距离项目地相对较远,游客抵达的交通成本较高,在有限的出游时间和消费预期中,他们往往选择区域内级别最高的景区游览,且重复消费可能性不大。因此,这些市场是唐崖土司城址的主力市场,是本项目所能分流的二级市场。唐崖土司城址二级客源市场的基本情况如表2-4所示。

图 2-3　二级市场位置图

表 2-4　唐崖土司城址二级客源市场基本情况统计表

城市群	主要城市	人口总量（万人）	GDP 总量（亿元）	人均 GDP（万元）
成渝城市群	成都、重庆、德阳、绵阳、南充、宜宾等	2867.4	21765.6	7.59
黔中城市群	贵阳、遵义、安顺、都匀、凯里等	785.7	4372.47	5.57
长江中游城市群	武汉、黄石、鄂州、黄冈、孝感、仙桃、荆州、宜昌等	1613.8	14918.8	9.24
关中城市群	西安、宝鸡、渭南、铜川、商洛等	2349.82	8963.95	3.82

（2）二级市场价值遴选。

依据空间相互作用理论，规划在每个城市群选择四个城市作为客源地城市的代表，每个代表城市选取与项目地主要项目具有相似性的产品作为量化指标。结合其他出游影响因素，提炼出土司城景区个数（x）、漂流景区的个数（y）、到达项目地所需时间（t）、人均 GDP（a）、常住人口数（p）5 项指标，分别赋予权重，计算出城市群的重要指数，对城市群重要性（h）进行排序，计算出二级市场细分重点市场（见表 2-5）。

表 2-5　唐崖土司城址二级客源市场价值遴选表

城市群	代表城市	x/个	y/个	t/分钟	a/万元	p/万人	h
成渝城市群	成都	0	14	576	7	1442.8	100.7
	重庆	1	21	345	4.79	2991.4	
	乐山	0	3	545	3.71	128.7	
	自贡	0	4	456	3.91	274.58	
黔中城市群	贵阳	0	8	547	5.5	455.6	−282.8
	遵义	1	8	449	3.05	615.49	
	安顺	0	1	596	2.26	230.81	
	都匀	0	4	505	3.33	45.48	
长江中游城市群	武汉	0	14	519	9.74	1033.8	−214.2
	长沙	0	8	543	10.77	731.15	
	南昌	0	5	742	7.04	524.02	
	黄石	0	2	568	4.98	244.92	
关中城市群	西安	0	9	802	6.35	862.75	−488.4
	宝鸡	0	5	908	4.42	375.32	
	渭南	0	1	827	2.74	534.3	
	铜川	0	0	852	4.03	84.51	

经计算可知，唐崖土司城址二级客源市场价值排序为成渝城市群、长江中游城市群、黔中城市群、关中城市群。结合问卷调查与市场经验的综合分析，二级市场对旅游产品的品质要求较高，项目地在打造好精品产品的同时，需通过拓展旅游线上营销渠道、加强城市驻地

营销、加强区域合作营销、加强节事活动营销、加强旅游促销宣传等,吸引、击破二级市场,宣传营销先后次序或力度大小参考 h 值,且保证城市群中心城市＞主要支撑城市＞节点城市。

3. 基于高铁航线的三级市场

随着我国高铁建设的稳步推进,选择高铁出游逐渐成为中程游客的首选出游方式。经过分析发现,项目地的高铁主要依托沪汉蓉高铁、京广高铁,因此,确定项目地三级客源市场包括由上述高铁连接起来的长三角城市群、珠三角城市群、中原城市群。

航空旅行是远程游客首选的出游方式。恩施州许家坪机场可通达北京、重庆、广州、上海、武汉、西安、宜昌 7 大城市,项目地距离恩施许家坪机场约 120 公里,游客可乘坐飞机抵达许家坪机场后转到项目地休闲游玩。

(1) 三级市场突破。

基于航空和高铁的三级市场城市群作为项目地的机会市场,其居民出游频繁,消费能力强,但由于距离的原因,他们往往也只选择高等级旅游地观光、体验,市场开拓成本相应较高,可与武夷山遗产走廊联合营销。三级市场示意图如图 2-4 所示。

(2) 自驾车专项市场。

自驾车专项市场的发展源于我国公路体系的不断完善和私家车快速进入家庭的时代契机。据统计,2016 年年末恩施州等级公路通车里程 2.1 万公里,实现了境内县域全部接通高速公路的历史进步。随着国民经济水平的提高,恩施州及附近城市汽车保有量快速增加,2016 年年底,恩施州民用汽车保有量 30 万辆,周边主要客源市场武汉市私人小轿车保有量 196

图 2-4 项目地三级市场示意图

万辆,重庆市私人汽车保有量 279 万辆,这为自驾游的发展提供了良好的基础。与此同时,随着互联网的普及,全民旅游意识与共享意识的提高,网民在恩施旅游网、欣欣旅游网、马蜂窝旅游网等网站上积极发表恩施州自驾游旅游经历,极大丰富了项目地自驾旅游路线的参考体系。

可见,高速公路的快速发展、私家车拥有量的增加、全民旅游意识的提高、网上自驾旅游攻略的丰富等利好条件,为自驾游客提供了良好的市场条件,自驾车旅游市场潜力巨大,是项目地应重点关注和挖掘的专项市场之一。

第二节 以资源评价为基础

旅游策划的核心是旅游产品或旅游项目策划,而旅游资源则是旅游产品或旅游项目的物质基础。一个旅游目的地的资源是旅游供给方最重要的组成部分,它们构成了旅游系统中的活力单元。Gunn 和 Var(2002)认为市场和吸引物分别为游客出游提供了"推力"和"拉力",因此,可以近似地把旅游吸引物当作旅游资源来看待。他们指出,如果没有吸引物,则

旅游服务设施除了对当地贸易有所作用外便没什么价值了。他们进一步分析了旅游吸引物的两个作用,一是它们能够吸引、诱惑或刺激人们产生旅游兴趣。当人们听说一些吸引物后,就会决定去最吸引他们的旅游目的地。二是旅游吸引物能够提供游客满意度,即人们能从旅游体验中获得回报。

对旅游策划者来说,除了考虑市场的导向作用外,如何科学合理地利用旅游资源十分关键。而要科学地利用资源,首要问题是对资源要有正确的评价。可以说,科学合理的资源评价是旅游策划的基础。目前对旅游资源评价已有很多研究,而且国家标准也已经出台,但是在理论上缺乏一个权威的评价方法,这与目前缺乏公认的旅游资源概念及分类系统有着直接的关系。

一、旅游资源和旅游吸引物的概念及分类

旅游资源是我国旅游界中经常用到的概念,然而,这个概念在欧美国家却很少提及。在大量的欧美旅游学术文献中,最常用到的和旅游资源概念接近的词是"旅游吸引物"(Tourism Attraction)。不管这两个词本身有何差异,它们在概念或是定义上的众说纷纭却是极其相似的。下面列举一些旅游资源的主要概念。

郭来喜(1982)认为,"凡能为旅游者提供游览观赏、知识乐趣、度假疗养、娱乐休息、探险猎奇、考察研究以及友好往来和消磨闲暇时间的客体和劳务,均可称之为旅游资源,旅游资源是发展旅游业的物质基础"。在这里,"劳务"也被视为旅游资源的一部分。

阎守邕(1986)建立的中国旅游资源信息系统中,将人文产品、旅游设施和交通设施列入了资源分类表。作者认为,"优良的设施和热情的服务,也常被旅游者看作一种吸引物。因此,一定程度上来说,旅游设施和劳务也是一种旅游资源"。

邢道隆等(1987)提出旅游资源是:"从现代工业看,凡能激发旅游者动机,为旅游者所利用,并由此产生经济价值的因素和条件。"

陈传康、刘振礼(1990)认为,旅游资源是"在现实条件下,能够吸引人们产生旅游动机并进行旅游活动的各种因素的总和,它是旅游业产生和发展的基础"。

辛建荣等(1996)认为,旅游资源是指"凡能对旅游者产生美感和吸引力,具有一定旅游功能和价值的、自然与人文因素的事与物的综合"。

李天元等(1991)认为,"凡是能够造就对旅游者具有吸引力环境的自然因素、社会因素或其他任何因素,都可构成旅游资源"。

傅文伟(1994)提出,"凡是具有旅游吸引力的自然、社会景象和因素,统称为旅游资源。也就是说,旅游资源是指客观存在的包括已经开发利用和尚未开发利用的,能够吸引人们开展旅游活动的一切自然存在、人类活动以及它们在不同时期形成的各种产物之总称"。

谢彦君(1995)提出,"作为旅游吸引物系统基本要素的,除了这种一般所指(指风景或其他类似的景观和附属设施及其组合)外,应该加上同样具有吸引功能或示范功能的旅游者以及各种能传达旅游地相关信息的标志物"。

杨振之(1997)认为,旅游资源的结构表现为旅游的三大要素:主体、客体和介体的相互吸引。因此,所谓旅游资源,"除了自然资源和人文资源外,对于旅游者来说,就是旅游目的地及有关旅游的一切服务和设施;对于旅游地来说,就是客观存在着的客源市场。旅游资源是关于旅游的主体、客体、介体相互间吸引性的总和"。杨振之(2002)又认为,旅游资源包含的内容十分广泛,它应包括以下几大类:①自然旅游资源;②人文旅游资源;③服务旅游资源;④旅游设施和基础设施资源;⑤其他新兴的资源类型。

因此,旅游资源这一概念在逻辑上分为内涵和外延两部分,传统的定义,即自然旅游资源和人文旅游资源是它的内涵、内核。而随着旅游业向深度发展,旅游资源的外延将越来越宽泛,类型将越来越多。实践已经证明了这一道理,如果仍然将它限制在一个传统的、狭小的范围内,就会发现,我们的观念跟不上旅游业的发展……今后还将有很多意想不到的资源成为旅游资源的一个部分。

吴必虎(2001)提到,"旅游资源是一个开放系统,如果说有标准或有核心,那么这个核心就是旅游产品,只要是具有开发为旅游产品潜力的事物,无论是有形的还是无形的,都可以被视为旅游资源"。

2003年5月开始推行的《旅游资源分类、调查和评价》国家标准(GB/T 18972-2003)将旅游资源定义为"自然界和人类社会凡能对旅游者产生吸引力,可以为旅游业开发利用,并可产生经济效益、社会效益和环境效益的各种事物和因素"。

综合这些定义,可以看到,它们的共同点正如孙文昌(1997)所说,"那就是强调了旅游资源具有吸引旅游者这一属性,我们称之为旅游资源的理论核心"。它们之间的差异主要表现在旅游资源包括的内容方面。有些定义认为旅游资源主要局限于旅游目的地具有的自然和人文旅游资源,有些定义则认为旅游资源的定义应当宽泛一些,可以涵盖劳务和设施等,还有的定义挣脱旅游目的地的地域束缚,从旅游系统的层面上来探讨旅游资源的内容。实际上,它们之间的分歧本质上是对旅游资源应该是旅游吸引资源还是旅游产业资源的认识差异(宋子千、黄远水,2000)。从规划或是策划角度探讨的旅游资源,更多的还是集中在具有旅游吸引力的有形或无形的自然和人文旅游资源、劳务、设施等方面,在很大程度上是尽量整合各类资源使之转化为产品,使资源的自然或人文禀赋转化为旅游产业的工具。这种概念上的争论并没有对策划或规划实践中如何界定旅游资源产生大的影响,因为概念包括的内容越多,在实践操作中的模糊性和难度就越大,干扰也越大,而有经验的策划和规划人员是很懂得挑选需要的内容的。对于策划师与规划师来说,最见功夫的是如何将各种旅游资源及旅游业各要素进行巧妙的整合和配置。

由于对旅游资源概念认识的差异,旅游资源分类也因此而有所差异。认为旅游资源单纯是由自然和人文因素构成的,相应地就把旅游资源划分为自然旅游资源和人文旅游资源两大类或是人文、自然兼而有之的综合类(艾万钰,1987;周进步、庞规荃,1998),或者以自然、人文要素中占主导地位的因素来进行分类(孙文昌、郭伟,1997)。这也是较为普遍的分类方法。而其他学者结合自身对旅游资源的认识,分类也表现出相应的差异。如杨振之(2002)在此基础上添加了服务旅游资源、服务设施和基础设施资源,以及其他新兴的旅游资源等三类,《旅游资源分类、调查和评价》(GB/T 18972-2003)除了一般的自然和人文类外,还添加了旅游商品类,同时,在其若干业类中也有很多有异于传统的认识。

除了按照资源属性对旅游资源进行划分之外,还有很多学者从其他角度对旅游资源进行了划分。如辛建荣、杜远生等(1996)从资源的平面展布和主体配置关系角度将资源分为聚汇型、辐散型、单线型、环线型、方矩型、叠置型、凌空型等数种,叶伤夫(1988)提出了听觉

旅游资源的概念，傅文伟(1994)按资源开发利用的变化特征将旅游资源划分为原生性和萌生性旅游资源两大类，郭康(1990)提出了旅游资源的动态分类概念，即稳定类旅游资源和可变类旅游资源等。

尽管旅游资源的分类方法千差万别，但是从旅游策划或规划的角度上看，实行分类后的数据应当容易管理、有意义而且易于操作。因此，在实践过程中，应当尽量避免不同分类方法的交叉使用。

与旅游资源概念类似，欧美学者对旅游吸引物也缺乏一个权威定义。Gunn 等(2002)认为吸引物就是"为了游客的兴趣、活动和享乐，通过设计、管理而开发的地方"。英国旅游协会(English Tourism Council,ETC)对旅游吸引物的定义就要长得多，该协会认为，旅游吸引物是"一种永久固定的游览目的地，它的一个基本目标是允许公众因娱乐、兴趣或教育的需求而进入。它不是一个主要提供体育、戏剧或电影的零售市场或地点。作为吸引物，必须在每年预先确定的时间向公众开放，而无需事先预订，同时，它应该能吸引本地居民、旅游者或一日游游客。另外，吸引物必须是独立的，要求进行独立管理，并直接从游客那里获取收入"。许多学者认为 ETC 的定义已经不再符合现状，例如，苏格兰的一些观光吸引物只是可能而不是必须收取门票；英国许多景区的游客门票预订系统也存在缺陷等(Leask,2003)。

尽管对旅游吸引物的定义存在很多差异，但其本质正如 Swarbrooke(2000)所说，"旅游吸引物是旅游业的核心，是人们想去一个地方旅游的动机"。Richards(2001)也指出，旅游吸引物"确实为很多旅游活动提供了一个中心，并且是参与旅游业竞争的各目的地的重要因素"。

对旅游吸引物进行分类的方法很多，Gunn 和 Var(2002)将这些分类方法归为三种。

(1) 根据所有权属进行分类。吸引物一般归政府部门、非营利组织和商业企业三种部门所有，每一所有权属分类下都包含若干类吸引物，如政府部门属下就可能有国家公园、州立公园、野生动物保护区、国家纪念地、运动场等。

(2) 按资源基础进行分类，主要有以自然资源为基础的分类和以文化资源为基础的分类两大类。

(3) 根据旅游时间长短对旅游吸引物进行分类，可以分为旅游线路中的过境吸引物和长时间逗留的目的地吸引物两大类。

因此，概括而言，旅游资源是指尚未经过开发，但具有旅游吸引力的资源形态。旅游产品指经过开发以后面向市场销售的劳务或实物形态。二者之间既有区别，又有联系。旅游吸引物与旅游产品的概念相通，只是定义的视角不同。旅游吸引物是站在产品的吸引力上界定的，是游客购买某种旅游产品的根本原因。旅游产品则是面向市场而言的，即游客通过购买和消费而使旅游吸引物转变为旅游产品。

二、旅游资源评价的方法

所谓旅游资源评价，是从资源开发利用的角度，对构成旅游资源的各要素，如观赏游憩价值、文化价值、规模丰度、适宜开发方向及开发潜力等方面对旅游资源进行综合评估，从而为开发利用提供科学依据。

旅游资源的评价要考虑它在国际、国内和区内的相对重要程度,同时还要考虑潜在的客源市场、当地居民对资源的利用情况、可进入性、保护和开发的相对成本费用、资源的环境承载力及开发可能造成的环境及社会文化影响等要素。需要指出的是,这些要素往往并不是同等重要的,在策划或规划时要根据需要选择合适的评价要素或评价指标,并对选择的指标赋予不同的重要性。这往往不是仅依靠单独的几个模式化评价模型或标准就能完成任务的。

作为评价的结果,至少要能够回答哪些资源是主要资源,最具有开发潜力,以及哪类资源是区域类的主要资源。后者往往是进行市场分析的重要前提。通常来说,一个旅游目的地的资源基础是由多种类型和各种不同重要程度的资源共同组成的。

对旅游资源进行评价的方法很多,有定性的,也有半定量或定量的,下面对其加以简要介绍。

(一) 传统的定性评价方法

传统定性评价通常是在对旅游资源进行了详细考察后,凭借经验和学识,对资源进行主观色彩浓厚的结论性描述。有学者从资源本身的一些特点对旅游资源进行评价,例如,资源是否具备"古、特、奇、美、名、用"等特点,有些学者则归纳了一些定性评价的标准,如美学价值、文化价值、科学价值、历史价值、环境质量、旅游容量、组合状况、区位条件、适应范围和开发条件等(刘振礼、王兵,2001)。

这种方法的优点在于能从宏观上把握旅游资源的特色,缺点是主观性强,不能量化,科学性相对较差,评价准确与否与评价者的经验和素养高度相关。因而,这种评价方法对初学者来讲,尽管方法简便,但实际操作却十分困难。

(二) 定量评价方法

定量评价方法相比定性评价方法而言,主要考虑对构成旅游目的地资源中的各类影响因子尽可能通过数学或其他方式进行量化,从而得出一个科学的结论。严格来说,目前存在的各类定量评价方法都不是完全定量的,它们在评价指标甄选以及各指标所占重要性确定方面都有一定的定性分析成分。因此,这些定量评价方法实际上是定性与定量方法的结合。评价者如果没有扎实的业务素养和丰富的工作经验作为基础,即便采用了定量评价方法,也并非能够获得科学的评价结果。

一般而言,通过大量调查走访后,运用定量评价方法还需要经过以下几个步骤。

1. 评价指标的甄选

在旅游资源定量评价的实践中,很难构建符合所有资源情况的评价指标体系,因此,许多学者都根据具体的操作实践来制定评价的指标体系。卢云亭(1991)、郭康(1995)和宋剑霞(1994)根据他们在北京、河北、陕西的实际调查和归纳分析,提出了"八度"评价指标体系,即规模度、古悠度、珍稀度、奇特度、保存度、审美度、组合度、知名度。郝晓兰、李兰维(1994)在对呼和浩特地区旅游资源的评价过程中,将旅游资源开发潜力的评价指标体系首先划分为旅游资源价值和旅游区位条件两个评价综合指标层,在每个综合指标层下又设若干个评价因素指标层。其中,旅游资源价值综合指标层包括四个评价因素指标层,旅游区位条件指标层包括三个评价因素指标层。每个评价因素指标层又可以由若干个评价因子构成,这些评价因子是最基本的指标单元,例如,观赏价值这一评价因素就由美感度、奇特度和规模度三个评价因子构成。这样,整个评价指标体系就由评价综合指标层、评价因素指标层和评价因子指标层三层构成。

需要提出的是,2003年出台的《旅游资源分类、调查和评价》(GB/T 18972-2003)以国家标准的形式确定了旅游资源的评价指标体系,将其分为资源要素价值、资源影响力及可以计算附加值的环境保护与环境安全三大评价项目,每一评价项目又设若干个固定的评价因子。这样做看上去显得统一而权威,实际上它对许多旅游资源,尤其是价值类型相对比较单一的资源来说就显得很不公平。实际上,在很多时候硬性地对资源评价规定一套评价指标是徒劳的,因为旅游资源的类型、价值和开发利用途径是如此丰富,很难用某个单一的万能指标体系去适应这种多样和丰富,这也是现行的国家标准为许多学者所批评(黄远水,2006;刘益、黄向、刘家明等,2006;朱竑,2005;王建军,2005;王良健,2006;杨振之,2006)的一个重要原因。

2. 确定不同指标的重要程度

在整个评价指标体系中,并非所有指标都同等重要。这些要求根据策划或规划的实际情况来确定各个指标的重要程度。通常,各指标的地位通过对它赋予的权重来进行表达。而在资源评价中经常谈论的层次分析法、模糊数学法等就是根据权重计算方法的差异进行划分的。

确定权重有很多方法,包括德尔菲法、层次分析法、模糊数学法、灰色模型法、五点记分法等。其实,无论哪种方法,都或多或少掺杂主观因素。其是否客观与科学,与评价者和专家团队的学识和经验关系很大。

3. 确定评价分级

评价分级的作用是比较同一种资源的相对地位。傅文伟(1994)对资源的评价指标用计分方法分为5级;张国强(1998)将风景资源分为5个等级,即特级景源、一级景源、二级景源、三级景源和四级景源,分别相当于国际级、国家级、省级、市县级、本地级;《旅游资源分类、调查和评价》(GB/T 18972-2003)也将旅游资源单体评价划分为5级,并规定五级旅游资源称为"特品级旅游资源",五级、四级、三级旅游资源被通称为"优良级旅游资源",而二级、一级旅游资源被通称为"普通级旅游资源"。

4. 评分

按照确定的评价指标体系对旅游资源进行单项评分。然后根据资源各单项指标得分以及该项指标的权重,根据加权求和算出资源的总得分,最后按照起初拟定的评价分级对资源进行评价总结,从而确定该资源所处的等级。其中加权求和公式可以表达为:

$$A = \sum_{i=1}^{n} S_i \cdot W_i$$

式中,A 为旅游资源综合得分;S_i 为 i 评价指标的得分;W_i 为该项指标权重。

知识活页 旅游景点/吸引物的矩阵评价法（Inskeep,2004）

三、旅游策划中旅游资源评价的实例

资源评价是旅游策划的基础，准确、客观、真实的资源评价，有助于策划符合项目地实际情况的旅游产品，有助于精确地完成项目定性定位，有助于制定符合项目地实际情况的发展目标。本部分选取了成都来也旅游发展股份有限公司编制的《济源市王屋山景区创建国家AAAAA级旅游景区提升规划》中旅游资源评价部分。读者可从中学习如何准确、客观地评价旅游地的旅游资源。

（一）王屋山景区概况

王屋山景区位于南太行山区，河南省济源市西北40公里处，距离世界文化名城洛阳市60公里，距离河南省会郑州市180公里。王屋山被誉为中国古代九大名山之一，是轩辕黄帝祭天之所，道教"天下第一洞天"、《愚公移山》原型地。千百年来，帝王将相、高道名士纷至沓来。

王屋山主峰天坛山海拔约1715米，世称"太行之脊，济水之源"。王屋山地质资源丰富，被誉为天然地质陈列馆和天然"地质史书"，2006年被评为世界地质公园。王屋山生物多样性特征和生态完整性特征极其显著，是我国生物多样性保护的优先领域和世界猕猴群分布的最北界。由于王屋山拥有丰富的动植物资源和珍贵的地质遗址遗迹，1998年经国务院批准设立为国家级自然保护区。

王屋山是一处有着亿年地质之奇，万年文化之存，千年道风之盛，融自然、人文为一体，品位极高的山岳型旅游景区。王屋山集世界地质公园、国家级风景名胜区、国家级猕猴自然保护区与国家AAAA级旅游景区等荣誉于一体。经过多年有效的保护与合理的开发，景区已形成科学有效的保护与管理体制，景观资源和文化系统完整性得到了有力的保护，并开发了主题性极强的多样性旅游产品，市场影响力大幅提高，赢得了极好的国内外市场美誉度和知名度。

（二）创建范围

王屋山景区创建国家AAAAA级旅游景区的面积为9.87平方公里，包括道境广场、阳台宫、愚公广场、不老泉、王屋山地质博物馆、紫微宫、天坛神路、天坛顶区域，创建区严格按照国家AAAAA级旅游景区的标准配套各项旅游功能设施和服务设施。

(三) 评价标准

本项目的评价采用国家旅游局编制的《旅游景区质量等级的划分与评定》(GB/T 17775-2003)中景观质量评分细则。景观质量评分细则分为资源要素价值与景观市场价值两大评价项目、九项评价因子,总分100分。其中,资源吸引力为65分,市场吸引力为35分。各评价因子分四个评价得分档次(见表2-6)。等级评定时,对评价项目和评价因子由评定组成员分别计分,最后进行算术平均求得总分。其中,5A级旅游景区需达到90分,4A级旅游景区需达到80分,才有资格获评相应等级景区称号。

表2-6 王屋山景区景观质量自评得分表

评价项目	评价因子	自检得分
资源吸引力(65)	观赏游憩价值(25)	25
	历史文化科学价值(15)	15
	珍稀或奇特程度(10)	10
	规模与丰度(10)	10
	完整性(5)	4
市场影响力(35)	知名度(10)	10
	美誉度(10)	9
	市场辐射力(10)	9
	主题强化度(5)	5
总分	100	97

(四) 资源吸引力评价

资源吸引力评分总分65分,其中观赏游憩价值25分、历史文化科学价值15分、珍稀或奇特程度10分、规模与丰度10分、完整性5分。经专家打分,王屋山自评得分为64分,仅完整性方面失分1分。

1. 观赏游憩价值

观赏游憩价值总分25分,自评得分25分,显示王屋山具有极高的观赏游憩价值。王屋山景区多元文化景观与生态自然景观交相辉映,集天下第一祭天台、天下第一洞天等历史人文景观、世界罕见的沧海桑田地质奇观、多样性突出的生物景观、幻化多变的天气天象景观等自然景观于一体,荣获世界地质公园、国家级风景名胜区、国家级猕猴自然保护区、国家AAAA级旅游景区等称号。王屋山拥有天坛极顶——黄帝祭天处,是第一个国家级祭天台;第一洞天——国内罕见的自唐以来以明清为主的道教古建群;沧海桑田——世界地质公园,天然地质陈列馆;生物宝库——中国生物多样性保护的优先领域;幻化胜境——集天坛日出、天坛日落、天坛云海、王屋仙灯、天坛倒影、天坛雾凇、北斗灵光、王屋星轨、月华满楼等九大天气天象奇观于一身,国内罕见,具有世界级的观赏游憩价值。

2. 历史文化科学价值

历史文化科学价值总分 15 分,自评得分 15 分,显示王屋山景区具有极高的历史文化价值、地质和生态系统研究价值。王屋山是一座文化圣山,它是华夏创世文化之源、道学文化之源(阳台宫、迎恩宫、南天门等多座道教历史建筑及历代知名道士修炼之处)、中草药文化之源(神农尝百草、葛洪炼丹地、药王归隐地);王屋山是一个文化地标,它是济水之源(中国现存的唯一皇家祭水圣地、中国古代祭水文化的活化石);王屋山代表一种民族精神,它是中国知名经典传说故事——愚公移山精神的原型地;王屋山是一部跨越亿年的地质史书,它是"王屋山运动"命名地,具备世界级的地质科学研究价值。创世文化、道学文化、愚公移山文化和济水文化具备世界级历史文化价值,地质资源和生态系统具备世界级自然科学价值。同时,王屋山拥有全国重点文物保护单位 1 处,国家级非物质文化遗产 1 项,是王屋山—黛眉山世界地质公园和河南太行山猕猴国家级自然保护区的重要组成部分。

3. 珍稀或奇特程度

珍稀或奇特程度总分 10 分,自评得分 10 分。王屋山拥有大量珍稀物种,景观奇特,更具有世界级资源实体。主要表现在王屋山拥有以太行野生猕猴、连香树等为代表的大量珍稀动植物,拥有以千年七叶树、千年古银杏等为代表的大量名木古树,景观奇特。王屋山拥有以阳台宫为代表的传统建筑瑰宝和以原石道德经卷为代表的现代道学文化奇景。

4. 规模与丰度

规模与丰富总分 10 分,自评得分 10 分。经调研发现,王屋山资源实体体量巨大,拥有 8 个大主类、24 个亚类、56 个基本类型,资源总数达到 270 个。王屋山景区旅游资源分布错落有致,密度大,动态资源与静态资源在时空上形成了良好的系统结构。主要旅游资源及资源评价分别见表 2-7 和图 2-5。

表 2-7 主要旅游资源统计表

资源等级	资源单体	资源数量(个)
五级资源	创世神话、道教第一洞天、愚公移山文化、王屋山古建筑群、王屋山地质构造与地貌景观群、王屋猕猴群	6
四级资源	阳台宫、愚公村(愚公群雕)、迎恩宫、大银杏、紫微宫、十方院、紫金崖、总仙宫、原石道德经卷、醮坛、第一洞天牌坊	11
三级资源	第一洞天景石、朝元仙仗柱、五行四象广场、黄帝祭天壁雕、轩辕殿、王屋山桃花、滴水岩瀑布、地质博物馆、王屋山科普教育基地、孙思邈展馆、避秦沟、日精峰、月华峰、华盖峰、天坛神路、不老泉、舍身崖、太乙池、王屋红叶、后山原始丛林、干屋琴书、看山庙、风婆雨帅殿、灵官庙、一天门、二天门、天坛日出、大坛日落、天坛云海、天坛倒影、天坛雾凇、王屋星轨、月华满楼	33

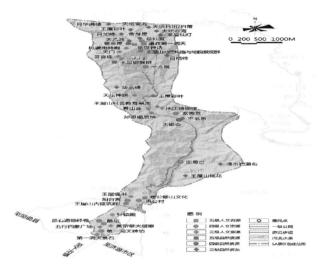

图 2-5 资源评价图

5. 完整性

完整性满分 5 分,自评得分 4 分。王屋山景区保护措施明确到位,旅游资源实体完整无缺,保持了原来的形态与结构,人文活动干扰较轻。王屋山建立了王屋山风景管理局、世界地质公园管理处、国家级自然保护区管理局等保护与管理机构。相关机构按照保护资源价值完整性的基本原则,编制了《王屋山风景名胜区总体规划》《河南太行山猕猴国家级自然保护区总体规划》《河南王屋山国家地质公园规划》《河南省济源市阳台宫保护规划》,对自然资源与文化资源进行分级分区保护。相关部门通过组织各类生态低碳旅游活动,向游客普及生态环保知识,传递保护生态环境理念,让游客自觉地保护景区环境,积极传递生态环保理念。

（五）市场影响力

市场影响力满分 35 分,其中知名度 10 分,美誉度 10 分,市场辐射力 10 分,主题强化度 5 分。本部分自评得分为 33 分。

1. 知名度

自评得分 10 分。王屋山景区被国外媒体持续关注,吸引了众多国外游客、相关组织机构前往参观游览,"天下第一洞天"在全世界具有广泛的知名度。人民网、Global Times、Asiavtour 等国内外知名网站对王屋山进行过持续性报道。

2. 美誉度

自评得分 9 分。王屋山景区有极好的声誉,调研显示游客满意度达 93.4 分,且被绝大多数专业人员普遍赞美。自旅游开发以来,王屋山受到众多社会名人普遍赞誉,以及众多国家领导人的关怀和支持。

3. 市场辐射力

自评得分 9 分。2014 年至 2016 年,王屋山景区游客以国内游客为主,覆盖全国,洲际客源辐射欧美等国家,市场辐射力较强。作为济源市龙头景区,王屋山景区通过不断的升级改造,游客量逐年基本保持稳定,2016年全年接待游客151.21万人次。入境市场的游客目前主要为俄罗斯游客,其次是亚洲游客,2014至2016年全年接待入境游客分别为6.5万人次、7.5万人次和8.2万人次。

4. 主题强化度

自评得分5分。王屋山景区道学文化主题鲜明,生态旅游产品特色突出,以黄帝祭天为主体的民俗文化活动独创性强,愚公移山文化在全世界具有唯一性。

(六)结论

王屋山是我国北方的名山,这里山岳风光绝美,有雄、秀、险、奇的三十八峰、二十六名泉、十五大幽谷、十二飞瀑和五大奇观,植被茂密,具有很高的地质和生态科学价值。这里有"女娲补天""愚公移山""轩辕黄帝祭天处"等丰富的中华民族早期文化遗存,又是全国十大道教名山之一,是典型的北方山岳型旅游景区。

根据风景资源数量、分布、状况、组合特色及整体景观效果评价,王屋山景区资源具有鲜明的层次性、分布均衡性和鲜明的季相特征,简而言之,有"四一""二绝"之胜。所谓"四一",即"雄峰凌云一天坛""石器在山一万年""王屋山前一愚公""天下第一洞天在王屋"。"二绝",则为"五百里红叶"和"五斗峰奇观"。

旅游资源评价之所以是旅游规划和策划的基础性工作,那是因为旅游资源评价可以保证对资源价值评估的科学性,特别是对旅游策划具有很重要的意义。它可以避免策划者天马行空、不切实际地构想一些项目,听起来振奋人心,实际上难以实施。另外,对旅游资源的评价也不是套用国家标准上的内容去分析就说明有科学依据了。实际上,它还需要专家多年的野外工作经验积累,以及多年的学术研究成果来支撑旅游资源评价的工作。

第三节 以项目策划为灵魂

项目策划就是运用创造性思维,对旅游资源及各种旅游要素的优势和特点进行创造性的优化组合,从而为开发出具有吸引力的旅游产品提供思想和创意基础。项目策划是旅游资源转化为旅游产品不可或缺的环节,它是连接旅游资源和旅游产品的重要纽带。很多时候,高质量的旅游资源并非一定就会成为具有吸引力或能够产生较好旅游效益的产品,而看似一般的旅游资源也并非就一定不会成为知名的旅游产品。这之间往往需要高质量的旅游策划。而这对策划者来说,也是对其实力和创意的巨大考验。

即便是优良的旅游资源,如果缺乏良好的项目策划,也很难形成优质的旅游产品。相反,资源基础很差,甚至是资源缺乏的地区,因为高水平的旅游策划而拥有优质旅游产品的例子也很多,如深圳因"锦绣中华""世界之窗"等策划项目的成功而成为著名的旅游城市就是明证。

旅游资源转化为旅游产品需要项目策划,而作为良好的项目策划,需要做到以下几点。

一、要善于发现、挖掘吸引物资源或其他旅游产业资源的独特性及优势

要做到有新发现,要能够挖掘出有价值、有特色的旅游资源,基本的素质是要十分了解、

熟识旅游资源,对旅游资源能够进行科学的、恰当的评价。更重要的是,要能判断哪些资源开发使旅游产品在市场吸引力和市场需求方面更具优势。这对策划者的素质要求很高,往往需要一个由各方专家组成的团队才能胜任。例如,前面提及的洛带古镇,作为古镇它无法与周庄、同里等相比,规划之前,古镇基本没有特色,街上的三大会馆也有些破烂不堪。但客家文化的发掘使这个古镇一切破损的建筑有了客家文化背景(如语言、民俗、民居等)的依托,这就大大增加了它的可开发性。通过对客家文化的深入发掘,通过策划"火龙节""水龙节""客家菜""客家婚俗"等项目,使客家文化变成了旅游产品。随之而来的是三大会馆修葺一新,街道铺上了青石板,古镇面貌初步得到改善。

除了旅游资源优势外,良好的旅游策划也可以使其他产业要素资源优势转化为产品的优势,例如市场、区位、政策、法律等。这方面的例子也非常多,如拉斯维加斯和澳门的赌博旅游业,深圳和北京的"世界之窗"和"世界公园",东京、香港等地的迪士尼乐园都是比较突出的例子。

二、旅游策划要善于整合各类旅游产业资源要素

整合各类旅游产业资源要素,使其形成一个综合性的旅游产品,是旅游开发走向全面商品化的产物。旅游不单纯是吸引物,而是由吃、住、行、游、购、娱等要素构成的产业。旅游策划的效益如何,同各类产业资源的整合情况直接相关。因此,作为旅游项目的策划者来说,不能仅从旅游吸引物资源考虑,而应该从如何能够有效整合产业要素的角度加以综合设计。

三、旅游策划要把握住旅游产业资源要素与旅游产品要素间的逻辑联系

旅游产品的策划必须以旅游产业资源为基础。旅游产品的策划是旅游产业资源的各种要素在逻辑上的必然延伸。也就是说,策划好了的旅游产品和旅游产业资源之间有着内在的必然联系。这样的旅游产品才有生命力。旅游产品实际上是对旅游产业资源特质的展示和表现,使旅游产业资源的内涵能够通过产品的展示和表现为游客所经历、感受、体验,转化为游客能观赏、参与、触摸的产品。对大多数景区策划来说,旅游吸引物资源往往显得尤其重要。

第四节 以政策法规为保障

政策法规决定着资本流向,对旅游项目的立项、审批乃至持续发展具有重要意义,更是引领区域旅游投资的风向标。与传统产业相比,旅游业受政策法规的影响更大,在用地、融资、税收等方面对政策法规的依赖度更高。

一、熟悉政策,把握旅游策划的方向

从世界范围来看,尽管旅游对目的地的综合影响已被广泛研究和认识,但各国和各地区旅游的主导政策仍然是刺激旅游经济的发展。旅游业已经成为许多国家和地区的支柱产

业。尤其是在发展中国家,旅游业往往被视作经济发展的突破口。为了实现这一目的,很多国家和地区都扩大了在旅游基础设施、服务设施、旅游吸引物、交通、旅游信息和促销方面的投入(Gunn和Var,2002)。对旅游策划来说,当今的时代可以算得上是黄金时代。

我国自从改革开放以来,旅游政策也发生了很大变化。从改革开放初期,旅游政策的主要目的是发展入境游,希望通过旅游开发赚取外汇,获取经济发展需要的资金。这时,旅游已经脱离单纯的政治意义而开始具有经济内涵。现在,它已经成为社会主义市场经济的重要组成部分,由入境旅游为主转变为入境、国内、出境旅游三驾马车并驾齐驱的局面。截至1999年6月,全国有24个省(市、区)做出了《关于加快旅游业发展的决定》,约占全国省份的80%,构成了较为系统的地方政府支持旅游业发展的政策体系(刘赵平,1999)。

在理论界,现在已经认为旅游政策的制定应该由政府部门、非营利组织和商业部门共同承担,而不仅仅是政府的特权(Gunn和Var,2002)。但就我国的现状来看,政府在旅游政策的制定中仍然占据绝对的权力。Zhang、Chong和Ap(1999)认为,我国的政府部门在旅游业的发展过程中扮演以下角色。

运营者(Operator):拥有和提供旅游发展所需的基础设施,控制旅游业活动的运作。

规则制定者(Regulator):制定和完善调控旅游业所需的规则。

投资刺激者(Investment Stimulator):通过财政支持刺激旅游业的投资。

促销者(Promoter):提供资金在国际市场上进行旅游业促销。

协调者(Coordinator):协调不同政府部门间与旅游相关的活动。

教育者(Educator):确立旅游教育体系,提供旅游教育和培训项目。

由此可以看出,政府是旅游政策的制定者。我国大多数地区的旅游产业政策都是积极的,都在谋求旅游经济的快速发展,并因此出台了许多促进旅游发展的相关政策,这是在旅游策划中要加以充分运用的。同时,由于对旅游负面效应的认识不断加深,也出台了一些规范旅游项目的政策,这些在旅游策划中都要加以充分认识。

在当前我国的各种旅游政策中,对旅游策划影响最大的是旅游产业政策,即政府对某些特殊产业实行扶植或限制的政策,产业政策可分为国家产业政策和地方产业政策,地方产业政策的制定虽然以国家产业政策为依据,但地方政府往往会根据本地区的资源优势而确定不同的产业政策。产业政策一旦确定扶植某一产业(通常表述为"重点发展产业"或"支柱产业"),属于该产业范围内的项目将得到立项审批优先以及税收、贷款和其他相关条件的优惠,从而为该地区旅游策划奠定项目基础(肖铁,2001)。

肖铁(2001)认为,政府的产业政策对企业项目构思有以下影响。

(1) 政府在确定产业政策之前,经过了大量的社会经济调研,产业政策决定扶植的产业往往是经济发展的"瓶颈"产业。既然是"瓶颈",就是急需发展的产业,急需发展的理由就是有很大的需求尚未满足。企业一旦介入这种行业,产品的销售量将长期稳定增长。

(2) 产业政策的扶植对企业进入该行业提供了很大的实惠,税收、贷款和报批的优惠将极大地降低企业进入该产业的成本。

(3) 由于产业政策的支持,企业可以在很短的时间内进入该产业,企业可缩短项目论证时间、报批时间以及征地和动迁时间等,可使新产品提前上市。

由于旅游业是一项综合性的产业,旅游策划必然会涉及其他产业或部门。而这些产业

或部门的政策有可能会对旅游策划产生种种有利或不利的影响。鉴于此,旅游项目的策划者应该熟悉旅游及其他产业的相关政策,这样才能把握住旅游策划的方向。

二、掌握法律规范是旅游策划实施的保障

项目是多种多样的,项目不同,涉及的利益主体、管理部门乃至政策法规都会有所不同。以景区为例,我国的景区体系分别归旅游、林业、建设、文物、环保、宗教、水利等多个政府部门进行管理,这就决定了旅游策划除了受到相关法律规范的制约外,还必须受到其他有关法规的限制。这些法律规范都是强制性的,旅游策划的项目必须要在规定的范围内才会被允许实施。因此,掌握法律规范是旅游策划实施的保障。

规范旅游行业的基本法为2013年发布的《中华人民共和国旅游法》(以下简称《旅游法》)。当前我国专门约束旅游策划规划的法规主要有2000年国家旅游局(2018年3月组建的文化和旅游部)颁布的《旅游发展规划管理办法》和2005年国家旅游局颁布的《旅游规划设计单位资质等级认定管理办法》,但这只是对旅游策划和规划的单位资质和规划程序做出了一些规定,而且属于行政规章,法律效力较低。另外与规划和策划内容及技术相关的主要是两部国家标准,即国家旅游局颁布的《旅游规划通则》和《旅游资源分类、调查和评价》。

从中可以看出,旅游策划和规划目前立法很少,根本无法对策划内容涉及的旅游企业及其关系做出明确界定。在这方面可以通过其他的一些法规做出弥补,例如《旅游景区质量等级评定管理办法》等。但是这方面的法规仍然偏少。

旅游策划会设定具体地域和资源,而这些地域和资源往往归于其他相关部门进行管理,或是国家明确规定地域内资源的使用方式和规模,这往往直接影响旅游策划的内容和适用性,比如,旅游房地产项目就要研究有关房地产开发方面的法律法规及我国的土地法律法规、土地政策。如果对相关的法律规范不熟悉,策划出来的项目就不能实施,规划也无法通过评审。因此,这些法规对旅游策划来说至关重要。旅游策划者在进行策划时,首先要对策划对象及地域有哪些限制了然于胸,才能够保障策划工作顺利进行。下面以景区管理为例,了解与之相关的一些主要限制性法规(杨富斌、韩阳,2006)。

目前我国有关旅游景区管理的立法可分为两个主要部分。一是直接在法律中加以规定的,即法律条款中有直接涉及旅游景区管理的法律法规,其中又可以分为两种类型:有关旅游景区管理的专门性立法和包含有关旅游景区管理以及相关内容的其他非专门性立法。二是不直接针对旅游景区管理的规范,但由于管理活动而引发适用的其他法律法规。除《旅游法》外,我国宪法及国务院、国家旅游局、其他旅游主管部门以及各地人民政府颁发的旅游法规中,有不少与旅游景区管理有关的规定和条款。这些法律法规和文件主要可分为3个层次。

(1) 全国人民代表大会、国务院颁布的法律、法规和文件。主要包括《中华人民共和国宪法》《中华人民共和国旅游法》《中华人民共和国文物保护法》《风景名胜区管理条例》《中华人民共和国土地管理法》《中华人民共和国水污染防治法》《中华人民共和国城乡规划法》《中华人民共和国环境保护法》《中华人民共和国自然保护区条例》《国务院批转国家建委等部门〈关于保护我国历史文化名城的请示〉的通知》《公共场所卫生管理条例》《关于加强风景名胜区保护管理工作的通知》等。此外,《野生动物保护条例》《野生植物保护条例》《国务院关于严格保护珍贵稀有野生动物的通令》等法律法规文件中也有与旅游景区管理工作有关的内

容和条款。

（2）国家旅游部门及相关主管部门颁布的法规和文件。包括《关于加强历史文化名城规划工作的几点意见》《使用文物古迹拍摄电影、电视的有关规定》《旅游安全管理暂行办法》《旅游基本建设管理暂行办法》《旅游安全管理暂行办法实施细则》《关于加强旅游区环境保护工作的通知》等。此外，国家旅游局颁布的《关于新开发旅游景点几项注意事项的通知》，国家旅游局、建设部共同颁布的《关于解决我国旅游点厕所问题实施意见的通知》等，也属于这一层面的法规文件。

（3）省、自治区、直辖市立法机关及人民政府结合本行政区域内旅游事业发展的实际和旅游景点景区管理的状况，制定了一系列旅游法规和文件，部分闻名中外的国家级风景名胜区管理委员会等管理机构也根据国家法规的精神制定了一些管理规定。这一层次的法规文件数量多，针对性强。其中，比较具有代表性的有《四川省风景名胜区管理条例》《海南省旅游管理条例》《黄山风景名胜区管理条例》《关于加强黄山风景名胜区保护和管理的布告》《大理白族自治州大理风景名胜区管理条例》《云南省大理白族自治州洱海管理条例》《陕西省旅游业管理暂行规定》《新疆维吾尔自治区旅游管理条例》《乌鲁木齐市旅游景区管理条例》等。截至2015年9月，我国多数省级人民代表大会颁布了旅游管理条例。

这些法律法规构成了旅游策划必须遵循的法规体系。它们是旅游策划得以顺利实施的重要保证，对旅游策划具有直接制约力。如《中华人民共和国文物保护法》规定："各级人民政府制定城乡建设规划时，事先要由城乡规划部门会同文化行政管理部门商定对本行政区域内各级文物保护单位的保护措施，纳入规划"。不能在文物保护单位的保护范围内进行其他建设工程，在特殊需要时需经报批。根据保护的需要，在保护单位周围划出的建设控制地带内修建新建筑和构筑物时，不得破坏保护单位的环境风貌。核定为文物保护单位的对象物在进行修缮、保养及经过批准的迁移时，必须遵守不改变文物原状的原则。核定为保护单位的属于国家所有的纪念建筑物或者古建筑，在设立博物馆、保管所或者辟为参观游览场所时，都必须严格遵守不改变文物原状的原则。

第五节 以工程技术为支撑

一、熟悉规划设计的技术规范

旅游开发规划的技术规范体系应从相关学科的各种规划技术、工程技术和管理技术中汲取。冯维波（2001）认为，旅游开发规划的技术规范体系主要包括两个方面：一是旅游的社会经济发展规划技术体系，包括旅游资源的调查、分析、评价、组合、优化等技术，市场调查、分析、定位技术，文化包装与形象设计技术，营销策划与经营管理技术等。二是旅游物质形态空间规划技术体系，包括旅游项目创意设计技术，设施容量确定、空间布局、体量组合技术，游线组织安排技术，景观设计技术等。特别要注意二者之间的连贯性和协同性。除以上所说之外，工程技术的可实施性更是旅游策划的支撑要素。

策划规划的深度不同，使用的技术规范也不同。例如，旅游项目总体策划、区域旅游发展规划和景区详细规划使用的技术规范就有很多差异。国家并未发布旅游总体策划相关的

规范和标准,而《旅游规划通则》中对区域旅游发展规划和景区详细规划的内容做出了明确区分:旅游发展规划要求全面分析规划区旅游业发展历史与现状、优势与制约因素,及与相关规划的衔接,要求分析规划区的客源市场需求总量、地域结构、消费结构及其他结构,并对其在规划期内做出预测;要求提出规划区的旅游主题形象、发展战略和旅游业发展目标及其依据,明确旅游产品开发的方向、特色与主要内容;要求提出旅游发展重点项目及对空间、时序做出安排,以及要素结构、空间布局和供给要素的原则和办法;要求提出合理的保护开发利用措施和规划实施保障措施;要求对规划实施的总体投资进行分析,主要包括旅游设施建设、配套基础设施建设、旅游市场开发、人力资源开发等方面的投入与产出分析。景区详细规划的主要内容则包括详细划定规划范围内各类不同性质用地的界线,规定各类用地内适建、不适建或者有条件地允许建设的建筑类型;划分地块,规定建筑高度、建筑密度、容积率、绿地率等控制指标,并根据各类用地性质增加其他必要的控制指标;规定交通出入口方位、停车泊位、建筑后退红线、建筑间距等要求;提出对各地块的建筑体量、尺度、色彩、风格等要求;确定各级道路的红线位置、控制点坐标和标高等。

从上述两类规划内容的差异可以明显看出,两者需要的技术规范是具有差异的。发展规划对技术规范的要求多着重于资源和市场调查分析、环境影响评价、经济预测和财务核算等方面的内容,以便为区域旅游业的发展提供战略指导;而景区详规依据的技术规范就要具体和微观得多,多集中于建设、交通等部门出台的技术性标准和规范上。实际上,由于旅游规划及策划涉及的内容非常广泛,因此造成了旅游规划策划依据的技术规范和标准数量多、领域广。这也就要求旅游规划和策划者在进行旅游策划时,一定要熟悉规划项目内容涉及的技术规范。当然,这个工作通常不是一个人能够完成的,要求旅游规划和策划建立一个由不同领域专家和咨询专家组成的技术团队。

 知识关联 与旅游度假区规划设计直接相关的技术规范

二、工程技术的科学性是旅游策划的支撑

大多数旅游策划最终要通过工程项目来实现。这些工程项目既包括一般性的旅游基础设施和服务设施,如宾馆、游人中心、停车场和交通道路等,也包括作为旅游吸引物出现的一些工程建设,如观光电梯、索道、博物馆建筑、仿古街区等。无论是哪种策划,最终落实所需要的工程建设都必须以工程技术的科学性作为支撑。只有这样,策划才能落到实处,才能被顺利执行。否则,再好的策划也只是空中楼阁,无法成为现实。就像许多科学幻想作品都以月球旅行为主题,作为幻想,它表达了人们对月球的无限向往,但目前登月旅行还无法变成旅游策划者的创意,因为至少在当前,它在技术上是不可行的。但这并不是说,旅游策划的内容包括了工程设计,旅游策划的技术深度还达不到这一步,这是为了强调:如果旅游策划者懂得工程技术,在策划时就会考虑方案的可实施性和可操作性。

所谓工程技术的科学性,也可以称为工程技术的可行性。它是以当前的各种技术规范、科学理论和实践为基础构成的。这就要求策划者必须熟悉技术规范,同时具备相当的专业知识和文献运用水平,否则,都可能导致策划失败。例如,四川华蓥山天池曾经策划了一个旅游活动项目——水下火车。这个创意本无不可,但是忽略了华蓥山地区是以喀斯特作为地质背景的。喀斯特特有的水文地质特征使该项目实施的难度极大,为了弥补地质条件本身缺陷所需的防渗漏措施需要巨额的资金投入。像这样忽略工程技术可行性的旅游策划是注定要失败的。

需要指出的是,工程技术是不断发展的。尤其在当代,科学技术的发展速度使许多不可能成为可能,使很多幻想成为现实。旅游策划注重独特性和超前性,最新的科学技术应用可能成就良好的旅游策划创意。例如,青藏铁路高科技豪华车厢的引进、南非富翁的天价太空之旅等都是这方面的例子。作为旅游策划者,了解现代科技的最新前沿将使自己的策划创意也处在最前沿的位置。

本章小结

1. 对旅游策划来说,市场需求是导向,资源评价是基础,项目策划是灵魂,政策法规是保障,工程技术是支撑。

2. 旅游资源的概念在逻辑上分为内涵和外延两部分,自然旅游资源和人文旅游资源是它的内涵,随着旅游业的发展,旅游资源的外延越来越宽泛,类型越来越多。旅游资源的评价分为定性评价和定量评价两种。

3. 良好的项目策划需要做到三点:一是要善于发现、挖掘吸引物资源或其他旅游产业资源的独特性及优势。二是旅游策划要善于整合各类旅游产业资源要素。三是旅游策划要把握住旅游产业资源要素与旅游产品要素间的逻辑联系。

思考与练习

1. 除了本章的描述,您认为旅游策划的理论基础还应该进行哪些补充和完善?

2. 您可以对本章的理论基础体系和其他教材或著作中的理论体系加以比较,然后选择您的偏好,并思考您做出选择的理由。

3. 考虑一下本章中五种基础要素之间的关系,对其在旅游策划中的作用进行描述。

4. 请您从市场需求、资源评价、项目策划、政策法令和工程技术五个方面分别对一个成功的策划项目和一个失败的策划项目进行分析,探讨成功或失败的原因,并思考是否还有其他影响因素。

案例分析　湖南紫鹊界研学旅行基地的项目策划

第三章

旅游策划的条件及环境分析

学习导引

旅游项目开发的条件和发展环境被划分为三个部分：项目外部环境，即影响旅游业和旅游项目策划的外部宏观环境因素；旅游区位，即一定区域范围内与旅游项目所在地域相关并通过空间得以表现的各种要素；地块分析，即旅游项目所在地域的各种环境要素。那么，这三个部分分别对旅游项目有什么影响？确定旅游项目外部环境调查与分析要素的方法有哪些？通过本章的学习，我们将探讨相关的分析方法，并具体了解和回答这些问题。

学习重点

通过本章学习，重点掌握以下知识要点：
1. 外部环境（External Environment）的概念及常用分析方法
2. 区位分析（Location Analysis）的内容及其方法
3. 地块分析（Plot Analysis）的内容及其方法

旅游项目以其依托的具体地域作为空间背景。对旅游项目的策划,既要考虑旅游产业外部环境对旅游策划及实施的影响,又要考虑地域所处区位对旅游项目发展产生的利弊,还要对项目所处地域本身的内部空间结构进行分析。应该说,上述三个方面构成了旅游项目发展条件和发展环境的主要内容,对这些因素的分析是旅游策划是否科学、是否具有可操作性的先决条件。这些分析是否到位,直接影响着旅游策划水平的高低。

第一节　旅游外部环境调查与分析

如何确定旅游项目外部环境调查与分析的要素,目前已有很多方法。其中具有代表性且经常用到的如 SWOT 分析法、PEST 要素分析法等。

一、SWOT 分析法

SWOT 分析法,是由美国管理学家斯坦利提出的,用于客观地分析和研究一个企业或产品发展中面临现实情况的方法。应用这种分析方法,通过对企业或产品发展的内部条件和外部环境的分析,可以从中找出对企业或产品发展有利并值得发扬的因素,以及不利并应该规避的问题,明确以后的发展方向,有针对性地探寻解决问题的办法和措施。

旅游策划的 SWOT 分析,主要是指分析开发项目或理念的优势、劣势、机遇和威胁。通常是按照 SWOT 分析的四个部分,分别对旅游产品开发的优势(Strength)、劣势(Weakness)、机遇(Opportunity)和威胁(Threat)进行分析。其中,优势和劣势分析,是指对旅游项目本身内在能力的分析,这些内在能力包括资源条件、要素投入、市场份额、经营管理等方面的内容,以明确和把握旅游项目开发的比较优势和

> 知识关联:斯坦利·E·西肖尔(Stanley E. Seashore)担任过多年的人事主管与管理顾问,被称为现代管理学的大师之一。1965年,西肖尔在《密歇根商业评论》上发表了他最著名的管理成果——《组织效能评价标准》,在企业管理领域引起了极大重视。

存在不足;机遇和威胁分析则是对旅游项目外部环境的分析,包括市场供求、竞争对手、环境变化、发展趋势等方面的内容,以找出旅游项目开发的机遇和潜在市场,同时明确旅游项目开发面临的竞争和挑战。

SWOT 分析法可以包括以下主要步骤(罗明义,2004)。

(一)收集和分析相关资料

按照 SWOT 分析的要求,收集和排列旅游项目的相关要素,编制 SWOT 分析表对旅游项目开发的内在条件和外部环境进行分析。其中旅游项目开发的内在能力要素一般包括特色、成本、竞争、管理、市场占有率等,外部环境要素重点是对总体旅游市场状况、旅游发展趋势、政府政策导向、可进入条件等方面的分析。

(二)确定变量因素的影响程度

确定变量因素的影响程度主要是在 SWOT 分析的基础上,找出影响旅游项目开发的主

要变量因素,并根据每一个变量因素对旅游项目开发影响的大小,确定每一个变量因素的权重,然后对每个变量的实际状况进行量级评分,从而计算出各变量因素对旅游项目开发的影响程度和水平。

（三）确定旅游产品开发战略

按照 SWOT 分析方法,以旅游项目开发的内在条件 SW 为纵轴,旅游项目开发的外在环境 OT 为横轴,划分出四象限坐标图(如图 3-1 所示)。

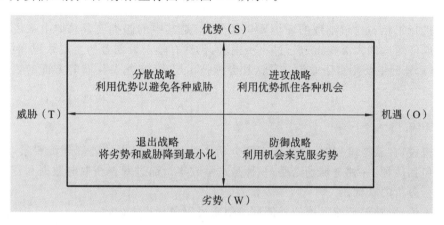

图 3-1　SWOT 分析图

（四）制订旅游策划及开发战略计划

制订旅游策划及开发战略计划首先要计算 SW 和 OT 的代数差,并根据结果在四象限图上标示出拟策划或开发的旅游项目所处的位置;其次,根据 SWOT 分析图提供的参考战略模式,制定具体的项目策划。

旅游项目的 SWOT 分析对把握旅游项目开发的内外环境和条件,增进旅游项目开发的成功性和竞争力具有重大意义。但是,如何全面和准确地把握旅游项目内部和外部环境中的主要要素,却要依靠策划者和规划者的经验和知识积累。一旦分析需使用的要素收集和排列出现偏差,就有可能对旅游策划造成重大失误。

知识活页　　福建连城冠豸山旅游度假区 SWOT 分析

二、PEST 要素分析法

PEST 要素分析法是在分析发展面临的宏观外部环境时经常使用的一种方法。它将宏观外部环境因素概括为四类:政治因素、经济因素、社会因素、技术因素,对于这四类因素的分析,即所谓的 PEST 分析。PEST 分析能够找出影响项目策划及实施的关键外部因素,这种方法主要有三个步骤。

(1) 分别从政治、经济、社会、技术四个方面,确定项目策划及实施时需要重点考虑的因素。

(2) 调查并获取所需信息,并对这些因素进行分析。

(3) 对这些因素进行评价,确定旅游策划的可行性。

与 SWOT 分析中对外部环境概括为机遇和威胁相比,PEST 分析法对旅游项目的外部宏观环境进行了相对比较细致的环境要素区分,但是其中的四类要素总体上来说仍然是粗线条的。如何对这四大类要素进行进一步细分,仍然有赖于策划者的主观认识和经验积累。另外,PEST 分析主要侧重于政治、经济、社会和技术层面,自然及生态等方面的要素则并未加以考虑。

三、旅游项目发展的外部环境要素

总体来说,在旅游策划时,需要调查和分析影响旅游业发展的外部环境要素,其中调查方法主要包括两种:一种是现场踏勘;一种是文献收集。通过调查获取的数据和资料是对外部要素进行分析的基础。

总体来说,影响旅游业发展的外部环境要素可以包括以下内容。

(一) 地理位置

要明确旅游项目所处的地理位置及其与周边地区的关系。它在策划中与主要客源市场的距离有关,是市场分析的一个重点。从旅游线路安排上,地理位置也决定着项目所在地域能否被编入多个目的地旅游线路中去,以及是否有机会发展为与周边地区形成互补的旅游产品体系。

(二) 自然环境

自然环境主要调查内容包括地质、地形、气候、水文、动植物、生态系统和自然资源地区等。对自然环境的分析可以包括三个方面:一是对可以成为旅游吸引物或是对项目有利的自然条件的识别与甄选;二是通过对自然环境调查资料和数据的分析,要能够识别出对旅游项目造成不利影响的自然环境要素,尤其是可能造成自然灾害的要素,例如台风、洪水、泥石流、滑坡等,从而在旅游策划中寻求趋利避害的解决措施;三是要寻找出自然环境的脆弱因素和脆弱地带,在旅游策划中要通过合理途径来减轻旅游活动及旅游建设对自然环境造成的负面影响。

(三) 历史与文化

了解项目所在地域的历史和文化对旅游策划来说是非常重要的。如考古和历史遗址、历史事件的发生地、当地的风俗民情等本身就可能是非常重要的旅游吸引物,同时它们还对当地社区居民的生活方式、习俗、艺术、手工艺和价值观等有着深刻的影响,它们一方面影响着旅游业,另一方面也受到旅游带来的种种正面或负面的影响。

(四) 人口

人口调查的主要内容包括人口数量、地域分布、流动趋势、年龄、性别、就业和受教育程度等。通过对这些内容分析可以了解劳动力供给情况,从而为旅游人力资源规划提供重要依据。

(五) 经济模式

要了解相关的经济背景,包括主要经济成分、国民生产总值、收入水平和分配方式、进出口类型和贸易额,及其他影响旅游业经济分析的经济因素,还要了解旅游业与其他经济部门间的关系。要注意一些特殊经济活动,例如,传统农耕、捕鱼以及大面积的花卉、果树种植等,它们都可能成为旅游者感兴趣的景点。同时,对经济背景的了解也是确定旅游投入和预测旅游收益的重要依据。

(六) 土地利用现状、土地利用规划和土地使用权

要对土地利用模式,如农业用地、工业用地、交通用地、商业用地和保护区、居民区等分布进行详细的调查。了解土地利用现状及规划是为了更合理地选择旅游项目的用地。另外,土地所有权和使用权是决定某个地域土地是否能用于旅游开发的决定因素。

(七) 环境质量

环境质量水平对旅游者和当地居民都非常重要,特别是已经开辟为旅游区或具有旅游开发潜力的地域。因此,要对旅游策划地区的总体环境质量进行调查和评估。调查中的环境质量要素主要包括空气质量、地表和地下水质量、地质环境质量、噪音水平、主要污染源、环境疾病、公共场所的清洁、拥挤程度、风景景观等。

(八) 开发政策和规划

要了解现有的开发政策和规划,尤其要关注基本经济、自然、社会发展政策和战略,对这些政策认真研究,研究与制定旅游政策相关的总体政策。同时,一些现行的城市规划、自然开发规划和项目计划可以为旅游策划所研究、借鉴和遵循。新的或修编的道路和机场的规划,以及一些新建、改建城区或工业区的规划会影响旅游策划决策。

(九) 政府和旅游组织

政府及其组织结构的总体设置是决定政府在旅游开发中作用的一个重要考虑要素。要了解与旅游直接相关的政府机构,如交通和通信、环境保护和文化发展、建设以及规划部门等,不仅要了解这些机构本身,还要了解这些机构之间的协作关系。要调查评价负责旅游政策和规划实现的现有旅游部门、旅游协会、顾问机构或委员会的构架、职能和员工配备情况。要说明当前旅游部门的组织结构及其与其他政策部门之间的关系。此外,还要了解私营部门中的旅游相关组织(如饭店、旅行社和餐馆协会)的职能、组织结构、员工配备、效率及其与政府相关部门的关系。

(十) 投资及基础服务设施

要研究包括旅游项目在内的现行项目投资政策,从而为旅游项目建设过程中的资金筹措提供依据。要了解与投资政策决策相关的可用于旅游项目投资的当地和外部资本情况,包括旅游设施和旅游相关基础设施,这些是计算旅游项目开发所需资金投入数额的基本根据。

(十一) 法律法规

要了解现行的旅游相关法律法规,包括一些具体旅游法规,如饭店标准和分类体系、关于旅行社和导游服务的法规,以及关于土地使用规划、建筑结构、饮用水标准等涉及旅游业的专项法规、标准。所有这些法律法规都会直接影响旅游策划是否能成功实施以及旅游业的有效管理。

（十二）旅游教育和培训

要了解现有的旅游教育和培训计划及其相应的机构。这是旅游策划中人力资源规划开发研究的一部分。这些教育培训计划包括景区、饭店、餐饮、旅行社、旅游管理部门的规划、营销和基本技能的培训。

> **知识活页** 湖南省新化县旅游目的地建设的发展条件分析

第二节 旅游区位分析

一、区位和区位理论

区位论作为一种学说，诞生于1826年德国农业经济和农业地理学家杜能的著作《农业和国民经济中的孤立国》。在德语里，"区位"（Standoft）是个复合词，前半部分"Stand"，是"站立""位于"之意，后半部分"oft"表示"地点""场所""位置"等意思。组合在一起，即"站立之地""位于……地点"。因此，它在日语里译为"立地"。1886年，"区位"一词在英语中被翻译为"Location"，该词意义为"场所""位置""定位"等。1937年杜能的著作译成中文，并开始运用"区位"一词（陆大道，1988）。

知识关联： 杜能（Johann Heinrich von Thünen），德国经济学家，被认为是经济地理学和农业地理学的创始人，主要著作有《孤立国同农业和国民经济的关系》（简称《孤立国》）三卷。

区位论是关于人类活动的空间分布及其空间中的相互关系的学说。自杜能的农业区位论产生至20世纪30年代德国地理学家克里斯塔勒的"中心地理论"提出之前一百年时间里，基本局限于农业、工业等产业部门区位论的实践和理论研究，即农业企业、工业企业配置场所的研究。20世纪30年代以后，特别是第二次世界大战以后，随着经济的发展，人类活动的性质、范围，人们的需求以及社会经济结构都发生了很大的变化。最明显的是各种形式的服务业在国民经济和社会中的地位大为提高，国民收入和个人收入的大幅度增加和劳动时间的缩短，促进了旅游、休闲活动的发展。据此，区位论研究的领域也大为扩展。

下面就列举部分在学术界产生重大影响的一些区位理论。

(一)杜能及其农业区位理论

杜能在其1826年出版的《农业和国民经济中的孤立国》一书中提出了著名的农业区位论。其中心思想可以表述为：农业土地利用类型和农业土地经营集约化程度，不仅取决于土地的天然特性，更重要的是依赖其经济状况，特别取决于它到农产品消费地(市场，具体的指城市)的距离。杜能从运输费用、级差地租、产品价格等角度论证了"孤立国"及内部结构差异的存在和形成原因。他认为农产品市场(城市)周围土地的利用类型以及集约化程度(利用方式)变化与距离关系密切。围绕消费中心地形成一系列的同心圆，称作"杜能圈"。它共分成六个圈，从中心向外依次的土地利用方式为：种植园艺作物和饲养奶牛，林业，非常集约的农作物种植(二年轮作)，非集约生产的牧草种植和放牧，粗放的三年轮作，放牧与粗放的种植业。该理论指出并论证了农业生产空间差异(地域分异)的形成和模式，对地区的农业发展、地域结构给予了确定的原则。

知识关联：阿尔弗莱德·韦伯(德语：Alfred Weber，1868—1958年)德国经济学家、社会学家和文化理论家。1909年出版的《工业区位论》一书，创立了工业区位理论，深刻影响了现代经济地理学的发展。

(二)韦伯和工业区位理论

1909年阿尔弗莱德·韦伯《论工业的区位》的发表，标志着工业区位论的问世。韦伯理论的核心是通过运输、劳动力和集聚因素相互作用的分析与计算，找出工业产品生产成本最低的点，作为工业企业布点的理想区位。他首先分析了运输费用对工业区位选择的影响，认为要使工业生产取得最低成本，首先要寻求吨公里总和的最低点。因为运费与吨公里的多少是成正比的。运费差异的产生除了运距这个显而易见的因素外，另一个就是原材料的特性。为了分析原材料特性对区位的影响，他将原材料分成局部性原材料、遍在性原材料以及纯重原材料、失重原材料，用三角形、多边形论证不同种类原材料情况下最适宜的企业区位。其次，考虑劳动力、集聚两个因素引起区位图形的变化。韦伯以费用等值线圈、结构圈作为区位分析的工具，具有相当的价值。

(三)克里斯塔勒和"中心地理论"

德国地理学家克里斯塔勒于1933年出版了《德国南部的中心地》，在书中他从中心居民点、城市的供应、行政管理、交通等主要职能出发，论证了城市居民点及其地域体系，深刻地揭示了城市、中心居民点发展的区域基础及等级—规模的空间关系。将区域(或国家)内城市等级与规模关系形象地概括为正六边形模型。

为了揭示城镇的等级、职能以及在空间中的关系，克里斯塔勒运用了"中心地""中心性"和"中心货物与服务"等概念，

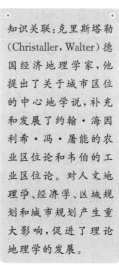

知识关联：克里斯塔勒(Christaller, Walter)德国经济地理学家，他提出了关于城市区位的中心地学说，补充和发展了约翰·海因利希·冯·屠能的农业区位论和韦伯的工业区位论。对人文地理学、经济学、区域规划和城市规划产生重大影响，促进了理论地理学的发展。

探讨了中心地对周围地区承担中心服务的职能,中心地在理论上必须最接近所属地区的地点。即在正常情况下应当位于正六边形服务区域的中央。克里斯塔勒分析了城市等级形成的行政管理、商品和服务的供应及交通三个因素,提出了这三个因素对城市等级、体系的形成共同地起作用。他认为,在开放、便于通行的地区,市场经济的原则可能起到主要作用;在山间盆地或其他与外界比较隔绝的地区,行政管理的作用更为重要;在年轻的国家和新开发的地区,交通线对移民来说起着"先锋性"作用,交通原则占主导地位。他推导出三种因素分别作用下各自的中心地等级数量系列以及中心地相对于由它服务、供应、管辖的区域排列关系及其中的数量关系。例如,在行政管理原则下,一个中心平均要管理6个亚中心及区域;在市场供应原则下,一个中心供应2个亚中心及区域;在交通原则下,一个中心供应3个亚中心及区域。

(四)廖什和市场区位理论

廖什在1940年出版《经济的空间分布》一书,提出了市场区及市场网的理论模型。其特点是把生产区位和市场范围结合起来。他提出,生产和消费都在市场区中进行,生产者的目标是谋求最大利润,而最低成本、最小吨公里的区位却不一定能保证最大利润。因此,正确地选择区位,是谋求最大市场和市场区的关键所在。廖什用企业配置的总体区位方程求解各生产者的最佳配置点,通过产品的价格、运费等推导出需求曲线和销售量,而销售量可以换算出市场区的面积。当空间中只有一家生产或在初始阶段几家同时生产某种产品时,会形成圆形的市场区。但圆形的市场区是不能持久的,因为圆与圆之间总会有空角未被占领。竞争者不断出现,占据空角,并将圆挤在一起,最后形成蜂房结构,也就是正六边形的市场区。廖什还用公式推导了不同规模的市场区面积。他认为,市场区和市场网的排列并不是任意的,而是取决于经济原则。根据这个原则,必然有一个大城市,环绕这个大城市的是它的一系列市场区和竞争点,这种市场网系统形成的经济空间分布的等级序列,廖什称之为"经济景观"。

知识关联:奥古斯特·廖什(August Losch, 1906—1945),德国经济学家,1940年的出版了《经济的空间分布》,进一步发展了工业区位论,从而形成廖什的市场区位理论。

二、旅游项目的区位分析

王瑛、王铮(2000)认为,传统的区位理论在旅游区位分析中存在很大的困难,主要表现在以下几方面。

一是旅游业的资源是分散的,而且是不可移动的,除了少数主题公园、游乐园可以在任何位置重建外,自然景观、人文景观和历史遗址,是不可能在其他地方重现的。旅游活动只可能在具有旅游资源的地方进行。相反,在韦伯区位论中,工业资源和工业产品是可以自由运输的,而且运输费用的变化直接影响工业区位。因此,韦伯工业区位论不能恰当分析旅游业区位。

知识关联:详细内容可以查看王瑛、王铮2000年在地理学报上发表的《旅游业区位分析——以云南为例》。

二是旅游业资源不同于工业或农业的原材料,它们是不同质的,各种景观的吸引力会因旅游者的不同而产生变化,人们的旅游活动与价值观念和经济发展水平密切相关。不同地区的经济发展、文化背景不同,居民对旅游的需求不同,对旅游点喜好也不同。在旅游业中,难以对旅游资源普遍的异质性、个人偏好进行排序,所以,旅游区位不能使用传统的区位论。

三是在传统区位论中用于解释区位现象的理论模型是廖什公式。该公式中不同的产品具有不同的生产成本和运费。在追求最大利润的条件下,不同的产业分别处于使自己获得最大经济利润的位置上,从而产生不同的产业带。但是旅游产品,如旅游景点不能分割为单位产品,而是可以供多人同时享用,单位产品的市场销售价格及生产成本失去了意义。同时,旅游景点等是不可移动的,产品运输费用也无意义,与空间失去联系。此外,旅游业同其他第三产业部门一样,属于服务性行业,旅游业提供给消费者更多的是精神上的满足。在旅游产品价格构成中,直接用于参观、游览和娱乐的支出在整个旅游产品中占的比重一般不高,食宿费、交通费往往占很大比重,它们与作为旅游产品的景点没有联系。因此,旅游区位不能用立足于企业利润的廖什公式来讨论。

尽管传统的区位理论在应用于旅游项目的区位分析中存在种种困难,但它仍然是我们在旅游策划过程中需要借鉴的重要依据。传统区位论正如廖什在《经济的空间分布》一书的序言所说:"事物存在的时间是一定的,但我们却可能主动地选择它所在的地点,……凡是有生命的事物都需要选择正确的区位。当然,一个经营得好的企业、建设一座城市,以及能够得到发展的集聚区,也都需要选择正确的区位。不仅如此,事物一旦处于正确的地点,也就会产生法则。"因此,它在生产确定的情况下,通过一定法则去寻找合适的区位。而旅游策划恰恰相反,它的区位往往是固定的,但对旅游项目针对的市场范围、项目的定位和建设规模以及生产什么样的旅游产品等问题仍然需要策划师根据区位包含的条件进行策划。因此,需要特别指出的是,其中需要的法则也往往是共通的。也就是说,传统的区位法则有助于策划师在区位固定的情况下探寻项目应该包含的内容。

据此,在对旅游项目进行区位分析时,应该从以下几个方面来考虑区位要素对旅游项目的影响。

(一)旅游项目的资源影响力

旅游项目的资源影响力主要考虑资源条件本身在区域范围内的影响力,以及区域范围内不同旅游项目的空间作用。资源本身的影响力可以通过旅游资源评价来予以衡量,而不同旅游项目的空间作用主要表现为两种方式,即竞争性与互补性。

(二)游客集散地

游客集散地往往是中心城市或区域中心城市。它是对旅游项目进行区位分析的基础,因为它提供了旅游项目赖以生存和发展的客源保证。以九寨和黄龙为例,漳扎镇既可以通往九寨沟也可以通往黄龙,是两个景区的游客集散地,但是它距九寨沟更近一些,所以从九寨沟到漳扎镇形成了游客的集散区域,前往黄龙景区的人就少了很多。如2012年九寨沟接待游客363万人次,而黄龙景区接待游客为231万人次,这就是集散地的功能。要了解游客集散地的游客规模和偏好,以及游客集散地与旅游项目所在地域的空间位置关系。

(三)交通

交通直接影响旅游目的地的通达性以及游客到达目的地花费的时间。二者都直接影响

旅游项目及旅游目的地的吸引力。王瑛、王铮(2000)对云南做的调查表明,凡是旅游业发达、游客量大的旅游点,它的边际路途花费时间与目的地游览时间之比大于等于1,如果边际路途花费时间与目的地游览时间之比小于1,则尽管有良好的旅游资源,但旅游业仍然得不到发展。

(四) 旅游花费

要了解旅游项目的区位条件对游客旅游花费造成的影响。它直接影响着旅游项目能吸引的游客人数及其消费水平。

(五) 可以改变的区位要素

区位要素往往不是固定不变的。如果根据上述内容分析发现了区位劣势,可以考察哪些因素是可以进行改变的。改变方式有多种,依据区位要素的不同而不同。例如,通过空间竞争分析,发现旅游项目可能与现有的项目存在较大的竞争,那么,可以通过重构特色资源来加以改变;通过交通要素分析,发现路途时间过长而影响游客的旅游收益,那么,可以考虑改善交通道路或增加更加便捷的交通方式。

区位分析是旅游策划基础工作中至关重要的一环,它是旅游项目发展条件分析中的重要内容,直接影响着旅游策划的内容和方向。总的来说,旅游项目的区位分析尚缺乏固定的模式和标准,经验在其中仍然占有重要地位,但传统的各种区位理论中包含的区位法则和思想应该成为旅游项目区位分析的一个基本出发点。

第三节 旅游地块分析

任何旅游项目的策划,最后都要落实在具体地块上。地块既是旅游策划中各种控制指标的基本载体,也是进行旅游项目开发建设的基本单元。如果说旅游区位分析更多的是把地块作为一个"均质"的整体,着重考虑整个地块各种区位要素在空间上的分布格局并分析它对旅游项目影响的话,那么地块分析更加注重地块内部空间格局及其对具体开发建设的影响。因此,地块分析考虑的问题比较具体,要求具有很强的实践性和可操作性。

具体来说,地块分析可以包括以下三个层次。

一、宏观层次

地块分析的宏观层次即对区域环境的分析评价。这一层次主要包括以下内容。

(1) 地脉。地脉是对地块天然环境的总体分析评价,包括地块的地形、水系、植被、环境质量等要素。

(2) 文脉。文脉是对地块范围内历史文化的综合分析和评价,找寻最能够反映地块人文特色的历史文化要素。

(3) 空间分析。空间分析对地块内部现有功能的空间分布进行识别和评价。

(4) 土地利用格局。旅游项目建设往往受到现有土地利用格局的限制,很多时候还需要改变现有土地利用的性质。因此,对现有土地利用类型的空间分布进行了解并加以评价就显得十分重要。

（5）基础设施和服务设施。基础设施和服务设施对地块内现有的建筑、道路交通、供电、供水、通信等设施进行整体分析和评价。

应该说，对旅游项目地块宏观层次上的分析，明确了地块利用的基本方向，它直接反映了地块的利用现状。该分析为项目地块的利用提供基础条件，是项目规划建设可行性的基本保障。地脉和文脉分析是难点，也是宏观分析中主观色彩最浓厚的部分。

二、中观层次

地块的中观层次分析主要包括建筑物和建筑物组合、地块各种功能空间和交通组合。这一层次上的分析主要对项目地块的旅游功能在空间上的分布进行分析，为策划中地块合理旅游功能空间布局、保证各种旅游要素在空间上的顺畅流动提供依据。因此，对旅游项目来说，对其所在地块的中观分析就是考察建筑、空间及交通等要素是否有助于旅游项目各种旅游功能的实现。

中观分析重在分析地块的环境、空间，地块与周边用地的关系，以及旅游项目如何在有限的空间内合理组织各旅游功能和旅游项目。

三、微观层次

微观层次即人与环境的关系。它是最注重细节的一个层次，考虑游人在地块内游览时面临的具体细节问题。例如，景区内的垃圾设施、旅游步道的用料、沿街建筑的立面风格和层次、旅游店铺内的购物空间、游客广场的休息设施等。总体来说，微观层次包括的范围极为宽泛，也极为烦琐，但它为游客直接接触和使用。微观层次主要考虑人在项目开发后能不能获得更好的居住空间，能不能获得更适宜的居住环境。俗话说，"细节决定成败"，对微观层次分析到位与否，往往直接影响项目开发建设的细节质量，从而决定旅游策划的成功与否。

本章小结

1. SWOT分析法和PEST要素分析法是确定旅游项目外部环境调查与分析要素具有代表性的两种方法。与SWOT分析中对外部环境概括为机遇和威胁相比，PEST要素分析法更加侧重政治、经济、社会和技术层面，自然及生态等方面的要素则并未加以考虑。

2. 区位分析是旅游项目发展条件分析中的重要内容，直接影响旅游策划的内容和方向。传统的各种区位理论中包含的区位法则和思想应该成为旅游项目区位分析的一个基本出发点。

3. 地块分析注重地块内部空间格局及其对具体开发建设的影响，包括宏观、中观和微观三个层次。宏观层次即对区域环境的分析评价，中观分析重在地块的环境、空间分析，以及地块与周边用地的关系，微观层次分析人与环境的关系。

 思考与练习

1. 旅游项目的外部环境要素包括哪些内容？
2. 通过查找文献，请再列举1—2个外部环境分析的方法。
3. 对旅游城镇的地块分析应着重考虑哪些因素？
4. 通过文献收集，请撰写一篇关于区位理论运用于旅游策划的研究综述，并思考目前的研究有哪些不足以及今后可能的发展方向。

 案例分析 陕西洋县华阳古镇的风水格局

第四章

旅游策划的市场调查

学习导引

在旅游市场的调查研究中,必须认真研究游客的行为,认清游客行为的时空特征,游客在目的地空间移动过程对目的地商业业态空间布局起着决定性的作用,游客的时空行为与商业业态的关系是市场调查的重点。竞争者的分析研究是另一个重点。如何进行游客的行为研究?什么是"系统量化研究法",如何用它对竞争者进行更科学、更准确的研究?通过学习本章,逐个找寻具体答案。

学习重点

1. 游客行为(Tourist Behavior)研究的内容及其重要性
2. 竞争者(Competitor)的分析方法及运用
3. 商业业态(Commercial Configuration)的分类及调查内容
4. 空间行为模式的分类及其分析

第一节　游客行为研究

游客对旅游产品和服务的偏好是不断变化的,为了应对这一不断改变的状态,并且为某一市场提供一个合理的营销组合,营销人员必须对游客行为有比较全面的了解。

游客行为描述游客如何做出购买决策,如何使用和处置购买的产品和服务。游客行为研究的基本要求是善于发现游客基本需求,对游客的时间空间消费规律做整体把握。游客行为研究还包括分析对购买决策和产品使用产生影响的那些因素。

一、游客基本情况研究

游客基本情况调查分析可以分为以下几个类别:地理、人口特征、旅游动机、心理、行为。

这五类中的每一类都包括几个可供选择的特征,在这五类之间可以任意组合,可选的细分因素超过 100 种。所以,从如此众多的可能性中选出合适的一种的确是市场细分过程的一个重要问题。

(一)地理细分法

这是在旅游服务业中运用最广泛的市场细分方法。地理细分法意味着将市场划分成具有相同地理位置的顾客群,他们的地理范围可能很大(如几个国家),也可能很小(如一个社区)。一些旅游目的地营销组织,如澳大利亚旅游委员会和英国旅游局都使用客源国作为基本的市场细分基础,我国也不例外。例如,在境外市场营销武侯祠时,东南亚和东亚国家是主要目标市场,实践经验也告诉我们,日韩和东南亚游客前往武侯祠的很多,欧美人较少,这就是同一个文化圈会产生的影

知识关联:一个真正的市场细分有哪些标准?①各个划分不同(不同划分有不同需求);②同一个划分内部相同(具有相同需求);③对市场刺激做出相似回应且对市场干预有反应。

响。与之相反,香格里拉的营销若指向东南亚就非常荒谬,因为东南亚国家对香格里拉很难形成文化认同,若针对欧洲和北美市场则接受度和认同度非常高,这源于 17 世纪到 18 世纪整个欧美国家对我国藏族文化的喜好,当时很多欧美科学家、探险家来到藏区写下很多游记和科普著作。

(二)人口特征细分法

人口特征细分法意味着基于人口的统计学特征划分市场。这些资料主要来源于人口普查信息,包括年龄、性别、家庭总收入和平均收入、家庭大小和构成、职业、受教育水平、宗教信仰、族裔、住房类型以及其他因素。

同时运用人口特征和地理两种细分方法的情况是非常普遍的,从而产生了一种称为人口地理细分法(一种使用地理特征和人口特征的两阶段细分法)的技术。

(三)旅游动机细分法

在选择一种基本市场细分基础时主要考虑它代表的对顾客行为影响最大的因素。将旅游目的地市场划分为商务旅游市场、娱乐和个人旅游市场两个主要部分,这是一种已被普遍接受的细分方式。一般认为商务旅游者和娱乐旅游者的需求大不相同,例如,商务旅游者更喜欢住宿设施接近他们的工作场所;而在度假时,同样的一些人却希望选择接近景点的住宿设施。娱乐旅游者花费自己的金钱,而商务旅游者由单位付费,所以娱乐旅游者对价格更加敏感。因此,旅游目的地市场细分经常使用以旅游动机为基本的市场细分基础的两阶段细分法或多阶段细分法。

(四)行为细分法

行为细分法通过顾客使用场景、效益、使用者身份、使用频率、忠诚度情况、购买力阶段和对服务产品的态度等因素来划分顾客群。换句话说,它使用了顾客对某类特殊产品或服务(如餐馆、酒店、航空公司、旅行社)或特定商标(如"嘉年华""迪士尼")的过去、现在或潜在行为的一些因素。

(五)心理细分法

心理细分法最近才得到普及。心理特征产生于顾客的心理状况以及以心理学为基础的不同生活方式标准。其中,生活方式以人们如何花费时间(行动,Activities),什么是他们认为重要的事情(兴趣,Interests),他们对自己和周围事物的评价如何(观点,Opinions)——即他们的AIO(行动,兴趣和观点)为特征,这些就是在生活方式细分法中要使用的所有要素。

(六)VALS细分系统

VALS是目前比较流行的一个市场细分系统,属于心理细分法的一种,其作用是作为旅游市场研究的工具。它指的是"价值、态度与生活方式"。这个概念是由SRI International研究出来的,在宾夕法尼亚州商业部的一份报告中,它首次被作为旅游市场研究工具。

VALS类型学是价值和生活方式计划(Value and Lifestyle Program)的基础,它把人们的生活方式分为十种,我们根据其自我形象、期望、价值和信仰以及他们习惯使用的产品,又把他们划分为三大类别。

这三大类别和十种生活方式分别是:
- 需求驱动群体(Need-Driven Groups)。
- 生存者生活方式(Survivor Lifestyle)。
- 维持者生活方式(Sustainer Lifestyle)。
- 外向型群体(Outer-Directed Groups)。
- 归属者生活方式(Belonger Lifestyle)。
- 竞争者生活方式(Emulator Lifestyle)。

知识关联:SRI International即斯坦福国际咨询研究所,是美国较大、较著名的民间研究机构之一,主要为美国政府,尤其是国防部,以及工商企业从事范围广泛的研究,在美国国防、外交、经济、科研等方面起着重要作用。

- 成就者生活方式(Achiever Lifestyle)。
- 内向型群体(Inner-Directed Groups)。
- 自我为中心的生活方式(I-am-me Lifestyle)。
- 经验主义生活方式(Experiential Lifestyle)。
- 交际广泛的生活方式(Widely Sociable Lifestyle)。
- 外向型与内向型相结合的生活方式(Combined Outer-and Inner-Directed Lifestyle)。
- 混合型生活方式(Integrated Lifestyle)。

VALS是旅游市场营销中很有用的一种工具。生活方式变量反映了人口统计学以外的东西,它非常真实,且很有意义。VALS的关键部分是归属者、成就者和交际广泛型群体,它提供了关于市场细分、广告和媒体选择等方面的信息,这些信息都很有价值。

市场营销中一个可以指望的东西就是变化。因此SRI International提出了一个新的VALS2,如图4-1所示。

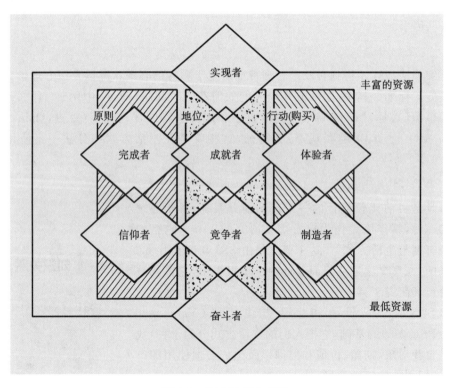

图4-1 VALS2细分系统

(本系统按SRI国际价值观念与生活方式计划制定,是一个对消费者进行细分和对消费者行为进行预测的消费心态系统)

(1) 实现者(Actualizers):拥有高收入,高自尊,足智多谋,消费选择直接指向"生活中的美好事物"的人群。

(2) 完成者(Fulfilleds):成熟、负责任和受过良好教育的专业人员,容易接受新思想、收入高、讲究实际、以价值为中心的消费者。

(3) 成就者(Achievers)：这一群体是一些成功者，他们以工作为中心，从工作和家庭中获得满足，支持老牌产品。

(4) 体验者(Experiencers)：细分市场中最年轻的一个群体，平均年龄在25岁左右，他们寻求花样和兴奋，欲望强烈，把大部分的钱花在服装、餐饮、音乐和年轻人喜欢的东西上。

(5) 信仰者(Believers)：他们生活的中心是家庭、教堂、社区和国家，这类消费者比较保守，容易预测，他们支持本国产品以及老品牌。

(6) 竞争者(Strivers)：价值观念同成就者相同，但是缺乏智谋，他们竭力仿效成就者，这对他们来说是一种十分重要的生活方式。

(7) 制造者(Makers)：这类人比较现实，注重自给自足，集中于自己熟悉的事物。

(8) 奋斗者(Strugglers)：这一群体收入最低，生活受到限制，他们在力所能及的情况下往往忠实于品牌。

二、游客消费的时空行为研究

对于游客行为研究，国内学者并无形成统一认识，各人都根据其研究角度侧重于行为的不同层面。这是因为，一方面，行为研究工作在国内较难开展，研究成果难以应用到实际工作中；另一方面，行为研究本身就是复杂的，两者结合决定了旅游行为研究的复杂性。

《旅游经济分析》中对游客行为的定义为："所谓游客行为是指游客在认识购买、消费和评估旅游产品全过程中反映出来的心理过程、心理特征和行为表现。"并指出游客行为是贯穿于游客旅游活动整个过程的全部行为表现，它包括游客收集有关旅游产品信息而产生购买动机(动机行为)，并经过对信息筛选比较做出购买决策(决策行为)，进行旅游活动(空间移动行为)及事后评价。游客行为不仅反映了游客购买和消费旅游产品的全部心理和行为过程，还反映了游客购买和消费旅游产品的全部心理和行为特征。总体而言，可将游客行为划分为三个主要行为过程：游客动机行为、游客决策行为和游客空间移动行为。

按旅游进程和游客活动特点的不同，将旅游行为分为旅游前行为、旅游中行为和旅游后行为，并制定出旅游行为的概念框架，如图4-2所示。

从行为科学的角度看，空间行为是指特定空间的人类行为。佳克尔认为空间行为是"与利用场所有关的人类的知觉、选择、行为。"他提出了由5个环节构成的空间行为模式：①对象环境(Object Environment)，②知觉(Perception)，③认知(Cognition)，④地理优选(Geographical Preferences)，⑤空间活动(Spatial Activity)。他认为对象环境就是现实世界发出的各种信号，根据信号的强度，环境刺激感觉器官，逐渐形成人类对外界可能物象的"知觉"，然后以已有的长期记忆并根据过去的经验选择物象，这就是"认知"过程。以认知的环境为基础，根据欲求进行"地理的优选"，可选一组行为方案，也可选几组。以方案为根据，确定"空间活动"，由此产生空间行为。可以看出，空间行为是一系列刺激—反应活动，它包括从刺激到最终产生行为反应的每个环节。

(一) 游客空间行为

从佳克尔的观点推理，作为人类的特殊消费群体，游客空间行为应包括游客从收集有关旅游产品信息，产生旅游动机，到做出旅游决策，购买、消费、评估旅游产品的整个行为和心理过程。在范围上其等同于游客行为，即也包括游客动机行为、决策行为和空间移动行为三

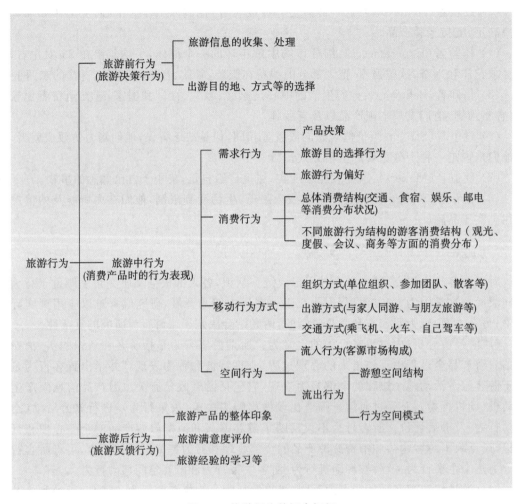

图 4-2　旅游行为的概念框架

个相互连贯的行为过程。在此称之为广义的游客空间行为。

本书论及的游客空间行为指的是狭义的游客空间行为,即游客在地域空间上进行旅行和游览的过程,它特指游客在旅游目的地的购买和消费过程,是游客完成旅游决策行为之后进入的最终环节。为与上述游客行为和广义的游客空间行为相区别,对本书的研究对象——游客空间行为做如下说明。

第一,本书的游客空间行为仅指游客动机行为、决策行为、空间移动行为三个行为过程中的游客空间移动行为,由此在外延和内涵上与游客行为和广义的游客空间行为相区别。

第二,本书的游客空间行为是广义的游客空间行为中的最后环节,其中游客动机行为和决策行为构成了游客空间行为的前提和基础,对游客空间行为起着决定作用。

第三,本书的游客空间行为仅指游客在旅游目的地内的空间移动过程,是一种微观层面的空间行为。不包括在旅行过程中对旅游商品、食宿产品等附属产品的消费行为,在旅游目的地以外的空间移动过程亦不在本书研究范围内。

（二）影响游客空间行为的因素

游客空间行为是人类复杂的一种行为过程，属于特殊的消费行为范畴。游客在地域空间上移动的形式，不仅受一系列内在因素（个性、经验、偏好等）的影响，还受许多外部条件（收入、闲暇、距离、资源品质等）的制约，是内、外部因素交互作用均衡的结果。综合来看，游客空间行为的影响因素主要有以下几方面：需求因素、供给因素、地理因素、社会经济因素等，此处结合本章内容重点叙述前两项因素。

1. 需求因素

需求因素是指由需求方（游客）个体决定的主观因素，主要包括动机、旅游偏好、感知环境等三个内在要素。虽然个性特征（年龄、职业、受教育程度）也直接影响游客空间行为，但都综合反映在游客偏好中。这三个因素中，游客动机的不同，会使游客对目的地的感知倾向不同，从而导致不同感知环境的形成。三者之间彼此联系，层层递进，对游客空间行为产生由浅到深的内在影响。

2. 供给因素

供给因素是指旅游市场供给方（经营者）对游客空间行为产生影响的因素，主要包括旅游产品质量和旅游地空间分布。这两个因素是由供给方决定的外在影响因素。

（1）旅游产品质量。

旅游产品质量的高低用旅游产品吸引力大小衡量。罗森博格目标吸引力模式可用来计算旅游产品的吸引强度。该模式从游客角度客观地综合反映出旅游产品的吸引力，说明不同旅游产品在游客心目中具有的品质和质量。

（2）旅游地空间分布。

游客空间行为是游客在区域范围的空间移动行为。不同旅游地在区域内分布的情形直接影响游客的空间移动形态，即旅游线路的组织。旅游地分布连线成片或单体布局，对游客空间移动的差异是很大的，连线成片的旅游地便于游客采取环状旅游、基点式旅游、串链珠式旅游等，能满足游客最大效益原则，也能更好地发挥旅游地的规模效应，而单体布局的旅游地，除非资源价值较大，否则在区位和效益上都会处于劣势，如图4-3所示。

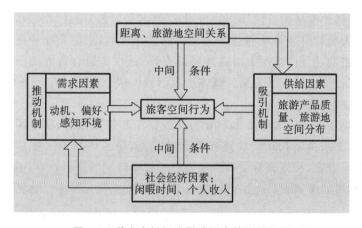

图 4-3　游客空间行为影响因素的作用机制

(三)游客空间行为特点

1. 个体的空间行为

游客空间行为是人们在地域上进行旅行和游玩的空间流动表现。个体的空间行为在大多数情况下并非由客观地理空间环境决定,而是由个人感应空间所支配。感应空间通过两种途径构筑:一是来自直接接触的环境;二是来自各种间接信息。前一条途径对指导日常行为(如购物、娱乐等)有重要作用;后者则对行为、动机的产生,行为的选择及空间搜寻有影响。

(1) 大尺度旅游空间行为。

受旅游时间比和最大信息收集量原则的影响,游客大尺度的空间行为表现为以下特征。

①力图到级别较高的旅游点旅游。表现在两个方面:其一,倾向于选择高级别旅游点的地方作为旅游目的地;其二,到达目的地后,往往只游玩目的地附近级别较高的旅游点,而对低级别景点的兴趣较低。

②尽可能游玩更多的高级别旅游点。大尺度空间的旅游属于长程旅游,游客往往只游览级别较高的旅游点,之后,如果资金和时间允许,他们一般不停留在原地游览该地级别较低的旅游点,而是迁移到其他地方,游览该地级别较高的旅游点。

③力图采用闭环式路线旅游。当旅游目的地不止一个时,游客往往试图用闭环状路线把它们连接起来,避免走回头路。

(2) 中小尺度的旅游空间行为。

除了与大尺度旅游空间行为一样外,中小尺度旅游空间行为还有大尺度空间行为没有的特征,即旅游路线影响旅游效果。大尺度空间旅游给游客的印象是长途跋涉,它只能削弱游客的旅游兴致,但中小尺度旅游常常使游客有一定的兴趣观看旅游路线附近的景色,因此,旅游效果受旅游路线的影响。

2. 团体的空间行为

目前,大部分的研究都是从个体角度进行调查分析,研究者把游客看成决策主体和行为主体,力图通过个体研究的归纳总结分析出群体的旅游空间行为规律。而对于主要由旅行社进行设计,游客极少参与而被动选择的组团旅游(包价旅游)问题,则极少有人设计。由于企业追求利润最大化和游客追求利益最大化之间存在矛盾,旅游企业和旅游者个体之间在感知环境上存在错位,所以,组团旅游在线路的安排、景点的组合等方面与个体旅游有着不同之处,旅游空间行为也就有了差别。具体表现为以下两个方面。

(1) 宏观上的相似性。

组团旅游线路按出行距离可简单划分为长线旅游和短线旅游,在空间模式上与个体旅游一样,长线旅游多采用闭合环状线路和节点状线路,短线旅游则几乎都是节点状旅游线路。在线路景点组合上,长线旅游尽可能安排更多较高级别的旅游点,以满足游客的最大需要;短线旅游则尽可能覆盖更广范围内的景点,这与不同空间尺度下个体游客对旅游点级别的偏好是一致的。

(2) 微观上的差异性。

在大尺度空间下,个体游客都力图到级别较高的旅游点旅游,而旅行社为了降低成本,往往在线路中加入少量较低级别的旅游点,实行搭配销售。另外,由于旅行社组团旅游的交通时间较之个体旅游要少得多,在各种交通工具衔接时间允许的情况下,旅行社也会组织游客游玩高级别景点附近的低级别景点,而不急于离开。因此,组团旅游在景点组合上表现出旅游地级别多样化、数量增加化等有异于个体旅游的特点。

暂住地安排上两者也不尽相同。个体游客经长途跋涉选定暂住地后,除非暂住地条件特别差,一般不会耗费时间和精力去寻找更好的住地,这种心理的游客愿意采用节点环状路线旅游。旅行社作为大量信息的拥有者,一般会根据成本最低原则选择适宜的住宿点,而不受地理因素的限制。例如,旅行社组织游客在A点周围若干景点游玩,并不一定把A点作为住宿地,而会根据住宿成本、交通成本以及时间成本三者之和的最小标准选择住宿地。这样就形成了区别于个体旅游的多点不规则住宿模式。

(四)游客空间行为模式

游客的旅游行为从理论上为旅游空间布局及旅游线路设计提供了理念基础。一般来讲,游客在进行旅游活动时,不同个体在使用旅游地的空间行为选择上具有很大的差异性。旅游线路实际上是旅行系统在线性轨迹上的投射,旅游线路设计离不开游客空间行为的分析。游客旅行的空间模型主要有以下几种。

1. Lue 多目的地旅行模式

如图4-4所示是Lue et al(1993)依据实地跟踪调查总结出的几种旅游行为空间模式。

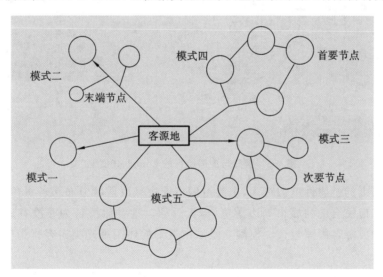

图 4-4　旅游行为选择的几种常见空间模式

模式一:单一目的地旅游——游客的大部分旅游活动集中在一个目的地。

模式二:线型旅游——游客选择使用一条线路上的多个旅游目的地,但存在主次之分,主要选择使用的目的地只有一个。

模式三:基营式旅游——游客在访问主要目的地的同时也选择访问其他几个目的地,但往往以主体目的地作为大本营。

模式四:环型旅游——游客在既定的目标区域内环游好几个目的地,相当于游览线路空间。

模式五：链式旅游——游客以客源地为中心进行链式游览。

上述模式是旅游开发规划者、旅游线路经营者和旅游管理者都应该注重的问题。在现实情况中，游客行为空间模式受到旅游资源分布和游客旅行兴趣偏好的双重作用的影响。Stewart-Vogt(1997)在 Lue et al(1993)提出的上述旅行模式的基础上，以到访美国密苏里州 Branson 旅游区游客的问卷式日记数据为基础，构造了 5 种类型的旅行线路模式：区域旅游模式、旅行链模式、单目的地模式、中途模式、基营式模式。

2．Compbell 模型

当一个中心城市出发的游客目的地不止一个时，游客形成的路线轨迹多为一个回路路径，Compbell(1967)根据目的地类型的不同，勾勒出回路中游憩与度假旅行的模型，如图 4-5 所示。他提出的目的地类型分为沿大城市周边地区放射状扩散的游憩设施、区域性非线性分布的游憩性度假区以及沿公路分布的零星度假服务区 3 种，进而提出出游旅行的路径模式，包括度假者路径、游憩性度假者路径以及游憩路径 3 种具有一定等级差异的空间结构。

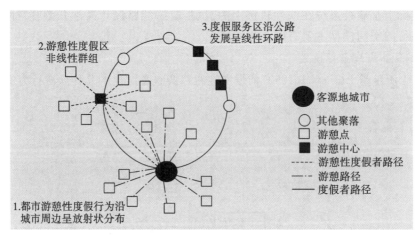

图 4-5　游憩与度假旅行的 Compbell 模型

模式一：都市的游憩性度假行为，主要沿城市周边呈放射状分布。若黑色圆圈代表某一大型城市，周末市民会前往城市周边游览，当天返回。这种旅游行为并没有远离客源地，一般当天返回，少数游客停留过夜。模型 1 是城市近郊的休闲观光类游客行为模型，而非度假游客行为模型。

模式二：游憩性度假区，为非线性群组分布。如果游客从客源地出发，到达目的地后短暂居住，并进行多点辐射状游览，即组成非线性的群组关系，这种旅游方式属于游憩性度假旅游行为。

模式三：度假服务区，沿公路发展呈线性环路。游客从客源地到达目的地的过程中可能顺访几个聚落，沿公路进行线性游览，可能会经过若干游憩中心和度假区，每个度假区都住一段时间。例如，在地中海北岸，从西班牙到法国南部至意大利沿线分布有多个城市和村庄，游客可能选择其中某些城市或村庄做短暂停留，但仅仅沿海岸游览而不会前往他处，从而形成了一个沿线性公路或海岸线游览的度假方式。

3. Lundgren 旅行模式

一个客源地与目的地之间的交通线路及其游客旅行模式会随着旅游业的规模扩大而发生改变。Lundgren(1972)将该模式(如图 4-6 所示)分为以下几种模式。

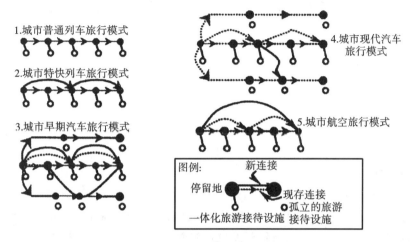

图 4-6　城市出游旅行模式的变化

（1）城市普通列车旅行模式：列车在沿途的每个站点停靠，再通过终点与接待设施连接。

（2）城市特快列车旅行模式：列车在某些站点并不停靠，而直达终点或仅停靠在中途大站。

（3）城市早期汽车旅行模式：由于公路比铁路建造成本低、灵活性大，因此在空间上具有更密集的网络，可以抵达许多列车不能前往的地方。

（4）城市现代汽车旅行模式：在原有公路的基础上，建立了高速公路系统，城际和景际之间的快速公路交通扩展了旅行的可达性。

（5）城市航空旅行模式：可以横跨大尺度空间，旅行时间更短，且较少在中途停靠。

4. 大本营式度假模型

基于已有相关成果，本书对游客的度假行为模型进行了完善和提升，总结出游客行为的大本营度假模型（见图 4-7）。所谓大本营模型，是指游客从客源地到达主要目的地即大本营后，以大本营为中心，选择周边若干次中心进行游览，在次中心短暂居住和游览后返回大本营，继续前往下一个次中心游览的模式，也可称为轮轴式。在这一模式中，大的轮轴带动几个小轮轴，以辐射状线路为连接，形成外围环形线路。

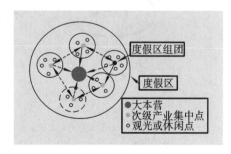

图 4-7　大本营度假模型图

目前在中国有两个度假旅游目的地形成了大本营式度假区：一个是丽江古城，另一个是三亚。以丽江古城为例，游客到达丽江古城后，前往周边游览时，可能会选择到香格里拉，香格里拉成为次级大本营。游客抵达香格里拉后，又以香格里拉为中心向四周扩散游览，然后选择直接离开云南或者再回到丽江古城。回到丽江古城后，稍加休息再到另一个点，如虎跳峡,之后再次回到丽江古城,这样就形成了大本营式的度假方式。

大本营式度假模型解释了中心目的地和次中心的依存关系。大本营式度假方式在国外较流行,如国外游客在出游时多以私家车为交通工具,并携带帐篷、自行车等休闲工具,到达自驾车营地后,以自驾车营地为大本营,前往周边区域开展自行车、滑雪、垂钓等休闲度假活动。

第二节 竞争者调查分析

旅游开发由于开放周期长、投入资金巨大,旅游项目的投资往往充满了风险,因此,项目正式开发前进行规范、科学的市场调查及市场可行性分析,对开发商及投资者来说,无疑是四两拨千斤、有效规避风险的必要手段。

传统的产业组织理论认为,供给和需求是市场结构中重要的两翼,旅游项目市场可行性研究无疑也是对旅游项目市场供应、需求结构的分析。不同的是,由于旅游开发的性质,土地资源本身对旅游项目产品乃至项目开发成败起着非常重要的作用,因此,往往也把开发区域及其周边环境调研作为一项在项目市场可行性论证中的重要内容加以论述。

一般而言,旅游项目开发市场研究主要从需求、竞争结构、地块条件、行业和政策限制及企业自身条件等方面展开,如图4-8所示。

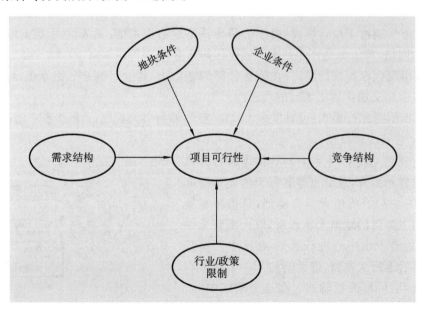

图4-8 旅游开发市场研究构成图示

关于竞争状况的研究,是旅游项目投资、旅游项目市场可行性中的一个重要内容。通过竞争与需求的对比研究,可论证项目的可行性,同时,还能据此给出项目的产品定位方案。因此,准确的投资可行性论证及正确的产品设计,要求在旅游项目开发的前期便密切关注并研究"竞争"。

此外,由于旅游开发的区域性、消费群体的相对固定性及消费的不易重复性,在一定时段内,在特定区域内参与旅游项目争夺的产品往往屈指可数,竞争往往就发生于这样几个有数的、有形的产品及商家内。其中,定位清晰、适度创新、性价比较高、广告宣传等全面到位的旅游项目,往往就成为该区域内该时段旅游开发中的胜出者,在相对固定的消费力条件下,同一区域内其他产品将很难避免销售的困难。

一、竞争者研究内容

对自己所处区域内其他竞争性产品动态的了解,往往是旅游项目营销人员最关注的焦点,第一线的营销人员及投资决策者往往会有以下的担心和疑问。

首先,在能够产生直接威胁的区域内,还有哪些旅游项目在开发?它们的经营状况又是怎样的?

其次,区域内有什么样的旅游项目?其主要卖点何在?采用何种销售方式?可借鉴的优点是什么?不足之处又在哪里?

再次,区域内现有旅游项目供应是否存在相对的空白点或需求未被满足?怎样有效回避竞争压力?针对竞争对手产品定位、广告宣传方面的特点,我们该采取什么样的应对措施?

最后,在自身旅游项目的有效辐射范围内,是否还可能出现其他旅游项目?与其他可用于开发的旅游项目相比,自身旅游项目在周边环境及配套方面,存在何种优(劣)势?该如何应对市场后进者的挑战?

上述竞争的直接性,使得在旅游项目后期销售中,关于对竞争对手的产品特点、销售概念、销售方式等方面的动态关注和研究,也成为项目开发中必要的应对举措。

上述问题的提出一再地表明,旅游开发这一特殊行业,无论是在开发前期的市场可行性探索中,还是在方案确定后的后期销售阶段,关于竞争状态的研究,都成为影响项目开发成功与否极为重要的因素。

因此,对竞争的关注,尤其是可对自己形成直接冲击的区域内竞争结构的探索和思考,越来越成为旅游项目投资者及营销人员关注的焦点。

相应地,上述企业关注的变化趋势也对市场调查工作提出了新的要求和期望——市场调查如何帮助企业认清他们关心的"竞争"?市场调查又该如何揭示"竞争状况"?

二、旅游项目竞争状况研究概述

(一)旅游项目竞争状况研究发展历史及其方法

关于旅游项目竞争状况的研究,大致经历了两个阶段。

1. 定性为主、定量为辅的非系统研究阶段

本阶段关于旅游项目竞争状况的研究,主要由两方面内容构成。

第一,某时段内关于特定区域内旅游项目供销总量的"整体"研究。

"整体"研究的主要特点是采取定量研究的手段,但定量研究尚停留于对旅游项目个数、区位分布、总体供销数量及其与旅游项目形态进行简单交叉的层次。

它可以大致判断某类、某区域内旅游项目的总体竞争态势,但却不能深入展示该旅游项目的内部竞争结构,如细分市场的具体供销情况。

因此,该方法不能为待开发产品定位,如细分市场构成(不同细分市场占总供应量的比例)、细分市场销售立基特征(如产品结构中观光、休闲、度假等供应比例)等,不能给出明确的产品组合参考。

面对这样较外围的研究结果,在产品设计阶段开发商往往难以据此做出最终判断,因此,整体研究法的有效性不高。

第二,零散的、个体旅游项目"点"上的定性评价。

在获得上述定量数据之后,本阶段研究的一个重要内容就是对竞争区域内各旅游项目的优、缺点进行单个分析,包括个体供销情况、建筑特色、周边环境、配套及旅游项目销售方式、销售概念等,强调以定性描述为主。

在本阶段的竞争研究中,花费了大量笔墨在定性评价方面,因此,单个旅游项目特点相对明确,但不足之处在于缺乏系统性,并且由于定量研究深度不够,因此,缺乏对总体竞争特点的把握,容易让人迷失于个案分析中。

本阶段旅游项目竞争状况研究的主要特点是过于强调对个体旅游项目的定性分析,对整体竞争态势分析力度不够,关于更深入的内部竞争结构缺乏足够深度的数据支持,开发商难以做出最终决策。

2. 系统化、量化研究阶段

通过在旅游项目竞争状况研究中的长期摸索,针对第一阶段研究方法中的不足,我们提出了一套系统的、定性与定量研究相结合并以定量研究为主的旅游项目竞争状况研究方法,称之为"系统量化研究法"。

(二)旅游项目竞争状况的系统量化研究法构成

本研究方法具有三个方面的特点:①定性、定量结合,该方法不但有定量数据分析,同时,也有对销售方式、旅游项目特点及旅游项目竞争层次的定性研究;②定量分析,深入细分市场、产品组合、价格等内部结构层次,可为后期产品定位提供明确依据;③对竞争区域、重点竞争对手等做出明确区划。

在本方法中,根据影响旅游项目竞争力的因素,综合设定旅游项目有效竞争区域,不但对区域内整体竞争结构有详细论述,还根据旅游项目实际情况界定其主要竞争对手所在,并对该对手的主要特点做出专项分析,以帮助旅游项目开发商"知己知彼"。

三、旅游项目竞争状况的系统量化研究法流程

系统量化研究法除较以往的研究方法更加深入外,还要求对旅游项目有效竞争区域做出明确界定,以及明确区域内旅游项目面临的主要竞争对手,并做出专门分析。因此,使用系统量化研究法对旅游项目竞争状况进行研究,需要按以下流程操作。

第一,明确产品有效竞争区域及主要竞争对手。由于旅游开发的不动产性质,特定旅游项目产品的辐射能力、影响区域往往有限,因此,在分析特定旅游项目承受的竞争压力前,需要对其有效竞争区域进行界定。

第二,对界定区域内的旅游项目竞争状况展开系统研究。包括对区域内整体竞争结构的定量研究、内部竞争结构定量研究及定性研究。

第三,在完成对区域整体的分析后,进一步对区域内重点竞争对手进行专项研究。

第四,综合整体竞争状况及分析重点竞争对手,从竞争角度给出竞争策略及产品设计意见。

上述系统量化法旅游项目竞争状况研究的主要流程如图 4-9 所示。

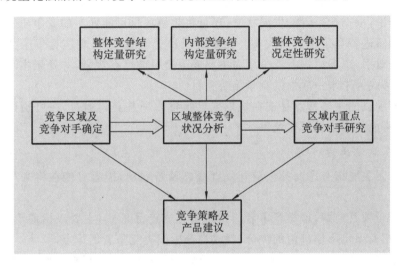

图 4-9 系统量化法研究流程

四、系统量化研究法操作要点

系统量化研究法在实际研究中有下述四个操作要点。

(一)关于竞争区域及竞争对手的界定

由于同一个旅游项目受限于环境、交通、位置及旅游项目本身体量等因素,因此,它能影响的消费群往往有较强的地域限制。一般性质的旅游项目,尤其是观光类旅游项目,注定了其只能占有整体市场中有限的一部分,项目本身的有效辐射区域有限。因此,需要综合旅游项目自身条件对其有效竞争区域做出界定。

据此,可以根据旅游项目竞争的不同强度,确定出旅游项目的三类竞争对手。

第一,旅游项目有效辐射区域内的其他直接竞争性旅游项目。

第二,与旅游项目有效竞争区域存在重合的一般性竞争旅游项目。

由于其他旅游项目也存在对应的有效辐射区域,一旦其他旅游项目的有效辐射区域与该旅游项目有效辐射区域存在交叉,那么,势必在此旅游项目上发生对潜在游客的争夺。因此,虽然其他旅游项目不一定位于该旅游项目的有效辐射区域之内,但仍然应将其视为竞争者,也是项目可能的竞争对手。

第三,位于旅游项目核心辐射区范围内并能对项目构成强烈威胁的重点竞争旅游项目。

根据本项目竞争强度的不同,还需要在有效竞争区域内划分出重点竞争区域,此部分区域正是项目需要重点考虑的部分,重点竞争对手也主要产生于此。

需要说明的是,由于影响旅游项目竞争力的因素众多,从外围的位置区位、环境、交通、规划、人文,到旅游项目本身的特色、价格、产品类型、环境特色等,无一不对其综合竞争力产生细微而深远的影响,因此,对旅游项目有效辐射区及重点竞争对手的界定只能是上述多方面因素定性的综合判断。

(二)关于三种性质竞争的界定

前述三种竞争对手,其共性特征都是已开发的旅游项目,是"现实竞争者"。而按照传统的产业组织理论,根据竞争者的发展状态,还可将旅游项目可能面对的竞争压力分为现实竞争压力和市场后进者竞争压力两大类。在旅游项目竞争研究中,现实竞争压力主要来源于前述三类竞争对手;市场后进者竞争压力主要来源于目前已在规划,并处于本项目的有效辐射区域内,能够成为未来一般性的竞争旅游项目。

该类旅游项目的主要特点是正在规划或已报批立项并获得通过,在可预计的将来即将投放市场,并可能与本项目形成竞争。

(三)潜在竞争压力

该类竞争者主要指有意向的旅游开发者或已预备立项,极有可能在将来与本项目形成竞争的竞争者。

由于尚处于项目前期,该类竞争者通常未有正式产品形式,主要以招商项目形式体现,因此,关于该招商项目市场价值的评价,就成为分析该类竞争者的重点。

从市场角度考察旅游项目地块的综合竞争力,不是对招商项目进行经济价值评估,更多的是从游客的视野,从满足游客旅游需求的角度来分析其优劣势并评价其综合竞争力。

从上述角度来说,可进入性及道路状况、景观、建筑、人文环境等方面的吸引力、旅游配套设施以及旅游招商项目本身的综合条件,是游客购买时最关注的因素。因此,对于潜在竞争者对项目产生可能竞争压力的研究,将主要从上述角度展开,并最终找到该地块竞争的优劣势及对项目本身构成的压力所在。

另外,还需一提的是,随着开发周期的不同,上述三种产品存在相互转化关系,即潜在竞争者可能转为市场后进者,而市场后进者在一定时期后可能转化为现实竞争者,而目前的现实竞争者在一定时间后,也可能宣告退出竞争。

(四)关于"内部竞争结构定量研究"

内部竞争结构定量研究是前述"区域整体竞争状况分析"中的一个子项,是系统量化研究法较以往"整体研究法"的重大改进之处,重在对现实竞争压力进行分析,也是本方法操作难度最大之处。

以往整体研究法重在对区域内竞争者的建筑形态、区位分布等外围属性做出基本的供销分析,其操作方法是将基本的供销、存量与建筑形态、区位等进行交叉。

但在旅游项目产品日益创新的今天,旅游项目产品已在整体档次、文化特色、情景设计等方面发生巨大变化,旅游项目产品早已不再是"大一统"。笼统而不加细分的总体供销、存量分析,往往忽视了产品在类型、价格、组合情况等方面的基本属性及其对应市场供销状况间的极大不同,得出的"整体"供销状况的分析结果,也因此而不具备重要的指导价值,不能为企业决策所用。

因此,产品本身的丰富性决定了要真实、准确地反映特定区域、特定时段内旅游项目竞争状况,就必须深入了解该区域内旅游项目供销存在的不同价格、类型、组合情况、文化特色、景观/位置等属性方面的内部供销结构情况。

只有将基本的供销、存与面积等产品属性做交叉分析,才能真正明确区域内旅游项目的竞争态势,才能准确展示内部竞争结构情况,为项目的产品设计提出准确依据。

第三节 商业业态调查

一、商业业态及分类

（一）商业业态概念

从事零售活动的基本单位和具体场所是商店,而商店依据销售形式不同又区分出不同的经营形态,即零售业态。近年来,受国际商业发展趋势的影响,零售商店的业态形式发生了很大的变革,并且出现多样化和细分化趋势。尽管当前世界各国对零售业态的定义由于侧重点不同而有所区别,但通常认为,业态是零售店向确定的顾客群提供确定的商品和服务的具体形态,业态是零售活动的具体形式。通俗地理解,业态就是指零售店卖给谁、卖什么和如何卖的具体经营形式。

1998年,我国政府统计系统中的贸易统计年报,开始增设零售业态统计作为试行表。考虑到目前各种业态的发展程度,以及国家国内贸易局关于零售业态分类规范管理的指导意见,按照科学性与可操作性相结合的原则,将零售业态定义为:零售企业为满足不同的消费需求而形成的不同经营形态。这一概念包括了两方面的含义:其一,确定的目标市场;其二,具体的经营策略,包括选址、规模、商品策略、价格策略、商店设施、服务方式等。

（二）商业业态分类

1. 国际上零售业态的一般分类

对于零售业态的分类,目前国际上主要依据零售店的选址、规模、目标顾客、商品结构、店堂设施、经营方式、营业时间、服务功能、价格策略等来确定。美国把零售店区分为:百货店、超级市场、折扣店、一般商品店、服装专卖店、仓库俱乐部、药店、方便店、杂货店等九类；日本对零售业态的分类与美国基本相同,但增加了自动售货机、邮购以及无店铺销售形式。当然,同一个大类的业态,还可以进一步细分为更具体的业态形式,例如,超级市场可以再细分为食品超市和综合超市,这要依据不同的研究内容而定。事实上,由于国际资本的介入,当一种新型的零售业态被引进时,客观上也引进了国际规范和标准,因此许多国家对零售业态的分类是基本一致的,有利于进行多国间的比较和沟通。

2. 我国零售业态的统计分类

尽管国际上对零售业态的分类已比较完善,但在我国进行业态统计时还必须考虑我国的具体情况。按照我国零售业态发展的客观进程,在国际通行的业态分类总体框架下进行必要的合并,把零售业态分为四大类进行统计,即百货商店、超级市场、专业（专卖）店和其他。

百货商店是指在一个建筑物内,集中了若干专业的商品部并向顾客提供多种类、多品种商品及服务的综合性零售形态。其基本特征是:①商品结构以经营服装、纺织品、家庭用品、食品和娱乐品为主,种类齐全;②以柜台销售为主,明码标价;③注重店堂装修及橱窗展示。

超级市场是指采取自选销售方式,以销售大众化生活用品为主,满足顾客一次性购买多种商品及服务的综合性零售形态。其基本特征为:①商品结构以经营食品、副食品、日用生活品、服装衣料、文具、家用电器等购买频率较高的商品为主;②采取自选销售方式,明码标价;③结算设在出口处统一进行。

这表明超级市场首先是自助服务的零售商店,毛利低、销量高,以经营生活必需品为主,种类繁多。统计时将各种类型的超级市场、仓储式商场和会员式超市列入该类。

专业(专卖)店是指专门经营某类商品或某种品牌的系列商品,满足消费者对某类(种)商品多样性需求的零售形态。其基本特征为:①商品结构专业性较强,各种不同的规格、品种及品牌汇集,选择余地大;②销售人员有较强的专业知识,能为消费者提供充分服务;③采取定价销售和开架面售方式。

将专业店和专卖店归为一类统计仅仅是为了统计操作上的方便,其实专业店与专卖店有本质的区别,前者专门经营某种或某类商品,如时装店、鞋店、食品店、药店、书店、电器店、珠宝店等;后者则专门经营某种品牌的系列商品,如海尔电器专卖店、李宁牌体育用品专卖店、格力空调专卖店等。

其他业态是指上述未包括的其他业态形式(如便利店、折扣商店、杂货店、邮购商店等)。

(三) 商圈

1. 商圈的概念及分析目的

商圈是以设定的商业建筑为圆心,以周围一定距离为半径划定的范围。这是原则性的标准,在实际从事商圈设定时还必须考虑经营业种、商品特性、交通网分布等因素。

进行商圈分析的目的有:一是明确该商业区或商店的商圈范围;二是了解商圈的人口分布状况及生活结构;三是在此基础上进行经济效益的预测。如计划开超市,根据周边居民的人口规模、收入水平和竞争对手情况等指标,就可以基本计算出该店可能达到的营业额。

2. 商圈的构成及顾客来源

商圈由核心商圈、次级商圈和边缘商圈(又称辐射商圈)组成。核心商圈的辐射半径在1公里左右,包括这一商店顾客总数的55%—70%。该商圈的顾客在人口中占的密度最高,消费的单价也最高,而且与其他商店的商圈很少发生重叠。随着商业经营业态的不断丰富,特别是汽车时代的来临,核心商圈的辐射半径也不断扩大,例如,美国麦德龙商圈采取库房式的商业销售模式,在城市近郊形成独立商圈并配套大容量停车场,辐射面积可达几十公里。次级商圈内包含了商店顾客总数的15%—25%。其辐射的半径在3—4公里,对一般的日用消费品来讲,很少能辐射到该商圈的人口,关键是取决于经营状态。

边缘商圈辐射的半径在7公里范围,一般情况下只有大型百货商场、专业店才具备这样的辐射能力。商圈细分图如图4-10所示。

真正的商圈不是绝对的同心圆模式,其规模和形状是由各种各样的因素决定的。包括

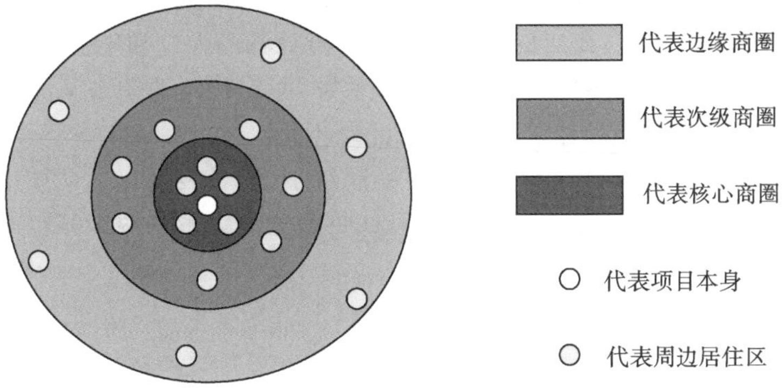

图 4-10　商圈细分图

经营业态、商店规模、竞争者的位置、交通条件等许多因素。在商圈概念上有一个著名的海滩原理,即在一条海滩上做冷饮生意的两家商贩,一开始其各自的商圈范围是均衡的,由于竞争因素导致它们集中在一起,共同吸引顾客,如图 4-11 所示。

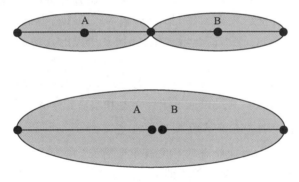

图 4-11　海滩原理

3. 商圈的设定

商圈的设定是一项非常复杂的工作,在决定经营什么业态的基础上,不仅要对周边竞争者状况进行调查和分析,基本确定其商圈范围,而且要分析业态需求的顾客群,因为每一顾客群都有特定的消费特征。一方面,只有经营的商品符合其需求才能吸引潜在顾客购物,商圈的规模和辐射范围才能扩大;另一方面,撇开顾客自身的不同,商圈规模的大小与商品购买频率成反比。如顾客购买生鲜等日用消费品频率高,但是接受的购物距离短;而对服装、家具、电器等耐用消费品接受的购物距离长,但是其购买频率又非常低。所以,必须结合业态的规划来确定基本的商圈范围。

根据业态规划,在商圈的构成基础上对商圈进行设定,特别要针对拟吸引顾客群的生活结构对未来的经营销售额进行匡算,结合商店的实际情况,预计要达到的盈亏平衡点或目标销售额。

4. 确定商圈的方法

商圈分析的方法有许多种,如零售吸引力法则(又称里利法则)、商业饱和理论、康维斯"新零售引力法则"和哈夫的"概率模型"等。

零售吸引力法则从确定商圈人口和距离两个变量进行分析,商圈规模的大小由人口的多少和距离商店的远近决定,商店的吸引力由最临近商圈的人口和里程距离共同发挥作用。

商业饱和理论通过计算零售商业市场饱和系数,测定特定商圈内某类商品销售的饱和系数程度,通过其计算该区域内同行业是过多还是不足。

康维斯"新零售引力法则"与里利法则的不同在于,前者表示在一个城市中间地带两个商业区或商店的竞争关系,后者表示在相互间有明确竞争关系的两个城市间其商业经营的比率关系。

二、商业业态调查

(一)经济环境分析和生活结构研究

开发任何一个项目都涉及经济环境的分析和研究,尤其是商业业态项目。由于其开发周期长、投资大,受经济发展和政策的影响大,其开发的最终目的是通过出租经营或者销售来实现开发利润,因此风险很大。所以,在开发商业业态项目时,对经济环境进行研究就显得十分重要。在调查和研究时应重点对以下指标进行调查和分析:①总人口及地区人口结构、职业构成、家庭户数构成、收入水平、消费水平等;②GDP 发展状况及产业结构情况;③全社会消费品零售总额;④全市商业增加值;⑤城乡居民的人均可支配收入;⑥城乡居民储蓄存款余额。

通过对统计局和城调队定期公布的数据进行连续 3—5 年的分析,基本可以反映一个城市经济发展的总水平。有些资料可以通过统计年鉴和政府工作报告获得。

(二)区域城市结构调查与城市发展规划调查

所在区域的城市结构对商业业态的开发有重要意义,在传统商业区不论是同类业态的聚集经营,还是不同业态的错位互补都可能存在市场商机。在城市中该区域的位置若在行政、经济、文化等人口活动密集的地方,则城市的机能易于发挥出来,因为人流集中自然能形成商业的经营氛围。商业业态还包括以下指标:①公共设施状况;②交通体系状况;③道路状况、通行量;④城市性质与功能特点;⑤各项城市的机能;⑥城市规划。

通过对区域内实际生活空间,包括中心地带及周围区域城市结构机能的调查,了解该区域内设施、交通、地势条件、活动空间等环境现状以及将来的发展规划。例如,交通网的开发计划,交通网密布的地方往往是人口容易集中或流量特别大的地方,所以在调查时将交通路线及来往车辆、班次、载客量等均作为调查的要素。城市发展规划对商业将来的发展非常关键,诸如大型社区发展计划以及商业区建设计划将直接对项目规划以及未来经营产生重要影响。

以上调查必须通过专业的市场调查公司实地调查了解,由于反映问题的角度不同,一般的调查人员很难完成以上工作,调查必须有目的性,如果不知道目的是什么,这样得到的调查数据和资料的参考价值将大打折扣。

(三)商业发展规划和政策研究

每一个城市都有城市发展规划,商业布局及其规划也是城市机能完善的标志。多年以来,我国的第三产业特别是零售服务业的发展有目共睹,尤其是 20 世纪末百货商场大量倒闭、超市业态迅猛发展和外资零售商业的"入侵",既加快了零售业的整体发展,也出现大型商业设施重复建设、资源浪费和过度竞争等问题,这对国内零售商业的发展提出了新的挑战,一些大中城市行业管理部门开始加强商业网点整体规划和布局工作。

（四）区域零售业结构的市场调查与分析

如果说前面要调查的主要是宏观经济形势、政策等方面的内容,那么区域零售业结构则是对区域零售业的实际情况进行调查,即通常意义上的商业普查。它不仅反映区域内零售业经济活动的指标和商业特征,而且其综合反映的各项指标和内容为项目的市场定位、业态设计、经济效益预测提供定性的参考分析:①地区间的销售动向;②业种间的销售动向;③商业地区间的竞争状况;④大型主力店的动向。

以上内容的取得必须通过商业普查,对区域内经营商户从经营内容、商铺面积、租金、员工数量、营业额、经营状况、存在问题、发展和经营动向等进行调查,通过反映的一般性问题,分析得出普遍性的结论。

（五）典型性调查与研究

对大型商业区进行市场定位和商业功能建议,在初步的市场定位和业态规划基础上,除通过哈夫模型和损益计划等经济效益分析方法进行预测和评估外,对城市所在地同类型业态收益状况进行调查和了解也非常关键。对大型商业区的规划,可以选择本区域百货商场、超市、专业市场、餐饮、娱乐等,主要从规模、提供的产品或服务、客流量、交通来源等几个方面分析其现状及结构特点,以便做竞争分析,对以上典型业态要分析每种业态的收益状况。

（六）未来商业地产的供应量分析

在前期调查中,首先应考虑区域的规划情况,了解其规划的规模、开发的时间等。商业地产的供应量是一个非常重要的因素,它直接决定未来的商业做多大,做什么。

所以,必须在具体运营项目的时候,对周边商业规划以及居住区商业配套、开发的时间进行调查和分析;对已经开发的居住区商业配套情况、业态构成进行综合分析。现在商业业态的开发已经完全市场化运作,开发的目的不仅要实现市场价值最大化,而且要实现社会效益最大化。

（七）消费者消费行为的调查与研究

消费者的消费行为研究又称生活结构研究。对其调查和研究的目的主要是收集该地区内消费者生活形态的资料,即针对消费者生活的特性,从人口结构、家庭户数构成、收入水平、消费水平、购买行为以及选择的交通出行方式等方面对消费者的消费行为进行定量和定性研究。

1. 人口结构

人口结构主要从年龄、性别、受教育程度、职业分布等方面进行分类整理,以便深入分析。除对目前的人口结构调查外,对过去人口集聚、膨胀的速度以及将来人口结构的变迁进行预测。如在区域内规划建设高校,人口增长速度和人口结构变化会非常快,将直接影响整个区域的消费行为,而且会对业态的设计产生重大影响。

2. 家庭户数构成

家庭户数构成是人口结构的基本资料之一,可从家庭户数变动的情形及家庭人数、成员

状况、人员变化趋势等方面进行了解,进而可以由人员构成比率洞悉城市化发展与生活形态变化。例如,北京市通州区的多个项目吸纳了大量的城市搬迁户和CBD的小白领,短短时间内通州区的人口规模扩大,而且家庭结构和户数完全不一样。城市的搬迁户以3—5人老中少三代同堂的家庭为主,而CBD的小白领以2人家庭模式居多。

3. 收入水平

根据收入水平确定消费可能性、消费能力以及目前消费处于什么样的状况。例如,个人年收入5万元的消费者和年收入10万元的消费者相比,他们选择购买服装的场所是完全不同的。前者的选择以市场为主,而后者的选择地点主要是专卖店和百货商场。

4. 消费水平

消费水平是地区内消费活动的直接指标,对零售业来说是最重要的衡量指标。据此可以了解每一个家庭的消费情形,并针对消费内容依据商品类别划分,这样可以计算出商圈内的消费购买力概况。

5. 购买行为

分析购买行为主要的目的:一是可以了解消费者经常在哪里消费以及消费的主要商品和服务;二是知悉选择商品和服务的标准,以便对该地区的消费意识做深入探讨。

6. 交通出行方式

随着汽车越来越多地进入家庭,人们的交通方式也日益发生变化,由此导致了消费者的购物习惯以及选择消费内容的变化。在消费空间和尺度上,消费者对不同业态、业种的需求,在路上花费的时间都有心理尺度,如对家庭日用消费品的需求主要是通过就近购买完成,在路上的时间要求在15分钟以内;而购买服装、家具电器等商品选择去大商场和购物中心,花费的时间可以比较长。交通出行方式改变了消费的时间和空间,以前步行或骑自行车需要半小时,因为汽车进入家庭后也许只需要10分钟。所以,对区域内消费者选择何种交通工具的研究非常重要。

(八)立地条件研究

立地力是指拟规划商业周围的环境和自身因素对商业经营的影响。所谓"一步三市",立地差之毫厘,会导致业绩失之千里。

一个商店的立地力,首先和其周边环境密切相关,主要包括门前道路的类别、顾客来店的方便度、周边环境和目前的商业设施、商业建筑的能见度情况等。

1. 道路类别

道路类别是立地力的第一要素,它直接影响消费行为。道路依据用途可分为交通枢纽、连接通道、交通干道、商业干道。对商业选址来说,商业干道是最好的道路类别,其次就是靠近商业区的交通干道。

2. 顾客是否容易到达商业区

除了道路类别以外,还要考虑道路是否有障碍物,比如交通栏隔等。

3. 周边环境和目前的商业设施

同业经营虽然会使新店面临强大的竞争,但也能形成集合效应,带来单一消费人流;业态的错位经营或者互补性也很关键,周边的其他市场就具备业态的交叉性,有利于共同聚集人气。

4. 商业建筑的能见度情况

商业建筑是否容易找到,即商业的能见度也是一个非常关键的要素,尤其是大型商业建筑。因为商业的根本目的是吸引顾客来消费,如果商业建筑不容易被找到或能见度差,就会影响以后的经营。

如图4-12所示,(a)为商业建筑沿平直街道布置,一面临街,能见度较低;(b)为商业建筑在街道拐弯处设置,能见度外圈大于内圈;(c)为商业建筑在"T"形道路交会的路边处,能见度也相对较高;(d)为商业建筑在十字路口处,能见度极高(应注意对城市交通的影响);(e)为商业建筑在商业街口两端,有较高的能见度;(f)为商业建筑在公共广场的迎面处,能见度颇高。

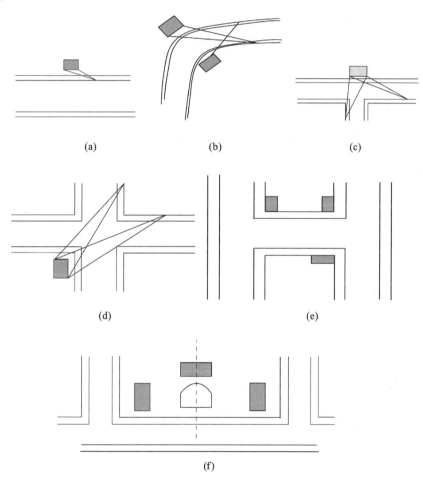

图4-12　6种商业建筑分布图

三、旅游商业业态调查

（一）交通条件

交通条件是影响店铺选择开设地点的一个重要因素,它决定了企业经营的顺利开展和

顾客购买行为的顺利实现。

从企业经营角度来看,对交通条件的评估主要有以下两个方面。

1. 在开设地点或附近是否有足够的停车场所可以利用

外国绝大多数购物中心设计的停车场所与售货场所的一般比率为4∶1。如果不是购物中心地点,对停车场所的要求可以降低,店铺可以根据自己的要求做出决策。

2. 商品运至商店是否容易

这就要考虑可供商店利用的运输动脉能否适应货运量的要求,并便于装卸,否则货运费用明显上升,会直接影响商店的经济效益。另外,商店提供售后服务时,需要送货上门,如果交通不便,直接影响商店的竞争力。

为方便顾客购买,促进购买行为的顺利实现,对交通条件要做如下具体分析。

设在边沿区商业中心的商店,要分析与车站、码头的距离和方向。一般距离越近,客流较多,购买越方便。开设地点还要考虑客流来去方向,如选在面向车站、码头的位置,以下车、船的客流为主;选在邻近市场公共车站位置的,则以上车的客流为主。

设在市内公共汽车站附近的商店,要分析车站的性质、客流量,是中途站还是终点站,是主要车站还是一般车站。一般来说,主要停车站客流量大,商店可以吸引的潜在顾客较多。

要分析交通管理状况引起的有利与不利条件,如单行街道、禁止车辆通行街道,及与人行横道距离较远都会造成客流量在一定程度上减少。

(二)分析客流规律

客流量大小是一个店铺成功与否的关键因素。客流包括现有客流和潜在客流,商店选择开设地点总是力图选择客流最多、最集中的地点,以使多数人就近购买商品,但客流规模大,并不一定带来商店的兴隆,应做具体分析。

1. 分析客流类型

一般商店客流分为三种类型。

(1)自身客流。这是指那些专门为购买某种商品而来店购买的顾客形成的客流,这是商店客流的基础,是商店销售收入的主要来源。因此,新设商店选址时,应着眼评估本身客流的大小规模及发展趋势。

(2)分享客流。这是指一家商店从邻近商店形成的客流中获得客流,这种客流往往产生于经营相互补充类商品的商店之间,或大商店与小商店之间。如经营某类商品补充商品的商店,在顾客购买了主商品之后,就会附带到邻近补充商品商店购买相应的补充商品,以实现完整消费;又如邻近大型商店的小商店,会吸引一部分专程到大商店购物的顾客,顺便到毗邻的小商店来。不少小商店依大店而设,就是为了利用这种分享客流。

(3)派生客流。这是指那些顺路进店购物的顾客形成的客流,这些顾客并非专门来店购物。在一些旅游点、交通枢纽、公共场所附近设立商店主要利用的就是派生客流。

2. 分析客流目的、流速和滞留时间

不同地区的客流规模虽有可能相同,但客流目的、流速、滞留时间会有所不同,要做具体分析，再做出最佳选择。如在一些公共场所、车辆通行干道，客流规模很大，也会顺便或临时购买一些商品，但客流的主要目的不是购物，客流速度快，滞留时间短。

3. 分析街道两侧的客流规模

同样一条街道，两侧的客流规模在很多情况下，由于交通条件、光照条件、公共场所设施的影响，而存在很大差异。此外，在我国，人们骑车、步行或驾驶汽车均靠右行，往往习惯光顾行驶方向一侧的商店。鉴于此，开设地点应尽可能选择在客流较多的街道一侧。

4. 分析街道特点

选择商店的开设地点还要分析街道特点与客流规模之间的关系。交叉路口客流集中，可见度高，是最佳的开设地点；有些街道由于两端的交通条件不同或基础文化娱乐设施不同或通向的地区不同，客流主要集中在街道的一端，表现为一端客流最多，纵深处逐渐减少的特征，这时候店址宜选在客流集中的一端；还有一些街道，中间地段客流规模大于两端，相应地，店址选择在街道中间就能更多地得到客流。

（三）分析竞争对手

商店的竞争情况对店铺经营的成败产生巨大影响，在商店选择开设地点时，必须分析竞争对手。一般来说，开设地点附近如果竞争对手众多，且商品结构、服务水准等相似，则新店很难获得巨大成功，但若新店经营独具特色，竞争力强，也能吸引大量客流，促进销售，提升店誉。

当然，店铺的选址地点还是应尽量选择在商店相对集中且有发展潜力的地方，对经营选购性商品的商店尤其如此。

另外，当店址周围的商店类型协调并存，形成相关商店群，往往会对经营产生积极影响，如经营相互补充类商品的商店相邻而设，在方便顾客的基础上，扩大了自己的销售。集中在一起的商店群相互间既存在竞争，又有着合作，应善于权衡把握这种关系。

（四）分析开设位置的物质特征

一个地理位置的物质特征决定商店建筑的类型。物质特征包括开设位置周围的建筑环境、停车场、能见度和顾客进出的方便性以及地形的特点等因素。

1. 建筑环境

新建商店要与周围的建筑环境相融合，不同的环境要求不同的建筑风格，从而影响开设成本等一系列问题。比如，在豪华建筑群中，仓库或裸墙商店难以存在。

2. 停车场

停车场的数量、面积及方便性也是位置物质特征的一个重要方面，大多数购物中心提供充分的免费停车场。而在商业中心地区，停车场是一个主要问题。因为商业中心地区商家云集，地面空间狭小，难以开辟空地建成停车场，有的商店腾出一小块地作为停车场，但由于地价昂贵，便要收取停车场地费。不过地下停车场及立体式停车场的建立有可能缓解这一矛盾。

3. 能见度和顾客进出的方便性

一片空白而平坦的地方有好的能见度和易接近性，但是这样的地点对于开发和发展却

是不利的。零售商必须在此开发道路、商店、停车场,甚至提供运输交通工具,其投资规模和成本很大。如果在一个有效的地点,且已有建筑物,零售商必须考虑现有的建筑物能否被改造和利用或者需要全部或部分地拆毁。

另外,若一个潜在的开设地点位于购物中心末端而只有狭小部分临街,或者位于街道一侧只有狭小的一部分,其能见度则远远低于位于购物中心入口处或位于主要街道的开设地点。虽然有时候可以通过设立一个大的、清晰可见的标志指引顾客,但还是会丢失一些顾客。

4. 地形特点

通常十字路口的易接近性高,那里拥有较大的客流量。许多零售商也愿意支付较高的租金以获得这样的位置。路口拐角处同时也提供较大的橱窗陈列机会,并可多设出入口,增强能见度与易接近性。但是,有立交桥或将要建立公路立交桥的路口不是好的地点,交通管理的障碍影响了顾客的可接近性。

(五)分析城市规划

在选择商店开设地点时,要考虑城市建设规划,既包括短期规划,又包括长期规划。有的地点从当前分析是最佳位置,但是随着城市的改造和发展,将会出现新的变化而不适合开店。反之,有些地点从当前来看,不是理想的地点,但从规划前景看,会成为有发展前景的新商业中心区。因此,零售经营者必须从长远考虑,在了解地区内的交通、街道、市政、绿化、公共设施、住宅及其他建设或其他建设项目规划的前提下,做出最佳地点的选择。

(六)评估未来商店的效益

评估未来商店的效益,主要包括平均每天经过的人数、来店光顾的人数比例、光顾的顾客中购物者的比例、每笔交易的平均购买量等。

(七)做出选址决策

做出选址决策,要综合考虑上述各方面的评价,做出科学、理智的决策。

 本章小结

1. 游客行为描述游客如何做出购买决策,如何使用和处置购买的产品和服务。善于发现游客基本需求以及对游客的时间空间消费规律做整体把握是游客行为研究的基本要求。

2. 关于竞争状况的研究,是旅游项目投资、旅游项目市场可行性中的一个重要内容。系统量化研究法要求对旅游项目有效竞争区域做出明确界定,并专门分析旅游项目面临的主要竞争对手。

3. 旅游商业业态的调查不仅包括宏观条件的分析,如交通、城市规划的分析,而且包括微观条件分析,如客流规律、竞争对手、开设位置和未来效益等的分析,最后在综合考虑的基础上做出选址决策。

思考与练习

1. 在旅游市场研究中,如何研究游客的行为规律?游客行为是如何根据市场变化的?

2. 影响游客行为的因素很多,比如对游客心理的研究就是其中很重要的一个方面,你还有什么好的方法来研究游客的行为?

3. 如何进行旅游商业业态的调查?商业业态调查对旅游项目的策划规划将产生什么影响?旅游商业业态调查的内容有哪些?

4. 如何研究竞争者?如何对竞争者的产品、市场、营销进行定性定量研究?

5. 游客空间行为模式有哪些类型?它们各自的特点是什么?你能想到哪些符合该模式的旅游目的地?

6. 研究旅游项目竞争状况有什么方法?是如何操作的?有什么需要注意的地方?

案例分析 游客空间行为对旅游开发影响的实证研究(以丽江古城为例)

第五章

旅游策划的定位分析

学习导引

旅游策划,特别是对旅游项目的定位,就是确定旅游项目或旅游地在产品形象、客源市场、产品特色等方面所处的地位。其中,重要的包括形象定位、市场定位、产品特色定位、竞争定位等若干方面。在这些定位过程中,市场导向和资源基础始终是合理定位所要依据的出发点,而其他一些因素,例如政策法规、技术支撑等则从侧面影响着项目定位的可行性。

本章对旅游策划定位分析的各个方面进行了描述,并对定位的影响因素和操作方法进行了分析。对案例的探讨也将有助于对定位的理解和对定位操作手段的把握。

学习重点

通过本章学习,重点掌握以下知识要点:
1. 形象定位的影响因素、方法,及其与宣传口号的关系
2. 市场规模定位的内涵及需要注意的问题
3. 目标市场定位的类型
4. 产品特色定位与形象定位的关系
5. 定位旅游产品特色的方法
6. 旅游产品结构与旅游产品组合
7. 竞争定位理论与竞争策略定位

不同类型的旅游策划主体,其定位侧重点也不同。形象定位以向旅游者传递独特和美好的信息体验,力图使被定位的对象攀升到已存在于旅游者心目中的形象阶梯为直接目的。市场定位的主要目的则是确定策划对象的目标市场群。旅游产品特色定位也可以称之为旅游主题定位,它是策划者和规划者在综合考虑旅游系统各项要素的基础上,计划向市场推出的产品主题和特色。竞争定位则是在竞争环境下对旅游产品竞争要素的安排和设置。这些不同的定位从不同方面完整描述了策划的旅游项目相较其他旅游项目所具有的特色和差异性,它是旅游项目内容策划的依据,统领着旅游项目内容设置和策划的方向。

第一节 旅游形象定位

里特和特劳特提出,定位理论的核心思想是"去操纵已存心中的东西,重新联结已有的联系"(李蕾蕾,1999)。这句话道出了项目形象定位和策划的本质,那就是要对旅游项目在旅游者心目中的认识进行细致分析,了解旅游者对项目的感受。然后,根据旅游者的内心认识,对项目形象进行保留强化或者是改良重造。其实,旅游者心目中往往存在某类旅游产品的形象阶梯,如一提起山水风光,游客心目中浮现出来的往往是桂林、九寨沟、长江三峡等几个有限的旅游目的地,游客对这些目的地的排序就构成了相应的形象阶梯。而旅游产品或旅游项目形象定位的直接目的就是向旅游者传递旅游项目中独特和美好的信息体验,力图使被定位的对象攀升到已存在于旅游者心目中的形象阶梯,从而被旅游者认知并产生吸引力。

知识关联:杰克·特劳特(Jack Trout)是定位之父,被摩根士丹利推崇为高于迈克尔·波特的营销战略家,也是美国特劳特咨询公司总裁。

一、形象定位的影响因素

旅游者形象认知的影响因素是多维度的,涉及地理学、心理学、市场学、广告学、大众传播学和社会学等诸多领域。而这些影响因素的综合表现往往通过旅游者对产品的购买和消费行为表现出来。因此,形象定位的基础工作就是对市场主体——旅游者的分析。需要指出的是,在我国很多旅游形象定位的设计中,往往将市场或旅游者当作一个均质的集合体,认为所有市场成员对同一项目都大致具有相同的感受和偏好,因此最后设计出的形象比较单一。而事实上,市场营销学的理论和实践都已经告诉我们,市场是需要细分的,任何一种产品和形象都无法吸引所有旅游者。这就要求策划者识别主要的客源市场,主要客源市场有两个或两个以上,那么,就应该针对不同的市场设计不同的形象。

除了市场之外,旅游地的地脉和文脉分析也是形象定位的主要依据。这些分析的重要作用就是通过规划区域的地理环境和历史文化挖掘出旅游项目或旅游产品的独特性,从而和其他竞争者区分开来。有关详细内容将在本章第三节中予以详细介绍。

二、形象定位的方法

李蕾蕾(1995)指出,定位的重点不在于产品或企业本身,不是去发明或发现了不起的事物,而是通过定位促使商品进入潜在消费者心目中。关于具体的形象定位方法,李蕾蕾(1995、1999)、钱炜(1997)等提出了以下几种策略。

(一) 领先定位

领先定位适用于独一无二或无法替代的旅游资源,如埃及的金字塔、中国的长城等,它们都具有世界范围内独一无二的地位。

(二) 比附定位

比附定位适用于不去占据原有形象阶梯的最高阶,而情愿屈居其次的旅游项目,如"塞上江南"(银川)、"东方阿尔卑斯"(四姑娘山)、"东方威尼斯"(苏州)、"东方夏威夷"(三亚)等。

(三) 逆向定位

逆向定位强调并宣传定位对象是消费者心中第一位形象的对立面和相反面,同时开辟一个新的易于接受的心理形象阶梯。如野生动物园宣称是传统圈养动物园的对立面,而很快获得旅游者的认可。

(四) 空隙定位

比附定位及逆向定位都与原有形象阶梯存在关联,而空隙定位全然开辟一个新的形象阶梯,从新角度出发进行立意,创造鲜明的形象。与有形商品定位比较,旅游点的形象更适于采用空隙定位。

(五) 重新定位

从严格意义上来说,重新定位不能算是一种定位方法,而只是原旅游景点应当采取的再定位策略。尤其是处于生命周期衰退期中的景点,通常采取重新定位方法可以促使新形象替换旧形象,从而占据一个有利的心灵位置。

三、形象定位与口号

形象定位最终往往以主题口号方式来进行表达。根据地方性研究和市场受众的调查结果,归纳出旅游项目、旅游产品或旅游地的形象定位构思,并由此总结出言简意赅的主题口号。主题口号应该具备以下几种特征中的一种或几种。

(1) 能够充分反映旅游项目、旅游产品或是旅游地的特征,尤其是其独特性的表达。例如,香港回归祖国大陆后,提出了一个"We are Hongkong"(我们是香港)的口号。这个口

知识关联:香港的形象定位。20世纪90年代,香港在台湾宣传其大都会的魅力,在日本强调其豪华消费享受价格比日本便宜,在澳洲和新西兰介绍其是一处多彩的亚洲旅游胜地。

号表面上与旅游无关,但从深层次上表达出了香港已不是作为殖民地的香港,虽然回归祖国,但又和内地不同,集中表达了香港的独特性。

(2) 能够体现出旅游特征,而非政治宣传或招商口号。这方面的典型例子如泰国的旅游形象口号是"Thailand—Tourism Heaven of Far East"(泰国:远东旅游天堂),旅游特性表露无遗。

(3) 能够有广告效应。广告效应是形象口号的重要功能,虽然形象口号不完全是广告,但它却需要用简短的话语或词组来打动旅游者,这往往要借鉴广告艺术。因此,很多主题形象口号类似于广告词,很多地方在做形象宣传广告时,往往也直接借用形象主题口号。例如,银川在中央电视台的形象广告就是"塞上江南";成都在城市宣传的时候也经常使用张艺谋制作的成都形象宣传片的终结语——"成都,一座来了就不想离开的城市"。

(4) 能够反映旅游需求的热点和趋势。形象定位是指向游客的,因此口号通常也要以旅游需求为出发点,要对游客有吸引力。例如,四川三江生态旅游区在2003年"非典"后确定形象口号为"生态三江,享受健康",其目的就是借大众因"非典"而引发的对健康的重视来招徕游客。

 云南建水的形象定位

四、旅游地形象定位的支撑要素

旅游地形象定位是旅游形象策划的核心。旅游地形象策划是旅游地整体策划的重要组成部分。旅游地形象是旅游地对客源市场产生吸引力的关键,是旅游地的象征,是召唤旅游者前往旅游地旅游的旗帜,同时也是旅游者对旅游地的感知和认知印象。旅游地之间的竞争在很大程度上是形象之间的竞争,所以这不得不迫使地方政府、企业、风景名胜区面对这个重大问题,动用大量的人力、物力和财力,对自己的形象定位进行研究。

世界上许多著名的旅游地,我们对它们的形象已是耳熟能详,这些形象及其包含的丰富内容构成了对旅游者的强大的吸引力。如巴黎的旅游形象是"花都",给了世人迷人的、浪漫的、艺术天堂的暗示。香港的旅游形象以前是"购物天堂",将低廉的商品价格、丰富的物产、自由的购物环境和娱乐环境等信息告知了世人,现在的形象定位是"动感之都,就是香港"(The City of Life, This is HongKong),香港旅游将"动感"二字表现得淋漓尽致。反过来说,旅游业不发达的地方,旅游形象也黯然无光。

旅游地形象需要提炼和策划,但旅游地形象绝非凭空杜撰,它的形成受制于以下几个关键因素。

(一) 历史文化对旅游地形象的影响

旅游地的历史文化传承,构成了旅游地的文脉,它是旅游地发展旅游的灵魂,对提高旅游地产品的文化含量起着重要的作用,能增加旅游地的厚重度。如果历史文化在旅游地形象定位中起了关键作用,这就决定了旅游地产品开发的方向和它吸引的旅游者的类型。比如,中国是世界上四大文明古国之一,其"东方文明古国"的形象在全世界深入人心,当然支撑这一形象的是她灿烂的五千年的文明史和多姿多彩的历史文化,以及以北京、西安、南京、杭州、洛阳等中国古代帝都为代表的旅游目的地。这一形象的定位决定了中国的旅游产品的特色以历史文化观光产品为主,吸引的游客也多半是猎奇、探秘的年龄在 40 岁以上的观光游客。如果中国要开发度假旅游产品来吸引国际度假游客,与其在国际市场中的旅游形象相悖,则难以受到市场的认同,因为国际度假游客所认同的度假旅游地在美国夏威夷、加勒比海沿岸、地中海沿岸地区,绝不会想到中国。中国开发度假旅游产品的主要市场应是国内市场。所以,国家旅游局在 20 世纪 90 年代中期决定开发 12 个国家级度假地时,思路以吸引国际游客为先导,就有很大的困难。近年来,国家旅游局改变思路在内地开发山地度假地,则明显是为了满足国内市场和内地区域市场的需求。

(二) 自然旅游资源对旅游地形象定位的作用

自然旅游资源的表征构成了旅游地形象定位的"地脉",诸如气候、气象、地形、植物、动物等自然旅游资源,都可能成为旅游地形象定位的决定性因素。例如,在众多的旅游资源中,四川省的大熊猫具有绝对的垄断性,中国 80% 以上的大熊猫在四川,大熊猫既是中国的国宝,也是全世界动物保护的标志。因此,四川以"大熊猫的故乡"作为旅游形象,就具有无可比拟的号召力。如果成都市仍以"大熊猫的故乡"作为旅游形象,既出现重复,又缺乏资源垄断性和资源基础,反而与这座城市千百年来的文化传承和生活习俗相左,就不是恰当的定位。

(三) 历史文化与自然旅游资源在旅游地形象定位中的优势比较

可以说,在中国,每一个旅游地都有丰富的历史文化和自然旅游资源,每一个旅游地在谈到它们的旅游资源时都会如数家珍。在旅游地的形象定位中,经常会遇到哪一方面都割舍不下的现象。如何比较这两个方面旅游资源在旅游地形象定位中的优势,标准和尺度如何把握,就显得十分重要。我们认为,无论是历史文化的旅游资源,还是自然的旅游资源,资源的垄断性、唯一性和排他性都是旅游地形象定位的原则。如果两个方面都具备这些特征,则在形象定位中两个方面同样重要。如果只有一方面具备这些特征,则只能以这一方面为基础进行形象定位,对旅游资源的其他方面的特色,要舍得舍去。

例如,四川省眉山市在旅游资源上有如下类型和特色:

(1) 瓦屋山国家级森林公园,世界上较大的高山杜鹃群落之一;

(2) 麻浩崖墓,中国最大的汉代崖墓群;

(3) 三苏祠,苏洵、苏轼、苏辙故里;

(4) 彭祖山,彭祖长寿文化的故地。

面对如此丰富且品质都不错的旅游资源,割舍谁也会觉得可惜,全部都容纳则会造成形象的模糊不清。所以许多地区在形象定位时将自然和人文两大类统统纳入旅游地形象之中,可以说是千篇一律,毫无生命力可言。在上面眉山市的例证中,明显地具有唯一性、垄断性和排他性的旅游资源只有三苏故里;另一个具有垄断性的是麻浩崖墓,但作为旅游产品,其可观性大受影响,作为形象,又缺乏唯一性,因为它只以规模取胜。因此,"三苏故里"应作为眉山市的旅游形象。

如上所述,在形象定位中,如果自然、人文资源都很重要,两者都会成为旅游地形象定位的重要因素。但涉及对旅游资源的评价问题,如果做得不好,采取中庸之道,两方面都不放弃,其结果就毫无特色,对市场也就缺乏号召力。因此,在旅游地的形象定位中,是采取舍去还是兼得的策略,既要考虑资源的垄断性原则,也要考虑市场的需求,并且要具体问题具体分析。

如《四川省旅游发展总体规划》,是 UNWTO(世界旅游组织)专家在中国境内编制的第一部省级区域规划,对规划界具有一定的指导意义。该《规划》将四川省的旅游形象定位为"中国自然生态旅游目的地",以川西旅游资源为基础,市场定位更看重欧美市场。该《规划》对自然生态方面的定位较准确,但却忽视了四川是一个文化大省,因而对三星堆、都江堰都不十分重视,由此引起了国内部分专家的不满。当然,要在半年之内熟悉、理解上千年的地方文化积淀,并能加以抽象和提炼,确实非常困难。然而,四川以三星堆、都江堰为代表的古蜀文化在世界上具有唯一性、垄断性、排他性,特别是三星堆的考古发掘成果,证明了长江上游是中华文明的发祥地,成都平原是长江上游的文明的摇篮,古蜀文化是一个独立于中原文化的文化圈。这在一定程度上改写了中国历史。更特别的是三星堆出土的青铜人、青铜人面具、金杖等全非中原正统文化因素,其夸张性、艺术性、神秘性使它具有无与伦比的吸引力。在 2000 年相继出土的成都市战国船棺墓葬群及金沙遗址,更加体现了三星堆的神秘性。青铜器中大量的对人物的艺术描绘和金杖等西方文化因素更使西方人如痴如醉,百思不得其解。三星堆青铜器到欧美、日本巡回展出时,场场爆满,以三星堆为代表的古蜀文化在成都平原的考古发掘可谓成果累累,七座古城相继发现,将古蜀文化推向了全世界。

因此,以三星堆、都江堰为代表的古蜀文化不仅资源级别高,而且历史价值、艺术价值、美学价值、科学价值都无与伦比。在四川旅游形象的定位中,不能忽略古蜀文化。四川省的自然生态优势和古蜀文化优势同样明显。四川省的旅游形象定位,较圆满的应是"熊猫家园,古蜀王国"。

"家园"一词优于"故乡","故乡"是过去的家园,非现世的家园。"家园"具有现世性,表示现在的存在,由此可明确告知世人四川良好的生态环境。"古蜀王国",告诉了受众这里有灿烂辉煌的古蜀文明和丰富多彩的蜀文化,这一文明曾经辉煌而又很快消逝,增添了四川省的神秘感。

(四)旅游者的感知、认知

旅游者的感知是旅游者对旅游地的资源释放出来的本我特质的印象。这一印象的形成经过了从"想象的形象"到"真实印象"的过程,有的专家用"本底感知形象、决策感知形象、实地感知形象"(李蕾蕾,1999)来研究这一过程。无论如何,旅游资源的特质、环境外溢表现出来的形象是一切感知的基础,离开了这一基础,一切感知皆无从谈起。

所谓"想象的形象",实际上是旅游者在以往的生活、学习经历中,通过各种载体的描述(文本、影像、口碑等)对旅游地的"神游"(精神游历)印象。这一印象使山水文化精神得以延续,使旅游市场在润物细无声中得以培育,更使一个人的空间想象能力和形象思维能力得以发展,对人类来说,其功莫大焉。

想象的形象对想象者、神游者来说,是非真实的印象,但却是他人的真实印象。想象的形象非真实印象,却以他人的真实印象为依据。在对旅游地的形象感知中,他人的真实印象会影响旅游者到实地后的真实感知印象。

旅游者到达某一旅游地后,就会对旅游地产生真实的感受,从而获得"真实的印象"。就单个旅游者而言,这一"真实印象"对旅游地形象的确立也许无足轻重,而且每个游客对旅游地的印象因其经历、修养、素质的不同而各有差异,但正是基于旅游资源自身的特色和品质,以及对这些特色、品质的形象表达,经过长年累月,才使众多游客产生了"共性感知",这些"共性感知"经过提炼,就成为旅游地的形象。

例如,成都市、四川省就其在中国的地理位置、文化特点、军事地位、经济发展等各方面来说,都堪称"中国后花园"(《中国后花园》,杨振之,1999),以"中国后花园"来定位也十分鲜明。二千五百多年来,这里"水旱从人",号称"天府",富足、悠闲是成都市千百年传承的基因,茶馆、美食(川菜、小吃)、川剧、消费方式、生活习俗,无不表现出小康、满足、悠然自得的特点,这些特点对地域文化的影响十分深远。所以,成都市的旅游形象可定位为"天府之都,美食王国"。这一形象定位有大量的文献资料佐证,这就是千百年来众多游客对成都市的"共性感知"。如果将成都市形象定位为"熊猫故乡",就无文化支撑,也与"熊猫"生态环境无直接的关系。

认知是比感知更高一级的认识形式。感知停留在感受、知觉层面上,对被感知的对象的认识往往止于印象层面。尽管这种感知印象离理性认识还有差距,但恰恰这一感知印象(初始印象或常言的"第一印象")对对象的感觉很有可能切中要害,这正是感知的价值所在。认知比起感知就要理性得多,它是在感知对象之后,在游历过程中和旅游行为结束之后,对旅游地这一对象的属性、特性、品质的深入而理性的认识。经过认知阶段后,旅游者就容易对旅游地的印象最终定格。这一阶段包括了游历过程中的深入考察、思考、游历结束后的回忆和翻阅大量资料对自己的印象加以判断。所以,认知是对旅游地属性、特色、品质的理性认识,它容易提炼出旅游地的形象,即对旅游地的形象进行较抽象的总结。

旅游者的旅游行为与感知、认知和旅游地形象的关系如图5-1所示。

如图5-1所示,只是通过图示形象地表达出了一个旅游者的旅游经历(旅游行为)与旅游地形象及感知、认知之间的关系。旅游者在出发之前,处于对旅游地的抉择和旅游的准备活动时期,此时旅游者停留于"世俗世界"(或称惯常环境),对旅游地形象的感知仅停留于"想象形象"阶段。一旦确定了旅游地并前往旅游地时,沿途的风光和风情都会对"想象形象"加以印证并逐渐充实,对旅游目的地形象的感知在沿途中渐渐展开并越来越接近真实。当游客到达旅游地,而在旅游地"诗意地栖居"短暂时间(杨振之,《旅游资源开发》,1996)时,进入对旅游地的实地感受期,此时对旅游地的形象是真实印象。想象形象与真实印象都是对旅游地的感知。当游客离开旅游地,进入返回的游程,游客进入回味期,在回到家中以后的很长时间内,游客都会对这次旅游经历、对旅游地的感受回味。这一回味过程就是对旅游地的理性认识过程,只不过旅游者对旅游地的认知从到达旅游地实地感受时就已经开始了。通过这一过程,旅游地形象在大脑形成。如果这次旅游经历难忘,印象很深,旅游者在以后

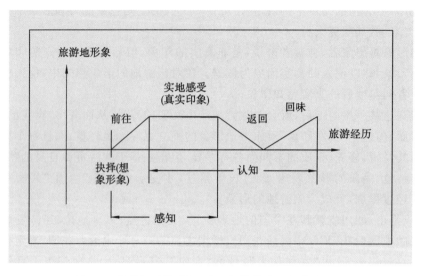

图 5-1　旅游经历的感知、认知与旅游地形象的关系图

的生涯中还会时时回味,但主要是对已形成的固有形象的重温。

　　旅游者的感知、认知是对旅游地的印象和评价,实际上是对旅游资源的本质属性、特质的认同,归根结底是对市场的认同。它之所以如此重要,不仅在于其对旅游地形象定位有着基础性的意义,而且对旅游产品规划和市场定位也有重要的参考价值。

（五）旅游地的空间竞争

　　旅游地的空间竞争是指在一定的地域空间范围内,分布着若干的风景区、旅游区,由于旅游者的行为规律决定了不可能将这一区域内的所有风景区、旅游区作为自己的旅游目的地,因而客观上这些风景区、旅游区之间存在着市场竞争,市场竞争首先表现为风景区、旅游区之间的形象竞争,其次是产品竞争。

　　旅游地之间的空间竞争决定了旅游地之间存在形象竞争。形象竞争的核心是使自己的风景区、旅游区与其他风景区、旅游区的形象区别开来并进而使自身的产品特色与其他风景区、旅游区的产品特色区别开来。差别化、个性化的形象工程,是当今中国大多数旅游地面临的重要课题。

　　研究旅游目的地的空间竞争,可能是一把打开旅游策划的金钥匙。掌握空间竞争的规律,能够针对这种空间竞争规律拿出一套操作性强的方案,是旅游策划能否成功的关键。笔者提出了"形象遮蔽"与"形象叠加"的理论体系,为旅游目的地空间竞争的研究提供了一种诠释的方法。

第二节　旅游市场定位

　　旅游市场定位就是确定旅游地或旅游项目的目标市场群,对客源市场进行细分,开发出适应旅游市场需求的旅游产品,以便有针对性地进行营销。旅游项目的市场定位直接影响旅游产品特色定位,而旅游产品特色定位又是旅游目的地形象定位的基础。旅游项目的市场定位目标十分明确,它的目标就是针对游客的需求,弄清游客的需求是市场定位的前提,市场的调查与分析又是弄清楚游客需求的基础。因此,旅游项目的市场定位是否准确是旅游项目开发成功与否的关键。

一、市场规模定位

市场规模定位就是对未来一段时间内项目可能吸引到的市场总量做出相应的预测。换句话说,市场规模定位就是对未来的可能消费人群进行评估。它是指向未来的,因而也就充满了很多不确定因素。

市场规模定位的基础是对客源市场变化趋势及其影响因素进行准确的分析。具体的分析方法在第二章中已做过介绍。在这里需要指出的是,由于很多地方的旅游长期处于自发和无组织状态,政府对游客统计也缺乏应有的重视,旅游统计时序较短且数量齐全程度不高,从而对很多定量预测方法的使用有所限制。实际上,在相当多的规划或策划中,市场规模的预测是经验判断的产物。规划或策划人员往往借助以往的趋势或是GDP等市场相关因素变化趋势对可能的市场增长率做出预测,从而确定未来的市场规模。这对老的旅游区或旅游项目来说尚有章可循,而新的旅游地或项目则在很大程度上依赖规划和策划人员自身的素质和经验。

对市场规模的定位除了考虑客源市场及其相关要素的变化趋势外,还有其他一些因素要加以考虑。这些因素包括旅游吸引物本身的吸引力评估、环境及设施的吸引力等。它们都从不同方面对可能的市场规模产生重要影响。因此,对旅游市场规模定位实际上也是一项综合工程,考虑的要素越多、越全面,定位也就越合理。

二、目标市场定位

目标客源市场的定位,指旅游产品的供给方将产品指向什么样的目标市场,并针对目标市场确定相应的营销策略(杨振之,2002)。目标市场的定位要以市场细分作为基础。

一般而言,目标客源市场的定位,有以下四种类型。

(一)无差别市场定位

无差别市场定位指在旅游产品的策划和营销中,不对市场进行细分,将市场作为一个整体,采取无差别市场策略进行营销。这一方法只强调共性,在当今游客个性化需求不断增加和市场竞争越来越激烈的背景下,此方法的局限性越来越大,在实践中运用极少。

(二)广泛性市场定位

广泛性市场定位是供给方已对市场进行了细分,但其策略是指向所有的目标市场,并针对每一个细分市场进行相应的营销组合,其市场营销缺乏针对性。由于每个细分市场都成为目标市场,其结果与无差别市场没有太大区别。

(三)选择性市场定位

将客源市场划分为若干细分市场,供方只选择其中一部分细分市场作为自己的营销目标。选择性市场就是有差别的市场,它会针对细分市场的不同需求采取相应的营销策略,销售"适销对路"的产品。这样,旅游产品的个性将更加鲜明。

（四）单一性市场定位

供给方将目标市场确定为一个特定的市场。其优点是指向明确、市场集中;缺点则是旅游产品单一,虽有特色但不能形成组合优势,市场风险大。但在实践中,若针对单一市场采取行之有效的营销策略,仍是可行的。

总体来说,无差别市场定位和广泛性市场定位已经越来越不符合当今旅游的发展趋势,它们的适用范围在不断缩小。而选择性市场定位和单一性市场定位因指向明确、可以发展出有针对性的营销策略而在实践中受到重视。尤其是选择性目标市场定位,已成为目前旅游策划和规划中使用最普遍的一种市场定位方法。

选择合适的细分市场通常要考虑以下几个因素:①各细分市场的大小、增长率、变化趋势和竞争态势;②各细分市场的进入门槛和收益状况;③各细分市场间的相互联系和竞争;④旅游吸引物的特色、规模和等级;⑤目标吸引物及其他吸引物之间的空间联系和空间竞争等。

综合考虑以上因素,才能够选择出产品和项目应该指向的具体细分市场。

第三节　旅游产品定位

一、产品特色定位与形象定位的关系

旅游产品特色定位是策划者和规划者在综合考虑旅游系统各项要素的基础上,计划向市场推出的主题产品和特色产品。国内早期的旅游规划,往往以产品定位代替形象定位,甚至不做形象定位。例如,四川省最早进行的区域性旅游发展总体规划——2000年完成的《四川凉山彝族自治州旅游发展总体规划》中将凉山的形象定位为:中国西部民族文化、航天高科技观光与生态度假旅游目的地。

2001年进行的《四川阿坝藏族羌族自治州旅游发展总体规划》确定了阿坝的主题定位,即世界自然生态与文化遗产地观光、度假、会议最佳旅游目的地,大熊猫故乡自然生态旅游目的地,嘉绒藏族、羌族历史文化与民俗风情旅游目的地,红军长征历史遗迹最佳旅游目的地。

可以看出,凉山规划中的形象定位实际上是产品特色的描述。而在阿坝的规划文本中,并没有对其形象定位进行描述,估计也是将产品定位作为形象定位来看待。

将产品特色定位与本章第一节谈到的形象定位相比较,可以看出,旅游产品特色定位和形象定位之间是有差别的。它们恰似一枚硬币的两面,产品特色定位关注策划项目的具体内容,而形象定位关注策划项目在游客心目中的形象;产品特色定位讲求实际,而形象定位要求具有艺术感染力;产品特色定位指导开发者或项目提供方的开发内容和开发方式,形象定位讲求如何通过打动人心来打动市场。可以说,二者相辅相成,分别从旅游活动和市场营销两个方面对策划进行界定。

同时,旅游地形象定位又需要建立在产品特色定位的基础上。如果缺乏特色产品,形象就成了空中楼阁,无所依托。因此,可以这样认为,产品特色是形象定位的基石,而形象定位是产品特色的艺术表现。为了避免形象定位的空泛,杨振之(2002)提出了一种"反推"的方法(如图5-2所示),即反过来看形象定位有无实际的旅游产品作为支撑,这对旅游策划和规划的学习者来说具有很好的借鉴价值。有的旅游地形象看似空泛,但实际上却有大量的特色产品作为支撑。如巴黎形象为"花都",它的艺术、服饰、浪漫的都市文化赋予了这一形象丰富的表现内容;德国迁都后的柏林定位为"新欧洲之都",表明了在欧洲和世界政治新格局下,德国重振过去哲学、艺术、经济、金融之都的决心。

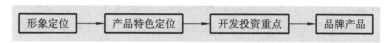

图5-2 形象定位向产品特色定位的"反推"

二、如何定位旅游产品的特色

旅游产品是旅游系统中各种要素的综合体现。Gunn(1972)提出了旅游功能系统模型,认为供给和需求形成了旅游的两大力量。这里的需求是指旅游市场中的各项因素,而供给则包括了吸引物(资源)、交通、促销、信息和服务等诸多要素。目前对旅游系统的描述类型很多,但本质上与Gunn在1972年提出的模式相差不大,更多是术语和单个要素的归属问题。作为旅游产品来说,既要符合市场需求,又要综合体现供给系统的诸多要素。从这个意义上来讲,旅游产品特色定位系统可以按图5-3所示进行表达。

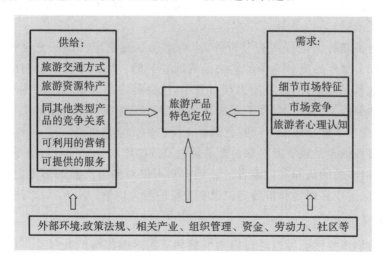

图5-3 旅游产品特色定位系统示意图

如图5-3所示,它从供给、需求和外部环境三个方面描述了旅游产品特色定位需要考虑的因素,下面分别对此进行探讨。

(一)供给

旅游产品是由供给方提供的。在供给的各项要素中,旅游产品特色定位的重要方法就是凸显旅游资源自身的特色,特别是凸显那些具有垄断性或者是有竞争优势的旅游资源的特色(杨振之,2002)。例如,"峨眉天下秀,青城天下幽","秀"和"幽"就是峨眉山和青城山的特色,应该得以彰显。

同其他产品的竞争关系可能对旅游产品的特色定位产生重大影响,有时甚至会让旅游地抛弃旅游资源自身原有的主要特色。当然,在分析旅游资源特色的时候本身就应该将这种关系考虑在内。例如,在孟子故乡邹城,"三孟"本应成为其最大的资源特色,但23公里外的曲阜"三孔"就使"三孟"的优势减弱不少,即邹城处在曲阜的"形象遮蔽区"内(杨振之,2002),使其旅游产品定位不得不另想他法(王衍用,1997)。

交通方式对旅游产品特色定位也有重大影响,主要表现在不同类型的产品对可进入性需求的差异上。度假型产品对可进入性以及交通的便捷性、舒适度要求较高,而探险、徒步等产品的要求就不一定那么严格(杨振之,2002)。

可利用的营销和服务往往也会对旅游产品的特色产生重要影响。例如,川西高原、茶马古道等地的马帮旅游产品就依赖当地特有的服务。这些营销和服务有时也可以被看作资源特色的有机组成部分。

（二）需求

旅游产品是指向需求方的,而且通常是指向某些特定的细分市场。要对具体的细分市场进行有针对性的分析,具有市场吸引力的产品是形成旅游产品特色的目标,也是关键。例如,成都来也旅游发展股份有限公司在对陕西张良庙——紫柏山风景区的旅游产品策划和规划中,对陕西省内市场对休闲、娱乐项目的喜爱程度进行了详细调查,发现对景区登山探险、开越野车、漂流、烧烤和骑马射箭的喜爱程度较高,从而为针对陕西省内市场休闲娱乐类产品开发提供了依据。

除了对细分市场特征进行调查分析外,市场竞争也是确定产品特色定位的重要方面。不同类型和不同等级产品应对竞争的能力是有所差异的。通常来讲,度假休闲类产品因其单位游客消费次数多,应对的竞争压力相对较小,这也是许多大型城市周围度假山庄、农家乐等数量较多的原因。而同一类型的观光产品则因游客对观光类产品的重游率较低,竞争压力很大,市场竞争因素在旅游产品特色选择上所占的比重也更高。

旅游者的心理认知是旅游者对旅游产品特色形成的印象。旅游者对旅游产品的印象和评价,本质上是对市场的认同。旅游者的心理认知不仅对旅游产品的形象定位有着基础性的意义,而且对旅游产品规划和市场定位也有重要的参考价值。

（三）外部环境

外部环境的诸多要素既可以通过影响供给和需求影响旅游产品,也可以直接作用于旅游产品特色。它们对旅游产品某类特色的形成既可以是积极影响,也可以是限制性约束。

以九寨沟为例,目前九寨沟景区出于自然保护的需求,采取沟内游、沟外住的政策,并且对原有的一些项目如民居接待、骑马等项目进行了禁止。这对九寨沟自然风光特色的可持续来说是有利的,而且也是必要的,但对民族文化类产品特色的张扬,则带来了很多限制性影响。

综上所述,可以看出旅游产品特色的形成,建立在对旅游系统要素的综合考虑上。在具体实践中,对各要素重要性的认识和要素特色的提取能力,在很大程度上也就决定了旅游产品特色的发挥。

| 知识活页 | 鲁尔地区的旅游产品体系 |

三、旅游特色产品库

对某一个旅游地来说,它拥有的资源特色和要针对的细分市场往往不是单一的,这就决定了其旅游产品的多样性。这些立足于不同资源特质、面向不同客源群体的特色旅游产品构成了旅游特色产品库。而对旅游特色产品库,一般通过旅游产品结构和旅游产品组合两个维度进行认识。

（一）旅游产品结构

旅游产品结构是指旅游产品在其形体结构上形成的品牌产品、重要产品和配套产品的布局。品牌产品是旅游地的导向性产品,对市场具有引导作用,是竞争力强的旅游产品,它能够展现和强化旅游地形象。重要产品是整个产品布局体系的支撑,是旅游地的主力产品。配套产品不具备强大的市场吸引力,也很难吸引大中尺度的游客,但它可以丰富产品结构,满足小尺度客源市场和低消费市场群体的需要(杨振之,2002)。

如果旅游地没有形成这一产品结构布局,则其旅游产品就缺乏号召力。在这种情况下,就应根据市场需要对旅游产品结构进行调整,以培育或推出合适的产品体系。

旅游产品的锥形形体框架结构具有重要意义(见图5-4)。它不但引进了品牌战略,而且使产品形成梯级体系,能够满足不同细分市场游客的需要。

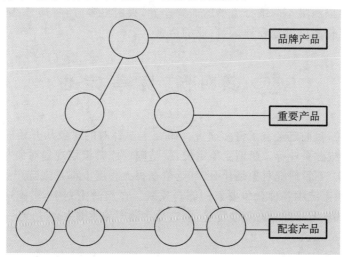

图 5-4　旅游产品结构

旅游地结构框架内的每一层级的产品都要形成体系。首先,应实施多品牌和品牌延伸决策。同时,经营两种或两种以上互相竞争的品牌。目的是在市场上形成多品牌齐头并进的合力,对市场形成强大的攻势。这一方面有利于扩大市场占有率,另一方面可增强对旅游者的吸引度。因为旅游者对旅游品牌天然地缺乏长期的忠诚度,一贯忠诚于某一品牌而不考虑其他品牌的消费者是很少的,大多数消费者都是品牌转换者(罗锐韧,1997)。所以,四川省先期向市场推出了九寨沟、卧龙——大熊猫和三星堆三大品牌。当然,在一段时间后,要根据市场需求适当调整。其次,旅游地要利用其成功品牌的声誉,推出改良产品或新产品,使品牌产品获得更大的效益,这是对品牌产品的延伸。如九寨沟的自然风光观光已成为著名品牌,现在有关部门正在考虑依托这个品牌挖掘当地的藏族文化旅游产品,作为九寨沟品牌的延伸。

重要产品尽管不如品牌产品有吸引力和号召力,但它仍是品牌产品的支撑。如果没有重要产品作为支撑,则品牌产品就成了"孤军奋战",市场占有率也很难增长,因为旅游地难以形成旅游产品的集群。如"十五"期间四川省除了三大品牌产品外,实际上还确立了六大重要产品,即峨眉山、乐山、都江堰、青城山、三苏祠、李白故里。在这六大重要产品中,有的产品对市场的占有率明显高于品牌产品。

配套产品更应该多样化,其针对的目标市场群体应分得更细。配套产品往往要能满足不同目标客源市场的需要。

(二)旅游产品组合

旅游产品组合通常包括宽度、长度、深度及关联性等几个维度。所谓宽度,是指一个旅游地有多少旅游产品大类;长度是指一个旅游地产品组合中包含的产品项目总数;深度是指旅游产品大类中每种产品有多少花色、品种、规格;而旅游产品组合的关联性,指一个旅游地各个产品大类在最终使用、生产条件、分销渠道等方面的密切相关度(杨振之,2002)。

从理论与实践两方面来看,旅游产品组合的宽度、广度、深度和关联性在营销战略上具有重要意义。其一,旅游地增加产品组合的宽度,扩大经营范围,可以充分发挥旅游地的特长,提高经营效益;其二,旅游地增加产品组合的长度和深度,即增加产品项目,增加产品花色、式样、规格,可以满足不同细分市场的需要差异,吸引更多游客;其三,旅游地增加产品组合的关联性,可以提高旅游地在地区、行业的声誉。

第四节 竞争定位

对于竞争定位,目前已经有了许多研究。研究主要针对的对象从开始的旅游目的地已经发展到旅游产品、旅游企业等。所谓竞争定位,就是确定旅游策划规划对象与其他同类相比处于什么地位。其实,不管研究对象是什么,其竞争在很大程度上都是旅游产品之间的竞争。因为旅游产品是旅游系统中各种竞争要素的综合反映。在旅游策划中,实施这一步骤的目的就是确保策划建议的旅游产品具有竞争优势,而这是旅游产品能够生存并产生效益的前提条件。

一、竞争定位理论

关于竞争定位理论,中外很多学者进行了探讨。其中相当多的研究指向旅游地的资源禀赋。例如 Deasy 和 Griess(1966)对美国宾夕法尼亚两个相似并相互竞争的景点研究指出,旅游地与客源市场间的吸引力是资源指向性的。鉴于此,随后的大量研究大多数也都沿着这个视角进行发展(张凌云,1989;保继刚,1991、1994;许春晓,1993、1995、1997、2001;杨振之、陈谨,2003)。其中,比较具有代表性的是许春晓的"旅游资源非优区"理论和杨振之的"形象遮蔽"和"形象叠加"理论。前者对等级品质不太高的旅游资源应该如何进行竞争和开发进行了有意义的探讨。而杨振之认为"形象遮蔽"和"形象叠加"是同一区域内景区之间必然存在的一种关系属性,被遮蔽的旅游地应该通过重新定位形象、强化差异性形象或在经营管理上做出调整,从而摆脱"形象遮蔽"对旅游地发展造成的不良影响,使景区之间从相互遮蔽的竞争关系走向相互叠加的合作关系。"形象遮蔽"和"形象叠加"理论对旅游策划规划中如何正确认识资源及如何摆脱因资源劣势导致不利地位具有很高的参考价值。

旅游系统是由多种要素构成的,因而旅游地和旅游产品在竞争格局中的地位除了受资源本身禀赋的影响外,也受其构成要素的影响。Wober 等曾在20世纪80年代末,通过旅游需求、过夜旅游增长率、游客季节分布及旅游地承载力等五项指标,对20世纪80年代欧洲39个首都城市进行比较研究,勾画出1975年以来各城市的综合竞争力空间分布图。从Wober等人的工作中,Amazance(1997)进一步发现旅游地之间相似性大的城市具有较强的替代性,差异性大的城市则具有互补性。

窦文章等(2000)提出决定区域旅游竞争优势的五个基本因素是要素条件、需求条件、旅游环境、区域行为、介入机会。其中,要素条件指区域赋存的旅游资源类型结构、数量、质量,是旅游资源开发和旅游产品生产的条件,它反映了旅游产品的生产价值和生产成本,是形成旅游产品的基础;需求条件主要指由旅游者需求偏好、出游能力、旅游规模结构等综合性、多层次因素组成的客源市场条件;旅游环境既包括旅游服务的一些外围环境,如一个区域的自然、人文、社会、经济等条件和发展水平,也包括支持旅游业发展的相关行业如娱乐、餐饮等;区域行为指对一个旅游区域的旅游系统进行管理、监控等,旅游系统的多层次性决定了区域行为的复杂性;介入机会是指围绕旅游活动而发生的一种空间联系现象,包括空间交通线路组织、市场营销宣传、网络信息等,介入机会是外生变量,它通过影响其他四个因素对区域旅游竞争力起作用。上述五个因素相互作用、共同整合,形成一个完整的功能结构。

Ritchie 与 Crouch(2000)提出了与窦文章等类似的区域竞争性模型(见图5-5),但对各要素之间的关系进行了更细致的探讨。他们采用了一个形象的"DNA"比喻,认为在遗传方面,区域的本底,即"DNA"是固有的,包括人文资源、自然资源、知识资源、资本资源、基础设施、旅游业的上层建筑、经济规模等。这些是在规划前就存在的,而规划也正是基于这些现状对未来的旅游前景进行描绘,对这些固有因素做出改变和处理。如果一个区域的"DNA"具有很大的发展潜力,那么它也就更具有竞争力。

图5-5中的层式结构最下面的两个层次依次为:支持因素与资源,包括基础设施、可到达性、服务设施、酒店和企业等;核心资源与吸引物,包括重要的地形和气候因素、文化和历史、特殊节事、娱乐和上层建筑等。

再向上的两个层次是管理与政策。只有资源基础并不意味着旅游开发就能自行发展。旅游目的地管理包括资源管理、市场营销、融资、组织、人力资源开发、信息与调查、服务质量与游客管理等。通常这些都是有形的因素,易于确定和描述。还有一些无形要素也很重要,例如"政策、规划与开发"中包括的传统习惯、民族特性、判断等因素。它们反映了一个区域

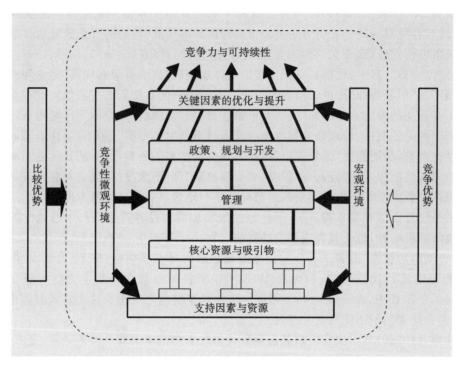

图 5-5　Ritchie 和 Crouch 的竞争性与可持续性模型

追求的旅游发展,以及可能成为什么。

层式结构的最上层是关键因素的优化与提升,这些因素包括区位、独立性、安全性、形象、品牌、价值等,用于最后确定和了解一个区域的竞争力与可持续性。

Ritchie 和 Crouch 认为他们提出的模型在研究区域竞争力方面有一定的影响力和价值,但对其中某些因素并未进行深入研究,因此希望激励其他研究者继续深入,为旅游规划提供依据。

除了上述资源指向和系统分析两种基本的竞争定位理论外,目前还有一些新理论不断被利用到竞争定位和分析中。例如 Michael Porter 提出的产业竞争的五种基本力量分析等,都使竞争定位理论不断得以深化。

二、竞争策略定位

所谓竞争策略定位,就是通过竞争定位确定自身的比较优势,然后寻求发挥这种优势策略的过程。

杨振之(2002、2003)对形象被遮蔽的旅游地如何摆脱不利境地进行了系统描述,认为旅游地形象遮蔽有三种情形,每一情形采用的策略也不同。

(1) 形象雷同。两个或两个以上的旅游地都可以用同一形象(因为旅游资源特色相似),抢先树立起形象者就会对其他旅游地形成形象遮蔽。

(2) 同一区域内,尽管旅游资源各有特色,并不具有相似性,但品牌效应大,旅游资源级别高,特色明显的景区对其他景区也会形成形象遮蔽。

(3) 同一区域内,旅游资源具有相似性,级别、品质高的旅游资源所在景区对其他景区形成形象遮蔽。

在这三种情形中,第一、二种主要的应对策略是重新定位,从而改变产品组合和产品结构,相应地改变开发的战略重点。其核心是差异化的产品定位,尽量避免在同一类型或同一等级上与强势景区开展竞争。

以灵岩山为例,都江堰景区左岸分别分布着玉垒山及其相邻的灵岩山。玉垒山原是都江堰的一个部分,除森林植被良好外,还有唐朝的玉垒关、松茂古道(古代成都通往阿坝州的军事要道和商道)、城隍庙(省级文物)等资源,但几乎无外地游客去游览。灵岩山隔老成阿公路(成都—阿坝)与玉垒山相邻,其山脚就是都江堰城区。灵岩山生态环境良好,山上是成片香楠、松树形成的森林,达上千亩之多。此外,灵岩山佛道合一,清代建的佛教寺院和道观保存完好。从资源和区位条件来看,应是发展旅游的好地方。于是,在 20 世纪 80 年代末,有公司投资 5000 万元开发灵岩山,其规划创意在灵岩山光大佛教、建寺院和塑 108 尊形态各异的观音像(仿全国各地的著名观音像)。但投资后,到目前血本无归。

知识关联:试举出"形象遮蔽"与"形象叠加"的其他案例,并简要分析。

究其原因,灵岩山(灵岩寺)与都江堰仅一路之隔,作为历史文化的观光旅游地,处于都江堰和青城山的"形象遮蔽"之内。《都江堰市旅游发展总体规划》课题组曾进行过市场调查,游客在都江堰旅游的时间大多在 30—60 分钟,多数团队游客只上安澜索桥体验惊险和观看岷江的湍急,甚至来不及游历整个都江堰,部分散客和小团队在游览 1 小时左右后就直奔九寨沟。在时间、费用上没有考虑灵岩山,就是上青城山的时间也很紧,一般上下山需要两个小时左右。

显然,开发灵岩山必须给灵岩山重新定位形象,使它在形象上不受都江堰的遮蔽和替代,使它吸引的市场群与都江堰不一样。在规划中,将玉垒山一分为二,将松茂古道、玉垒关等高品质资源划入都江堰游道环线之内,将玉垒山公园主体和灵岩山划入"公共产品休闲区",于是灵岩山的形象和产品被定位在休闲度假上。由于其良好的生态环境、文化氛围与现代都市文明保持着若即若离的关系,只需 10 分钟,下山就可体验现代文明,上山就可感受原始野味。将灵岩山山前地带划定为休闲度假产品供应区,使山、水、生态、文化、现代文明得到有机的融合。于是,灵岩山的产品定位和形象定位就有了一个新的发展方向,在市场方面可以共享都江堰游客,同时更多地以成都市及其周边城市的休闲度假游客作为目标市场。

在第三种情形下,除了考虑重新定位外,还可以在市场运作及自身管理上做出相应调整,塑造鲜明形象。其核心是管理或营销的差异化。

以碧峰峡景区为例,它是四川蒙山风景名胜区的一部分。该景区除生态、空气较好外,整个资源级别不高,以资源的观点来看,开发条件远不能与"扬子江中水,蒙顶山上茶"闻名遐迩的蒙山相比,但景区在产品整合和市场营销上的大胆尝试屡获成功,不断推出游客喜爱的产品,如今已成为知名的 AAAA 级景区。

Bell 和 Vazquez 对处于衰退中的西班牙阿尔内迪略市温泉酒店业的竞争策略进行了分析,指出市场衰退时,可以用介入手段来改变衰退状况,公司应当制定一些战术性决策以保证其正常运转,寻找竞争性策略,实施灵活的应对措施,实现老新市场的交替。过于迅速的市场转换策略会导致原有目标市场过早缩小,而新的目标市场又还没有达到持续赢利的规模。对目标市场进行差异化定位时,要特别注意考虑可操作性。

这两个看法的共同特点是,当景区在原来指向的市场中同竞争对手比较不具有或正在失去吸引力时,那么合适的竞争策略原则是离开或者逐步退出原有市场,寻求新的生机。所以,尽管竞争的具体情况有很多不同,根据自身优势寻找适合自己的细分市场应该是竞争策略定位的主导原则。

本章小结

1. 旅游项目的定位包括形象定位、市场定位、产品特色定位、竞争定位等。

2. 形象定位涉及地理学、心理学、市场学、广告学、大众传播学和社会学等,形象定位方法包括领先定位、比附定位、逆向定位、空隙定位和重新定位,形象定位以主题口号方式来进行表达。

3. 目标市场定位包括无差别市场定位、广泛性市场定位、选择性市场定位和单一性市场定位。

4. 产品特色定位关注策划项目的具体内容,讲求实际,指导开发者或项目提供方的开发内容和开发方式,而形象定位关注策划项目在游客心目中的形象,要求具有艺术感染力,讲求如何通过打动人心来打动市场。

5. 旅游产品特色定位需要考虑的因素包括供给、需求和外部环境三个方面。

6. 对旅游特色产品库,一般通过旅游产品结构和旅游产品组合两个维度去进行认识。

7. 竞争定位理论中比较具有代表性的是许春晓的"旅游资源非优区"理论和杨振之的"形象遮蔽"和"形象叠加"理论。

8. 所谓竞争策略定位,就是通过竞争定位确定自身的比较优势,然后寻求发挥这种优势策略的过程。

思考与练习

1. 定位在旅游策划中具有怎样的意义?它对旅游策划是否是必需的?

2. 您对目前旅游项目定位包含的内容是怎样评价的?现有的定位体系是否全面和完善?希望您能够进行有益的补充。

3. 在对竞争定位的描述中,除了本章介绍的理论和模型,您可以通过对文献的搜索再添加一些对旅游项目的竞争定位分析具有启发意义的理论或模型。

4. 请您用本书描述的方法对某一旅游项目进行定位分析,探讨一下这些方法的长处和不足,以及不同方法在实践中的适用局限。

第六章

旅游产品策划

学习导引

旅游产品策划是旅游策划的核心内容,集中体现了旅游策划者的创意精神,是旅游策划者呈现给策划委托方、潜在的旅游消费者和项目所在地的可供游客消费的具体内容。因此,旅游产品策划要具有可操作性、经济性和一定的前瞻性。本章从旅游产品策划的内涵、旅游资源与旅游产品策划及专项旅游产品策划三个部分展开论述。

学习重点

通过本章学习,重点掌握以下知识要点:
1. 什么是产品策划
2. 旅游资源与旅游产品策划的关系
3. 新兴旅游产品策划的扩展

旅游产品定位与旅游产品策划互为依托。旅游策划必须以产品的形式进行呈现,如何构建旅游产品策划的支撑要素体系是整个问题的核心。在此基础上,我们必须切实把握旅游、产品、资源三组概念之间的具体联系,才能对旅游产品策划这一策划的重要组成要素有客观性的了解。

第一节 旅游产品策划的内涵

旅游产品的内涵和外延都相当广泛,目前旅游界已达成共识,凡是能销售给旅游者,供旅游者消费、享用的产品,都可称为旅游产品,包括旅游线路,供享用的设施、服务,已开发为产品的供观赏、参与的旅游资源等。

旅游产品策划是指在对旅游资源的区域分布、可进入性、旅游者对资源的感知、认知以及市场(需求市场与供给市场)情况调查研究,掌握第一手数据后,充分把握旅游资源自身具备的价值(历史价值、艺术价值、文化价值、科学价值)、品质和特色,设计出满足客源市场需求、有独特竞争力的旅游产品的过程。

值得注意的是,在旅游产品策划的支撑要素中,旅游资源的区域分布、可进入性、旅游者对资源的感知、认知以及市场情况可以通过实地勘测、资料分析、问卷调查等多种途径获得。相对而言,对旅游资源特质的把握却是一个较多地渗入了策划者自身主观认识、经历以及价值观的过程。不同的策划者,由于自身条件不同,可能在掌握相同基础资料的情况下,对旅游资源本我特质的把握有较大差异。这也是本书为什么重点论述这一过程的原因所在。

第二节 从旅游资源角度看旅游产品策划

一、旅游产品与旅游资源

产品类型的资源和环境类型的资源依照是否能开发为旅游产品的标准,可分为可开发为产品的旅游资源和作为环境产品的旅游资源两大类。

可开发为产品的旅游资源,指旅游资源通过开发可直接转化为产品,如海滨的海滩、近海的海水、山中的温泉等。作为环境产品的旅游资源,指这类旅游资源本身不能通过开发转化为旅游产品,但它是直接销售的旅游产品的背景因素,它的价值,比如作为生态环境的价值甚至超过了直接销售的旅游产品的价值。如温泉旅游产品,看起来游客购买的是温泉及其设施类旅游产品,但如果该温泉处于并不美丽的光秃秃的山下,和温泉处于雪山下的原始森林中(当然这里温泉本身的价值被忽略),哪一类温泉产品的价值大,我们一看便知。雪山、森林就成了环境产品,而且旅游产品的附加值就在环境产品上。正是在这个意义上,环境也成了产品,生态变成了效益,文物的历史价值就转化成了经济价值。

在旅游产品策划中,对作为环境产品旅游资源的重视,是产品策划成功的关键。

二、旅游产品策划的市场导向和资源本我特色的充分张扬

(一)市场导向和资源本我特色的把握缺一不可

旅游策划一定要强调以旅游资源为基础,策划的核心内容是旅游资源的特性和旅游资源的特色在逻辑上的合理的延伸,以前我们十分强调旅游市场的导向原则,这是非常正确的。但目前有这样一种倾向,过多强调市场导向而忽略对旅游资源自身特色的把握,要知道,我们的旅游策划与一般的广告公司的产品策划是不一样的。总的来说,目前旅游策划出现了两种偏差,一方面是缺乏对细分市场的深入研究,推出的旅游产品缺乏卖点;另一方面,在旅游产品的开发上,又严重脱离了旅游资源的特性和特色。必须指出,旅游的开发、策划还是要以资源作为根本。有的策划全然不顾自身旅游资源特质与策划的产品的逻辑关联性,事实证明,脱离旅游资源特色而策划出的旅游产品大多是满足一时的商业炒作,这种商业炒作最终是注定要失败的。

(二)旅游资源的本我特质需要合理地释放

所谓旅游资源的本我特质,即旅游资源自身具备的价值(历史价值、艺术价值、文化价值、科学价值)、品质、特色,由此决定了旅游资源自身的级别,它是旅游形象定位的基础,是旅游产品开发的基础。通过炒作可能在短期内带来大量客源,但其生命力一定不大,生命周期一定不长。另外,像主题公园这一类旅游资源,它不是原赋的自然、人文旅游资源,而是对原赋旅游资源的仿制和整合,这类旅游资源,虽然不具备历史价值,但仍具备艺术价值、科学价值和文化价值,它经历了艺术的再创造过程。同时,这种对原赋旅游资源的仿制和整合也能体现主题公园的品质和特色。

知识关联:旅游资源自身具备的价值,既是其形象地位的基础,亦是其在市场上能否取得市场认同并获取长效发展的根本。从社区角度上讲,资源的本我特质亦是社区在旅游条件下能否持久获益的根本源泉。

旅游资源只具备本我特质还不行,还应兼具本我特质的释放功能。旅游资源存在于这个世界上,在以不同的方式释放自己、表现自己和展示自己。资源表现出来的美感度,它的观赏性、参与性,它释放出来的气质往往决定了它的吸引力的大小。有的旅游资源价值很大,但不能形成风景,那么它就难以转化为产品,即使开发成旅游产品,也难为世人认同。有时就出现了这样的现象:通过专家评定,某项旅游资源如某地质剖面,某一漏斗群或者某一文物的价值很大,专家们也写出了大量论文进行研究,可这类资源就是迟迟不能转化为产品,不能为市场所接受,原因也许很多,但若排除其他开发条件不计在内,恐怕旅游资源本我特质的释放和外溢不充分是重要原因。

因此,并不是所有级别高、价值大的旅游资源都能转化为旅游产品,在旅游产品策划中,要善于找准独特的方式使旅游资源的特质得到合理释放。这又是旅游产品策划成功的一个关键。

三、如何把握旅游产品策划中的资源要素

在旅游产品策划中,要善于敏锐地把握能转化为旅游产品的旅游资源要素,这既需要非凡的眼光和胆略,又需要长期的经验积累,特别需要对市场需求的准确了解。当然,对旅游资源的评价是所有这一切的基础。

(一)发现、挖掘旅游资源的独特性

旅游策划的过程就是不断发现新资源,挖掘有价值、有特色的旅游资源的过程,旅游策划的最高境界就是"化腐朽为神奇"。在别人认为是腐朽的东西,你却发现了神奇之处,你的策划才有神来之笔,也才能传之后世。

要做到有新发现,基本的素质是要十分了解、熟识旅游资源,对旅游资源能够进行科学的、恰当的评价,并能判断它们在同类旅游资源中的地位、特色和价值,更重要的是,要能判断这些资源开发为旅游产品对市场的吸引力和市场的需求。这对规划者的素质要求很高,他一定要具有多学科知识的积淀,并能很快整合这些学科知识。

(二)要善于对各类资源要素进行巧妙整合

整合各类旅游资源要素,使其形成一个全新的旅游产品,是旅游开发走向全面商品化的产物。这种整合具有较强的人工痕迹,但如果整合得好,充分地考虑到市场需求,也会取得很大的成功。

整合各类旅游资源要素,可分为以下三种情形。

(1) 几乎没有原赋旅游资源作依托,全靠对市场需求的把握,将各种相关的旅游资源按一定的主题组合在一起,构建一个巨大的旅游产品平台,再进行商业化运作。这种情形以人造的主题公园为代表。这类旅游资源的整合,实则是按主题对原赋旅游资源进行仿制,这种仿制本身并无多大价值,但关键在于它整合出了一个巨大的平台:这个平台提供了旅游产品生产、经营、销售的大舞台,通过表演、观光、参与欢乐活动和现代科技的包装,让游客身临其境,感受现代商品化的旅游产品,与原始野味的旅游产品是两种不同的感受。此外,关键在于这类场所往往在大都市近郊,通过这个平台带动了旅游房地产的开发和主题酒店、主题商业、主题文化产业的建设,形成一个产业集群和主题社区。

换个说法,如果这种开发不能带来房地产业、商业、文化产业、酒店业的整体发展,不能以公司的现代企业管理方式进行经营管理,其生命周期就不会很长,注定会失败。20世纪80年代到90年代,中国建设主题公园的追随者们已为此尝尽了苦果。

(2) 以半原赋旅游资源、自然环境资源为依托,整合其他资源,形成新的旅游产品。这种情形大多数未依托风景区,景观效果较差,生态环境也一般,实质上原赋资源所占比重并不大,因而有较大的风险,这其实是另外形式的主题公园。如近几年来在全国兴起的野生动物园和正在兴起的高科技观光农业产业园区。由于这些项目本身依托的资源环境较差,在进行资源整合时本底旅游资源(原赋资源)的依托较少,因而这种整合的风险大增。

以2001年年底开业的成都野生世界为例。其高水平的规划设计,庞大的投资计划和较强的融资能力,使其建设有较高的水准。然而,最关键的问题是:在方圆300—500 km范围内,已有重庆野生动物世界和碧峰峡这两处旅游景点,从市场规模看,在这一范围内,只能容

许一家野生世界生存下去。而碧峰峡相比之下又有资源环境优势和管理优势,作为后进者的成都野生世界的发展就较困难。同时,成都野生世界的选址是浅丘良田,绿化本底很差,几乎无任何野生世界的感受,绿化的投入大及绿化的培育期长都会为它的成功经营制造很大的障碍。

至于高科技农业产业园区,应该是农业资源、高新技术与旅游业的整合,这一整合具有明显的独特的资源优势,运作得好,容易成功。但关键的问题是高科技农业产业园区一定要具备旅游功能,不具备旅游功能而搞旅游,就会导致失败。

(3)以原赋旅游资源为依托,根据市场需求,为了丰富产品结构,对其他类型的旅游资源进行有机整合。这类情形比起前两类情形最大的区别是以原赋旅游资源为基础,它本身就有生态环境、景观或人文环境作为依托,只要整合的其他类型的资源能与依托的原赋旅游资源浑然一体,并且在产品定位上进行过科学的论证,多半会取得成功。因而,这种整合实际上是原赋旅游资源与其他旅游资源叠加的模式。这一模式能否成功,关键看原赋旅游资源在其中所占的比重,以及整合进来的资源与原赋旅游资源组合后是否形成了新的有特色和吸引力的旅游产品。当然,这种整合主要运用于游乐类的自然风景区,而且要与其资源特色相吻合,并且通过这种整合后使原赋旅游资源的特色得到了展现和较充分的发挥。

四川雅安碧峰峡风景区的成功充分说明了这一点。碧峰峡作为省级风景名胜区的一部分,自从成都万贯集团1999年买断50年经营权进行独家经营后,在短短两年多的时间里,就收回投资一亿多元,并且发展稳步向前。从传统的观点看,碧峰峡的自然风光确实比不上很多景区。但是,我们需要对现代旅游进行全新的思考和认识。资源不等于风景,资源也需要整合,整合后的资源才能最大化地体现整体效益。正如美国一位系统论专家所说:"一个性能最佳的机器,并不需要它的每一个部件都是最佳的。"因此,碧峰峡对景区的资源进行了有效的整合,将景区核心的、具有竞争优势的资源作为主体加以开发完善,并以核心资源为依托,逐步整合生态动物园(1999年)、女娲文化(2000年)、蒙山—碧峰峡—海螺沟的绿色生态走廊(2001年)、碧峰峡世界熊猫公园(2002年)。

(三)把握资源要素与产品要素间的逻辑联系

旅游产品的策划必须以旅游资源为基础,旅游资源的整合也要把握适度的原则,旅游产品的策划是旅游资源特色在逻辑上的必然延伸。也即是说,策划好了的旅游产品与旅游资源之间有着内在的必然联系,这样的旅游产品才有生命力。

例如,湖南衡山推出了走钢丝这一产品,四川天台山也在推这一产品。其目的无非是通过对这一产品的宣传促销增加对景区的关注效应,带来旅游收入的增长。而走钢丝,无非是突出惊险二字,当然山地景区大多数可用此办法。但该产品能否持续下去,并非每个景区都能办得到,因为它需要这样的人力资源代代相传,而非只图一时的轰动效应,景区自身必须长期维持这一技术力量。反过来说,如果该产品不是自己景区的资源自然生发出来的,则人力资源储备是不够的,只能到外地请人表演,这就决定了该产品不能长久,不能持续销售的旅游产品反过来就会影响景区的形象。

与衡山相反,四川省窦团山的走钢丝就是从旅游资源自身生发出的旅游产品。在呈品字形的壁立千仞的山峰上,有窦真殿、东岳殿、鲁班殿三道观,唐宋明清以来,山上道士进香,都以走钢绳的形式从一个殿到另一个殿,也就是说钢绳成了连接三殿的唯一通道。钢绳将

险峻的自然景观和文化连为一体,具有丰富的文化内涵。走钢丝成了历代道士的看家本领,这一技术代代相传。在20世纪80年代中后期推出"中华一绝"走钢丝时,这个旅游产品产生了很大的魅力。窦团山走钢丝,恰如其分地展现出旅游资源自身的特质。

既然旅游产品是对旅游资源特质的展现,那么在挖掘旅游资源时,对旅游资源价值的评价就显得非常重要。旅游资源的评价是一项科学的评估工作,既不能将其价值评价过高,也不能评价过低。如果过高,策划、开发出来的旅游产品可能缺乏生命力,导致孤芳自赏,难以获得市场认同;如果过低,策划、开发出来的旅游产品可能不能展示出旅游资源的魅力,或者使本可以开发的旅游资源的价值被忽视而打入冷宫。

知识关联:窦团山,又称窦圌(chuán)山,位于四川江油,李白少年时曾游此山,题下千古绝句"樵夫与耕者,出入画屏中"。今为4A级景区,是剑门蜀道国家级风景名胜区的重要组成部分。以窦圌六绝享誉于世。

（四）在科学与非科学之间

科学需要严密的理性体系,重证据、重推理、重逻辑。非科学重感性、重感受、重直观、重印象,它不需要严密的理论体系来支撑。当然,非科学决不等于伪科学,伪科学在本质上是反科学原理和科学精神的。

1. 旅游产品策划中的非科学因素

旅游是向旅游者出售旅游经历,因而旅游产品的生动性、趣味性对旅游经历来说就显得十分重要。既然旅游者购买的是旅游经历,旅游者就特别注意在旅游过程中的感受、体验和得到的欢乐,以及旅游唤起的对其他情感的体验。获得这一类的心理感受不需要太多的实证,哪怕是科普类旅游产品,也应寓教于乐。

这种认识为旅游产品策划融入非科学的因素提供了广阔的空间。实际上,这正是在第一章中提到的"后旅游产品策划"。比如导游词的撰写和导游的讲解,就需要营造出特殊的气氛和场景,而这更依赖于艺术的加工。各类神话、传说、故事也可策划为旅游产品,这样的旅游产品策划是非科学的,但却有科学依据,并使产品更生动、更有趣、更合乎人性。

旅游产品的非科学因素是以科学为依据的。如果没有科学的因素作为凭据和背景,非科学因素可能会失去它的存在价值。即使不以科学为依据,或者说其依据的素材不能证实是科学的,也要以一定的区域文化背景为依据,如历史传说、民间传说等。尽管这些素材无法提供科学的明证,但透过这些传说可能会发现某些历史的或文化的讯息。这些素材的代代传承本身就意味着自身的合理性,有其文化生存的土壤。对于这些非科学的资源,当然也能开发为旅游产品。

2. 旅游产品策划中的科学因素

旅游产品策划要依据科学研究的成果是不言而喻的。我们在进行旅游资源调查与评价时,实际上就是对旅游资源进行科学研究。这其中需要大量的统计材料,如珍稀植物、动物的种类、数量、有多少个漏斗,其中最大的漏斗深度有多深,直径有多长,有无地下森林、地下河流等奇观。然后在全世界、全国和本区域周边地区的同类资源中进行比较,以确定其价值。如果没有这些基础的工作,旅游形象定位、产品特色定位无从谈起,旅游产品策划也就无所依托。

总之,旅游产品策划要善于把握旅游资源中的科学因素与非科学因素,在科学与非科学之间游刃有余,才能有所突破,有所创新。

第三节　专项旅游产品策划

一、地质公园的旅游产品策划

地质公园已越来越受到各级政府的重视和游客的关注,地质公园为地方经济的发展和提高旅游的科学品位做出了重大贡献。但我们也要看到,地质公园如何转化为旅游产品,仍然是一个值得认真研究的问题,许多有地质公园桂冠的景区,经营管理并不尽如人意,其重要原因是旅游产品的建设滞后,产品不能满足游客的需求,这就需要我们对地质公园的旅游产品转化问题做出深刻的检讨。

(一)地质公园的性质

地质公园是以具有特殊科学意义、稀有性和美学观赏价值的地质遗迹为主体,并融合其他自然景观、人文景观组合而成的一个特殊地方,是以保护地质遗迹、开展科学旅游、普及地球科学知识,同时促进地方经济、文化和自然环境的可持续发展为宗旨而建立的一种自然公园。

保护和利用好地质遗迹,实现地质公园的可持续发展,是地质公园要达到的最高目标。通过地质公园这一载体,发展旅游经济,是实现地质公园最高目标的重要手段。地质公园的保护和利用要解决两大问题:一是地质公园的科学解释系统;二是地质公园旅游、游览系统。这两大系统综合起来就是地质公园的旅游产品系统。

(二)地质公园的旅游产品体系

1. 地质公园旅游产品建设中存在的问题

地质公园既然是供游客游览的,是游客旅游的目的地,它就应该有完整的旅游产品体系来满足游客的需求。不能因为强调地质公园的地质科学性而忽略了旅游产品的多样性;也不能因为强调地质公园的科普教育功能而忽略了多元化的旅游功能;更不应该忽略地质公园的文化挖掘和文化旅游产品的打造。

在地质公园的旅游产品体系中,科学性是基础,但旅游产品的多样性、娱乐性和文化性也是地质公园的生命。不考虑这些特点,地质公园的吸引力就会大减。

2. 旅游产品体系是如何构成的

关于旅游产品的定义,学术界争议颇大。笔者认为,随着全球旅游业发展越来越深入,旅游产品的概念已经越来越广泛,它包括游客能够购买的、享受的和体验的所有东西。对旅游经营者来说,销售的是旅游的整个过程;对游客来说,购买的是旅游经历。

一个景区的旅游产品体系是一个复杂的系统,地质公园也不例外。要对游客产生吸引

力,首先要有好的形象,要有好的口碑,要让游客认为好玩,地质公园的科学解释对大众游客来说不是首要的吸引要素,而是要将游客吸引到景区后增加游客的知识和惊喜;其次对游客产生吸引力的可能是景观、设施和服务等。至于观光、休闲度假、专项旅游产品在地质公园内如何组合,各占多大的比重,形成什么样的结构才科学合理,那要根据景区的特色和游客的需求来确定。

3. 地质公园作为旅游目的地,离不开发展旅游的所有要素

地质公园是一个旅游目的地,地质公园的建设实际上就是旅游目的地建设,它离不开发展旅游的所有要素。例如,地质公园的形象建设、环境整治、景观展示和打造、度假设施、可进入性、管理和服务水平、依托的城镇建设,以及文化产品、购物、餐饮、娱乐、小区居民的参与和支持等都是旅游目的地建设的重要内容,它是一个系统的工程,是一项长期的工程,只有这样,地质公园的旅游资源才能转化为旅游产品。

(三) 案例:泰宁世界地质公园如何转化为旅游产品

泰宁世界地质公园地处福建省西北部的武夷山脉,离武夷山景区100公里,公园面积492.5平方公里,其中丹霞地貌面积252.74平方公里,包含了大金湖国家级风景名胜区,主要由石网、大金湖、八仙崖、金铙山四个园区和泰宁古街区组成,以典型青年期丹霞地貌为主题,兼有火山岩、花岗岩、构造地貌等多种地质遗迹。泰宁世界地质公园是丹霞地貌的杰出代表,地貌种类齐全,丹霞洞穴和峡谷在全国乃至全球都具有代表性,且美学观赏性强(陈安泽,2007)。其景观的总体特征是溪、潭、瀑、湖与峡谷、赤壁融为一体,景观组合良好而又富于变化,形成了水上丹霞、峡谷曲流、丹霞洞穴、花岗岩石蛋地貌奇观。

1. 旅游产品不完善,还是一个初级的观光产品

泰宁世界地质公园旅游产品体系还没有建立起来,基本上还是一个初级的以自然观光为主的旅游产品。其地质科普类的产品基本完善,如建立了一个泰宁地质博物馆,对泰宁地质公园进行了完整的科学解说;寨下大峡谷景区建成了一条地学的科普长廊,对该峡谷分别从重力崩塌、流水侵蚀、构造运动的地质作用等三个方面进行了科学阐释,解说系统较完善。但是,旅游的配套设施不到位,厕所、购物点、休憩点的配置还不科学合理。

2. 如何展示世界地质公园的形象

地质公园的旅游形象定位既要突出地质公园的特色,但又不能仅仅以地质公园来定位,因为地质公园的定位太深奥,对大众游客的吸引力不大。这也就决定了地质公园既要销售地质科学的旅游产品,又要出售大众游客喜好的旅游产品,同时还要把握住地质公园发展的战略方向,这样才能为地质公园定好位。

泰宁地质公园的发展方向应该是地质公园观光和山水型的休闲度假旅游目的地。除了地质公园,我们也不应忽略它拥有的90%以上的森林覆盖率、负离子的高含量、植物动物的多样性、良好的气候条件和水环境。上清溪、龙潭溪的休闲式漂流,大金湖游览,处处能体现水的魅力。所以,笔者给泰宁地质公园的形象定位是"碧水丹山,枕水休闲"。水是灵魂,没有水的衬托,丹霞地貌之山不活;枕水休闲,表明地质公园的发展方向是以水为灵魂的休闲度假,人枕于水边,闲于水上,以山水为伴,悠哉游哉。

3. 如何挖掘、展示世界地质公园的文化产品

文化是景区的灵魂,是通过建筑、服饰、餐饮、商品、风俗等方面来展示的,既要有主题,又要看得见、摸得着,游客能够参与和体验,这是旅游景区文化展示的原则,地质公园也不例外。

泰宁文化产品应打造四大品牌:其一,客家文化。坐落于泰宁县城的明代兵部尚书李春烨的大院尚书第,就是典型的客家民居,作为全国文保单位,可以集中展示客家文化、历史和客家人的精神。寨下是客家人聚居的村落,可惜客家建筑已不存,应在入口区恢复打造。寨下保留了许多客家人的民俗,难能可贵,比如水口和风雨桥,是客家人村落的风水之魂,寨下水口保留较好,而风雨桥已不在;又比如在村落的村口祭地公地母,是客家人的传统,这一风俗也保留了下来。沿着这一思路走下去,客家人的餐饮、山歌、婚俗等,都可转化为旅游产品,并成为游客夜晚游乐的项目。其二,甘露岩寺——建筑文化的杰作。甘露岩寺是泰宁岩居文化的代表,对建筑结构和建筑美学的贡献类似于悬空寺。"一柱插地,不假片瓦",以一根柱子支撑起了一座寺院。虽为现代复建,仍然体现了这一美学特征,且与丹霞地貌的洞穴浑然一体,游客更能理解自然与文化是如何实现和谐的。其三,以尚书第和红军街为核心的历史文化街区,这既是观光点,又是夜生活娱乐区,主要为主题文化产品。其四,傩戏、默林戏等地方文化产品,戏剧表演和傩戏体验,是非物质文化遗产的体验型产品。

有了这些品牌文化产品的建设,一个地质公园的旅游才有活力。

4. 中心城市的打造升级

泰宁县城正好处于地质公园的中心,它周边分布的地质公园的四个景区离县城只有10多公里的路程,正好形成一核多极的格局。因此,中心城市就是旅游的接待中心。按照前面的定位,该城市的发展方向应定位为休闲度假目的地城市。城市三溪汇流,山水环境佳。依托历史文化街区的打造,合理编制好城市规划,为城市旅游功能的完善留下足够的空间,做好城市周边的城乡统筹规划,通过度假地旅游项目的策划,将县城打造成宜居的目的地城市,实现县城从当地小区型城市向旅游小区型城市的升级。

5. 旅游产品的精细化建设

旅游产品的精细化建设和提高营销管理能力,是目前我国所有景区面临的重大课题。以旅游城镇的打造为例,风貌整治很重要,主要目的是要使建筑与山水环境和谐。比如泰宁县城,对不协调的建筑按徽州建筑样式进行了整齐划一的穿衣戴帽,方向是对的,但应该进行细化研究。是以客家民居建筑样式为主好,还是以徽派建筑特色为主好?楼层高了的建筑,进行生硬的穿衣戴帽,是不是与中国民居建筑的构造不吻合,应该做什么样的变通?整个城市变成一个现代人强行改造的"古城"又好不好,能不能允许现代建筑的存在,现代建筑与古民居风格建筑如何协调?风貌整治除了对建筑立面整治外,能不能对内部的空间进行整治和美化?在建筑材料和做工上能不能更精细?这些问题就是旅游产品的精细化问题。对于旅游产品的打造,笔者要强调的是,主观愿望与客观效果之间有一段距离,这一距离并不遥远,度量这一距离的标尺就是精细。

二、旅游演出产品策划

随着国内旅游市场的蓬勃发展,以新形态出现的旅游演出产品逐渐进入人们的视野,有

些甚至成为景区的拳头产品,引起市场的高度关注。针对旅游演出产品开发方面做相应研究,具有一定意义。

(一)旅游演出产品的内涵与特点

1. 旅游演出产品的内涵

旅游演出又称旅游演艺、旅游表演,是从古代帝王将相、富绅大亨们在园林院囿之中享受歌舞表演中演绎而来的。从经济社会发展角度来看,旅游演出是旅游产业发展到一定程度的产物,是旅游产品向体验化、多样化、复合化发展的表现之一。

旅游演出是旅游业与演艺业结合产生的一种新型旅游产品形态,其基本特点是以艺术手法展现旅游目的地自然文化精髓,并从感官上满足游客对当地文化的求知欲。旅游演出产品即从展示当地特色资源入手,以游客喜闻乐见的形式,对当地历史文化和自然风景做舞台化、艺术化、商品化处理,在较短的时间内由游客消费的旅游产品形态。

2. 旅游演出产品的特点

(1)资源依托性。

旅游演出产品的设计必然依托旅游景区或旅游目的地的特色资源,是将历史、文化、民俗、自然等资源经过浓缩后的集中展示。没有特色资源作为支撑的旅游演出产品缺乏生命力和竞争力,也极易被模仿。

(2)市场敏感性。

旅游演出产品从本质上讲是纯粹的人造产品,旅游产品的设计、宣传、表演及后期工作均围绕游客的需求、喜好而确定,一旦游客需求发生转移,旅游演出产品也需做出相应调整。甚至在游客需求未发生转移时,为了更好地满足游客的需求,也应及时根据市场调研情况进行产品改造或升级。

(3)视听享受性。

旅游演出产品追求强烈的视听感觉,对舞台设计、灯光音响、演员表现等方面的标准要求较高。精致的舞台设计、华美的灯光效果等能够带给游客充分的视觉刺激,调动游客情绪,使游客得到较高的旅游体验。为了营造欢快、热闹、幽默、刺激的效果,很多旅游演出节目往往综合运用了戏曲、舞蹈、魔术、杂技、武术、特技乃至时装表演等形式。

(4)参与娱乐性。

旅游演出产品是面向大众旅游者的,其受众层次多,需要满足不同层次人的需求,就要走雅俗共赏的路线,突出产品的参与性和娱乐性。

(二)旅游演出与旅游的关系

旅游演出产品在国内旅游市场的风生水起证明了这一产品的生命力,对于旅游演出与旅游的关系,我们可以从两个层次来进行讨论。

一是并行关系,即旅游演出本身已经成为一种成熟的旅游产品,具有较强的市场吸引力,游客专为观赏演出而到目的地旅游,如著名的百老汇歌剧。此类旅游演出产品的演出时间具有较强规律性,且客源稳定,旅游演出的衍生产品较多,产业链条长,综合收益高。目前国内尚缺乏此类旅游演出产品。

二是隶属关系,即旅游演出仅作为目的地旅游产品的配套,旅游演出是为基本旅游产品服务的,这一产品形态在国内较为常见,如张艺谋的印象系列,以及重庆红岩连线的红话剧、红歌剧等。此类旅游产品的衍生产品较少,产业链短,客源不稳定,收益大多来自门票收入。景区内循环进行的各类曲艺表演、街头杂耍、动物表演等也属于这一范畴。

（三）旅游演出产品的开发模式

国内成熟的旅游演出产品开发模式可分为以下三类。

1. 依托景区(点)开发的旅游演出产品

这一类旅游演出产品是最常见的,产品存在的形态也较多样。如《印象西湖》山水实景演出、东部华侨城《天禅》音乐剧、成都《金沙》歌剧、杭州《宋城千古情》等。

根据制作成本和表演空间来看,依托景区(点)开发的旅游演出产品还可细分为小成本(小场景)和大成本(大场景)两类。如民俗景区内进行的民俗歌舞表演、泼水节表演、街头小品表演等属于前者,而大型山水实景演出、大型马戏团表演等属于后者。

2. 具有城市营销与旅游营销双重作用的专题演出产品

城市营销是提高城市知名度的重要手段,较高的城市知名度和美誉度,能够为城市带来良好的投资回报。而现在不少地区出现了将城市营销与旅游营销绑定在一起的现象,这一方法既提高了城市知名度,也向外界传递了城市的旅游信息,既能够吸引投资,也能够吸引游客。

专题演出产品是城市营销与旅游营销结合的产物。旅游演出产品一方面通过旅游演出的形式向到访游客宣传城市形象,另一方面也通过媒体对旅游演出产品的宣传,传播了城市形象,强化了游客印象。如《印象丽江》《云南映象》等。

3. 不定期邀请的商业演出产品

不定期邀请的商业演出产品对一段时间内吸引大量游客进入旅游目的地具有积极作用。特别是一些知名度高或含金量高的演出产品,如中央电视台魅力中国行、知名音乐家巡演、知名乐队巡演等能够极大提高目的地知名度,聚集人气。

（四）旅游演出产品的开发价值

旅游演出作为旅游目的地重要的消费产品,对旅游目的地的市场开发具有积极作用。

1. 促进目的地品牌提升

旅游演出产品本身就具有极强的信息传递属性。通过旅游演出产品的传播,可极大提高当地旅游资源和旅游产品的知名度,提高目的地形象认知度,且这一传播主要面向到访游客及潜在目标市场,具有较强的针对性,传播效率较高。特别是以著名导演和著名演员为切入点打造的精品旅游演出产品,由于将导游和演员的认知度与旅游目的地绑定传播,其品牌提升作用更为显著。

2. 丰富游客体验,丰富营销方式

旅游演出产品具有较强的视听享受,产品质量较高,形式多样,且为游客喜闻乐见。旅游演出产品还是一种体验营销方式,它能够综合感官体验及情感体验,加深游客对目的地的游览兴趣,丰富游客的旅游经历,提高游客满意度,甚至形成强烈的关联效应,达到去某地旅游必看某演出的程度。

3. 延长目的地生命周期,促进产品转型升级

旅游演出产品具有较强的生命力,且能够根据市场需求变化及时做出调整。在旅游目的地进入成熟期甚至衰退期时,旅游演出产品能够通过不断更新游客的重游率,以延长目的地生命周期。在旅游目的地转型过程中,旅游演出产品还可作为引爆点吸引媒体和市场关注,为目的地成功进入新的生命周期开辟道路。

4. 优化产品结构,提高经济效益

旅游演出产品一般属于辅助性产品,其自身的发展需要依托目的地而进行。国内目前大多数景区的收益来源于门票,产品结构单一,产业链条较短,游客往往走马观花似的来访一圈,对旅游目的地的经济带动效应仍有待挖掘。旅游演出产品作为一种娱乐配套产品,能够延长游客在旅游目的地的停留时间,特别是一些夜间进行的旅游演出节目,能够促使游客在目的地过夜,极大地提高当地旅游收益。

除此之外,若开发得当,旅游演出本身就能获得可观的旅游收入,对旅游目的地的发展可做有益补充。

(五)旅游演出产品的发展趋势

1. 实景式演出

实景式演出是指将舞台置于真实的山水园林中,自然与人文巧妙融合的旅游演出形式,以张艺谋的印象系列较为著名。实景式演出以其强大的演员阵容、华美的灯光设计、真实的舞台背景和宏大的演出场面为游客所看重。实景式演出由于投资较大,一般采取政府引导、多方资金共同参与的投资模式,大多采用市场化运作模式、立体化营销模式。这一产品形式门票收益较高,直观经济效益明显,产业链延伸度较高,是众多景区希望能够打造的旅游演出产品。

2. 氛围式演出

氛围式演出是指旅游演出本身是为增添景区气氛而进行的,其特点是精湛、开放、特色。游客并未将旅游演出作为直接消费对象,因此,这一演出形式直接经济效益不明显。但在游客游览过程中,作为额外收获的免费旅游演出产品能够为其带来超出期望的旅游收益,能够提升游客旅游满意度。同时,独具特色的旅游演出产品放到景区中,能够优化景区游览氛围,其存在的价值已经越来越被景区经营者发现和运用。这一产品在主题公园中运用较为突出。

3. 舞台式演出

舞台式演出分为驻场演出和巡回演出。此类演出产品多为舞台式表演,因此,对场景的设计没有实景式演出宏大,但制作一般都较为精良。舞台式演出中的歌舞类表演、历史类表演、民俗类表演、动物类表演较受观众喜爱,也是未来景区演出类产品开发的重要趋势。

4. 销售式演出

此类演出产品大多是为了销售旅游目的地特色产品而进行的表演,表演本身是免费观看的。但在表演过程中,表演者会向游客灌输产品信息,并以最终促成游客消费为目的。这一类表演包括茶艺表演、手工艺品制作表演、博彩表演等。

旅游演出的蓬勃发展是我国旅游业从观光型向休闲型转移的重要标志,旅游演出产品

的开发模式和市场运作也日趋成熟。我国拥有丰富的历史文化积淀和多彩的地方民族风情,旅游演出产品的开发得天独厚,相信在未来的一段时间内,旅游演出会为我们带来更多更精彩的精品节目,为旅游业的转型升级提供更多的市场机遇。

三、旅游商业业态策划

旅游商业业态策划是旅游策划过程中承上启下的部分,既对接需求市场,亦对接供给市场。以下以 2015 年成都来也旅游发展股份有限公司编制的贵州茅台镇特色商业街区的业态策划加以说明。

(一)茅台镇商业街区的业态现状

1. 业态布局

茅台镇商业街区集中在茅台镇的核心片区,分别位于茅园路、环茅路、杨柳湾、长征路、河滨路和银滩路,商业业态集中经营,易形成规模效应和集聚效应。

2. 业态类型

茅台镇现有商业主要有两大类型,一种为满足居民的日常居住需求,主要业态为零售及生活服务、餐饮等,档次低、服务不规范;另一种是满足游客需求的旅游商品专卖、休闲、住宿等业态,该类业态的商铺数量稀少,同时夜生活业态缺乏,留不住人。茅台镇商业街区业态现状如表 6-1 所示。

表 6-1 茅台镇商业街区业态现状汇总 (单位:平方米)

街区名称	餐饮	住宿	休闲娱乐	零售及生活服务	公共服务	闲置	其他
杨柳湾—跃进街	486	100	1076	1152	1648	4264	—
环茅南路	1300	540	200	8795	2825	1030	8350
茅园路	513	150	—	1284	865	—	40
河滨路	1277	800	2259	6410	7481	—	922
长征路	1498	—	1224	4313	1505	4936	4696
银滩路	2653	80	50	2175	3320	1468	940

3. 铺面形式

茅台镇商业街的商铺基本为下店上宅式的临街铺面,开放性较强,但空间承载力不够,无法满足规模化业态的融入。但大部分铺面空间具有可变性和多元性,在未来的经营过程中可通过调整空间满足不同业态经营的需求。

(二)茅台镇商业街区的业态策划思路

1. 业态类型:主题化、多元化、体验化

(1)业态主题化,形成各具特色的主题街区。发挥茅台镇的本地优势,充分挖掘国酒文化、盐运文化和红色文化,通过植入不同类型、主题突出的业态,为茅台镇注入文化灵魂,以特色性商业形成差异性的竞争,从而塑造茅台镇的核心吸引力和品牌形象。

(2) 业态多元化,形成综合性商业配置街区。避免单纯的旅游商品售卖传统模式,构建一个业态类型丰富、档次不一,集餐饮、购物、住宿、休闲娱乐等于一体的丰富的消费体验场所,兼顾本地消费和游客消费,以综合性商业配置吸引人气。

(3) 业态体验化,形成游客服务的旅游街区。随着茅台镇旅游开发的不断深入,游客休闲消费的升级,必须将茅台镇居民服务型业态向游客服务型的旅游业态转型,着力引入特色美食、精品购物、餐饮休闲、主题客栈、酒文化体验等体验性商业业态。

2. 业态布局:动静分离、交织混合

(1) 动静分离,满足不同业态经营需求。茅台镇6条商业街区业态布置遵循动静分离的原则,将比较吵闹的酒吧、会所、大众餐饮等与具有较高安静需求的住宿、休闲类业态进行隔离;同时,还要将形成较多烟尘和气味的小吃、火锅类业态与具备淡雅需求的西餐、咖啡、服装、古玩字画、水吧、茶馆类业态进行隔离。

(2) 交织混合,实现不同业态之间的顾客共享。旅游街区的商业形态打破固有旅游街区功能分区的格局,采取交织混搭的商业业态布局形式,以实现不同业态之间的顾客共享,避免因功能分区形成的旅游商业"人流潮汐现象"。

3. 空间利用:横向空间调整、纵向空间延伸

(1) 横向空间调整,扩大商铺内部利用空间。根据商铺空间及产权现状,部分商铺可经过内部打通的方式,扩大商铺的利用空间,为引入规模化业态提供基础。

(2) 纵向空间延伸,形成室内外可相互转换的商业空间。根据临街铺面前街道空间可利用状况,适当开发街道空间,充分利用景观设计,采用植入商家LOGO的遮阳伞,打造休闲走廊,形成室内外可相互转换的商业空间,同时也可以烘托街区的商业氛围。

4. 商业氛围:景观多元化、环境舒适化、夜景亮化

(1) 景观多元化。为营造商业氛围,充分利用街道上的空间环境,通过具备视觉冲击力的景观节点、清澈可亲近的水景、趣味性的路面铺装以及连续不间断的街头表演等打造多元化的人气磁场,烘托商业氛围。

(2) 环境舒适化。以人流动线为重点,以统一的文化主题和一个贯穿始终的风格,设计建筑风貌、色彩、雕塑、路标、喷泉、水系、花盆等视觉元素以及商铺装饰、体验性元素,形成一个丰富多彩,但又整体如一的、舒适的环境。

(3) 夜景亮化。结合茅台夜生活业态,实施夜景亮化工程。

(三) 杨柳湾—跃进街的业态现状

杨柳湾—跃进街位于茅台场镇核心区,东临在建的巴拿马广场、茅台文化创意园区,西接国酒文化城、茅酒之源,区位优势显著。本次业态策划的重点就放在了杨柳湾和跃进街,以下是业态策划的主要内容。

1. 杨柳湾—跃进街业态现状调查

本次调研调查了两条街总计132个铺面,194个开间,对经营业种、面积规模、产权情况、租金情况等做了详细调研。以下仅对编号1—4的商铺调研情况进行简介。杨柳湾—跃进街业态现状调查如表6-2所示,业态现状分布如图6-1所示。

表 6-2　杨柳湾—跃进街业态现状调查表（部分）

序号		商铺	经营业种	面积规模（m²）	产权情况	租金（元/月）	备注
1	1-1	正宗紫云牛肉	餐饮	20	租赁	2500	20 个餐位
	1-2	恒泰五金	零售及生活服务	30	租赁	3000	五金店，合同期 2 年
	1-3	杭州小笼包	餐饮	18	租赁	2200	合同期 5 年，12 个餐位
	1-4	杨柳湾副食店	零售及生活服务	15	租赁	2000	合同期 5 年
	1-5	足疗会所	休闲娱乐	—	—	—	商铺后面为住户家庭
	1-6	盛维电脑	零售及生活服务	15	租赁	2000	合同期 5 年
2	2-1	诊室	公共服务	—	租赁	6000	合同期 10 年
	2-2	中国移动	零售及生活服务	42	租赁	3000	手机销售、维修，合同期 5 年
	2-3	贵妇人内衣专卖	零售及生活服务	30	租赁	2000	衣服、内衣，合同期 5 年
	2-4	百货店	零售及生活服务	30	租赁	2000	五金、百货，合同期 5 年
	2-5	酒都足疗	休闲娱乐	90	租赁	3000	2 层，保健、足疗，合同期 2 年
	2-6	中国联通	公共服务	45	租赁	4000	联通营业厅，手机销售
	2-7	浓情休闲吧	休闲娱乐	25	租赁	2500	奶茶、咖啡，合同期 3 年
3	3-1	旅社	住宿				已搬走
	3-2	成都过街香	餐饮	32	租赁	2000	四川小吃，10 个餐位
	3-3	华宇电脑	零售及生活服务	15	租赁	1000	网络设备销售、维修，合同期 3 年
	3-4	副食店	零售及生活服务	20	自营	—	饮料、烟酒
	3-5	四季圈服装店	零售及生活服务	24	租赁	1200	女装为主
	3-6	时尚经典	零售及生活服务	24	租赁	1400	理发、美容，合同期 5 年

续表

序号		商铺	经营业种	面积规模（m²）	产权情况	租金（元/月）	备注
3	3-7	同步家用电器维修部	零售及生活服务	24	租赁	1500	家电维护
	3-8	理发店	零售及生活服务	30	租赁	1200	理发,合同期10年
	3-9	副食店	零售及生活服务	25	租赁	1200	零食、饮料
4	4-1	五金店	零售及生活服务	24	租赁	1800	合同期3年
	4-2	麦卡伦饮吧	休闲娱乐	—	—	—	正在转租
	4-3	早餐店	餐饮	45	租赁	2000	冰粉、凉面,8个餐位
	4-4	华光加工部	零售及生活服务	40	租赁	2500	2层,封阳台,不锈钢
	4-5	红叶餐馆	餐饮	42	租赁		习水牛肉粉、炒饭,15个餐位
	4-6	伟人故乡石锅鱼府	餐饮	160	租赁	4700	2层,石锅鱼、水煮鱼,80个餐位
	4-7	香薰SPA	休闲娱乐	120	租赁	2000	2层,保健、护肤
	4-8	天天乐保健足疗	休闲娱乐	120	租赁	2000	2层,足疗、保健
	4-9	咔丝形象设计	零售及生活服务	30	租赁	3000	理发店
	4-10	祥隆足疗	休闲娱乐	60	租赁	2000	足疗

2. 现有业态分析

杨柳湾—跃进街的铺面总数为132个,开间数量为194个,营业业态的铺面数量为55个。

(1) 商铺空间。

杨柳湾—跃进街的街巷空间开阔,商铺以底商为主,大多数商铺开间面积在20—60平方米,占店铺总数的75%,60—150平方米的店铺占总数的20.5%,150平方米以上的占店铺总数的4.5%,且现状业态面积超过150平方米的多数为公共服务设施。

店铺开间之间基本为砖混结构,且相邻商铺的产权归不同居民所有,打通形成大的商业空间的难度较大。

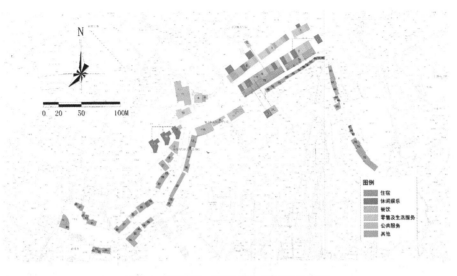

图 6-1 杨柳湾—跃进街业态现状分布图

(2) 业态分析。

杨柳湾—跃进街现状业态以居民生活业态为主,其中,餐饮业态的经营面积约为 486 平方米,占 5.6%;零售及生活服务业态的经营面积约为 1152 平方米,占 13.2%;休闲娱乐业态的经营面积约为 1076 平方米,占 12.3%;住宿业态的经营面积约为 100 平方米,占 1.2%;公共服务设施业态的面积约为 1648 平方米,占 18.9%;闲置店铺的面积约为 4264 平方米,占 48.8%。

(3) 店铺租金。

店铺租金的差距较大,为 30—130 元/平方米·月。

3. 小结

杨柳湾商业业态以零售、餐饮、休闲、生活服务为主,能够满足居民日常需求,但缺少休闲、文化体验类的商业业态,文化内涵没有得到提升。跃进街商业业态目前基本处于空白状态。

杨柳湾目前的商业业态档次以低档为主,缺乏中高端的业态。

杨柳湾—跃进街的店铺开间较小,不利于发展规模化的商业业态类型。

杨柳湾—跃进街均缺乏必要的公共服务设施,如标识系统、游客休息设施、垃圾桶、旅游厕所等。

街巷空间宽敞,有利于营造街巷景观节点和休憩空间,亦有利于发展休闲娱乐业态(可利用店铺前的空间营造休闲平台)。

(四) 杨柳湾—跃进街的业态定位

1. 主题定位

杨柳湾—跃进街是茅台镇的核心通道,连接国酒文化城和在建的茅台文化创意园区,是将来游客最集中的区域,因此,要充分利用这条街区,突出茅台酒文化,以"印象·茅台"为主题,融入酒文化、民俗文化,并引入世界酒文化元素,让游客可以全面体验茅台镇核心文化,给游客综合印象。图 6-2 所示为杨柳湾—跃进街的主题定位与景观节点。

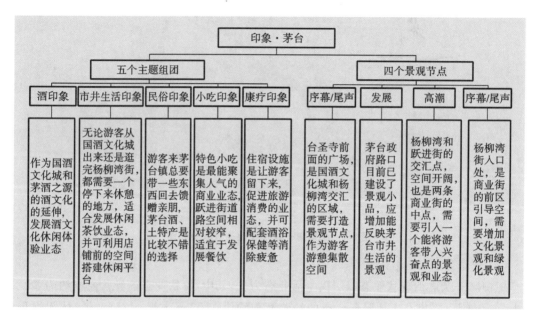

图 6-2　杨柳湾—跃进街的主题定位与景观节点

2．市场定位

主要满足旅游者中高端消费需求,重点针对大众观光游客、自驾车游客、商务休闲游客、文化体验游客、茅台镇居民及厂区工人等群体的休闲娱乐和住宿餐饮消费,同时兼顾购物、特色小吃消费群体。

3．业态主题及档次

杨柳湾—跃进街是茅台镇最有条件启动业态调整的区域,业态主题定位于国酒文化体验和地域民俗文化体验,并注入现代时尚元素发展文化休闲、主题住宿、特色餐饮和体验式购物等旅游商业业态。业态的档次以中端为主,高端、低档为辅,以满足不同需求的旅游者,同时兼顾居民的生活业态。

4．空间利用

(1) 店铺内部空间。能够打通的店铺,尽量打通形成相对通透的商业空间,便于引入档次高、品位高的休闲娱乐、餐饮等业态。

(2) 店铺前区空间。在街道空间相对较宽的区域,尽量考虑休闲娱乐业态,并利用店铺前区空间,设置休闲平台,将店内空间和店铺前区空间结合,同时可提升街道人气。街道较窄的区域,可沿街散状布局购物花车、零售手工艺品等。

(3) 街道节点空间。梳理街道空间,形成多个景观节点,布置景观小品,增加绿化、休闲设施等。

5. 业态规划思路

（1）保留休闲业态。在现有的业态中筛选部分休闲娱乐业态予以保留，并对保留的业态进行提档升级。

（2）融入传统文化元素。文化元素是传统街区的核心卖点，利用国酒文化、民俗文化等文化元素，并引入国外酒文化元素，通过酒文化和民俗文化体验产品，构建旅游核心竞争力，为杨柳湾和跃进街注入文化灵魂。

（3）丰富业态类型。增加具有文化内涵的住宿、餐饮、休闲、购物（土特产、工艺品等）业态类型，构建消费体验型的街区。

（4）重视业态布局。对杨柳湾和跃进街的业态进行分段布局，根据不同的业态主题形成多个组团，相邻店铺有条件打通，应尽量扩大营业面积，并结合景观和夜景营造良好的商业休闲氛围。

（五）业态分段规划

项目根据街区的店铺位置、现有业态、店铺形态及发展定位等，将杨柳湾和跃进街划分为五段街区，分别规划酒文化体验、民俗文化体验、土特产购物、特色小吃体验、康疗休闲体验五段（见图 6-3、表 6-3）。

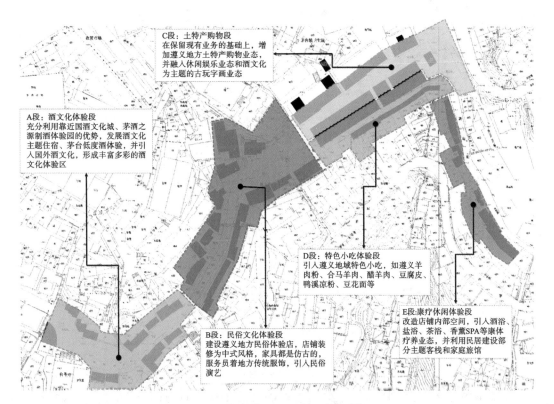

图 6-3 杨柳湾—跃进街业态分段图

表 6-3　业态比例及类型规划表

类别	分区	A 段	B 段	C 段	D 段	E 段
业态功能		酒文化体验段	民俗文化体验段	土特产购物段	特色小吃体验段	康疗休闲体验段
		充分利用靠近国酒文化城、茅酒之源制酒体验园的优势，发展酒文化主题住宿、茅台低度酒体验，并引入国外酒文化，形成丰富多彩的酒文化体验区	建设遵义地方民俗体验店，店铺装修为中式风格，家具都是仿古的，服务员着地方传统服饰，引入民俗演艺活动	在保留现有业态的基础上，增加遵义地方土特产购物业态，并融入休闲娱乐业态和酒文化为主题的古玩字画业态	引入遵义地方特色小吃，如遵义羊肉粉、合马羊肉、醋羊肉、豆腐皮、鸭溪凉粉、豆花面等	改造店铺内部空间，引入酒浴、盐浴、茶浴、香薰 SPA 等康体疗养业态，并利用民居建设部分主题客栈和家庭旅馆
业态比例	住宿	15%	5%	—	20%	25%
	餐饮	—	5%	5%	70%	10%
	休闲娱乐	80%	60%	15%	5%	60%
	零售	5%	20%	70%	5%	5%
	公共服务	—	10%	10%	—	—
业态类型控制	主力业态	酒馆、老茶馆、异域风情酒文化体验馆	老酒馆、酒类销售、主题客栈、体验式餐饮、民俗演艺、旅游服务点	土特产专卖店、工艺品商店、创意商品购物店、浴足保健、理疗 SPA、酒吧、水吧	特色小吃、中式餐馆	家庭旅馆、足浴保健、团队餐饮
	兼容业态	土特产专卖店、便利店、洋酒超市	院落综合体、浴足保健、文化主题表演、中式酒楼、酒具购物超市、便利店	古玩、字画、古董、茶馆、文具店、银行、诊所、药店、艺术家工作室	便利店、主题餐厅	便利店、理疗 SPA
	限制业态	小吃店、火锅店、服装店、五金店、建材店、电器店、珠宝店、理发店等	西餐馆、火锅店、咖啡厅、建材店、五金店等与传统文化不协调的业态	主题酒店、家庭旅馆等住宿类业态、建材店、五金店、电器店、西餐店等	酒吧、理疗 SPA、足浴保健、建材店、五金店、理发店等，住宿类业态	小吃店、古玩字画、建材店、五金店、电器店、理发店、珠宝首饰店等

(六)酒文化体验段业态规划范例

由于篇幅限制,本书不再对五个业态分段进行详细阐述,仅对酒文化体验段的业态规划做简要叙述,以供读者参考。酒文化体验段业态导引图如图6-4(a)、(b)所示,业态导引表如表6-4所示。

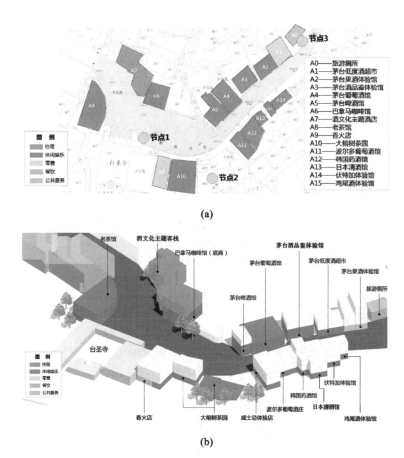

图 6-4 酒文化体验段业态导引图

表 6-4 酒文化体验段业态导引表

编号	店铺名称	业态类型	经营内容	规模引导（平方米）	备注
A0	旅游厕所	公共服务	拆除现状建筑,新建建筑风貌与杨柳湾整体统一的功能建筑,一层为休闲平台或戏台,负一层为三星级旅游厕所。厕所严格按照《旅游厕所质量等级的划分与评定》(GB/T 18973—2003)配套设备设施	60以上	三星级旅游厕所

续表

编号	店铺名称	业态类型	经营内容	规模引导（平方米）	备注
A1	茅台低度酒超市	零售	茅台啤酒、茅台果酒、茅台葡萄酒等低度酒专卖超市	70—140	
A2	茅台果酒体验馆	休闲娱乐	果酒品鉴，果酒文化展示，内部可用果类造型进行氛围营造，增加盆栽绿化，花盆采用大小不等的彩色酒罐装饰，店铺外侧搭建休闲平台	90—180	
A3	茅台酒品鉴体验馆	休闲娱乐	茅台白酒品鉴和销售，茅台酒文化展示，有专人介绍白酒的品鉴方法，内部装饰古朴且体现国酒文化内涵，店铺外侧搭建休闲平台	100—200	
A4	茅台葡萄酒馆	休闲娱乐	葡萄酒品鉴，葡萄酒文化展示，可搭配法式点心，利用储酒木桶装饰店铺，内部装修风格建议法式现代风格，店铺外侧搭建休闲平台	100—200	
A5	茅台啤酒馆	休闲娱乐	啤酒品鉴，啤酒文化展示，可搭配德式点心，利用储酒木桶和啤酒瓶装饰店铺，内部装修建议德式复古风格，店铺外侧搭建休闲平台	100—200	
A6	巴拿马咖啡馆	休闲娱乐	可引入品牌咖啡馆，内部装修建议美式复古风格，利用店铺外的空间营造休闲氛围	120—200	
A7	酒文化主题酒店	住宿	对民居建筑内部空间进行改造，内部装饰增加酒文化元素	500以上	
A8	老茶馆	休闲娱乐	品茶体验，内部装修体现贵州茶文化和民俗文化，外围空间增加特色的复古座椅，按照茶馆形式进行氛围营造，增加茶旗，打造茶壶景观	70—150	
A9	香火店	零售	台圣寺的配套设施，售卖香、蜡烛、佛教饰品、佛教图书等	30—60	
A10	大榕树茶园	休闲娱乐	搭建休闲茶园，形成室内外结合的茶饮、棋牌休闲空间，整体营造传统复古氛围	120—360	

续表

编号	店铺名称	业态类型	经营内容	规模引导（平方米）	备注
A11	波尔多葡萄酒馆	休闲娱乐	引入法国波尔多葡萄酒，展示法国葡萄酒文化，可搭配法式点心和小吃，装修风格为法式复古风格	70—200	
A12	韩国药酒馆	休闲娱乐	引入韩国各种药酒，展示韩国酒文化，可搭配韩国小吃，装修风格为韩式传统风格，服务人员穿传统韩服	80—240	
A13	日本清酒馆	休闲娱乐	引入日本清酒，展示日本酒文化，可搭配日本特色小吃，装修风格为日本传统风格，服务人员穿传统和服	30—90	
A14	伏特加体验馆	休闲娱乐	引入俄罗斯伏特加，可搭配俄罗斯小吃，装修营造浓厚的俄罗斯风情	40—120	
A15	鸡尾酒体验馆	休闲娱乐	引入美国式的鸡尾酒，展示鸡尾酒文化，有专人介绍品酒礼仪，内部装修现代时尚	75—200	

本章小结

旅游产品策划是指在对旅游资源的区域分布、可进入性、旅游者对资源的感知、认知以及市场（需求市场与供给市场）情况调查研究，掌握第一手数据后，充分把握旅游资源自身具备的价值（历史价值、艺术价值、文化价值、科学价值）、品质和特色，设计出满足客源市场需求、有独特竞争力的旅游产品的过程。本章介绍了旅游产品策划的基本理论，并对旅游演出产品策划、旅游商业业态策划做了理论与实践分析。

思考与练习

1. 旅游产品未来还有哪些新的形态会出现？
2. 以小组为单位，调查某一街区或景区的商业业态，并提出优化方案。

第七章

旅游营销策划

学习导引

市场营销有两个层面。首先，它是一种理念、一种态度、一种观点、一种管理方式，它把客户满意度放在首位。其次，市场营销是一系列的活动，它把市场环境分析、需求分析、战略管理、产品、价格、渠道、促销等营销组合以及现代组织与控制方法等理论统一到同一学科体系之下。

市场细分与目标市场的选择、营销策略与营销措施都以市场分析为基础，以充分显示其营销活动的市场导向性。市场数据、市场分析和结论指导营销的理念与行动。

本章立足于实践应用的角度，从旅游营销的"智慧之树"、旅游营销的战略与策略、新媒体营销及网络评论营销四个角度展开。通过本章的学习，可使读者了解旅游项目的营销策划是如何开展的。

学习重点

通过本章学习，重点掌握以下知识要点：
1. 旅游营销策划的"智慧之树"
2. 营销策略架构、四大战略方法
3. 营销战略
4. 营销推广策划
5. 新媒体营销技术

第一节 旅游营销策划的"智慧之树"理论

旅游营销策划贵在创新,创新的动力来源于规划者、策划者创建和遵循的一套完整的理论体系和理论模式,它直接指导规划、策划,形成有自己特色的基本思路和工作方法,并且将规划者、策划者的所有智慧和理念贯穿其中,产生强大的思想动力。笔者在实践中创建与总结出了旅游营销策划的理论创新模式和工作方法,并在 2005 年出版的《旅游原创策划》(四川大学出版社)中做了系统介绍,至今仍对旅游营销策划具有较强的指导意义,希望能对各位学者在旅游业务上的研究与实践有所启迪。

一、我国旅游营销存在的主要问题

旅游营销包括景区营销、旅游目的地营销、旅游企业营销等。我国旅游业真正重视营销是从民营企业介入景区开发以后,但总的来说,景区的目的地营销没有科学化、系统化。目前存在的主要问题如下。

(一) 将旅游营销与旅游促销混同

旅游经营者不明白旅游营销是一个完整的系统工程,将营销与促销混同。如景区高级管理人员有一个普遍的认识,以为景区营销只是营销部门的事情,而营销部门也没有将营销工作做完整,主要精力放在景区的新闻、广告、旅游交易会、节庆活动等促销工作上面。

(二) 尚未树立全员营销理念

旅游活动具有综合性,这导致旅游景区的工作人员没有前台、后台之分,旅游营销涉及每个部门的每位员工。但目前看来,景区还没有全员营销的理念,景区应树立人人都是营销者,处处都是旅游产品的理念。

(三) 形象营销代替产品营销

以形象营销取代产品营销,景区热衷于做节庆活动,这在经营初期是必要的,节庆活动的直接结果虽然影响了景区的形象,但是,我们不要忘记,营销的目的是将景区的产品卖出去,景区热衷于卖口号是不能持久的。

其实,景区的目的地营销是一个完整科学的景区经营管理理念,目的地营销系统是从景区的全面管理上提升景区的管理效率,不要认为一说到营销就是商业行为。

二、IP 理论模式介绍

在旅游营销策划中,旅游营销策划常常遵循 4P 营销体系。目前,这一体系基本成了国内旅游营销策划遵循的基本理论体系。也有学者将资源、产品、市场和其他因素组合起来建立理论体系,在服务营销中普遍采用了 8P 模式,西方也有学者建立了 8P 的营销理论体系,如美国学者 Morrison,A. M. (2002)[①]等。

---

① [美] Morrison,A. M. 饭店与旅游服务业市场营销(第四版)[M].李天元,等,译.北京:中国旅游出版社,2002.

但是,无论是4P还是8P,都无法直接应用在旅游规划与策划中,它们都没有在理论体系上解决旅游资源、旅游产品、旅游形象、旅游市场、旅游营销之间的相互关系,而旅游营销策划必须将以上这些要素统领起来,建立它们之间相互的逻辑关系,使营销策划形成一个完整的统一体,在这个统一体中,旅游资源调查与评价、市场调查与分析和旅游形象策划、旅游项目和产品的策划是旅游营销策划的重点和难点,是十分重要的核心内容。在长期的营销实践和理论研究中,我们逐步形成了一套旅游营销策划的理论模型——2I+8P 理论模式(见图 7-1)。

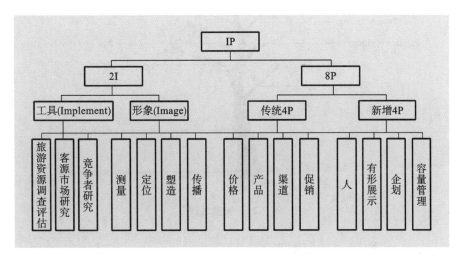

图 7-1　IP 理论框架

（一）2I:旅游营销策划之根本和最高目标

工具(Implement)是旅游营销策划"智慧之树"的根(见图 7-2)。营销策划必须以旅游资源调查评价、客源市场研究、竞争者研究为依据和基础,否则营销策划就是无本之木。

形象(Image)是旅游营销策划"智慧之树"的花(见图 7-2)。形象策划(包括形象的测量、定位、塑造、传播)是营销策划的最高境界和最终目标。形象策划好了,就能树立良好的品牌形象,才能在市场上一枝独秀,吸引顾客前来消费。

（二）8P:旅游营销策划的基本方法

8P是旅游营销策划"智慧之树"的枝干(见图 7-2),也是整个营销策划"智慧之树"的支撑。形象(Image)需要 8P 来支撑,它是 8P 的外在表现形式。同时 8P 构成旅游产品、服务管理、营销管理体系,使消费者得到高质量的旅游享受。但所有这些必须得到智慧之树的根(Implement)的滋润。也就是说,符合市场消费者需求的好的项目、产品必须通过充分的分析、调查和研究(即旅游资源调查评价、客源市场研究、竞争者研究),策划的项目、产品才有生命力,才经得起市场的检验,最终才能带来经济效益。

8P 中的产品(Product)是核心。因为产品包括的有形产品和服务是营销策划的集中体现。任何一个旅游地或景区,对游客是否有吸引力,归根结底就是看能够给游客提供什么样的旅游产品。

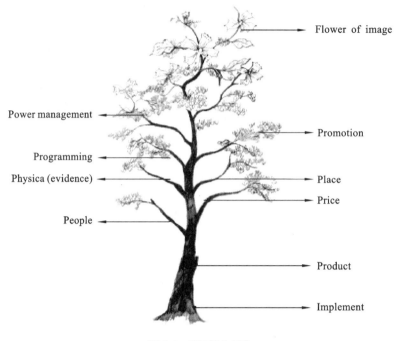

图 7-2 "智慧之树"

三、2I+8P="智慧之树"模型

2I+8P 是营销策划"智慧之树"的有机统一体,这十大要素缺一不可。没有智慧之树的根——工具(Implement),智慧之树就不会长出茁壮的树干和亮丽的智慧之花。没有智慧之树的干——8P,智慧之树的花就没有支撑和依附。没有智慧之树的花——形象(Image),智慧之树就缺少吸引力。

第二节 旅游营销战略与策略

一、旅游营销战略

营销战略(Marketing Strategy)就是营销哲学、理念,它是以营销总体环境为基础并以之为依据的。营销战略指导着营销的整个实施。

(一)市场导向战略

市场导向的营销战略是整个营销的基础。旅游项目策划要随时注意市场的变化,迎合市场和引导市场并举,结合企业的经营目标、企业资源优势,结合竞争的现状,集中力量,形成一种具有可行性的战略。

(二)资源创新战略

如果旅游项目已有的核心旅游资源和核心旅游产品比较少,就必须根据市场的需要不断开发、创造新的旅游资源,并以此为基础创造出新的旅游产品,以满足景区生存的需要,延长旅游景区的生命周期。

(三)体验营销战略

在新的世纪,旅游者对旅游产品的需求日趋多元化、差异化,这种趋势让旅游成为追求一种"非日常"的特殊体验,旅游就是追求一种"非日常"感觉的过程,在这个过程中,旅游者通过直觉去感知旅游产品。这就要求经营者在营销过程中顺应这种特殊的旅游体验趋势,不断创新,在营销中宣扬和推出一种新的体验、新的旅游体验文。

(四)利益相关者共赢战略

利益相关者共赢战略的提出是由旅游项目周边的竞争势态决定的。以黄山市花山谜窟为例,从黄山及其周边旅游业现状来看,旅行社在很大程度上左右了旅游者的决策。随着自驾车游客的增加,这种现状将迅速改变,但近几年内,旅行社主导的形势仍将延续。所以,短期内要采取与旅行社等利益相关者共赢的战略。同时,与政府、旅行社、(潜在)旅游者、宾馆饭店、营销渠道(电视、报刊、网络等),甚至当地居民和周边景区景点形成恰当的利益相关者同盟,以利于开发。

(五)旅游营销策略

所谓营销策略是指对一个或多个目标市场进行选择、描述,发展和维持一种营销组合,运用这种营销组合,可以实现与目标市场进行买卖双方均满意的交换活动。

营销策略的内容包括目标市场策略、营销组合、产品策略、分销策略、促销策略、定价策略等,当然首先是目标市场策略。

营销策略适用于三种不同类型或三个不同层次的问题。第一个层次是宏观层的营销策略,它以营销组合变量(价格、产品、广告等)的综合运用为核心。根据这一定义,为某个产品制定一个策略,为该产品进行定价,设计一个广告运动,然后决定分销的方案。中观层次的营销策略指营销要素策略,它指用于营销组合中某个要素竞争方式的抉择,如"推"对"拉"的促销策略,"密集"对"精选"、众多"独家"的分销策略,或"撇脂"对"渗透"的定价策略等。处于微观层次的是产品的市场进入策略,它指某个具体营销决定的策略。如厂商力图建立市场份额的策略、收获利润(或份额)的策略或者捍卫市场份额的策略等因素。

营销策略的意义在于,它从整个企业经营的角度考虑问题,对整个企业的营销动向起到提纲挈领的作用。营销策略是目标市场、市场定位和营销组合三个方面的有机结合。营销策略的目的就是高度统一目标市场、市场定位和营销组合的各种因素,使其和谐一致地为企业的市场目标服务。

二、目标市场策略

细分市场是一组具有相似特点的个人或群体,因此,他们可能具有相似的产品需求。制定市场策略的第一步是市场机遇分析,即对与企业利益相关的细分市场的规模和销售潜力进行描述和判断,并对该市场中的主要竞争对手进行分析判断。在对细分市场进行描述后,企业应该将目标定位于其中的一个或多个市场。选择细分市场一般有三种策略:对整个市场运用一种营销组合,只关注某一个细分市场,对多个细分市场运用多种营销组合。

定位后的目标市场必须经过仔细描述。人口特征、心理特征、购买者行为等都应经过评估。如果细分市场具有种族差异性,那么营销组合应考虑多重文化的影响;如果目标市场是全球性的,则尤其需要强调那些可能影响营销策略的因素,包括文化差异、经济技术发展不平衡以及政治结构不同等因素。

制定准确的目标市场策略必须认清以下问题。

(1) 根据地理分布、人口构成以及行为特点,每个市场中的各个成员是同质的还是异质的?

(2) 在每个细分市场中,市场规模、成长率、全国和地区的发展趋势如何?

(3) 每个细分市场是否具有足够的规模和重要性,以保证实施特定的营销组合?

(4) 哪些细分市场的机遇多?哪些细分市场的机遇少?

(5) 细分市场是否具有可衡量性,是否能实施分销和沟通措施?

(6) 目标市场追求不断提高的需求和满意度是什么?

(7) 每个细分市场能够带来何种利益?这些利益与对手提供的利益相比如何?

(8) 是否将自己定位于生产特色产品?产品是否有市场需求?

(9) 将其产品定位于特定的客户群,还是人人都适用?

三、营销组合

所谓营销组合是指产品、分销、促销和定价战略的独特组合。运用营销组合,可以实现与目标市场进行买卖双方均满意的交换活动。营销管理人员能够控制营销组合的各个要素,但这些要素必须综合运用才能实现最优效果。一个营销组合的结果如何,是由其中最弱的环节决定的。最佳的促销方式和最低的价格并不能挽救劣质产品。同样的,优质产品如果缺乏良好的分销渠道、准确的定价和相应的促销,也很可能以失败收场。

成功的营销组合必须经过认真仔细的规划以满足目标市场的要求。例如,初看麦当劳经营者和Wendy's经营者似乎有相近的营销组合,因为这两家餐厅都从事快餐经营。然而,麦当劳将目标定位于父母和儿童的午餐,这一点它做得非常成功。而Wendy's经营者则将目标定位于成人的午餐和晚餐。麦当劳有儿童游乐场所,还有儿童幸福套餐。Wendy's有色拉调制吧台,在餐厅中铺设地毯,但是没有游乐场所。

营销组合的差异并非偶然。敏锐的管理人员设计出一系列的营销战略来赢得应对竞争对手的优势,同时,最大限度地满足特定细分市场的需求。营销经理控制营销组合的各个要素,他们能够根据客户需求调节产品供给,在竞争中获得成功。

在选择营销方式时,需明确以下问题。

(1) 经营者是运用综合营销战略(产品、分销、促销和定价)还是单一的促销战略来实现其目标?

(2) 是否清楚地列示了营销组合中每个要素的作用和目标?

(一) 产品战略

营销组合的核心和起点是产品供给和产品战略。如果对将要推出的产品不甚了解,则很难设计分销战略、展开促销活动或者进行产品定价。

1. 产品的构成

一项产品不仅是产品本身,同时还包括包装、售后服务、品牌、形象、价值观以及许多其他因素。一块金帝巧克力就包含很多这样的产品要素:巧克力本身的质量、漂亮的金色包装纸、客户满意度保证以及金帝品牌的声誉等。我们买东西时追求的不仅是商品带来的明码价值,还有一些其他的附加值(包括身份、质量或者声誉)。产品既可以是有形的(如计算机),也可以是无形的(医疗机构提供的服务)。产品还应该能给消费者带来价值。

2. 产品战略思考的重点

(1) 旅游开发提供的主要产品或服务是什么?这些产品或服务是否能相互补充,或者仅仅是一些不必要的重复生产?

(2) 每种产品的特点是什么?它能提供的利益是什么?

(3) 旅游开发本身及其主打产品目前在生命周期中处于什么位置?

(4) 在扩大或缩小产品范围、提高或降低产品质量方面,每个目标市场面临的压力是什么?

(5) 每种产品的弱点是什么?客户主要有哪些抱怨?哪些地方最容易出错?

(6) 产品名称是否易于称呼?是否易于记忆?产品名称是仅作为一种称呼,还是代表了产品所能给客户带来的益处?这一名称是否能将旅游开发或产品与其他旅游开发或产品区分开来?

(7) 产品的质量保证如何?是否有其他方式来保证实现客户的满意度?

(8) 产品是否能传递良好的客户价值观?

(9) 如何为客户提供服务?如何评价提供的客户服务?

(二) 分销战略

分销战略主要讨论适时、适地向客户提供产品。分销战略的目标是保证产品在需要的时候能以适当方式到达指定地点。

企业分销战略的建立需要供应链管理者做出几项至关重要的决定,首先要考虑分销环节在整个营销战略中扮演何种角色。此外,他们还必须确保选择的营销战略与产品、促销以及价格战略的一致性。而要做出这些抉择,营销人员必须分析影响分销渠道的因素和最合适的分销渠道宽度。

1. 分销战略的重点

确定分销战略之前,必须明确以下问题。

(1) 经营者是应该尽力直接为客户提供商品,还是应该通过与其他经营者的合作,有选择地提供更好的产品?销售产品时,使用的是何种渠道?

(2) 销售产品时,使用的是何种设备?这些设备应安装在什么地方?这些设备应具备何种主要性能?

(3) 目标市场中的客户是否愿意并且有能力长途跋涉来购买?

(4) 设备是否易于操作?操作性能是否可以得到进一步提高?哪些设备需要优先考虑?

(5) 如何选择设备的安装地点?所选地点是否靠近目标市场?目标市场是否能看到这

些设备?

(6)零售商的地点和环境如何?零售商是否能使客户满意?

(7)产品何时才能提供给客户?时间是否恰当?

2.营销渠道的管理

(1)直接渠道链。如图7-3所示。

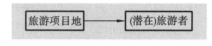

图7-3 直接渠道链

(2)通过中介的渠道链。如图7-4所示。

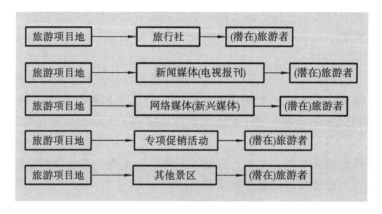

图7-4 通过中介的渠道链

(3)其他组合渠道。其他组合渠道是上述渠道链的组合,如图7-5所示。

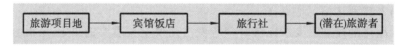

图7-5 其他组合渠道

3.旅行社管理措施

(1)建立合作联盟。

与项目地的主要地接旅行社,以及客源地的主要发团旅行社结成利益战略联盟,建立招揽游客的系列优惠政策。在门票、产品项目消费等方面形成全面的合作互利关系。

(2)更灵活的游客招揽回报机制。

与竞争者相比,在景区开发初期建立更加灵活和优惠的游客招揽回报机制。

①对于某些外地旅行团,在晚间时段内可以免费进入。

②对于高消费的旅行团,可以在门票、项目价格等方面实施优惠。

③对于停留时间长的旅行团,实施同样的优惠。

4.组织/协会管理措施

(1)与相关自驾车协会/组织建立联系,沟通合作意向,建立合作机制和关系。在自驾车协会的营销渠道(网站、宣传册等)中进行宣传营销。

(2) 可以与行业组织/协会建立更进一步的合作关系,合作召开会议、讲座、广告、公益事业等。

(3) 与专业协会合作,对项目地各类资源进行探源,利于在学术上的突破和利于新闻报道形式的营销。

(4) 通过宾馆饭店企业建立合作关系,如发放旅游信息,对旅游项目进行营销。

5. 公众渠道管理措施

(1) 选择《中国国家地理》《旅行家》《旅行》杂志进行专题宣传,对项目地进行"软性宣传"(突出文化性,同时注重宣传)。

(2) 在中央电视台制作宣传片进行宣传。

(3) 在地方电视台"天气预报"栏目进行项目地天气预报。

(4) 与相关网络建立合作关系,用网络进行营销(如网页报道、群发 E-mail 等)。

(5) 对旅游项目地的文化事件、与组织/协会的合作进展、资源科考进展都进行追踪报道。

(6) 制作内部刊物,免费发送/寄送给旅游者、旅行社、相关合作媒体、宾馆饭店、合作景区。

(7) 对于重大的考古发现、文化事件,要通过各种渠道进行重点报道,甚至制作专题宣传片进行宣传。

(8) 与当地的电视台、重要报纸建立关系,对旅游项目地进行相关报道,一方面,在当地居民心目中树立起良好的形象,利用他们的口碑进行宣传;另一方面,也鼓励他们休闲消费。

(9) 根据不同时间段(如晚间),在项目地某些区域(如娱乐、餐饮休闲区)对当地市民进行价格优惠或减免门票的优惠。

(10) 在大型活动期间、中央台报道项目地期间,向潜在游客发送手机短信。

6. 与区域内其他景区的整合措施

(1) 通过其他非同质景区的渠道,帮助宣传项目地,同时建立合作协议,通过营销渠道进行营销。

(2) 对于具有竞争优势的景区,可以通过非正式渠道建立合作关系,进行利益反馈。

(三) 促销战略

促销包括个人销售、广告、促销活动以及公共关系。营销组合中促销的作用是通过告知、教育、劝说以及提醒目标市场经营者或群体了解产品的益处,使其与目标市场进行双方均满意的交换活动。一项良好的促销战略往往能显著地增加销售额。然而,优秀的促销战略并不能保证最终的成功。促销战略中的各个因素相互关联,共同构成综合的促销战略。

制定促销战略时,需明确以下一系列问题。

(1) 一般客户如何发现经营者的产品?

(2) 经营者发布的信息是否能够到达潜在客户处?这些信息是否强调了目标市场的需求,是否表明了满足这些需求的方式?这些信息是否进行了恰当的定位?

(3) 促销工作是否有效地使客户知晓产品并说服他们购买本经营者的产品,是否使客户了解本经营者产品的特点?

（4）广告。

①目前经营者使用的是何种媒体？经营者是否选择了最有利于实现其目标的广告媒体？

②所选择的媒体的成本效益是否最高？是否最有利于表现经营者的公众形象？

③广告刊登的时机和次数是否最恰当？经营者是否预备了几套不同的广告版本？

④经营者是否聘请了广告代理经营者？这些代理经营者的作用何在？

⑤使用何种系统来处理由广告和促销引发的公众要求？经营者接下来将采取何种措施？

（5）公共关系。

①是否有一套构思精良的公共关系方案和宣传方案？这一方案能否应对反面宣传？

②经营者通常是如何处理公共关系的？由谁负责？这些负责人是否加强了与媒体间的沟通？

③经营者是否运用现有的各种公共关系方案？是否努力去了解每种公共宣传渠道的要求？是否用现有形式为各个渠道提供能够吸引客户的宣传方式？

④年报是如何评价经营者及其产品的？公共宣传对哪些客户是最有效的？公共宣传带来的益处是否能弥补其成本？

（6）个人销售。

①与服务现有客户相比，普通销售人员要花费多少时间来开发新客户？

②如何决定开发新客户？决策由谁来做？对新客户的访问频率是多少？

③销售人员的薪酬如何？是否有促进销售的激励措施？

④如何组织和管理销售人员？

⑤销售人员是否针对潜在客户制定了相应的策略？

⑥经营者是否针对不同特点的目标市场配备不同的销售队伍？

⑦把产品初步推销出去后，经营者是否还有后续的保障措施？是否能做到让客户满意？

⑧是否使用客户数据库或直销方式来代替或弥补销售人员的工作？

（7）促销活动。

①每一次促销活动的用意何在？为什么要搞促销活动？促销活动的最终目标是什么？

②运用何种形式的促销活动？促销活动是针对交易行为还是针对最终用户，抑或两者兼而有之？

③促销活动是针对经营者主要的公众群体，还是仅仅针对潜在客户？

（四）定价战略

价格是买主在购买时必须付出的代价，它往往是营销组合四个要素中灵活性最强的一个，因为它变化速度最快。相对于营销组合中其他要素的变动情况，销售者能较轻易地提升或降低价格。价格是重要的竞争武器，对经营者的意义重大。

在制定价格战略时，以下问题需要引起重视。

（1）价位应定为多少？具体价格是多少？

（2）经营者如何确保所定的价格能为客户所接受？

(3) 客户的价格敏感度如何？
(4) 如果价格发生变化，客户数量将会发生多大变化？销售总体收入是增加还是减少？
(5) 采用何种方法定价？是根据市价或客户需求定价，还是根据成本来定价？
(6) 产品提供几折优惠？依据的原则是什么？
(7) 经营者是否考虑了价格给公众带来的心理影响？
(8) 价格增长是否与成本增长、通货膨胀或竞争因素保持一致？
(9) 经营者是如何利用价格优惠来进行促销的？
(10) 对那些感兴趣的潜在客户能否以试销价来试用产品？
(11) 可以接受哪些支付方式？使用这些不同的支付方式是否符合经营者的最大利益？

四、营销推广策划的方法

（一）比较推广策划

消费者把自己归为某一群体也会对产品进行分类，而且总是将同类产品进行比较。利用消费者爱比较的心态来确定营销策略，影响消费者对产品特性的认知，是比较营销的心理学原理。

比较推广策略是"弱者挑战强者"的策略。如今，市场已经进入"比较经济时代"，各行各业皆是如此，这是消费者消费理念与消费行为日趋理性与成熟的结果，尤其是在市场竞争激烈化的背景下。强势品牌在消费者心目中往往有着较高的地位，在消费者看来，能够挑战强势品牌的企业往往实力雄厚。

在具体操作层面，比较推广策略要注意以下几个方面的问题。

1. 分析市场领先者的品牌策略

当以比较推广策略进行营销推广的时候，要全面分析领先者的品牌优势和劣势，要做到扬长避短。挑战的成功与否取决于能否提出更准确的主张以抗击领先者，从而改变自身的劣势，而这必须建立在对领先品牌的深入分析上。

2. 树立强有力的挑战者形象

比较推广策略的核心是挑战，即以鲜明的挑战者姿态赢得市场消费者的关注。这个形象必须是强有力的，需要关注这样的问题：为什么要向它挑战？有什么资格向它挑战？拿出证据说明自己的品牌为什么比领先者更好。要通过确凿证据表述对自己品牌的信心，同时要让消费者对品牌产生信心。

3. 比较推广最好结合差异化策略

如果在宣传上没有突出产品的任何差异，那就谈不上是有效的挑战。所以，首先要界定推出的品牌相对领先品牌来说具有独特的个性。

挑战者往往能够获得更多的关注，这是生活中的常识，但是，这仍然需要讲究技巧，需要科学分析。

（二）印象类推策略

消费者会把关联事物的印象，加于他物之上，即爱屋及乌。利用这种心理习性，可将消费者对他物的良好印象，加于产品品牌上，从而产生提升品牌的效果，这就是印象类推策略。

营销推广活动中,印象类推策略通常以形象代言人策略体现。用明星做代言人即是让消费者因喜爱明星而对产品产生好感。

当今社会已经进入"富媒体"时期,名人、明星们在媒体的精心打造下如同流水线上的产品源源不断地涌现出来,自然造就了一个巨大的品牌代言人市场。商界人士大都接受了这一现实:品牌与代言人的联姻组合已经成了商战"克敌制胜"必不可少的一把"利器"。

品牌推广的终极目的是塑造品牌的影响力。品牌营销推广的第一步就是品牌知名度的扩大,而代言人在扩大品牌知名度方面有着得天独厚的优势。心理学家认为,信息传递者本身的人格因素会作为信息的一部分影响受众,进而影响受众对传播信息的认同。其中信息传播者的可信度是一个重要因素。因此,在塑造品牌的过程中,不但要选用代言人,更要讲求技巧与策略,选准代言人。

1. 策略之一:围绕品牌个性选用代言人

品牌个性指品牌价值体系中,企业在产品与服务的内容和形式上对消费者做出的独特而真诚的承诺,且这种承诺是竞争对手难以模仿的。品牌个性与代言人个性的吻合是品牌传播效果优化的关键。人的个性是在现实社会中塑造而成的,不同的个性折射不同的人文精神和价值。品牌个性也产生于社会,它是整个市场价值肌体上的一个细胞,是企业经营理念和文化的无形缩影。只有品牌个性与代言人个性准确对接,才会产生传播识别的同一性,有效地树立和强化该品牌在公众中的独特位置。

2. 策略之二:营销目标区域化与代言人细分化的协调

据调查显示,名人广告中会出现同性相吸的倾向,即女性消费者偏爱女性名人广告,而男性消费者则偏爱男性名人广告。同时,中国广告受众对广告明星的偏爱有着较大的南北差异,这源自文化积淀的多样性。名人影响虽大,但亦有其"力所不及"的地方,因此,对代言人的细分化也就显得格外重要。

3. 策略之三:产品生命周期与代言人人气的搭配

品牌是恒久不变的,且随着时间的推移而愈见生命力。但是品牌之下的产品,是发展变化的,这种变化不但体现在种类的增加和产品线的延长上,也体现在单体产品本身生命周期的变化上。产品生命周期包括导入期、成长期、成熟期和衰退期。代言人的人气也会有一个萌芽、成长、鼎盛和衰退的发展历程,聪明的营销策划人员应当目光敏锐,找准两者的最佳结合点,如当产品进入导入期时,选用人气极旺的明星,以迅速扩大品牌知名度,而当产品进入成熟期后,应当考虑换用一些有潜质的新星,让其延长产品的市场生命。

(三)网络互动营销

互动营销是顾客关系管理的一个重要渠道,也是营销推广的一个基本策略。互动营销在中国发展迅速。目前阶段,互动营销大多以互联网络、手机、电话中心和数字电视作为载体。

互动营销的优势体现在它可以保持消费者的忠诚度,双向沟通,成本便宜。一个共识是,现在的消费者越来越希望参与品牌沟通中。沟通应该是双向的,这就需要互动。怎样进行互动营销?在具体的操作策略上,需要做好以下工作。

1. 找准自己的商业目标

互动营销需要注意的一个地方在于,一定要找准自己的商业目标。所有的沟通都应该有目标,也就是要非常清晰自己要解决的问题。日本有个饮料厂商,抓住每个妈妈都希望知道自己给孩子的营养是否足够的心理,在自己的网站上通过在线问卷调查的方式,让妈妈们回答相应的问题,从而获得她们关心的结果。之后,厂家就根据这些问卷建立资料库,方便日后向这些妈妈提供适合她们的产品,或者进行具体的沟通。

2. 客户细分,提供个性化服务

在获取强大的数据库后,不但获取了顾客的信息,而且更加便于客户关系管理,同时可以对顾客进行细分,甚至可以做到产品个性化定制和产品个性化定价。

3. 做好创意的互动工作

凭什么让消费者参与这种互动呢?凭创意。但创意必须有诱因,这个诱因可能是有趣,可能是有用,但它们必须都是消费者乐于接受的。创意必须能促使消费者更多地与别人交流,要让他们站在消费者的角度,发现自己的需求。而对市场策划人员来说,幽默、直观、富有想象力和创造力的东西更容易被接受、传播和交流。

互动营销最终要实现商家与消费者的互动,这是互动营销的根本所在。但是从另一个方面来说,互动营销也是一种成本低廉的营销方式。例如通过 E-mail 方式,在发给每个顾客时就已经完成传统广告的效果。如果有 2% 的人回复就已经显示其优势了。所以互动营销既是有效的,也是可行的,是很多市场推广工作需要优先考虑的推广方式。

(四)逆向营销策略

逆向营销的概念是在与传统营销方式对比中得出的,这一营销模式的主要表现特征是:由顾客主导一切。在传统的消费者行为学中,消费者决策的含义为"消费者谨慎地评价某一产品、品牌或服务的属性,并进行理性的选择,即用最小的成本购买能满足某一特定需求产品的过程"。这表明,无论消费者决策属于哪种类型,无论消费者处于决策过程中的哪一环节,其行为过程都是从市场上现有的产品或服务中,依据自己的需求做出选择的过程。而最终消费问题的解决,也依赖于现有产品或服务。

然而,逆向营销从根本上改变了这种模式,它始于消费者的需求,由他们自己提出设想或构思,或参与产品设计。对购买满意度和对决策合理化的肯定则取决于购买后的消费状况,以及生产者的追踪服务和对产品或服务的追加改进。依据这种思路,消费者决策完全处于主动状态,不受购物环境影响,超越现有产品或服务的限制,排除过多信息和宣传的干扰,从而使消费问题在更高层面上得以解决。

仅从产品的不同组合元素来区分,逆向营销包括以下几个方面。

1. 逆向产品设计

目前有越来越多的生产者让消费者能够设计、安排符合自己需求的产品。如戴尔电脑让客户提出对电脑设计的要求。

2. 逆向定价

互联网技术使消费者得以从"价格的接受者"转变成"价格的制定者"。Priceline.com 开展的业务是一个典型案例。在 Priceline.com 网站上,顾客可以提出打算为某特定物品或服务支付的价格。

3. 逆向广告

在传统广告活动中,营销人员一般是将广告"强行"推向消费者。在将来,顾客完全有可能主动决定自己希望看到的广告,经营者在寄发广告之前甚至必须先获得消费者的许可。如电子邮件,现在消费者已经能够要求订阅或停止订阅电子邮件广告。

4. 逆向推广

现在顾客可以通过营销中介请求厂商邮寄折价券和促销品,可以通过网络服务供应商等营销中介来提供特定的报价。这些中介机构能够在不泄露个人信息的情况下将顾客的请求转交给各经营者。

5. 逆向通路

让顾客能随时获得所需的产品与服务,并将产品通过多种通路运送给顾客。许多产品已经可以通过网站直接发送至顾客手中。总体来说,逆向通路的特征就是把展示间搬到顾客家中,顾客不必跑到企业或经销商的展示间去看。这种方式暗示了企业必须发展和管理更多的通路,定价也会趋于复杂,有时甚至需要为不同的通路推出不同的产品和服务。

6. 逆向细分

互联网让顾客能够通过回答问卷的方式使企业明白自己的喜好及个人特征,企业可以运用这种信息进行市场细分并为不同的细分市场提供适当的产品和服务。

逆向营销的应用领域是非常广泛的,如今,逆向营销也成为一种趋势,把握逆向营销的技能也成为对市场专业人员必不可少的要求。

(五)直复营销策略

直复营销是指"一种为了在任何地点产生可以度量的反应或达成交易而使用一种或几种广告媒体的互相作用的市场营销体系"。从理论上说,直复营销是渠道营销的深度开发。现代经济的发展使传统的营销方式呈现的不足越来越多,其中最突出的一点就是营销渠道不足。直复营销的意义在于创新了营销的渠道,加深了营销与市场的接触,因此,也创造了新的营销奇迹。直复营销已成为一种新颖而有效的营销手段。

直复营销起源于美国,它以 1872 年蒙哥马利·华儿德创办第一家邮购商店为代表。20 世纪 20—30 年代,直复营销由于连锁店的大力兴起而衰落;20 世纪 80 年代以后,直复营销又由于信息化社会的迅速发展和人们图方便的购物心理而再次兴起。现在,直复营销几乎遍及经济成熟和发达的国家。

与传统营销相比,直复营销在以下几个方面具有独立的特性。

(1)它是一种商业模式。直复营销作为一种商业模式,其经营者销售的商品不一定完全由自己生产,例如戴尔实际上是电脑组装,而非生产。

(2)完备的物流配送系统。以直复营销为基础的经营组织必须具备自己或者第三方完备的物流配送系统。

(3)依赖强大的信息处理与交换系统。企业必须具备高度现代化和信息化的信息处理和交换系统,因为强大的信息处理能力是直复营销得以生存的根基,如戴尔处理信息的能力是举世公认的。

（4）充分发挥顾客数据库的作用。顾客每一次的购买行为都会在数据库中得到保存和分析,获取顾客的各种消费信息,总结出顾客的消费特征,从而能够确保营销工作更具针对性。

（5）以完备的"顾客满意服务体系"提升服务质量。直复营销以提供便捷的服务制胜,所以每一个采用直复营销的企业都会有完备的"顾客满意服务体系",以此作为衡量并改善服务的基本参数。

如今市场竞争越来越白热化,消费者的需求也越来越多,市场几乎完全变成了一个买方市场,在这种情况下,营销推广必然朝贴近顾客需求的方向发展。而要做到这一点就必须掌握充分的信息。直复营销能够与顾客建立良好的关系,能够提供全面的、令人满意的服务和享受。直复营销这些功能的体现都依托于对信息的掌握,并在对信息把握的基础上与客户形成利益互动关系。

（六）事件营销策略

事件营销是指企业通过策划、组织和利用具有名人效应、新闻价值以及社会影响的人物或事件,吸引媒体、社会团体和消费者的兴趣与关注,以求提升企业或产品的知名度、美誉度,树立良好的品牌形象,并最终促成产品或服务销售目的的手段和方式。

目前,我国许多企业已经认识到事件营销的重要性,而通过这一营销方式有效提升了市场知名度和影响力的企业也不在少数。作为一种强大的营销推广方式,事件营销依托的基础是"事件",而"事件"本身就具备先天的吸引眼球的特性,这对营销推广来说是不可多得的要素。不过,吸引眼球只是一个方面,从经营的角度来看,比起长期的广告投入,事件营销具有的一大优势就是经济实惠、节约成本。

对于策划人员来说,事件营销要求高度的技巧性,否则极容易给自己造成伤害。事件营销不仅仅是利用有利的事件进行营销推广,更多的时候,营销人员面临的是不利的事件。在事件营销的具体操作上,需要注意以下几个问题。

（1）选准切入角度,控制舆论导向。有效的事件营销操作必须分析企业自身特点和事件核心之间的相互关联,务求完美吻合,并据此选取恰当的切入角度。在这样的前提下,企业还需要控制好媒体和舆论的导向,要通过各种策划促使媒体舆论朝对自己有利的角度展开宣传。

（2）把握关键问题,引导事件走向。事件营销不能让最终的结果对企业产生伤害,因此,要善于引导事件的走向。

（3）要有发展眼光,着重塑造持续影响。事件营销不应当成为一个单独的营销推广操作,不应当仅从短期知名度的提升上进行事件营销。真正能够将事件营销做到极致并获取成功,必须有一系列完备的策划、一连串的后续操作,并设法将短期效应切实转化为企业的知名度和美誉度。事件营销要求我们具备发展的眼光和系统的策划能力。

（4）遵从提高市场效益的目的。事件营销要以实现市场效益为最终目的,包括两个方面:一是形象宣传,通过事件营销获得良好的市场形象是创造企业市场效益的一种手段;二是同时进行产品促销,市场形象是长期的,产品促销是短期的,要把两者结合起来,才能最大限度地为企业创造效益。

第三节 新媒体营销技术

一、短视频营销

2016年可以被称为中国短视频营销"元年",以抖音、快手为代表的短视频App带领民众进入全民短视频娱乐时代,也带火了一批"网红"景点。据不完全统计,仅2017年4月至2018年4月,就有武汉凌波栈道、重庆洪崖洞、西安永兴坊、云南洱海、厦门鼓浪屿、青海茶卡盐湖等数十个景区因抖音小视频火遍互联网。重庆洪崖洞的抖音视频在2018年4月受到网友关注并广泛传播后,众多游客在"五一"期间慕名来到洪崖洞,导致洪崖洞成为"五一"期间继北京故宫之后第二大旅游景点。相关新闻显示,成为"网红"的洪崖洞入夜后摩肩接踵、人潮涌动,重庆相关部局不得不对千厮门大桥进行临时交通管制。

短视频营销属于新媒体营销技术,由于我国视频营销起步相对较晚,相关研究成果较少。刘丽云、郑军(2018)研究了短视频营销在旅游App中的应用。刘丽云、郑军(2018)分析了视频营销的形式和盈利模式,对我国旅游类景区运用短视频营销具有一定的借鉴意义,也可作为旅游策划中短视频营销技术的参考。

(一)短视频营销形式

1. 借助品牌主动向用户推送短视频进行营销

以《陈翔六点半》为例,其通过微信公众号与微博等定时更新推送短视频。另外许多品牌会在快手、抖音等短视频App中注册账号,不定期推送短视频。而品牌推送的短视频内容大多具有趣味性强或实用性高的特点。因为品牌短视频想要在几秒钟内成功地吸引用户的注意且鼓励用户积极参与评论与转发,就要将趣味性、独特性、互动性与利益性相结合。

2. 借助用户主动上传短视频进行营销

利用用户的创作积极性为短视频平台提高流量、增加有关视频素材和吸引更多用户。而用户主动积极制作短视频需要动力,这需要品牌周密的营销策划:比如,由品牌主发起相关征集或挑战活动,号召用户参与其中;或者由品牌主进行趣味性短视频制作,鼓励用户对相关的视频内容进行模仿创作等。

3. 借助与短视频达人的合作,进行品牌植入营销

品牌主与其品牌形象契合的短视频达人合作,可利用短视频达人的粉丝效应和其与用户的互动实现品牌的植入营销。

(二)短视频营销特征

1. 情感性

短视频短则几秒钟,长则几分钟,一般不超过10分钟。让游客在短时间内记住品牌的关键是触动观众的情感。2018年春节,苹果公司发布了由陈可辛导演的温情短视频《三分钟》,讲述了一个孩子在站台等候列车员母亲的故事。短视频全程没有生硬的植入苹果广告,仅在最后提示视频拍摄的器材是苹果手机。观众在被母子亲情感动到落泪的同时,也将情感自然地延伸到了苹果手机上,起到了很好的宣传营销效果。

2. 原生性

短视频营销要求方案创意性强、拍摄手法前卫、视角切入点新颖等,这对短视频的创作者提出了挑战。无论是商业性的短视频,还是自我营销的个人短视频,只有原生性的创意策划内容才能够让人耳目一新,从而达到广泛传播、快速传播的营销目的。

3. 主动性

短视频一般由制作者在网络上发布,由网络民众自发转载传播。这与传统营销中信息受众的被动性正好相反。营销的潜在客户既是营销受众,也成为营销主体。

(三)旅游 App 中的短视频营销

现有的旅游 App 在用户体验环节较薄弱,且对口碑营销不够重视。借助短视频可以打造旅行游记视频社交软件,在原有旅游社交 App 的基础上利用短视频进行口碑营销。在传统以图文结合编写游记的基础上,提倡旅行者以视频的视角分享记录旅行。

马蜂窝自由行 App 在鼓励图文游记的同时也设有视频功能,但其功能远不如抖音等短视频 App 的功能强大,视频效果也不佳,以至于有很多用户利用其他软件制作与分享视频,甚至放弃上传视频,造成用户体验质量下降,口碑不佳。

旅游 App 中借助短视频进行营销,可注重互动、推荐、分享等社交元素,这有利于解决现有旅游 App 同质化严重、个性化不足的问题。为用户提供较多视频功能的旅游短视频社交平台,可以鼓励用户用视频分享旅游并进行社交互动,打造以景点划分或者以旅游爱好划分的旅游社区。一方面,满足年轻人爱旅游、爱视频、爱交友的需求;另一方面,可以借助其进行口碑营销,扩大景区与旅游产品的影响力与吸引力。比如黑龙江"雪乡"的美景与张家界"玻璃栈道"的美景搭配音乐在抖音 App 上的点赞人数高达几十万。

知识活页　　携程的短视频营销[①]

二、自媒体营销

2003 年 7 月,谢因波曼与克里斯威理斯二人在美国新闻学会媒体中心提出的"We Media(自媒体)"研究报告中,对"We Media"下了十分严谨的定义:"We Media 是普通大众经由数字科技强化、与全球知识体系相连之后,一种开始理解普通大众如何提供与分享他们自身的事实、新闻的途径。"根据这一定义,博客、微博、微信、论坛、BBS、QQ、人人网等网络社区都是自媒体。自媒体实现了网民由单纯的信息接收者到创造者、传播者、接收者与评论者等多重身份合一的身份转变。身处自媒体时代的网民,创造力与言论自由都得到了最大

---

① 案例材料来自梅花网,http://www.meihua.info/a/68978.

限度地发挥。这一突出的特点,使自媒体进入了电子商务,尤其是移动电子商务的营销活动中来,自媒体营销应运而生(袁林敏,2015)。

(一)自媒体营销的特点

在互联网时代,人人都可以成为营销信息的发布中心,这促进了营销的"去中心化"进程。在自媒体营销过程中,消费者不再是被推介的被动受体,而变成了主动寻求资讯的主体,而自媒体则成为消费者与旅游目的地之间进行双向互动的有效平台(李艳,2017)。自媒体营销与传统营销手段拥有不同的本质,翟红华(2017)认为自媒体营销有以下三大特点。

1. 营销门槛低、运作简单

自媒体平台具有门槛低的特点,自媒体运营者(企业或个人)只要在相关自媒体平台上注册用户就可以发布信息。每位顾客甚至每位员工都可以成为信息源。运营者根据服务商提供的网络空间和可选的模板,就可以利用版面管理工具,创建属于自己的"媒体",不需要投入任何成本,也不需要有任何的专业技术知识。信息发布也很方便,可通过 PC 网络和移动终端设备(手机、平板电脑等)随时随地发布信息。许多中小企业得益于此,由于缺乏充足的资源,许多中小企业很难开展大规模的市场营销活动,因而借助自媒体营销策略,产生传播效果,引发网络用户的共鸣,这使这些中小企业在营销中摆脱了资源限制。

2. 交互性强、传播迅速

自媒体运营者(企业或个人)可借助现代互联网设备随时随地进行信息的发布和接收,没有了空间和时间的限制,任何时间、任何地点,我们都可以经营自己的"媒体",从而大大缩短信息源和用户之间的传播途径和信息的传播时间。加之大部分自媒体平台都有信息转发功能,如果平台关注的人和粉丝数量多,信息就会在关注群体中迅速扩张,传播速度呈现几何增长。转发和接收信息几乎同步,实现信息的及时再传播。信息能够迅速地传播,时效性大大增强。目前,我国微信、微博、QQ 及各种网络社区都有着庞大的用户基础,这也是自媒体营销的一个重要优势。由于自媒体平台人数之多,因而自媒体营销影响力之大、影响范围之广也是传统媒体营销无法比拟的。

3. 营销内容公信力差

由于没有专门的信息采集能力和信息来源,也缺乏专业的把关人,内容选择、判断完全掌握在个人或者小团队手中,甚至某些自媒体营销者为了加大平台本身的影响力,达到吸引眼球、扩大营销效果,而肆意编造谣言和传播虚假信息。夸大效果的宣传、标题党、商业软文新闻化、老闻变假闻、观点与新闻信息混杂等各种手法都使自媒体的用户对自媒体营销的真假产生怀疑,从而使下一步的营销内容也只能以失败而告终。中山大学大数据传播实验室发布的《"两微一端"用户报告》显示,通过对 2015 年 4 月至 2016 年 3 月间,微信中被举报次数较多的 2000 多条疑似谣言文章分析研究发现,占比最高的失实报道类达 31.4%。

(二)自媒体营销策略

作为新媒体营销技术的主体之一,自媒体营销是近几年兴起的营销策略,在企业中运用较多,但运用于相关学术研究特别是运用于旅游类的学术成果并不丰富。赵婧旸、罗震宇(2013)较早研究了新兴旅游市场的自媒体营销策略,对旅游目的地的营销具有一定借鉴意义。

1. 树立社会化营销观念,建立自媒体营销据点

自媒体的本质是"关系"而不是"覆盖",社会化营销的重点是"对话"而不是"传达",因

此,在明确旅游营销的目标群体的基础上,应当通过切实可行的方式,构建、加强与目标群体的联系和互动。建立健全有关新兴旅游目的地的微博、博客等形式的自媒体,通过不断发布和完善信息,培育有一定规模的信息受众,与其建立良好、稳定的关系。这样,不仅有利于旅游信息的发布和与游客的交流,为游客提供便利,同时,在面临不良信息时,可以及时予以澄清,为危机公关提供畅通渠道。

2. 采取分众营销,抓住关键的信息节点

"人以群分"是自媒体用户的一个结构特点,"点亮微群"是自媒体深度传播的一个基本要求。对于一个旅游景点,不同的群体对其的期望是不同的,例如,对于"驴友"而言,"原生态""有探索空间"是决定他们旅行路线的主要因素;对于"组团游客"而言,完备的旅游设施、深度开发的旅游产品是他们的主要诉求点。因此,自媒体的出现有利于我们采取差异化的营销策略,更重要的是从中找到"意见领袖"深化营销。"意见领袖"不仅能使"基于信任的病毒营销"得以迅速实现,还能够有效地降低营销成本。例如新西兰国家旅游局长期推广的"意见领袖项目"。

3. 采取多种形式,制造传播热点

综观一些平台的事件传播,往往都是由网络互联网而引发的,例如"香港导游辱骂大陆游客"事件、"三亚旅游宰客"事件、"北京黑导持刀强迫游客购物"事件,这充分展示了自媒体在制造、传播话题方面的重要性。同样,我们也可以利用自媒体制造旅游营销的热点。一方面,应采取多种新奇、个性化、互动性强的形式,例如利用旅游微电影、微视频、网友活动、事件营销等聚焦公众的注意力;例如四川首部旅游微电影《爱,在四川》;浙江首部旅游微电影《樱为爱情》在网络上都获得了很高的点击率。另一方面,可以通过自媒体造势,不断打造健康、积极向上的旅游新闻点,并做好旅游中的危机公关,避免小差错通过自媒体发酵成大事件,这样才能增强公众对旅游目的地的知晓度和美誉度,促进新兴旅游市场的蓬勃发展。

4. 整合各大媒体平台,占领营销制高点

"渗透深、连接广、互动强、成本低"是自媒体的优势,而要最大限度发挥自媒体的效用,还需加强与其他媒体平台的联动。加强自媒体与平面媒体、电视、网站的联系,特别是利用自媒体培育的稳定受众,加大对其他媒体的宣传,形成"粉丝共享"。不断完善旅游信息库建设,扩宽旅游信息的采集和发布渠道,形成信息共享。完善媒体平台营销合作机制,充分发挥各自特点,取长补短,特别是突出自媒体在触发话题上的优势,与其他平台形成协同作战,最终实现电信、电视、网络的全媒体营销。

三、大数据与精准营销

大数据指无法在一定时间范围内用常规软件工具进行捕捉、管理和处理的数据集合,是需要新处理模式才能具有更强的决策力、洞察发现力和流程优化能力的海量、高增长率和多样化的信息资产。涂兰敬(2011)指出,大数据包含的三个方面为大分析、高带宽和大内容[1]。在大数据背景下,企业充分利用大数据提供的数据处理和分析技术,提出了精准营销这一营销新方法[2]。精准营销改变了以往的营销渠道和方法,通过互联网等方式建立客户数据库并

---

[1] 涂兰敬. 专家观点:"大数据"与"海量数据"的区别[J]. 网络与信息,2011(12).
[2] 杨东红,时迎健,雷鸣,等. 大数据和企业精准营销相关性分析[J]. 沈阳工业大学学报(社会科学版),2018(2).

进行科学分析,为企业提供更精准的营销沟通模式[①][②]。

（一）大数据给旅游营销带来的优势

大数据为旅游企业经营带来了强大的优势,体现在营销理念的更新、营销渠道的多元和营销目标的精准。大数据挖掘技术的广泛应用,使旅游营销变的效率更高,且能够满足游客的个性化需求。文瑾(2018)将大数据营销给企业带来的优势凝练为六个方面。

1. 有利于分析客户,找准客户需求

在激烈的市场竞争中,谁能抓住顾客,谁就能获得生存和发展的机会。产品质量再好,没有顾客需要,没有顾客购买,也是一件失败的产品。大数据越来越受到企业的重视,利用大数据的分析去了解客户,找出客户需求,生产出适销对路的产品,才能帮助企业赢得客户,获得发展。大数据的海量数据,为企业对顾客的分析提供了数据支撑。通过积累大量的用户数据,分析出顾客的喜好与购买习惯,全面了解客户的特点和行为,抓住顾客的核心需求,了解顾客,甚至做到"比用户更了解用户自己",生产出适销对路的产品,采用正确的营销模式,有利于企业在激烈的竞争环境下获得生存和发展。

2. 有利于精准的营销信息推送

要让企业的营销策略能够符合市场规律并获得顾客满意,同时做到省钱省力,必须做到营销信息的精准投放。消费者在网上购物时经常会在相应的位置见到如下的提示,"猜你喜欢""购买此商品的人还购买了……",这些看似简单的用户体验的背后,其实就是利用大数据向客户进行营销信息的精准推送。通过对消费者行为的信息收集,并将这些信息转化为数据,帮助企业确定潜在顾客的范围,进一步分析他们的所在位置、性别、年龄、收入状况等相关信息,再通过大数据的平台信息推送,有利于企业对这些潜在用户进行信息覆盖,用强有力的营销宣传抓住消费者的心,真正赢得消费者。

3. 有利于找准重点客户,提高营销效果

几乎市场中的每一个行业都遵循二八原则,即20%的客户贡献着企业80%的利润,这些客户无疑是企业的重点客户。大数据为企业正确了解这些客户的信息提供了支撑,海量的数据、全面的数据成为企业查找重要客户的工具。消费者的购买行为被强大的网络记录下来,用户最近访问过什么网站,查看过什么商品信息,在社会化媒体上发布过什么信息等,都可以帮助企业找出千丝万缕的信息。企业通过这些数据分辨出哪些是它的重点客户,就可以帮助企业筛选重点的目标用户并针对性地加强开发和维护,成为企业获得发展的有利基础。

4. 有利于提升客户体验

大数据思维把原来销售的概念变成了服务的概念。如何为客户提供最佳的消费体验,是摆在企业面前的一道难题。大数据提供了整体数据,企业可以利用整体样本数据,从中进行筛选。可以从客户职业、年龄、收入、居住地、习惯爱好等各个方面对客户进行分类,依据其他的数据输入纬度来确定客户的需求弄定制产品,对整个产品的质量、功能以及销售环节的设计,达到理想的状态,让顾客获得良好的体验。

---

① 吕巍.精准营销[M].北京:机械工业出版社,2008.
② 程绍珊,席加省.精准营销:如何进行营销信息管理[M].北京:北京大学出版社,2006.

5. 有利于实现营销的科学化管理

大数据时代,企业充分利用海量的数据资源和先进的技术,这有利于企业整个营销活动的实时监控,使企业的整个营销过程更加精确,从而实现营销的科学性管理。企业对消费者需求的分析、目标顾客群的选择,都是建立在科学的数据分析的基础上的,而不是盲目地投放资源。大数据时代,企业可以通过各种技术支持数据挖掘,整合现代数据资源,以高质量来要求企业营销形成科学管理系统,运用现代技术进一步加强科学化管理。

6. 有利于执行更有效的具有预测性的计划和更精准的营销

过去,人们对数据的利用率低,认为数据只能反映过去的状况。但是市场行为具有很强的连贯性,大数据很大程度上还能反映市场未来的发展趋势和方向。企业越来越重视大数据,利用大数据为自己的经营决策提供依据,而不是像从前那样用经验和直觉来判断。大数据最大的价值不在于单纯的数据,不是事后的分析,而是预测和推荐。通过发掘各种数据的相互联系来制定个性化的营销方案,帮助企业建立更完美的营销战略。不仅帮助企业解决"为什么会发生这种事",而且利用关联数据库帮助企业预言"将要发生什么事",从而影响营销决策。大数据时代,企业以海量数据挖掘为前提,利用数据来进行决策,有利于把握消费者的心理,了解他们的购买行为,预测到市场发展的趋势,有利于企业根据消费者的需求特点,开展个性化营销,提高顾客的满意度,有利于预见未来的市场,执行更有效的具有预测性的计划和更精准的营销。

(二) 大数据与旅游精准营销

散客时代的来临,使原来的无差异化的市场营销策略变得效率愈加低下。在信息大爆炸时期,营销信息很容易淹没在海量的无价值信息中。由大数据引发的精准营销技术,可有效地直接连接体验性的旅游产品和个性化的游客需求。王晖(2017)借鉴浙江经验,总结了旅游业运用大数据进行精准营销的策略。

1. 勾勒游客画像

浙江省2016年公布了《旅游大数据半年度报告》,汇聚各类涉旅数据,详细分析访浙游客的性别、爱好、购物习惯,用数字演变出旅游产业的生动图景。旅游企业和旅游目的地政府可以借鉴浙江典型经验,完善微观统计体系,利用统计数据反映旅游结构化特征。借助大数据分析手段,全面掌握年龄、性别、客源地、出游行为、消费构成、住宿设施选择、停留情况等信息在内的游客属性。深入分析不同客源地、不同年龄结构、不同职业游客的偏好、规律性变化和兴趣点,并基于数据开展有针对性的旅游营销活动,策划设计不同层次的旅游线路,增加过夜游客数量,以多样化旅游供给引导游客消费。

2. 实现信息共享

借助智慧手机旅游、智能数据挖掘等技术,及时发布旅游资源、旅游经济、旅游活动等方面的信息,方便游客及时了解资讯,安排和调整旅游计划,系统采集旅行社、景区、酒店及公安部门、交通管理部门信息,提供查询、统计分析等功能,为旅游行业决策和管理提供依据。旅游企业和旅游目的地可以在游客中心、景区、酒店、游客集散地部署全市联网、统一控制、统一管理的信息发布查询系统,实现旅游信息无缝对接、数据共享。通过景区门禁和手机服务商基站定位收集游客流量数据,通过预警监测系统定位游客位置,通过GPS对旅游车辆进行实时定位,收集游客出行数据、调配自驾车辆、掌握景区客流量、及时疏导游客、缓解接待压力。

3. 创意定制服务

穷游网、马蜂窝、秘途旅行等OTA平台利用大数据提供场景服务,进行C2B反向定制,为用户提供单身、情侣、亲子、摄影、垂钓等主题旅行,满足用户的个性化需求。结合智慧旅游项目,可聚焦于挖掘海量数据背后的价值,对历史大数据进行深入挖掘,发现游客购买、出行等行为数据规律,再通过数据系统提取、整合有价值的数据,系统分析不同类别游客集群的出游习惯、行为偏好和消费取向。为游客贴上"商务""休闲""亲子""美食"等消费偏好标签,帮助旅游目的地、旅游企业调整游览行程,设计符合游客需求的线路,将各旅游要素结构化,再聚合成个性化推荐,帮助游客快速决策。

通过数据信息化手段直接组织客源,为处于相同区域、有着相同出行时间、具有相同出行需求的人群"量身定做"旅游服务,享受"千人千面、一人一线路"的定制服务,实现数据到行为分析再到营销方案售卖产品的转化,引领旅游业进入"定制时代"和"互动时代"。

四、旅游OTA营销

(一)何为OTA

OTA,全称为Online Travel Agency,中文译为"在线旅行社",是旅游电子商务行业的专业词语。郭强、何昌(2017)指出,我国在线旅游渗透率在15%—20%,复合年均增速将保持20%左右,增长空间主要来源于在线旅游的发展和线上渗透率的提高。OTA是在线旅游业最核心的商业模式,在整体市场中的交易额占比60%—80%。在互联网时代,以提供便捷的旅游服务为特征的OTA面临巨大的发展机遇,同时也面临来自游客需求、供应商议价和大数据技术等多方面的挑战,OTA企业之间的竞争也日益激烈。

(二)国内外OTA企业发展现状

在线旅游公司(OTA)经过多年发展,已经形成较成熟的商业模式,各大巨头跑马圈地,格局初现。亿欧签约专家、执惠旅游联合创始人刘照慧(2014)盘点了世界五大旅游在线企业,我国OTA企业携程旅行网位列全球第四。

1. Priceline:客户反向定价,在线旅游C2B模式开创者

Priceline由美国传奇企业家Jay Walker创立于1998年,总部位于康涅狄格州诺沃克市,1999年在纳斯达克(NASDAQ:PCLN)上市,截至2013年12月31日,全球员工9400人。Priceline旗下包括booking.com、agoda.com、priceline.com、rentalcars.com、Kayak.com五个品牌,向全球用户提供酒店、机票、租车、旅游打包产品等在线预订服务。Priceline是在线旅游C2B商业模式开创者,它为买卖双方提供一个信息平台,以便交易,同时提取一定佣金。对希望按照某一种住宿条件或某指定品牌入住的客人,Priceline也提供传统的酒店预订服务,但消费者可以根据图片、说明、地图和客户评论来做出选择,并且按照公布的价格付款。但是Priceline创立的"Name Your Own Price"模式(客户反向定价)自创立以来一直是其竞争优势,艺龙后来推出的"酒店杀价"模式与之有异曲同工之妙,但更结合中国实际情况。Priceline市值676.60亿美元,排名全球第一。

2. TripAdvisor:全球最受欢迎的旅游社区和旅游评论网站,以打造社区为中心

TripAdvisor于2000年2月由Stephen Kafuer创建,总部位于美国马萨诸塞州牛顿市。

之前属于Expedia旗下的子公司,2011年12月20日拆分后以代码TRIP在纳斯达克独立上市。

TripAdvisor是全球较大较受欢迎的旅游社区,以为旅行者提供酒店评论、酒店受欢迎程度索引、高级酒店选择工具、酒店房价比价搜索以及社会化的旅途图片分享和在线驴友交流等服务为核心内容。TripAdvisor免费向用户提供大部分旅游内容,围绕内容、用户建立社区,鼓励用户分享、创造内容,逐步形成以内容和用户为核心的旅游社区,主要收入靠商业广告。TripAdvisor Media Group旗下拥有TripAdvisor、Airfarewatchdog、BookingBuddy、Cruise Critic、Family Vacation Critic、FlipKey、Holiday Lettings、Holiday Watchdog、Independent Traveler、SeatGuru、SmarterTravel、SniqueAway、Travel Library、TravelPod、VirtualTourist和Kuxun.cn等十几个旅游媒体品牌。在全世界33个国家开有站点,中国网站叫到到网。市值151.00亿美元,世界排名第二。

3. Expedia:代理＋批发商模式为主,业务庞杂,品牌多元化

Expedia,1996年诞生于微软,总部在华盛顿州贝尔维尤,由Richard Barton和Lloyd Frink两位微软前高级主管创办,二人在2005年也创办了美国著名的房地产搜寻网站Zillow(NASDAQ:Z)。Expedia最初是一个供旅游者在线查询和预订旅游产品的网站,1999年从微软分拆出来在纳斯达克独立上市(股票代码:EXPE)。截至2013年12月31日在全球30多个国家拥有14000多名员工。

Expedia是一家在线旅游产品预订服务商,它并不提供旅游产品,主要靠"代理＋批发商"模式销售旅游产品供应商的产品并获取佣金。佣金的获取方式可以是Expedia以供应商规定的价格出售产品后按一定比例收取,这就叫代理(Agency)模式;也可以是Expedia从供应商那以固定的价格获取产品,然后赚取销售差价,这叫批发商(Merchant)模式,不同的是后者使Expedia拥有产品定价权。

Expedia旗下拥有Expedia.com、Hotels.com、Hotwire.com、Expedia Affiliate Network、Classic Vacations、Expedia Local Expert、Egencia、Expedia CruiseShipCenters、eLong和Venere等品牌,而且旗下品牌多元化发展,涵盖酒店、机票、租车、豪华游轮、活动、目的地旅游服务、商旅服务及旅游媒体服务,业务庞杂,Expedia市值103.70亿美元,世界排名第三。

4. 携程旅行网:OTA(在线旅游)＋传统旅游,转型"手指＋水泥"

携程旅行网由梁建章、沈南鹏、季琦和范敏创立于1999年,总部在上海。携程于2003年12月9日在美国纳斯达克上市(股票代码:CTRP)。携程共有四大产品线:机票、酒店、旅游度假、商旅。但从模式上来看,携程又分为OTA(在线旅游)和传统旅游。携程"鼠标＋水泥"模式:携程构筑了网站、会员体系以及以庞大呼叫中心为基础的运营模式。"鼠标"是指呼叫中心员工为客人在网上实现酒店和机票的预订;而"水泥"是指携程负责线下销售、商旅管理等业务的线下团队。此外,携程地面产品也包含团队游、一日游、接送机、导游服务及票券类服务。

2013年2月21日,梁建章重返携程并提出了"手指＋水泥"的理论。携程开始在产品移动端预订App打造、旅游信息移动端展示、开放平台合作等旅游大数据应用研究方面开始全面转型。携程市值63.78亿美元,世界排名第四。

5. HomeAway:全球最大的假日房屋租赁在线服务提供商"民宿一哥"

HomeAway 由 Sharples 和 Carl Shepherd 创立于 2005 年 2 月,总部位于美国得克萨斯州奥斯汀,是目前全球较大的假日房屋租赁在线服务提供商,2011 年 6 月 30 日在纳斯达克挂牌上市(股票代码 AWAY)。HomeAway 创立后通过创始投资并购了五个世界领先的度假租赁网站,旗下拥有 HomeAway.com、VRBO.com、VacationRentals.com、HomeAway.co.uk、OwnersDirect.co.uk、HomeAway.de、Abritel.fr、Homelidays.com、HomeAway.es、Toprural.com、AlugueTemporada.com.br、HomeAway.com.au、Stayz.com.au 和 Bookabach.co.nz 等十几种语言的三十多个网站。截至 2013 年年底,HomeAway 在全世界 18 个国家拥有 1400 多名员工,在全球 190 个国家拥有超过 89 万个假日租赁房源,被称为"民宿一哥"。

HomeAway 的运营模式是通过在互联网上建立平台,旅游地业主可以通过此平台把自己的不动产发布到网上供游客临时租赁,这样可以把业主的房产空闲时间价值充分发挥出来。HomeAway 则通过收取房源信息发布费及相应增值服务获得收入,根据其提交的 SEC 文件,HomeAway 大部分营收来自房屋信息展示收费。

除此之外,HomeAway 在其网站上也出售广告,与第三方合作,采取收入分成模式来增加公司营收来源和完善用户体验。HomeAway 也向游客提供信用卡商业账户、旅游保险、房屋损坏保护、退税等服务。HomeAway 还与诸多在线旅游公司合作,将一些待租赁的房屋及相关信息推荐给他们,然后参与收入分成或者直接收取一定费用。截至 2014 年 2 月 14 日 15:59(美国东部时间)(下同),HomeAway 市值 38.5 亿美元,排名世界第五位。

(三)我国 OTA 企业发展评价

1. 我国 OTA 企业发展现状

OTA 企业既有面向旅游六要素的综合性服务网站,也有针对游客某一细分需求的特色型网站。郭强、何昌(2017)分析了我国 OTA 企业的基本类型。携程网是我国较早的在线旅游服务企业之一,是综合性旅游服务平台。携程共有四大产品线,即机票、酒店、旅游度假、商旅等。随着移动旅游的发展,"鼠标+水泥"模式不断转型为"手指+水泥"模式。去哪儿网是我国第一个和最大的旅游类垂直搜索引擎,以比价为特色,为旅游者提供国内外机票、酒店、度假和签证服务的深度搜索。艺龙网是以酒店预订为主,酒店预订业务占总营业收入的四分之三以上。穷游网、马蜂窝是国内领先的旅游攻略网站,打造"社区+搜索+预订"的商业模式。途牛、驴妈妈等专注于专业性旅游服务,其中途牛深耕旅游路线服务,驴妈妈主要是发展在线景区门票业务,去哪儿专注于周边游,与携程等旅游巨头形成差异化战略,走避强路线,挖掘长尾需求,发展在线旅游服务利基市场。同时,随着休闲度假旅游的发展,在线旅游将转变发展方向,从标准化产品向标准化服务为主转变。

2. 我国 OTA 企业发展潜力

随着互联网技术的日益成熟,在消费需求以及国内政策的支持下,在线旅游出现井喷式的发展。各在线旅游经营者不断加大对在线旅游市场的投资力度,推陈出新,开发出多种新产品、新线路,同时不断完善自身的各项功能和服务。翁钢民、宁楠(2015)采用离差最大化和聚类分析方法,从在线旅游发展基础、市场容量和开发效益维度构建了在线旅游发展潜力评价指标体系,对 11 家在线旅游提供商的发展潜力进行了分析(见表 7-1)。

表7-1 11家在线旅游网站发展潜力主要指标及排序比较

指标\名称	网站丰度	网站知名度	搜索指数	粉丝量	微博数	用户覆盖数	日访问页	用户关注年增长率(%)	是否上市	评价值	排序号
携程网	10	54 413 335.33	76 877	5 467 336	17 178	1 180.5	5.06	18.52	5	0.6639	1
去哪儿网	9	135 666 667.3	110 147	3 222 468	12 639	176.5	11.35	9.51	5	0.6181	2
同程网	10	69 920 000	22 899	3 104 732	17 109	820	9.6	4.71	1	0.4290	3
马蜂窝	6	48 166 667.33	2 688	3 356 462	18 578	228.5	5.85	1 193.06	1	0.3167	7
欣欣旅游	9	29 400 000.33	1 145	561 318	12 171	143.5	3.625	19.18	1	0.1204	11
艺龙旅行	7	50 566 667.33	10 104	3 594 553	14 316	163.5	4.8	64.53	5	0.3826	5
乐途旅游	4	15 733 333.33	417	3 005 679	7 589	1 070	8.955	−32.26	1	0.2624	8
淘宝旅行	7	51 200 000	295	1 734 745	4 645	256.633	9.205	20.65	1	0.1717	9
途牛旅游	10	20 546 667	7 628	4 167 786	20 827	473.5	3.565	63.13	3	0.3898	4
芒果旅行	6	8 030 000	2 768	2 156 003	9 531	331.5	5.09	−27.10	1	0.1326	10
驴妈妈旅游	15	12 580 001	4 319	4 647 035	14 334	360	13.9	10.08	1	0.3592	6
权系数	0.0986	0.0996	0.1020	0.1061	0.1174	0.1303	0.1259	0.0652	0.1550		

研究显示,携程网、去哪儿网发展潜力较大,淘宝旅行、芒果旅行和欣欣旅游发展潜力较小,这与目前在线旅游市场出现淘宝等大电商企业进军在线旅游平台市场,而携程、去哪儿等大公司仍能霸占市场的局面基本一致。

第四节 基于网络评论的民宿市场营销研究

全球旅游业的快速发展,使民宿作为一种区别于传统饭店、宾馆的独特住宿体验成为更多人出游的优先选择。作为全球最大的民宿在线预订平台,Airbnb 拥有日益增长的用户,遍布世界各地、种类繁多的房源类型。人们日益改变的购买方式,使网络平台购物变得更加大众。网络评论作为线上口碑的重要组成部分,直接影响潜在用户的购买行为,而对民宿的网络评论的研究,学术界目前甚少。民宿作为一个特殊的领域,其市场营销中的特点和导向都需要做进一步的研究。本部分节选了杨振之指导的硕士研究生冯某的毕业论文中的部分内容,以 Airbnb 为案例分析并研究了基于网络评论的民宿市场营销策略。

一、研究方法

本节对 Airbnb 上精选的 689 个房源信息进行收集、统计、分析。依据 AIDAS 理论为指导,需要首先研究分析出游客在购买过程中的关注点。因此,对精选的 689 个房源的房间基本信息和评价信息进行处理。其中,房间基本信息包括名称、地点、价格、房间类型、房源类型、可住人数、便利设施;评价信息包括总评价得分、评价数量、准确性得分、位置得分、沟通交流得分、入住得分、清洁度得分、性价比得分以及每个房源下随机抽取的评论文本。通过使用 SPSS 22.0 统计分析软件和 ROST ContentMining6.0 词频分析软件,对以上数据信息和文本信息进行统计分析。房间基本信息主要采用 SPSS 统计描述分析,并配合使用词频分析软件分析词频。评价信息中的数据性信息主要使用 SPSS 进行统计描述性分析、相关性分析、回归分析,文本信息主要使用 ROST ContentMining 6.0 进行词频分析和情感倾向分析。分析结果表明,Airbnb 民宿在产品特征上分布广泛、房源种类丰富、提供的便利设施完善、定价多样化。体验后的游客对 Airbnb 上的民宿整体满意度高,在体验民宿的过程中重点关注民宿的客观条件和"人",客观条件包括民宿的准确性、性价比、清洁度、位置、入住;"人"主要是游客在体验过程中与"主人"的沟通交流是否顺利,主人是否友好与热情。得到满足后,游客愿意再次回到该民宿,并推荐给其他人,形成良好的线上口碑,进而促进其他潜在购买者的购买意愿。依据"长尾"效应,其他潜在的游客会注意到已经体验过该民宿的游客的评论,而这些评论中透露出来的主要关注点将会影响潜在游客的决策。

二、SPSS 数据分析的结论

在不讨论极个别房源因何种原因暂不外租的情况下,月折扣的比率高于周折扣,表明时间住得越长,提供的折扣的概率越大;57.6%的房源清洁费和 54.3%的房源押金需要另付,即意味着游客住宿有 50%以上的概率会有额外的付费。

民宿房源最多的地点为加利福尼亚,其次是意大利、菲律宾、英国、澳大利亚和韩国。

62.4%的房源的退订政策是严格的,26.3%的房源退订政策适中,灵活和极严的房源退订政策所占比率都不足10%。说明为保障房源提供方和使用方的双方利益,大多数房源主人选择严格的退订政策。

80.4%的民宿房源的房间类型属于整套房子/公寓,即大部分的民宿提供方是将整套房子/公寓进行出租,只有18.3%的民宿是只提供单独的房间。

689个房源里总共包含的房源类型有22个(不包含其他),其中独立屋的比率最高,为34.7%,其次是公寓,为23.4%,城堡占23%,小木屋占9%。房源类型种类多,可见全球民宿的提供现在已经呈现多样化、特色化的趋势,其中比率最高的独立屋提供量最大,可见从民宿的供应方上就已经体现出民宿的体验不光是"住",不只是"酒店"。

无线网络为便利设施中提供服务最多的,其他依次是厨房、暖气、内部提供免费停车、生活必需品、洗衣机、电视、欢迎家庭/儿童入住、洗发水、烘干机、空调、有线电视、允许携带宠物、适合举办活动、室内壁炉、衣架、熨斗、电吹风、早餐、游泳池等。

本次研究的民宿价格的平均值为1870元,最大值为41224元,最小值为74元,价格的波动幅度大。周折扣平均打折29%,月折扣平均打折14.88%,可见,虽然住得越久打折的概率越大,但并不一定折扣就越多,部分原因主要是由于大部分民宿鼓励短租;清洁费平均值为676元,最大值为8006元,最小值为34元,价格的波动幅度也大;押金平均值为3930元,最大值高达134229元,最小值低至300元。高昂的清洁费和押金主要是由于部分民宿提供的奢侈性的享受带来的,平均每个房源的可住人数为4.78人,最大值15+。

63.4%的房源的评价总分都是很高的5颗星,只有25%的4.5颗星,极少数的4颗星,总体看来,民宿在评价上都很不错。

63.1%的房源在准确性上的得分为5颗星,最低得分也是4颗星,可见大部分的民宿与网上的照片和资料是相符合的。70.7%的房源在位置上的得分都是5颗星,最低分数为3颗星,可见大部分民宿的位置是符合游客的选择的。在沟通交流上,59.2%的房源得分,为5颗星,但是最低分数为3.5颗星,在大多民宿都与主人较好地沟通交流的情况下,仍然有部分主人没有与客人进行适当的沟通和交流。57.3%的人对入住给了5颗星的满分,最低得分为3.5颗星。71.1%的人对清洁度的评分是5颗星,最低分也达到了3.5颗星。在性价比上,5颗星的满分比例最低,只有43.3%,4.5颗星的比例为42.4%,最低分为3.5颗星。相比前面的所有评分的整体情况而言,性价比的得分情况最不乐观。

评价总分的平均得分为4.8408分,平均每个房源的评价数量为64条,准确性平均得分4.8414分,位置平均得分4.8833分,沟通交流平均得分4.7899分,入住平均得分4.7822分,清洁度平均得分4.8842分,性价比平均得分4.7157分,可见清洁度整体得分最高,性价比整体得分最低。

游客对该房源的评价总分与游客对准确性、位置、沟通交流、入住、清洁度、性价比的体验和打分显著相关,说明评价总分受其他体验的影响,即游客因为某一项的体验不满而影响整体感受的概率大(统计结果有误差存在,因此不能下结论表明一定会影响)。评价数量和评价总分也确实存在轻度的显著相关,即评价数量改变以后会轻微影响总体得分的值。

所有自变量与因变量评价总分的回归分析表明,准确性R^2>沟通交流R^2>性价比

R2＞清洁度 R2＝位置 R2＞入住 R2，即在所有因变量中对评价总分的影响：准确性＞沟通交流＞性价比＞清洁度＝位置＞入住。

游客评论文本中词频较高的前三个是房子、地方、主人，即在评价中提到最多的是房子如何、这个地方如何、主人怎么样。"舒适、美丽、完美、干净、惊人、漂亮、友好"这些正面评价的高频词汇也同时出现在其中。"回来、强烈、建议、绝对"都是表明游客会希望再次回来或者是强烈推荐给其他人的表达。

再对评论文本进行情感倾向分布统计，得出结论：积极情绪为94.12%，中性情绪为5.88%，消极情绪为0.00%。此处统计到的消极情绪为0.00%，主要是由于 ROST Content Mining 6.0 的词库和此次分析的词汇间的差异造成的遗漏或者误差，在数据的统计过程中是明确地有消极情绪的，极少数评论中也有表达不满的情绪，但是值得肯定的是民宿的整体情感倾向积极。

价格、可住人数与评价总分相关性都不显著。

三、Airbnb民宿市场产品供给特征与游客关注点

（一）民宿的供给特征

本文通过数理统计分析和内容分析法，对 Airbnb 精选的 689 个房源进行了描述性统计分析和词频分析，分析结果显示 Airbnb 民宿在产品供给上呈现以下特征。

1. 民宿分布广泛、房源类型繁多

作为世界性的民宿平台，Airbnb 的民宿分布广泛，以意大利、菲律宾、英国、澳大利亚、韩国等旅游发达的国家和地区为代表。Airbnb 可以提供的房源类型种类繁多，呈现特色化和多样化趋势，其中 Airbnb 内部进行分类后的房源类型多达22个（不含其他），独立屋占34.7%、公寓占23.4%、城堡占23%、小木屋占9%。在房间的类型上，80.4%的房源类型属于整套房子/公寓，只有18.3%的民宿提供单独的房间，意味着游客在旅行中可以直接租赁一整套房子，且平均每个房源的可住人数为4.78人，最多可住15＋。Airbnb 在民宿产品的分布、种类、数量上都具有明显的量大优势。

2. 民宿完善多样的便利设施

在民宿的服务便利设施中提供服务最多的依次为：无线网络、厨房、暖气、内部提供免费停车、生活必需品、洗衣机、电视、欢迎家庭/儿童入住、洗发水、烘干机、空调、有线电视、允许携带宠物、适合举办活动、室内壁炉、衣架、熨斗、电吹风、早餐、游泳池等。

3. 民宿的市场定价多样化

本次研究的 Airbnb 民宿价格波动幅度大，最高可达41224元/房·晚，最低74元/房·晚，平均1870元/房·晚。周折扣平均29%，月折扣平均14.88%，长租并没有价格优势，符合 Airbnb 一贯的鼓励短租策略。清洁费和押金都作为一种附加消费单独列出，且不同房源清洁费和押金数额波动较大，主要由民宿的档次高低决定。

（二）游客关注点

依据 AIDAS 理论需要首先研究引起用户关注的客观刺激物，对于用户的主观状态本文暂不做详细讨论。通过分析游客对 Airbnb 民宿的评价打分和评价文本，发现游客在民宿的

体验过程中的关注点有以下特征。

1. *游客对 Airbnb 的体验整体满意度较高*

首先在评价分数上,评价总分 63.4% 的都是满分 5 颗星,25% 的为 4.5 颗星,极少数为 4 颗星,总体评分趋势良好;其次在准确性、位置、沟通交流、入住、清洁度、性价比上得分情况良好,平均分均超过 4.7 分。评论文本情感倾向分布统计结果显示,积极情绪 94.12%,中性情绪 5.88%,消极情绪极少数。

2. *游客对民宿的评分受民宿客观条件的影响*

本文在统计了游客对民宿客观条件,即准确性、沟通交流、性价比、清洁度、位置、入住以上项的评分结果后,就以上项与最终游客对民宿评价总分进行的相关分析显示,游客对准确性、沟通交流、性价比、清洁度、位置、入住的体验和评分会影响游客对该民宿的整体体验。对民宿整体体验和评价总分的影响程度经回归分析显示:准确性>沟通交流>性价比>清洁度=位置>入住。由于统计分析中的误差使"清洁度"和"位置"的影响程度近似,取消"="号,最终为准确性>沟通交流>性价比>清洁度≈位置>入住。

3. *游客关注民宿的"物"和"人"*

在游客评价文本词频研究中,"房子""地方""主人"是词频较高的三项,在对体验过的民宿进行评价时,一般用户会首先对"房子"整体做一个评价,如"舒适""干净"等;"地方"一般涉及的是房屋周围的交通情况、环境、旅游景点、便利店等情况的评价,如"惊人""漂亮";而"主人"也是评价里提得很多的词,作为民宿中的一大特色,主人在游客的整个体验过程中扮演了十分重要的角色,"友好"是与"主人"搭配的词频最高的形容词。基于"长尾"理论,其他有潜在购买意愿的游客在决策时,会受到这些高词频的直接影响。这些积极词频的反复出现将对民宿的线上口碑带来积极的、正面的影响。

4. *好的体验带来好的线上口碑*

在游客体验民宿后的评论文本中,"回来、强烈、建议、绝对"等词汇的词频高,而这些网络评论会直接在网络中呈现,直接影响其他游客的购买意愿和决策行为。由于"长尾"效应,其他有潜在购买意愿的游客会受到这一高词频的直接影响,引起更多潜在购买者的关注,进而使他们产生兴趣,引发他们的购买欲望。

四、民宿市场营销策略与建议

(一)民宿市场营销策略

区别于传统的营销环境,体验民宿后游客对民宿的评论是线上口碑最主要的内容并直接影响潜在购买者对民宿的选择,网络评论本身直接变成了有利的营销手段。本文在研究了 Airbnb 民宿的描述性统计特征后,获得了 Airbnb 民宿的产品特征。根据 AIDAS 理论,获得了游客对民宿的关注点特征:在游客对民宿的整体评价良好的情况下,游客关注民宿的客观条件以及民宿的"人",在获得满足感后游客会直接将该产品推荐给其他人,形成良好的线上口碑。在设计市场营销策略中,依据"长尾"理论,人们只会注意到"头部"80%的信息,而忽略掉剩下的部分,因此,在营销中,应将游客关注的高频词反映出来的具体内容设计在营销活动中。根据 Airbnb 民宿产品的供给特征和游客关注点特征,本文提出以下营销策略

建议。

1. 调整民宿市场的产品供给,满足多元化需求

Airbnb 在民宿的种类、数量、分布上的量大优势,是其获得游客好评的重要客观因素。因此,在民宿的产品上,应坚持多元化,满足不同需求。在产品的广度和深度上进行发掘,开发多层次的民宿产品,提供丰富的民宿资源,以满足游客对房屋的所有幻想和好奇。

2. 改善民宿客观条件,提升体验感受

游客在整个民宿体验过程中,对"准确性、清洁度、位置、入住"的关注会直接影响整体体验的感受,因此,民宿需要在提供服务的过程中,真实反映网络图片与现实房屋状况的准确性;在游客体验过程中做好清洁服务;在民宿的选址上考虑其位置的便利性;在接待入住的过程中提供更多便利,如接车服务等,方便游客入住。

3. 主客沟通交流,提升顾客忠诚度

"主人"一词在游客的评论中出现频率极高,且与主人的良好沟通与交流会显著地影响游客对该民宿的评分,因此,应该鼓励主客线上线下良好互动,维持良好的主客关系,强调与顾客沟通互动,提升顾客忠诚度,并将这种沟通交流的体验品牌化,使其成为民宿的软实力。

4. 良好的线上口碑,实现低价营销

任何一家民宿的宣传能力和营销能力都是有限的,借助平台是唯一出路。民宿应该在做好服务的情况下,利用顾客对该民宿的良好评论实现低成本营销。本次研究表明 Airbnb 上的民宿普遍满意度较高,在词频统计中"强烈推荐"这类词汇频率高,这直接影响其他顾客的购买和点击率。

5. 以价格为导向的低价策略:灵活变价,弹性议价

本次研究发现性价比的满分比例偏低,在提供高低不同的价格的民宿的基础上,民宿应该主导低价亲民策略。

(二) 国内民宿建议

我国民宿发展较晚,虽然发展速度快,但是缺乏自身特色,在资源配置和民宿的具体设计上都缺乏经验。本节对 Airbnb 世界性优秀民宿的研究结果值得我国民宿的发展借鉴。

1. 发展地方特色民宿,拒绝千篇一律

Airbnb 在民宿的提供上,房源种类就可以达到 22 种,房间类型也从整套到单间,我国历史文化底蕴厚,各地资源丰富有特色,应鼓励地方居民根据自身特色发展独特的民宿风格。

2. 加强主客交流,实现良性互动

我国民宿仍然有大部分仅提供简单的住宿服务,而缺乏与客人的沟通交流,适当向顾客提供周边旅游的信息,向客人介绍当地文化,让客人体验到独特的地方文化,感受主人的友好和热情。

3. 服务设施配备齐全

Airbnb 上便利设施的提供从高到低依次为:无线网络、厨房、暖气、内部提供免费停车、生活必需品、洗衣机、电视、欢迎家庭/儿童入住、洗发水、烘干机、空调、有线电视、允许携带宠物、适合举办活动、室内壁炉、衣架、熨斗、电吹风、早餐、游泳池等。在自身条件允许的情

况下应该至少满足提供无线网络、厨房等前几位的便利设施。

4. 利用 B2C 平台

通过本文对网络评论的研究结果表明,民宿线上口碑的营销效果良好,且单靠地方政府或者自身的力量宣传民宿效力不够,在移动互联网时代,民宿需要加入 B2C 平台,利用平台资源进行线上营销。

本章小结

营销策划是旅游目的地策划中重要的环节。根据旅游景区的市场、资源、区位等客观条件,对其进行市场环境分析、需求分析、定性定位分析,深刻理解并灵活运用战略管理、产品、价格、渠道、促销等营销组合以及现代组织与控制方法等理论,同时合理地使用新媒体营销技术,使成功的市场营销模式成为旅游策划的点睛之笔。

思考与练习

1. 在编制项目营销方案时,如何整合优势旅游资源和优势旅游产品?
2. 如何了解和分析旅游项目的市场需求?如何对市场的现状消费、需求情况进行综合判断和评价?
3. 如何编制旅游项目的促销方案?
4. 什么是事件营销?以节庆活动为例,编制一个节庆活动的营销计划。
5. 简述旅游营销策划与一般市场营销策划之间的区别与联系。
6. 试以实例说明如何从现实处境中提炼出适合自身发展的旅游形象。
7. 查阅资料,试以国内外某一旅游地为例,分析其某一阶段旅游营销策划的经验与得失。
8. 试分析如何利用新媒体实现民宿营销的突破。

第八章

旅游项目投资估算

学习导引

在旅游策划中,项目的投资估算是进行经济效益分析的前提条件,也是在策划阶段对项目投资总额进行初步控制的重要参考指标。需要引起注意的是,目前不少旅游策划中投资估算部分未按照国家相关要求进行编制,且未达到相应的深度,造成后期在规划设计和工程设计阶段前后出入较大,失去了该部分应有的参考和指导作用。本章严格按照国家相关政策和法规要求,对投资估算进行了全面介绍,并对在旅游项目策划投资估算中遇到的一些新课题,如国民经济评价、土地机会成本计算等进行了案例说明。

学习重点

1. 投资估算
2. 国民经济分析
3. 土地机会成本

第一节 投资估算概念及其内容

一、投资估算的范围与内容

投资估算是在对项目的建设规模、技术方案、设备方案、工程方案及项目进度计划等进行研究并初步确定的基础上,估算项目投入总资金(包括建设投资和流动资金),并测算建设期内分年资金需要量的过程。

进行投资估算,首先要明确投资估算的范围。投资估算的范围应与项目建设方案设计确定的研究范围和各单项工程内容一致。

按照《投资项目可行性研究指南》的划分,项目投入总资金由建设投资(含建设期利息)和流动资金两项构成。投资估算时,需对不含建设期利息的建设投资、建设期利息和流动资金各项内容分别进行估算。

投资估算的具体内容包括建筑工程费、设备及工器具购置费、安装工程费、工程建设其他费用、基本预备费、涨价预备费、建设期利息、流动资金。其中,建筑工程费、设备及工器具购置费、安装工程费和建设期利息在项目交付使用后形成固定资产。预备费一般也按形成固定资产考虑。按照有关规定,工程建设其他费用将分别形成固定资产、无形资产和其他资产。

在上述构成中,前六项构成不含建设期利息的建设投资,再加上第七项建设期利息,就称为建设投资。建设投资部分又可分为静态投资和动态投资两部分。静态投资部分由建筑工程费、设备及工器具购置费、安装工程费、工程建设其他费用、基本预备费构成;动态投资部分由涨价预备费和建设期利息构成。

二、投资估算的深度与要求

投资项目前期工作可以概括为机会研究、初步可行性研究(项目建议书)、可行性研究、评估四个阶段。由于不同阶段工作深度和掌握的资料不同,投资估算的准确程度也就不同。因此,在前期工作的不同阶段,允许投资估算的深度和准确度不同。随着工作的进展,项目条件的逐步明确和细化,投资估算会不断深入,准确度会逐步提高,从而对项目投资起到有效的控制作用。项目前期不同阶段对投资估算的允许误差率见表 8-1。

表 8-1 投资项目的前期各阶段对投资估算误差的要求

序号	投资项目前期阶段	投资估算的误差率
1	机会研究阶段	±30%以内
2	初步可行性研究(项目建议书)阶段	±20%以内
3	可行性研究阶段	±10%以内
4	评估阶段	±10%以内

尽管允许存在一定的误差,但是投资估算必须达到以下要求。

（1）工程内容和费用构成齐全，计算合理，不重复计算，不提高或者降低估算标准，不高估冒险或漏项少算。

（2）选用指标与具体工程之间存在标准或者条件差异时，应进行必要的换算或者调整。

（3）投资估算精度应能满足投资项目前期不同阶段的要求。

三、投资估算的依据与作用

（一）建设投资估算的基础资料与依据

建设投资估算应做到方法科学，基础资料完整，依据充分。建设投资估算的基础资料与依据主要包括以下几个方面。

（1）专门机构发布的建设工程造价费用构成、估算指标、计算方法，以及其他有关工程造价的文件。

（2）专门机构发布的工程建设其他费用估算办法和费用标准，以及政府部门发布的物价指数。

（3）拟建项目各单项工程的建设内容及工程量。

（二）投资估算的作用

1. 投资估算是投资项目建设前期的重要环节

投资估算是投资项目建设前期工作中制定融资方案、进行经济评价的基础，以及其后编制初步设计概算的依据。因此，按照项目建设前期不同阶段要求的内容和深度，完整、准确地进行投资估算是项目决策分析与评价阶段必不可少的重要工作。

在项目机会研究和初步可行性研究阶段，虽然对投资估算的准确度要求相对较低，但投资估算仍然是该阶段的一项重要工作。投资估算完成之后才有可能进行资金筹措方案设想和经济效益的初步评价。

在可行性研究阶段，投资估算的准确与否，以及是否符合工程实际，不仅决定着能否正确评价项目的可行性，同时也决定着融资方案设计的基础是否可靠，因此，投资估算是项目可行性研究报告的关键内容之一。

2. 满足工程设计招标及建筑方案设计竞选的需要

在工程设计投标书中，除了包括方案设计的图文说明以外，还应包括工程的投资估算。在城市建筑方案设计竞选过程中，咨询单位编制的竞选文件也应包括投资估算，合理的投资估算也是满足工程招标及建筑方案设计竞选的需要。

第二节　分类投资估算

一、建设投资（不含建设期利息）估算

（一）估算步骤

建设投资（不含建设期利息）估算步骤如下。

(1) 分别估算各单项工程需要的建筑工程费、设备及工器具购置费和安装工程费。
(2) 在汇总各单项工程费用的基础上估算工程建设其他费用。
(3) 估算基本预备和涨价预备费。
(4) 加和求得建设投资(不含建设期利息)总额。

（二）建筑工程费估算

1. 估算内容

建筑工程费是指为建造永久性建筑物和构筑物需要的费用,包括以下几部分内容。

(1) 各类房屋建筑工程和列入房屋建筑工程预算的供水、供暖、卫生、通风、煤气等设备费用及其装设、油饰工程的费用,列入建筑工程预算的各种管道、电力和电缆敷设工程的费用。

(2) 设备基础、支柱、工作台、烟囱、水塔、水池、灰塔等建筑工程以及各种窑炉的砌筑工程和金属结构工程的费用。

(3) 为施工而进行的场地平整,原有建筑物和障碍物的拆除,以及施工临时用水、电、气、路和完工后的场地清理,环境绿化、美化等工作的费用。

(4) 矿井开凿、井巷延伸、露天矿剥离,石油、天然气钻井,修建铁路、公路、桥梁、水库、堤坝、灌渠及防洪等工程的费用。

2. 估算方法

建筑工程费的估算方法有建筑工程投资估算法(以单位建筑工程量投资乘以建筑工程总量)、单位实物工程量投资估算法(以单位实物工程量投资乘以实物工程总量)和概算指标投资估算法。前两种方法比较简单,后一种方法要以较详细的工程资料为基础,工作量较大,可根据具体条件和要求选用。

（三）设备及工器具购置费估算

设备及工器具购置费由设备购置费和工具、器具及生产家具购置费组成。在生产性工程建设中,设备及工器具购置费用占建设投资比重的增大,意味着生产技术进步和资本有机构成的提高。

1. 设备购置费

设备购置费是指为投资项目而购置或自制的达到固定资产标准的各种国产或进口设备、工具、器具的购置费用。它由设备原价和设备运杂费构成。

设备原价指国产设备或进口设备的原价;设备运杂费指除设备原价之外的设备采购、运输、途中包装及仓库保管等方面支出费用的总和。

(1) 国产设备原价的构成及计算。

国产设备原价一般指设备制造厂的交货价,即出厂价或订货合同价。国产设备原价分为国产标准设备原价和国产非标准设备原价。

国产标准设备是指按照主管部门颁布的标准图纸和技术要求,由我国设备生产厂批量生产的,符合国家质量检测标准的设备。有的国产标准设备原价有两种,即带有备件的原价和不带备件的原价。在计算时,一般采用带有备件的原价。国产标准设备原价可通过查询相关价格目录或向设备生产厂家询价得到。

国产非标准设备是指国家尚无定型标准,各设备生产厂不可能在工艺过程中采用批量生产,只能按一次订货,并根据具体的设计图纸制造的设备。非标准设备原价有多种不同的计算方法,如成本计算估价法、系列设备插入估价法、分部组合估价法、定额估价法等。但无论采用哪种方法都应该使非标准设备计价接近实际出厂价,并且计算方法要简便。按成本计算估价法,非标准设备的原价由材料费、加工费、辅助材料费(简称辅材费,包括焊接、焊丝、氧气、氩气、氮气、油漆、电石等费用)、专用工具费、废品损失费、外购配套件费(按设备规定的设计费收费标准计算)各项组成。

实践中也可采用有关单位公布的参考价格(元/吨),根据设备类型、吨位、材质、规格等要求选用。

(2) 进口设备购置费的构成及计算。

进口设备购置费由进口设备货价、进口从属费用及国内运杂费组成。

进口设备货价按交货地点和方式的不同,分为离岸价(FOB)与到岸价(CIF)两种价格。进口从属费用包括国外运费、国外运输保险费、进口关税、进口环节增值税、外贸手续费、银行财务费和海关监管手续费(减免税时计算海关监管手续费)。国内运杂费包括运输费、装卸费、运输保险费和其他杂费等。

进口设备按离岸价计价时,应计算设备运抵我国口岸的国外运费和国外运输保险费,得出到岸价。计算公式为:

$$进口设备到岸价 = 离岸价 + 国外运费 + 国外运输保险费$$

其中,　　　国外运费 = 离岸价 × 运费率 或 国外运费 = 单位运价 × 运量

$$国外运输保险费 = (离岸价 + 国外运费) × 国外保险费率$$

进口设备的其他几项从属费用通常按下面公式估算:

$$进口关税 = 进口设备到岸价 × 人民币外汇牌价 × 进口关税率$$

$$进口环节增值税 = (进口设备到岸价 × 人民币外汇牌价 + 进口关税 + 消费税) × 增值税率$$

$$外贸手续费 = 进口设备到岸价 × 人民币外汇牌价 × 外贸手续费率$$

$$银行财务费 = 进口设备到岸价 × 人民币外汇牌价 × 银行财务费率$$

$$海关监管手续费 = 进口设备到岸价 × 人民币外汇牌价 × 海关监管手续费率$$

海关监管手续费是指海关对发生减免进口税或实行保税的进口设备,实施监管和提供服务收取的手续费。全额征收关税的设备,不收取海关监管手续费。

进口设备国内运杂费按运输方式,根据运量或者设备费金额估算。

(3) 设备运杂费的构成。

设备运杂费通常由下列各项构成。

①运费和装卸费。国产设备由设备制造厂交货地点起至工地仓库(或施工组织设计指定需要安装设备的堆放地点)止发生的运费和装卸费;进口设备则由我国到岸港口或边境车站起至工地仓库(或施工组织设计指定需安装设备的堆放地点)止发生的运费和装卸费。

②包装费。在设备原价中未包含的、为运输而进行的包装支出的各种费用。

③设备供销部门的手续费。按有关部门规定的统一费率计算。

④采购与仓库保管费。指采购、验收、保管和收发设备发生的各种费用,包括设备采购人员、保管人员和管理人员的工资、工资附加费、办公费、差旅交通费,设备供应部门办公和

仓库所占固定资产使用费、工具用具使用费、劳动保护费、检验试验费等。这些费用可按主管部门规定的采购与保管费费率计算。

(4) 设备费估算表。

设备估价后,应编制设备购置费估算表。国内设备购置费估算表参考格式见表8-2,进口设备购置费估算表参考格式见表8-3。

表8-2 国内设备购置费估算表

序号	设备名称	型号规格	单位	数量	设备购置费		
					出厂价(元)	运杂费(元)	总价(万元)
	A						
	B						
	合计						

备注:项目决策分析与评价阶段,根据投资估算的深度要求,也允许仅列出主要设备表,且运杂费的估算可以按单项工程分别估算。

表8-3 进口设备购置费估算表　　　　　　　　　　（单位:万元或万美元）

序号	设备名称	台套数	国外运费	国外运输保险费	到岸价	进口价	进口关税	消费税	增值税	外贸手续费	银行财务费	海关监管手续费	国内运杂费	设备购置费总价
	A													
	B													
	合计													

备注:项目决策分析与评价阶段,根据投资估算的深度要求,也允许仅列出主要设备表,且从属费用和国内运杂费的估算可以按单项工程分别估算。

2. 工具、器具及生产家具购置费的构成及计算

工具、器具及生产家具购置费是指按照有关规定,为保证新建或扩建项目初期正常生产必须购置的没有达到固定资产标准的设备、仪器、工卡模具、器具、生产家具等购置费用。一般以设备购置费为计算基数,按照部门或行业规定的工具、器具及生产家具费率计算。

(四) 安装工程费估算

需要安装的设备应估算安装工程费,安装工程费内容一般包括以下内容。

(1) 生产、动力、起重、运输、传动和医疗、实验等各种需要安装的机械设备装配费用,与设备相连的工作台、梯子、栏杆等装设工程费用,附属于被安装设备的管线敷设工程费用,以及被安装设备的绝缘、防腐、保温、油漆等工作的材料费和安装费。

(2) 为测定安装工程质量,对单台设备进行单机试运转、对系统设备进行系统联动无负荷试运转工作的调试费。

投资估算中安装工程费通常根据行业或专门机构发布的安装工程定额、取费标准综合的大指标估算。具体计算可按安装费率(以设备原价为基数)、每吨设备安装费(以设备吨位

为基数)或者每单位安装实物工程量的费用(以安装实物工程量为基数)分类估算。附属管道量大的行业,有的要求单独估算管道工程费用,并单独列出主材费用。

项目决策分析与评价阶段,根据投资估算的深度要求,也允许安装费用按单项工程分别估算。

(五)汇总各单项工程费用

在按照上述内容与方法分别估算各单项工程建筑工程费、设备及工器具购置费和安装工程费的基础上,汇总形成各单项工程费用。然后将各单项工程费用分门别类加和,得到投资项目的工程费用。根据需要,大型项目还可能需要列出主要的单项工程投资估算表。

(六)工程建设其他费用估算

工程建设其他费用是指建设投资中除建筑工程费、设备及工器具购置费、安装工程费以外必须花费的其他费用。

工程建设其他费应按国家有关部门或行业规定的内容、计算方法和费率或取费标准分项估算,具体估算方法参见《现代咨询方法与实务》。按各项费用科目的费率或者取费标准估算后,应编制工程建设其他费用估算表,见表8-4。

表8-4 工程建设其他费用估算表　　　　　　　　　　(单位:万元或万美元)

序号	费用名称	计算依据	费率或标准	总价
1	土地使用费			
2	建设单位管理费			
3	前期工作费			
4	勘察设计费			
5	研究试验费			
6	建设单位临时设施费			
7	工程建设监理费			
8	工程保险费			
9	引进技术和进口设备其他费用			
10	联合试运转费			
11	生产职工培训费			
12	办公及生活家具购置费			
合计				

备注:表中所列费用科目,仅供估算工程建设其他费用参考。项目的其他费用科目,应根据有关规定及拟建项目的具体情况确定。

(七)基本预备费估算

基本预备费是指在项目实施中可能发生难以预料的支出,需要事先预留的费用,又称工程建设不可预见费,主要指设计变更及施工过程中可能增加工程量的费用。一般由下列三项内容构成。

（1）在批准的设计范围内，技术设计、施工图设计及施工过程中增加的工程费用；设计变更、工程变更、材料代用、局部地基处理等增加的费用。

（2）一般自然灾害造成的损失和预防自然灾害采取措施的费用。

（3）竣工验收时为鉴定工程质量对隐蔽工程进行必要的挖掘和修复费用。

基本预备费按工程费用（即建筑工程费、设备及工器具购置费和安装工程费之和）和工程建设其他费用两者之和乘以基本预备费的费率计算。

基本预备费＝（建筑工程费＋工程建设其他费用）×基本预备费率

（八）涨价预备费估算

涨价预备费是对建设工期较长的项目，由于在建设期内可能发生材料、设备、人工等价格上涨引起投资增加，需要事先预留的费用，亦称价格变动不可预见费。涨价预备费以建设工程费、设备及工器具购置费、安装工程费之和为计算基数。计算公式为：

$$P_C = \sum_{t=1}^{n} I_t [(1+f)^t - 1]$$

式中，P_C 为涨价预备费；I_t 为第 t 年的工程费用；f 为建设期价格上涨指数；n 为建设期。

对于建设期价格上涨指数，政府部门有规定的按规定执行，没有规定的由工程咨询人员合理预测。

（九）汇总编制建设投资（不含建设期利息）估算表

上述各项费用估算完毕后应编制建设投资（不含建设期利息）估算表，并对项目建设投资（不含建设期利息）的构成和各类工程、其他费用及预备费占建设投资（不含建设期利息）比例的合理性、单位生产能力（或使用效益）投资指标的先进性进行分析。

表格格式或依行业有所不同，制造业项目的参考格式见表8-5。

表8-5　建设投资（不含建设期利息）估算表　　　　（单位：万元或万美元）

序号、工程或费用名称	建筑工程费	设备及工器具购置费	安装工程费	其他费用	合计	其中：外汇	投资比例（％）
工程费用							
主要生产项目							
×××							
…							
辅助生产项目							
×××							
…							
公用工程项目							
×××							
…							

续表

序号、工程或费用名称	建筑工程费	设备及工器具购置费	安装工程费	其他费用	合计	其中：外汇	投资比例(%)
服务性工程项目 ××× …							
厂外工程项目 ××× …							
工程建设其他费用 ××× …							
预备费							
基本预备费							
涨价预备费							
建设投资（不含建设期利息）合计							100%
投资比例							

备注：投资比例分别指各主要科目的费用（包括横向、纵向）占建设投资（不含建设期利息）的比例。

二、建设期利息的估算

建设期利息是指项目借款在建设期内发生并应计入固定资产原值的利息。建设期利息是在完成的建设投资（不含建设期利息）估算和分年投资计划基础上，根据筹资方式（银行贷款、企业债券）、金额及筹资费率（银行贷款利率、企业债券发行手续费率）等进行计算。建设期利息的计算方法如下。

1. 借款额在各年年初发生

各年利息＝（上一年为止借款本息累计＋本年借款额）×年利率

2. 借款额在各年年内均衡发生

借款是按季度、月份平均发生，为了简化计算，通常假设借款均在每年的年中支用，借款第一年按半年计息，其余各年份按全年计息，此时借款利息的计算公式如下：

各年应计利息＝（上一年年末借款本息累计＋本年借款额/2）×年利率（按复利计算）

或

各年应计利息＝（上一年年末借款本息累计＋本年借款额/2）×年利率（按单利计算）

在投资项目决策分析与评价阶段，一般采用借款额在各年年内均衡发生的方法估算建设利息。

三、流动资金估算

流动资金是指项目投产后,为进行正常生产运营,用于购买原材料、燃料,支付工资及其他经营费用等必不可少的周转资金。它是伴随着固定资产投资而发生的永久性流动资产投资。等于项目投资运营后所需全部流动资产扣除流动负债后的余额。项目决策分析评价中,流动资产主要考虑应收账款、现金和存货;流动负债主要考虑应付账款。由此看出,这里解释的流动资金的概念,实际上就是投资项目必须准备的最基本的运营资金。流动资金估算一般采用分项详细估算法,项目决策分析与评价的初期阶段或者小型项目可采用扩大指标估算法。

(一)分项详细估算法

分项详细估算法是对构成流动资金的各项流动资产和流动负债逐项并分年进行估算。

$$流动资金＝流动资产－流动负债$$
$$流动资产＝应收账款＋存货＋现金$$
$$流动资金本年增加额＝本年流动资金－上年流动资金$$

根据流动资金各项估算的结果,编制流动资金估算表,见表8-6。

表 8-6　流动资金估算表　　　　　　　　　（单位:万元）

序号	项目	最低周转天数	周转次数	生产期					
				3	4	5	6	…	n
1	流动资产								
1.1	应收账款								
1.2	存货								
1.2.1	原材料								
	×××								
	×××								
	…								
1.2.2	燃料								
	×××								
	×××								
	…								
1.2.3	在产品								
1.2.4	在成品								
1.3	现金								
2	流动负债								
2.1	应付账款								
3	流动资金(1－2)								
4	流动资金本年增加额								

(二) 扩大指标估算法

扩大指标估算法是按照流动资金占某种基数的比率来估算流动资金。一般常采用的基数有销售收入、经营成本、总成本费用和建设投资等,究竟采用何种基数,依行业习惯而定。采用的比率根据经验确定,或根据现有同类企业实际资料确定,或依行业、部门给定的参考值确定。扩大指标估算法简便易行,但准确度不高,适用于项目建议书阶段流动资金的估算。

1. 产值(销售收入)资金率估算法

流动资金额＝年产值(年销售收入额)×产值(销售收入)资金率

2. 经营成本(或总成本费用)资金率估算法

经营成本是一个反映物质、劳动消耗和技术水平、生产管理水平的综合指标。

流动资金额＝年经营成本(年总成本)×经营成本资金率(总成本资金率)

(三) 流动资金估算应注意以下问题

在采用分项详细估算法时,需要分别确定现金、应收账款、存货和应付账款的最低周转天数。在确定周转天数时要根据实际情况,并考虑一定的保险系数。对于存货中的外购原材料、燃料要根据不同品种和来源,考虑运输方式和运输距离等因素。

不同生产负荷下的流动资金是按照相应负荷时各项费用金额和给定公式计算出来的,而不能按100%负荷下的流动资金乘以负荷百分数求得。

第三节 项目投入总资金与分期投资计划

一、项目投入总资金

按投资估算内容和估算方法估算上述各项投资并进行汇总,编制项目投入总资金估算汇总表,见表8-7。

表8-7 项目投入总资金估算汇总表　　　　　　(单位:万元或万美元)

序号	费用名称	投资额 合计	其中:外汇	估算说明
1	建设投资			
1.1	建设投资静态部分			
1.1.1	建筑工程费			
1.1.2	设备及工器具购置费			
1.1.3	安装工程费			
1.1.4	工程建设其他费用			
1.1.5	基本预备费			
1.2	建设投资动态部分			

续表

序号	费用名称	投资额		估算说明
		合计	其中:外汇	
1.2.1	涨价预备费			
1.2.2	建设期利息			
2	流动资金			
3	项目投入总资金(1+2)			

二、分年投资计划

估算出项目建设投资(不含建设期利息)、建设期利息和流动资金后,应根据项目计划进度安排,编制分年投资计划表,见表 8-8。该表中的分年建设投资(不含建设期利息)可以作为安排融资计划、估算建设期利息的基础。由此估算的建设期利息列入该表。流动资金本来就是分年估算的,可由流动估算表转入。分年投资计划表是编制项目资金筹措计划表的基础,实践中往往将二者合一,称为"投资使用与资金筹措计划表"。

表 8-8 分年投资计划表 （单位:万元或万美元）

序号	项目	人民币			外汇		
		第一年	第二年	…	第一年	第二年	…
1	建设投资(不含建设期利息)						
2	建设期利息						
3	流动资金						
4	项目投入总资金(1+2+3)						

第四节 土地国民经济费用的计算方法

我国土地分为城市土地和农村土地。城市土地包括市区内的土地、城市郊区的土地,可采用市场价格测定影子价格。

农村土地按照机会成本法测定影子价格。下面主要介绍投资项目使用农村土地的国民经济费用计算方法。

土地的国民经济费用＝土地机会成本＋新增资源消耗

土地机会成本按照投资项目占用土地而使国家为此损失该土地"最佳可替代用途"的净国民经济效益计算。其计算公式为:

$$OC = NB_0 \times (1+g)^{t+1} \times \frac{1-(1+g)^n(1+i)^{-n}}{i-g} (i \neq g)$$

式中,OC 为土地机会成本;n 为项目占用土地的期限;NB_0 为基年土地的"最佳可替代用途"的单位面积净效益;t 为净效益计算基年距项目开工年的年数;g 为土地的"最佳可替代用途"的年平均效益增长率；i 为社会折现率。

新增资源消耗主要包括拆迁费和人口安置费用。

三通一平等土地开发费用通常在投资项目的工程费用中列支，在国民经济评价中另行测算。

在投资项目评价中，土地的影子价格可以以财务评价中土地的征地费用为基础进行调整计算。一般情况下，按国民经济评价费用与效益划分原则，投资项目的实际支付征地费可以划分为三部分，分别按照不同的方法调整。

（1）属于机会成本性质的国民经济费用，如土地补偿费、青苗补偿费等，按照机会成本计算方法调整计算。

（2）属于新增资源消耗的国民经济费用，如拆迁费、剩余劳动力安置费、养老保险费等，按影子价格调整计算。

（3）属于转移支付的，如粮食开发基金、耕地占用税等，应予以剔除。

本章小结

投资估算是旅游策划的必要环节。旅游项目的投资估算在项目的风险管控、政策支持、发展方向上具有重要意义。本章从投资估算的概念与内容、建设投资估算、项目投入总额估算等方面进行了梳理，为读者提供了旅游项目投资估算的基本理论与模式。

思考与练习

1. 投资估算的概念及其构成是什么？
2. 在旅游项目策划阶段，投资估算应该达到什么深度？
3. 在投资估算中，基本预备费和涨价预备费的区别和联系在哪里？

第九章

旅游项目管理

学习导引

本章针对旅游行业的实际需要,重点介绍了项目时间管理的方法、项目成本管理的方法、项目质量管理的方法和项目风险管理的方法,从中可以理解旅游行业的项目实施管理。

学习重点

1. 旅游项目管理的基本理论
2. 项目时间管理
3. 项目成本管理
4. 项目质量管理
5. 项目风险管理

第一节　旅游项目管理概述

一、旅游项目管理的含义和特点

从字面上理解,旅游项目管理就是"以旅游项目为对象的管理"。按照美国项目管理学会(Project Management Institute,PMI)的定义,项目管理就是把知识、技能、工具和技术应用到项目各项活动之中,以满足或超出项目关系人的要求和期望。通俗地讲,旅游项目管理就是在时间、成本、质量等指标的限制条件下,尽可能高效率地完成项目任务,在旅游项目完成的过程中,提高项目团队成员的工作效率。旅游项目管理具有以下基本特点。

(一)旅游项目管理具有复杂性

旅游项目一般由多个部分组成,工作跨越多个部门或机构,需要运用多种学科的知识来解决问题;项目工作通常没有或很少有可以借鉴的经验;项目实施中有很多不确定性因素和风险;项目团队往往由来自不同组织,具有不同背景和经验的人员组成,管理上难度较大等。这些因素都决定了项目管理是一项复杂的工作。

(二)旅游项目管理具有探索性

因为项目的唯一性和独特性,项目管理必然要承担风险,勇于探索,发挥创造力才能成功。这也是它与一般重复性管理的主要区别。但是,随着旅游项目管理实践和理论的发展,项目管理逐渐形成一整套管理方法体系。

(三)旅游项目管理涉及诸多关系人

旅游项目关系人有时又被称为相关利益者,它是指旅游项目涉及的或受旅游项目影响的一些个人和组织,他们积极地参与到旅游项目之中,他们的利益由于旅游项目的实施或完成而受到正面或负面的影响,同时,他们反过来也可以对旅游项目及其结果施加影响。旅游项目关系人包括项目经理、客户、项目执行组织、项目团队成员、项目发起人和供货商、承包商等其他项目关系人。

(四)旅游项目管理需要更多协调与沟通

旅游项目的复杂性随着范围不同而变化很大。旅游项目越大越复杂,其涉及的学科、技术、知识和技能等要求也越高。旅游项目进行过程中常常需要内部和外部多个部门的配合,要求这些组织、部门迅速做出反应。在这种情况下,对项目经理的要求就更多地体现在协调资源和人员沟通方面。

(五)旅游项目管理有其生命周期

旅游项目生命周期用于定义一个项目的开始和结束。旅游项目生命周期不同于项目全生命周期。旅游项目全生命周期包括项目的建设、使用和最终处理的全过程,包含了一般意义上的项目生命周期和项目产出物的生命周期两个部分。而旅游项目生命周期只是指项目全生命周期的开发阶段和建设阶段,一旦项目目标完成,项目就失去其存在的意义而解体。

因此,旅游项目管理具有一种可预知的生命周期。

(六)项目经理在旅游项目管理中起着非常重要的作用

项目经理的位置是因特殊需要而形成的,项目经理除了要行使一般职能经理的职能外,还必须了解、利用项目管理的专业知识、技能、工具和技巧去解决项目中的突发事件和各种矛盾等。许多学者都承认项目经理是项目管理的核心与灵魂,也是项目能否成功的一个关键因素。

二、旅游项目管理的知识体系

项目管理知识体系(Project Management Body Of Knowledge,PMBOK)是一个专有名词,由美国项目管理学会(PMI)提出,并以模块的方式逐渐完善。项目管理知识体系是项目管理学科的主体,它描述了项目管理的专业知识。PMI把项目管理分为九大知识领域,分别是项目范围管理、项目时间管理、项目成本管理、项目质量管理、项目人力资源管理、项目沟通管理、项目风险管理、项目采购管理和项目集成管理。

(一)项目范围管理

项目范围是指为了成功达到项目的目标而规定项目要做的内容。确定项目范围就是为项目界定一个界限,划定哪些方面是属于项目应该做的,而哪些是不应该包括在项目之内的;定义项目管理的工作边界,确定项目目标和主要的项目可交付成果。

正确地确定项目范围对项目的成功非常重要。如果项目的范围确定得不好,有可能造成最终项目费用的提高,推延项目完成时间,降低劳动生产率。项目范围管理的主要过程包括以下几个方面。

1. 启动

它是指组织正式开始一个项目或项目阶段,并且有意进行下去的过程。启动过程的输出就是项目章程。项目章程是一个重要的文档,这个文件正式承认了项目的存在并对项目提供一个概览。

2. 制订范围计划

制订范围计划是编写正式项目范围说明的过程,也就是项目范围逐步明晰并归档的过程。一份正式的范围说明对项目及其子项目都是必要的。范围说明通过确定项目目标和主要的项目可交付成果,为项目队伍与项目顾客间达成协议奠定了基础。

3. 范围定义

它把主要的项目可交付成果分解成较小的且更易管理控制的单个项目。项目范围定义的结果就是项目的分解结构。分解结构对项目来说意义非常重大,它使原来看起来非常笼统、模糊的项目目标一下子清晰起来,使项目管理有了依据,项目团队的工作目标变得清楚明了。

4. 范围变更控制

一个项目的范围计划可能制订得非常好,但是不出现任何改变的情况几乎是不可能的。范围变更控制是指对有关项目范围的变更实施控制,它包括对造成范围变更的因素施加影响,以确保这些变更得到一致认可;确定范围变更是否已经发生;当范围变更发生时,对实际

的变更进行管理。范围变更控制的全过程应当与其他控制过程结合起来,如风险控制、成本控制、质量控制等。

5. 范围核实

范围核实是项目关系人(发起人、客户和顾客等)正式接受项目的过程。项目关系人(发起人、客户和顾客等)可以通过检查的方式(测量、检验和测试等)来核实项目工作的完成情况,从而决定是否接受项目。范围核实的内容包括审查交付成果和工作结果,范围核实的标准为项目的工作分解结构和范围说明。

(二)项目时间管理

项目时间管理又叫项目工期管理,也被称为项目进度管理。项目时间管理包括确保项目准时完成必需的一系列管理过程与活动。其中主要有界定和确认项目活动的具体内容、项目活动内容的排序、估算工期、制订项目进度计划、项目进度的管理与控制等。详细内容见本章第二节。

(三)项目成本管理

项目成本管理是为了保证完成项目的实际成本和费用不超过预算成本和费用的管理过程。它主要包括资源计划、成本估算、成本预算、成本控制和成本预测。详细内容见本章第三节。

(四)项目质量管理

项目质量管理是为了保障项目产出物能够达到客户规定的质量要求,所开展的对项目产出物质量和项目工作质量的全面管理工作。项目质量管理的基本内容包括项目质量方针的确定、项目质量目标和质量责任的制定、项目质量体系的建设以及为实现项目质量目标开展的项目质量计划、项目质量控制和项目质量保障等一系列的质量管理工作。详细内容见本章第四节。

(五)项目人力资源管理

项目人力资源管理,是为了保证所有项目团队成员的能力和积极性都得到最有效发挥和利用而做的一系列管理措施。这种管理的根本目的是充分发挥项目团队成员的主观能动性,以实现既定的项目目标和提高项目效益。项目人力资源管理主要包括以下三个方面。

1. 组织规划编制

项目组织规划编制是项目人力资源管理的首要任务。项目组织规划是项目整体人力资源的计划和安排,是按照项目目标分析和预测,给出项目人力资源在数量上、质量上的明确要求、具体安排和打算。项目组织规划的具体工作包括项目组织设计、项目组织职务与岗位分析和项目组织中职务与岗位的工作设计。

(1)项目组织设计。

项目组织设计主要是根据项目的具体任务需要,如项目工作分解结构,设计出项目组织的具体组织结构,如项目组织分解结构。项目组织分解结构描述了一个项目组织中的权利传递和信息沟通关系。

(2)项目组织职务与岗位分析。

项目组织职务与岗位分析主要是通过分析确定项目组织中各个业务和管理职务的角

色、任务、职责的一种专门的组织规划与设计工作。职务与岗位分析的结果最终形成了一系列有关项目组织职务或岗位的工作描述和任职要求说明文件。

(3) 项目组织中职务与岗位的工作设计。

项目组织中职务与岗位的工作设计是指为有效地实现项目目标和满足项目工作者个人需求而开展的一种有关项目工作内容、工作职能和工作关系的设计工作。项目组织中职务与岗位的工作设计和职务与岗位分析是既有联系又有区别的两个概念。职务与岗位分析是对项目组织职务或岗位的客观描述,而工作设计则是对各个职务或岗位工作内容、工作方法和工作关系的设计和确定。工作设计需要利用职务与岗位分析所得的信息,做出各项目职务或岗位工作任务的规定。

2. 项目人员的获得和配备

项目人员的获得与配备是项目人力资源管理的重要任务。项目组织通过招聘或其他方式获得项目所需的人力资源,并根据所获人力资源的技能、素质、经验、知识等进行工作分配,从而构建一个成功的项目组织或团队。在大多数情况下,不一定能得到"最好"的资源,但项目队伍必须注意确保获得的资源能满足项目需要。

3. 项目团队的建设

项目团队建设是在组建项目团队以后开展的项目团队各种建设与开发的工作。这项工作的主要内容包括项目团队精神的建设、项目团队绩效的提高、项目团队工作纠纷与冲突的处理和解决,以及项目团队沟通和协调等。该项工作是贯穿项目全过程的一项日常人力资源管理工作,它需要针对具体的项目、具体的项目团队、具体的团队成员去开展实际有效的管理工作。

(六) 项目沟通管理

项目沟通管理是为了确保项目信息合理收集和传输所需要实施的一系列措施。项目沟通管理提供了项目成功必需的人、思想和信息之间的重要联系。项目沟通管理主要包括以下几个方面。

1. 沟通计划编制

沟通计划的编制确定了项目关系人的信息和沟通需求,即确定何人在何时需要何种信息,以及如何将信息提供给他们。虽然所有项目都需要进行项目信息沟通,但需要的信息和发布的方法差别甚远。识别项目关系人的信息需求,并选择一套适用的方法满足这些需求是项目成功的一个重要因素。在大多数项目中,沟通计划编制大部分工作是在项目早期阶段完成。但是,该过程的结果在项目的全过程中应接受定期审查,并根据需要修正,以保证持续适用性。

2. 信息处理和沟通的实施

执行沟通管理计划,对项目过程中产生的信息进行合理收集、储存、检索、分析和分发,以保证项目生命期内的有效决策和沟通,对始料不及的信息需求及时采取应对措施。

建立和保持项目关系人之间正式或非正式的沟通网络,以保证项目生命期内各层次成员之间的有效沟通,使项目所有相关人士对项目的实施情况有清晰的了解和达成共同的认识,互相之间的矛盾和冲突能及时得到解决或缓解。

3. 绩效报告

绩效报告涉及绩效信息的收集和发布,以便向项目关系人提供有关资源如何利用并完成项目目标的信息。绩效报告一般应提供关于范围、进度计划、成本和质量的信息。许多项目还要求包括关于风险和采购的信息。报告可以是综合的,也可以是以特殊报告为基础的。

(七)项目风险管理

由于项目实现过程是一个复杂的、创新的、一次性的过程。因此这个过程存在很大的不确定性,即各种各样的风险,项目管理人员必须充分认识与管理有关的不确定因素,才能使项目得以成功实施。项目风险管理就是对项目风险进行识别、度量、应对和控制的系统过程。详细内容见本章第五节。

(八)项目采购管理

项目采购管理是为了从项目实施组织之外获得所需资源或服务采取的一系列管理措施。项目采购管理是从买方和卖方关系中买方的角度进行讨论的。在项目的许多层次上都存在买方与卖方关系,根据应用领域的不同,卖方可以是供应商或转包商等。项目采购管理主要包括以下几个方面。

1. 采购计划编制

采购计划编制是确定从项目组织外部采购哪些产品和服务才能够最好满足项目需求的过程。采购计划编制需要考虑的事项包括是否采购、怎样采购、采购什么、采购多少和何时采购。项目采购计划编制的最终结果是生成一系列的项目采购文件,主要包括项目采购计划、项目采购作业计划、项目采购标准、供应商评价标准等。

2. 开展询价工作

这是根据项目采购计划和项目采购作业计划规定的时间以及各种采购具体工作文件的要求,开展的寻找供应商的工作。这项工作要求向可能的供应商发出询价信,以及与他们交流项目具体所需资源的信息,并且考虑可能的供应商给出他们的报价,然后向可能的供应商发出邀请,请求他们响应。这是项目货物采购计划实施工作的第一步。

3. 供方选择

供方选择包括接受投标书或建议书及应用选择供应商的评价标准。在供方选择决策过程中,除了成本或价格因素以外,还需要评价许多其他因素,例如,供货时间、供货方的信誉、供货质量等。

4. 合同管理

合同管理是确保卖方履行合同要求的过程。对于具有多个产品和服务供应商的大型项目,合同管理的一个关键方面是管理好不同供应商或承包商的履约行为。这个过程尤其需要从法律的角度来规范各个供货商和组织之间的关系,明确义务与责任。在合同管理中,特别要注意财务方面的问题,诸如付款方式及期限等。

5. 合同终结

项目采购合同的当事双方在依照合同规定履行了全部义务之后,项目采购合同就可以终结了。项目采购合同的终结需要伴随一系列的项目采购合同终结管理工作。项目采购合同终结管理活动包括货物或劳务的检查与验收,项目合同及其管理的终止,更新项目采购合同的管理工作记录并将有用信息存入档案等。需要说明的是,项目采购合同的提前终止是合同终结的一种特殊情况。

（九）项目集成管理

项目集成管理是指为确保项目各项工作能够有机地协调和配合所开展的综合性和全局性的项目管理工作和过程。项目集成管理是保证项目各要素相互协调的过程,它需要在相互影响的项目目标和方案中做出平衡,以满足或超出项目关系人的需求和期望。项目集成管理包括项目集成计划的制订、项目集成计划的实施、项目变动的总体控制。项目集成管理过程与其他专项管理过程间是相互作用的,根据项目需要,每一过程都包含了一个或多个个人或团体的共同努力。

1. 项目集成计划的制订

项目集成计划的制订是审查其他过程的计划编制,并将其整合后建立一份连贯、一致的文档,以指导项目实施和项目控制。这个过程需要多次重复。

2. 项目集成计划的实施

在项目计划实施过程中,项目经理和项目管理队伍需要协调、管理存在于项目中的各种技术和组织接口。为了达到项目目标,应对组织内部不同层次管理人员对于项目某些方面或整个项目中相互矛盾的意见加以协调和控制。必要时可适当修改项目目标。

3. 项目变动的总体控制

项目管理过程中要对引起变更的各种内部、外部因素予以识别,确定变更是否已经发生。当变更发生时,确定是否必须对项目目标、计划、制度及合同等做出变更,如果有需要,则按事先设定的变更程序做出相应的变更。

第二节　旅游项目时间管理

合理地安排项目时间是旅游项目管理中的一项关键内容,它的目的是保证按时完成项目、合理分配资源、发挥最佳工作效率。

一、旅游项目时间管理的内容

（一）项目活动分解与界定

项目活动分解与界定是将项目工作分解为更小、更易管理的工作包,这些小的工作包也叫活动或任务,这些小的活动是保障完成交付产品的、并具有可实施性的详细措施。项目活动的分解和界定工作是项目时间管理中的一项重要内容。在项目实施中,要将所有活动列成一个明确的活动清单,并且让项目团队的每一个成员能够清楚有多少工作需要处理。

（二）活动排序

项目活动排序是指通过分析和确认项目活动清单中各项活动的相互关联与相互依赖关系,对项目各项活动的先后顺序进行合理安排与确定的一种项目时间管理工作。为了制订和管理项目时间计划,人们就必须科学合理地安排一个项目中各项活动的顺序关系,并依据

这些项目活动的顺序确定项目各种活动的路径,以及由这些项目活动路径所构成的项目活动网络。

（三）活动工期估算

项目活动工期估算是对已确定项目所做工期可能长度的估算工作,这包括对每项独立项目活动的时间估算和对整个项目工期的估算。这项工作通常由项目团队中对项目各种活动比较熟悉的项目计划人员完成。有时也可以由计算机项目管理信息系统计算,再由专家审查确认的方式得出。对一个项目活动所需时间的估算,通常需要考虑项目活动的作业时间、必要的休息时间、客观条件延误的时间和各种提前和滞后的时间要求。

（四）项目工期计划制订

项目工期计划制订是指根据项目活动分解与界定、项目活动排序、各项活动工期估算和项目所需资源情况全面开展项目工期计划的分析、编制与安排工作。项目工期计划意味着明确定义项目活动的开始和结束日期,这是一个反复确认的过程。项目工期计划中进度表的确定应根据项目网络图、估算的活动工期、资源需求、资源共享情况、项目执行的工作日历、进度限制、最早和最晚时间、风险管理计划、活动特征等统一考虑。进度限制是指根据活动排序考虑如何定义活动之间的进度关系。一般有两种形式:一种是加强日期形式,以活动之间前后关系限制活动进度,如一项活动不早于某活动的开始或不晚于某活动的结束;另一种是关键事件或主要里程碑形式,以定义为里程碑的事件作为要求时间进度的决定性因素,制订相应时间计划。

（五）进度控制

进度控制主要是监督进度的执行状况,及时发现和纠正偏差、错误。在控制中要考虑影响项目进度变化的因素、项目进度变更对其他部分的影响因素、进度表变更时应采取的实际措施。

二、旅游项目时间管理的方法

（一）项目活动分解与界定的方法

项目活动分解与界定的结果就是要给出一份包括所有项目具体活动的清单。具体方法如下。

1. 项目活动分解法

项目活动分解法是根据项目范围管理中的工作分解结构,通过进一步分解和细化项目工作中的各项任务,从而得到全部项目具体活动的一种结构化、层次化的项目活动分解与界定的方法。这种方法将项目范围管理中确认的项目工作包逐个地按照一定的层次结构分解成详细、具体和容易管理控制的一系列具体项目活动。这种项目活动分解法有助于完整地勾画出一个项目的所有具体活动。使用这种项目活动分解与界定的方法,最终得到项目各个工作包中所包含的项目具体活动。这种项目活动分解与界定的结果是为项目时间管理服务的,但是它所使用的方法、依据与项目范围管理中对项目目标和项目产出物分解得到项目工作分解结构的项目工作分解技术是相似的。

2. 项目活动分解平台法

项目活动分解平台法也叫原型法,它使用一个已完成项目的活动清单或者是一个已完成项目活动清单中的一部分作为新项目活动分解与界定的一个平台,然后根据新项目的各种具体要求和限制条件与假设前提条件,通过在选定平台上增减项目具体活动的方法,分解和定义出一个新项目的全部具体活动,从而得到一个新项目的活动清单。这种方法的优点是简单、快捷、明了,但是在使用该方法时,要特别注意项目对平台或原型的选用工作,避免由于所选平台或原型(已完成项目的活动清单)的缺陷,对新项目的活动分解与界定结果带来一些不良影响。

(二)项目活动排序的方法

通过项目活动排序确定出的项目活动关系,可以使用网络图或文字描述等方式给出。通常计划安排和描述项目活动顺序的主要方法有以下几种。

1. 顺序图法

顺序图法也叫节点网络图法,这是一种通过编制项目网络图而给出项目活动顺序安排的方法。这一方法使用节点表示一项项目活动,使用节点之间的箭线表示项目活动之间的相互关系。这种项目活动排序和描述的方法是大多数项目管理中所使用的方法。顺序图法既可以使用人工绘制,也可以使用计算机软件系统完成。例如,在一项新的旅游产品开发项目中,只有先完成了"消费者需求调查"之后才开始"新产品信息分析",然后再进行"新产品设计"。该项活动用顺序图表示,如图9-1所示。

图 9-1　用节点和箭线表示的项目活动顺序示意图

2. 箭线图法

箭线图法也是一种安排和描述项目活动顺序的网络图方法。只是这一方法使用箭线代表项目活动,使用节点代表项目活动之间的相互关系。箭线图法比顺序图法要复杂一些,所以这种方法没有顺序图法使用得广泛,但是在一些专门的应用领域项目中,它仍不失为一种可供选择的项目活动顺序安排与描述的方法。箭线图法同样既可以由人工完成,也可以使用计算机及其专用软件系统完成,如图9-2所示。

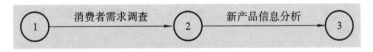

图 9-2　用箭线图法绘制的项目顺序示意图

(三)项目活动工期估算的方法

1. 专家评估法

专家评估法是由项目时间管理专家运用他们的经验和专长对项目活动工期做出估计和评价的方法。由于项目活动工期受许多因素的影响,所以在使用其他方法估算和推理有困难时就必须依赖专家的经验,因此专家评估法在很多情况下是有效的。

2. 类比法

类比法是以过去相似项目活动的实际活动工期为基础，通过类比的办法估算出新项目活动工期的一种方法。当一个新项目活动工期方面的信息有限时，多数情况下可以使用这种方法。但是这种方法的结果比较粗略，所以一般仅用于最初的项目活动工期估算。

3. 模拟法

模拟法以一定的假设条件和数据为前提，运用仿真办法进行项目活动工期估算。常见的这类方法有蒙特卡罗模拟、三角模拟等。这种方法既可以用来确定每项项目活动工期的统计分布，也可以用来确定整个项目工期的统计分布。其中，三角模拟法相对比较简单，这种方法的具体做法如下。

对于活动持续时间不确定的项目活动，可以通过仿真模拟给出一个项目活动的三个仿真模拟估计时间，即乐观时间（这是在非常顺利的情况下完成某项活动所需的时间）、最可能时间（这是在正常情况下完成某项活动最经常出现的时间）、悲观时间（这是在最不利情况下完成某项活动的时间）以及这三种时间所对应的发生概率。然后，使用这三种时间进行估计就能确定每项活动的期望（平均数或折中值）工期了。

（四）制订项目工期计划的方法

项目工期计划是项目专项计划中较重要的计划之一，这种计划的编制需要进行反复试算和综合平衡。项目工期计划编制所使用的主要方法有以下几种。

1. 系统分析法

系统分析法是通过计算所有项目活动的最早开始时间、最早结束时间、最晚开始时间和最晚结束时间以及浮动时间等参数，然后根据这些参数安排和编制项目工期计划的方法。这些时间参数的计算，要反映出对各个项目活动资源的需求和一些其他约束条件的考虑，以及对各种不确定因素的综合考虑。由于这种方法考虑了多种因素的系统性影响，所以它被称为系统分析法。

2. 模拟法

模拟法根据给定的一些假设条件与参数和这些条件与参数发生的概率，运用蒙特卡罗模拟、三角模拟等仿真方法，模拟确定每个项目活动可能工期的统计分布和整个项目可能工期的统计分布，然后使用这些统计数据编制项目工期计划。其中，三角模拟法相对比较简单，一般都使用这种方法模拟和估算项目各项活动的工期，然后再根据项目各项活动的工期估算和整个项目可能工期的统计分布做出整个项目的工期估算，最终根据这些数据资料编制出一个项目工期计划。

3. 资源水平法

使用系统分析法制订项目工期计划的前提是项目的实施条件和资源十分充分。但是实际上，多数项目在实施中都存在资源约束和限制，因此，有时需要使用资源水平法去编制项目的工期计划。这种方法的基本指导思想是将稀缺的资源优先分配到关键路线的项目活动。使用这种方法制订出的项目工期计划常常比使用系统分析法编制的项目工期计划总工期要长，但是这种方法的计划结果更加经济和实用。这种方法有时又叫做基于资源的项目工期计划方法，在许多情况下这种方法可以与系统分析法配套使用，从而编制出更加符合实际的项目工期计划。

4. 甘特图法

这是由美国学者甘特在20世纪初发明的一种最早的项目计划方法,这种方法使用棒图(或叫条形图)表示项目活动及其顺序并安排和计划项目的工期,这是一种简便的项目工期计划进度安排方法。这种方法使用广泛。甘特图把项目活动按照纵向排列展开,而横向则表示项目活动时间与工期。甘特图将每项活动的工期长短用棒图的长短表示。简单项目的甘特图如图9-3所示。

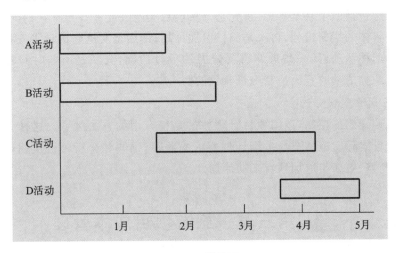

图9-3 甘特图

5. 项目管理软件法

项目管理软件法也是广泛应用于项目工期计划编制的一种辅助方法。使用特定的项目管理软件就能够运用系统分析法和资源水平法等方法,快速地编制出多个可供选择的项目工期计划方案,最终由决策者选定一个满意的方案。这种方法对于优化项目工期计划是非常有用的。

(五)项目工期计划控制的方法

1. 项目工期计划变更的控制方法

项目工期计划变更的控制方法是针对项目工期计划变更的各种请求,按照一定的程序对项目工期计划变更进行全面控制的方法。包括项目工期变更的申请程序、项目工期变更的批准程序和项目工期变更的实施程序等一系列控制程序及相应的方法。

2. 项目工期计划实施情况的度量方法

项目工期计划实施情况的度量方法是一种测定和评估项目实施情况,确定项目工期计划完成程度和项目实际完成情况与计划要求差距大小的管理控制方法。这一方法的主要内容包括定期收集项目实施情况的数据,将实际情况与项目计划要求进行比较,报告项目工期计划实施情况存在的偏差和是否需要采用纠偏措施等。这一方法要求有固定的项目工期计划实施情况报告期,要求定期与不定期地度量和报告项目工期计划的实施情况。这种报告中的数据或信息包括项目实施情况的数据、项目各种变更的消息等。一般从对项目的控制

角度来看,这种报告的报告期越短,越有利于及早发现问题并采取纠正措施。当项目工期进度出现问题时,一定要缩短报告期和增加报告的频率,以便更好地控制项目工期计划的实施情况。

3. 追加计划法

一个项目的实施很少能完全依照工期计划进行,有些项目活动会提前完成而另一些项目活动则会延期完成。因此,项目工期计划控制方法中还有一种是追加计划法(或叫附加计划法),这种方法可以根据出现的工期计划变动情况使用追加计划去修订原有的项目工期计划。追加计划法包括四个基本步骤:首先是分析项目实施进度并找出存在的问题;其次是确定应采取哪些具体的纠偏措施;再次是制订追加计划;最后是实施新的计划安排。这种方法需要重点分析两种活动,其一是近期需要开展的项目活动,其二是所需时间较长的项目活动。因为对这两种活动的积极控制是最有效的。

4. 项目工期管理软件法

对项目工期计划的控制,运用项目管理软件是很有用的方法之一。这种方法可以用来追踪和对比项目实际实施情况与工期计划要求的差距,预测和分析项目工期计划的变动情况及其影响,调整、更新与追加项目工期计划。

第三节 旅游项目成本管理

项目成本管理是为保障项目实际发生的成本不超过项目预算而开展的项目资源计划、项目成本估算、项目成本预算、项目成本控制和项目成本预测等方面的管理活动。

一、旅游项目成本管理的内容

(一)项目资源计划

项目资源计划是指通过分析并识别和确定项目所需各种资源,如人力、设备、材料、资金等,确定它们的种类、数量和投入时间的一项项目成本管理工作。在项目资源计划工作中,最重要的是确定能够充分保证项目实施所需各种资源的清单和资源投入的计划安排。

(二)项目成本估算

项目成本估算是指根据项目资源计划以及各种资源的市场价格或预期价格等信息,估算和确定项目各种活动的成本和整个项目全部成本这样一项项目成本管理的工作。项目成本估算中最主要的任务是确定整个项目所需人力、机器设备、原材料、费用等成本要素耗用量。

(三)项目成本预算

项目成本预算是一项制定项目成本控制基准和项目成本计划的管理工作。这项工作包括根据项目的成本估算为项目的各项活动分配预算,以及确定整个项目的总预算。项目成本预算的关键是合理、科学地确定项目成本的控制基准。

（四）项目成本控制

项目成本控制是指在项目实施过程中依据项目成本预算，努力将项目实际成本控制在项目预算范围之内的成本管理工作。这项工作的内容包括不断度量项目实际发生的成本，分析和度量项目实际成本与项目预算之间的差异，采取纠偏措施或修订项目预算的方法实现对项目成本的控制。

（五）项目成本预测

项目成本预测是指在项目的实施过程中，依据项目成本实际的发生情况和各种相关影响因素的发展与变化，经常分析和预测项目成本未来的发展和变化趋势，以及项目成本最终可能出现结果的一项成本管理工作，它是为项目成本控制和预算调整提供依据的工作。

二、旅游项目成本管理的方法

（一）项目资源计划编制的方法

1. 专家判断法

专家判断法是指由项目成本管理专家根据经验和判断去确定和编制项目资源计划的方法。这种方法通常又有两种具体的形式。

（1）专家小组法。

专家小组法是指在组织一组有关专家进行调查研究的基础上，通过召开专家小组座谈会的方式，共同探讨并提出项目资源计划备选方案，然后制订出项目资源计划的方法。

（2）德尔斐法。

这种方法需要有一名协调者去组织专家进行项目资源需求计划安排，然后汇集专家意见，最终整理和编制项目资源计划。这种方法一般需要协调者联系、协调、分析和归纳专家提出的方案。这种方法的优点是主要依靠专家判断，适合创新型的项目。而它的缺点是在专家水平不一或专家对项目理解不同时，就容易使项目资源计划存在问题。

2. 统一定额法

统一定额法是指使用国家或民间统一标准定额和工程量计算规则去制订项目资源计划的方法。所谓统一标准定额是指由国家或民间权威部门所制定的，为完成一定量的项目工作所需消耗和占用的资源质量和数量限额标准。这些统一标准定额是一种衡量项目经济效果的尺度，套用这些统一标准定额去编制项目资源需求是一种很简便的方法。但是，由于统一标准定额相对固定，无法适应技术装备、工艺和劳动生产率等方面的快速变化，所以近年来许多国家都逐步放弃了这种编制项目资源计划的方法。

3. 资料统计法

资料统计法是指使用历史项目的统计数据资料，计算和确定项目资源计划的方法。这种方法中使用的历史统计资料要求有足够的样本量。通常这些方法所使用的计划指标可以分为实物量指标、劳动量指标和价值量指标。利用这种方法计算和确定项目资源计划，能够得出比较准确合理和切实可行的结果。但是使用这种方法需要详细的历史数据，所以这种方法的使用也有一定难度。

4. 项目管理软件法

项目管理软件法是使用现成的项目管理软件去编制项目资源计划的方法。现在市面上有许多项目资源计划编制方面的通用软件系统。这种软件系统有不同的复杂程度和功能强度,需要根据项目需要进行必要的选用。

(二)项目成本估算的方法

1. 类比估算法

这是一种在项目成本估算精确度要求不高的情况下使用的项目成本估算方法。这种方法也被叫做自上而下法,是一种通过比照已完成的类似项目实际成本,估算出新项目成本的方法。类比估算法通常比其他方法简便易行、费用低,但它的精确度也低。有两种情况可以使用这种方法,其一是以前完成的项目与新项目非常相似;其二是项目成本估算专家或小组具有必需的专业技能。类比估算法是最简单的成本估算技术,它将被估算项目的各个成本科目与已完成同类项目的各个成本科目进行对比,从而估算出新项目的各项成本。这种方法的局限性在于许多情况下没有真正类似项目的成本数据,因为项目的独特性和一次性使多数项目之间不具备可比性。类比估算法的优点是这种估算基于实际经验和实际数据,具有较好的可信度。

2. 参数估计法

参数估计法也叫参数模型法,是利用项目特性参数建立数学模型来估算项目成本的方法。例如,旅游项目中大量使用项目接待能力作为参数,建筑项目可以使用每平方米单价等作为参数估算项目的成本。参数估计法使用一组项目费用的估算关系式,通过这些关系式对整个项目或其中大部分项目费用进行一定精确度的估算。参数估计法重点集中在成本动因,即影响成本最重要因素的确定上,这种方法并不考虑众多的项目成本细节,是因为项目成本动因决定了项目成本总量的主要变化。参数估计法能针对不同项目成本元素分别进行计算。参数估计法是许多国家规定采用的一种项目成本估算和分析方法,它的优点是快速并易于使用,只需要小部分信息,并且其准确性在经过模型校验后能够达到一定的精确度。

3. 工料清单法

工料清单法也叫自下而上法。这种方法首先要给出项目所需的工料清单,然后再对工料清单中各项物料和作业的成本进行估算,最后向上滚动加总得到项目总成本。这种方法通常十分详细而耗时,但是估算精确度较高。它可对每个工作包进行详细分析并估算其成本,然后统计得出整个项目的成本。这种基于项目详细工料资源需求清单的项目成本估算方法,能够给出一个项目最接近实际成本的成本估算。这种方法的缺点是要有详细的工料消耗和占用量信息,这种信息本身就需要大量的时间和经费的支持。另外,这种成本估算方法所需的工料消耗与占用数据本身也需要有数据来源,而且这些数据经常是过时的数据,所以这种方法往往需要在成本估算中做出各种各样的项目成本费率调整。

4. 软件工具法

这是一种运用现有的计算机成本估算软件确定项目成本的方法。项目管理技术的发展和计算机技术的发展是密不可分的。计算机的出现和运算速度的迅猛提升使得使用计算机估算项目成本变得可行,并涌现出大量的项目成本估算软件。

（三）项目成本控制的方法

随着项目的进展，根据项目实际发生成本的情况，不断修正原先的成本估算，对项目的最终成本进行预测等工作都属于项目成本控制工作的范畴。

项目成本控制的方法包括两类，一类是分析和预测项目各要素变动与项目成本发展变化趋势的方法；另一类是如何控制各种要素变动从而实现项目成本管理目标的方法。这两个方面的具体技术方法构成一套项目成本控制管理的方法。这套方法的主要技术和工具有以下几种。

1. 项目变更控制体系

项目变更控制体系是指通过建立和使用项目变更控制体系对项目成本进行有效控制的方法。包括从提出项目变更请求到变更请求获得批准，一直到最终变更项目成本预算的一整套项目变更全过程控制体系。项目变更是影响项目管理成败的重要因素，也是项目成本控制的关键，一般可以通过两种方法解决这种问题。

（1）规避的方法。

在项目定义和设计提出阶段，努力通过项目业主和全体项目相关利益者的充分参与，从而真正了解和正确确定项目的需要；在项目定义和设计阶段结束后，通过积极组织设计评审等方法倾听各方面的意见；在项目实施阶段，通过项目业主和项目实施者的有效沟通与及时反馈等一系列的工作，努力避免项目发生变更或返工的情况，从而规避项目成本的变更。

（2）控制的方法。

建立严格的项目变更控制系统和流程，对各种项目变更请求进行一系列的有效评估，分析和确定项目变更带来的成本变动，然后设法找到项目变更的最优方案，使项目变更所造成的成本变动最小化和项目利益最大化。

2. 项目成本实际情况度量的方法

在现代项目成本管理中引入的"挣值"度量方法是非常有价值的一种项目成本和工期绩效集成控制方法。挣值法实际上是一种分析目标实施与目标期望之间差异的方法，故又常被称为偏差分析法。挣值法通过测量已完成工作的预算费用与已完成工作的实际费用以及计划预算费用实施进度和费用偏差，而达到判断项目预算和进度计划执行情况的目的。挣值法的计算关系比较简单，成功应用挣值法的关键是准确地度量挣值，即准确地将完成工作量转化成货币的形式。准确度量挣值的基础是要做好工作结构分解和作业费用估计，当工作结构分解和作业费用估计比较细致和精确时，每一项作业都被分配了具体费用，在完成作业后将作业费用作为进度的挣值。

3. 附加计划法

很少有项目能按照原定计划完成，所以需要采用附加计划法，通过新增计划的办法对项目成本进行有效的控制。如果没有附加计划，往往在遇到意外情况时，项目管理者缺少应付紧急情况的资金，这可能因实际与计划不符而造成项目成本失控的局面。所以，附加计划法是未雨绸缪、防患于未然的项目成本控制方法。

4. 项目不确定性成本的控制

由于各种不确定性因素的存在和它们对项目成本的影响，使项目成本一般都会有三种

不同成分,一是确定性成本部分,对于这一部分成本,人们知道它是确定会发生而且知道其数额大小;二是风险性成本部分,对此人们只知道它可能发生和它发生的概率大小与分布情况,但是人们不能肯定它一定会发生;三是完全不确定性成本部分,人们既不知道它是否会发生,也不知道它发生的概率和分布情况。这三类不同性质的项目成本综合构成了一个项目最终的总成本。

项目的成本控制必须从控制项目的确定性、风险性和完全不确定性这三类不同性质的成本去开展控制工作,必须从对风险性事件的控制出发去控制风险性项目成本。在实现项目成本全面管理中,最根本的任务是首先要识别一个项目具有的各种风险,并确定它们的风险性成本;其次是要通过控制风险事件的发生与发展去直接或间接地控制项目的不确定性成本;此外,还要开展对风险性成本和不可预见费用等风险性成本管理储备资金的控制,从而实现项目成本管理的目标。

5. 计算机软件工具法

这是一种使用项目成本控制软件来控制项目成本的方法。目前市场上有大量这方面的软件可供选择。利用项目成本控制软件,用户可以进行的工作有生成任务一览表(包括各项目任务的预计工期),建立项目工作任务之间的相互依存关系,以不同的时间尺度测量项目工作(包括工时、工日等),处理某些特定的约束条件(如某项任务在某天之前不得开始等),跟踪项目团队成员的薪金和工作,统计公司的假日、假期等,处理工人的轮班工作时间,监控和预测项目成本的发展变化,发现项目成本管理中的矛盾和问题,根据不同要求生成不同用途的成本或绩效报告,以不同方式整理项目信息,联机工作和网络数据共享,对项目进度、预算或职员变动迅速做出反应,通过实际成本与预算成本比较分析找出项目实施情况中存在的问题并能提供各种建议措施,以供项目成本管理人员参考。

第四节 旅游项目质量管理

旅游项目质量管理是指为确保旅游项目质量目标要求而开展的项目管理活动,其根本目的是保障最终交付的旅游项目产出物能够符合项目质量要求。旅游项目质量管理包括两个方面的内容。一是旅游项目工作质量管理,二是旅游项目产出物质量管理。现代项目质量管理要特别强调对项目工作质量的管理,强调对项目所有活动和工作质量的管理和改进,因为项目产出物质量是由项目工作质量保障的。

现代项目管理认为项目质量是通过项目实施和管理活动而形成的结果,它们不是通过单纯的质量检验得到的。在项目质量管理中,需要使用全面质量管理的思想,也就是项目质量管理必须按照全团队成员都参与的模式开展质量管理,项目质量管理的工作内容必须贯穿项目全过程,从项目的决策阶段、计划阶段、实施阶段、控制阶段,一直到项目结束与交付阶段。

一、旅游项目质量管理的内容

(一) 编制项目质量计划

项目质量计划是指确定项目应该达到的质量标准和如何达到这些质量标准的工作计划

与安排。项目质量管理从对项目质量的计划安排开始,通过对项目质量计划的实施和开展项目质量保障与控制活动而得以实现。项目质量计划的内容包括以下几个方面。

1. 项目质量方针

项目质量方针是项目组织和项目高级管理层规定的项目质量管理大政方针,是项目组织对于如何实现项目质量的描述和表达,是一个项目组织对待项目质量的指导思想和中心意图。从项目质量管理的角度来看,质量方针的主要内容包括项目设计质量方针、项目实施质量方针、项目完工交付质量方针。

2. 项目范围描述

项目范围描述是指有关项目所涉及范围的说明,包括项目目标说明、项目产出物说明和项目任务范围说明。它明确给出了为提交既定功能的项目产出物而必须开展的工作和对这些工作的具体要求,因此,它同样是编制项目质量计划的主要依据文件之一。

3. 项目产出物的描述

项目产出物的描述是指对项目产出物(产品)全面与详细的说明,这种说明既包括对项目产出物特性和功能的说明,也包括对项目产出物有关技术细节的说明。质量管理中对项目产出物的描述要比在项目范围描述中给出的项目产出物的简要说明详细得多。

4. 标准和规定

项目组织在制订项目质量计划时,还必须充分考虑所有与项目质量相关的国家、地方、行业等标准、规范以及政府规定等。

(二)项目质量保障

项目质量保障是一种事前性和预防性项目质量管理工作。项目质量保障是在执行项目质量计划过程中所开展的一系列经常性项目质量评估、项目质量核查与项目质量改进等方面工作的总称。这是一项为确保完成项目质量计划而开展的系统和贯穿整个项目生命周期的项目质量管理工作。项目质量保障工作的主要内容有以下几个方面。

1. 清晰明确的项目质量要求

清晰明确的项目质量要求既包括清晰明确的项目产出物质量要求,也包括清晰明确的项目过程与工作质量要求。通常,对项目质量要求越详细和具体,项目质量保障工作就会越周密和可靠。

2. 科学可行的项目质量标准

在项目质量保障工作中,必须进行科学可行的质量标准设计工作,即根据以前的经验和各种国家、地区、行业的质量标准设计出一套适合具体项目质量工作和项目产出物的质量标准。

3. 组织建设完善的项目质量体系

这是项目质量保障中的一项最重要的工作,这一工作的根本目标是要组织和建设一个项目质量保障体系(质量体系)。项目质量体系是实施项目质量管理所需的组织结构、工作程序、质量管理过程和各种资源质量管理等构成的一个整体。一般来说,如果没有一套健全的质量保障体系,一个项目的质量是无法实现和保障的。

4. 配备合格和必要的资源

在项目质量管理中需要使用各种各样的资源，包括人力资源、物力资源和财力资源等。项目质量保障的一项工作内容就是要为项目质量管理工作和项目质量体系配备合格的和必要的资源。

5. 持续开展有计划的质量改进活动

项目质量保障工作的目标是保证项目产出物能够满足质量要求，这就要求人们在项目管理过程中持续开展一系列有计划的项目质量改进工作，包括针对项目实际质量而开展的审核、评价和改进项目质量等方面的工作，也包括对项目作业方法和项目管理方法的持续改进和完善。

6. 项目变更的全面控制

在项目质量保障中，还有一项重要的工作就是开展对项目变更的全面控制，以便使项目变更结果不会对项目质量造成影响，甚至通过有些项目变更提高项目质量服务，以更好地满足项目业主的需求服务。通常，项目范围的缩小、项目资源的降级替代、项目预算的削减、项目工期的缩短等都会对项目质量形成不利影响，所以需要对这些变更进行全面控制。在这种控制工作中，要对项目每个变更进行仔细分析，并定义其目的，仔细分析它对项目质量的各种影响，并设计好相应的质量保障对策，这些工作都属于项目质量保障工作的范畴。

（三）项目质量控制

项目质量控制是在项目质量保障基础上展开的，它是对项目过程质量控制，或者叫项目事中控制的一种管理方法。

项目质量控制与项目质量保障的最大的区别在于，项目质量保障是一种从项目质量管理组织、程序、方法和资源等方面为项目质量保驾护航的工作，而项目质量控制是直接对项目质量进行把关和纠偏的工作。项目质量保障工作是一种预防性、提高性和保障性的质量管理活动；而项目质量控制工作是一种过程性、纠偏性和把关性的质量管理活动。当然，项目质量保障和项目质量控制的目标是一致的，都是确保项目质量能够达到项目组织和项目业主的需要，所以在项目开展质量管理工作时，二者会有交叉和重叠，只是在时间、方法和方式上有所不同而已。

在项目质量控制的概念方面必须严格区分以下不同的概念。

1. 项目质量预防工作和项目质量检验工作

项目质量预防工作属于项目质量控制工作中的事前控制工作，项目质量检验工作属于项目质量控制中的事中和事后控制工作，二者共同构成了项目质量控制工作的整体。

2. 项目质量问题的特异原因和系统原因

项目质量问题的特异原因是一种没有任何规律可循的完全随机事件原因，这种原因造成的项目质量事故很难预防；项目质量问题的系统原因是一种有规律可循的项目质量事故原因，人们可以根据这类原因所表现出的规律和趋势去采取预防性项目质量控制措施。

3. 项目质量的容忍区间和项目质量的控制界限

项目质量控制结果如果在项目质量的容忍区间，那么这是可以容忍和接受的，但此时可能已经超出了项目质量控制的界限。项目质量控制界限一般要比项目质量容忍区间小。虽然当项目质量控制结果超出质量控制界限时表明项目质量出现失控,但是不一定造成废品或返工,因为此时的结果可能仍然处于项目质量容忍区间。

4. 项目质量的抽样样本和项目实际总体

在项目质量控制过程中经常会使用抽样检验方法,在这种方法中,人们使用项目总体中一定数量样本的各种质量属性来推断项目总体结果的质量属性。人们在使用这种方法时,必须严格区分项目总体和项目样本的概念。虽然这种项目质量控制方法的置信区间(可信度)有限,但仍然是项目质量控制中有效的统计质量控制方法之一。

二、旅游项目质量管理的方法

(一)制订项目质量计划的方法

1. 成本收益分析法

这种方法也叫经济质量法,这种方法要求在制订项目质量计划时必须同时考虑项目质量的经济性。任何一个项目的质量管理都需要开展两个方面的工作:其一是项目质量保障工作,这是防止有缺陷的项目产出物出现和形成的管理工作;其二是项目质量检验与质量恢复工作,这是通过检验发现质量问题,并采取各种方法恢复项目质量的工作。这两个方面的工作将项目质量成本分为两种类别:其一是项目质量保障成本;其二是项目质量纠偏成本。这二者的关系是项目质量保障成本越高,则项目质量的纠偏成本就会越低;反之亦然。项目质量成本收益法就是一种合理安排这两种质量成本,使项目质量总成本最低,而质量收益相对最高的一种项目质量计划方法。

2. 质量标杆法

质量标杆法是指将其他项目实际或计划的质量结果或项目质量计划作为新项目质量参照体系和比照目标,通过对照比较,最终制订出新项目质量计划的方法,这是项目质量计划中常用的一种十分有效的方法。这里所说的其他项目,既可以是项目组织以前完成的项目,也可以是其他组织以前完成的或者正在进行的项目。通常,项目质量标杆法的主要做法是以标杆项目的质量方针、质量标准与规范、质量管理计划、质量核检清单、质量工作说明文件、质量改进记录和原始质量凭证等文件为蓝本,结合新项目特点制订出新项目的质量计划文件。使用这一方法时应充分注意标杆项目在质量管理中实际发生的各种质量问题及教训,在制订新项目质量计划时要考虑采取相应的防范和应急措施,尽可能避免类似项目质量事故发生。

3. 流程图法

流程图法是使用一个描述项目工作流程和项目流程各环节之间相互联系的图表并编制项目质量计划的方法。通常,人们利用这一流程图分析和确定项目实施过程和项目质量形成过程,然后编制出项目的质量计划。在运用流程图法编制项目质量计划时所使用的项目流程图有项目系统流程图、实施过程流程图、作业过程流程图等。因为这些工具和技术能够从不同侧面给出项目质量问题的形成过程,通过分析项目质量的形成过程,人们能够运用它们给出的规律去编制项目的质量计划。同时,项目流程图还有助于预测项目发生质量问题的环节,有助于分配项目质量管理的责任,有助于找出解决项目质量问题的措施等。所以流

程图法是一种编制项目质量计划非常有效的方法。在编制流程图时要注意收集必要的信息和实际情况,要将各种项目活动都考虑进去并尽量避免漏项。这种项目质量计划方法通常要先参考历史项目使用过的各种流程图编制一个项目流程图,然后通过逐步细化和分析研究最终编制出新项目的质量计划。

4. 实验设计法

实验设计法适用于那些独特性很强的原创性研究项目质量计划编制。因为这种方法首先需要采用试验方法识别出对项目成功影响最大的关键因素,并根据所找出的项目质量关键因素去编制项目质量计划。例如,在一些技术开发项目的实施活动中,为保证项目质量经常会使用实验设计法制订项目质量计划,确定选择合适的配方、合理的工艺参数、最佳的生产条件,才能够得到最优的结果。这类问题在数学上被称为最优化法或优选法。实验设计法实际上是决策优化的方法之一,它特别适用于项目质量计划编制和项目质量管理方案的优化分析。

(二) 项目质量保障的工具与方法

1. 项目质量核查

质量核查方法是用于项目质量保障的一种结构化审核方法。开展项目质量核查的目的,是要找出可改进项目质量的问题和机会,从而开展项目质量的改善与提高工作。项目质量核查可以定期进行,也可以不定期地随机抽查。既可以由项目组织内部人员实施核查,也可由第三方专业机构完成核查后,将结果通知项目实施组织,以开展项目质量的持续改进和提高工作。项目质量核查的内容主要包括对项目所用材料、半成品和配件的质量查验,对项目各项工作质量的核查,对项目产出物的质量检验,对项目质量控制方法和工作的核查和对项目各种管理与技术文件的核查等方面。

2. 项目质量改进与提高

项目质量改进与提高的方法可以用于提高项目质量,从而为项目组织和项目客户等带来更多的利益。项目质量改进与提高的方法包括项目质量改进建议和项目质量改进行动两个方面的方法。项目质量改进建议方法是通过要求和倡导项目团队成员提出项目质量改进建议,从而更好地保障和提高项目质量的一种方法。通常,一项项目质量改进建议应包括目前存在的项目质量问题及其后果、发生项目质量问题的原因分析、进行项目质量改进的建议目标、进行项目质量改进的方法和步骤、进行项目质量改进所需的资源、项目质量改进成果的确认方法等内容。多数项目质量改进行动是根据项目质量改进建议所确定的具体内容和工作方法而开展的。

(三) 项目质量控制的技术与方法

1. 核检清单法

核检清单是项目质量控制中一种独特的结构化质量控制工具和方法。它主要是使用一份开列项目各个流程、活动和各个活动步骤中所需核对和检查的科目与任务的清单,并对照这一清单按规定核检时间和核检频率去检查项目实施情况,然后对照清单中给出的工作质量标准去确定项目质量是否失控、是否出现系统误差、是否需要采取纠偏措施,最终给出相关核查结果和相应的对策措施决策。这是一种针对项目工作质量控制的基本技术方法。

2. 质量检验法

质量检验法是指通过测量、检查和测试等手段来保证项目工作结果以及项目产出物与质量要求相一致的质量控制方法。这种方法主要针对项目产出物进行质量控制,但是它也可以用于项目工作质量控制。其中,对项目工作和项目产出物的质量检验法又可分为自检(自己不断检验工作和工作结果的方法)、互检(团队成员相互检验工作和工作结果的方法)和专检(由专门质量检验和监督人员检验工作和工作结果的方法)三种不同的质量检验方法。对任何一个项目活动而言,在必需的检验工作和必要的检验文件未完成之前,一般不应该开展项目的后续工作,否则会使项目质量问题的后果扩大化。项目质量检验方法要求每次严格记录检验结果,由授权人员进行结果评价并决定最终是否接受。

3. 控制图法

控制图法是用于开展项目质量控制的一种图示方法。通过控制图给出关于控制界限、实际结果、实施过程的图示描述。控制图法可以用来确定项目的过程和结果是否处于受控状态。

如图9-4所示,图中的要求上、下限是项目质量容忍区间,此时的控制标准是在设定的控制界限内,如果朝同一方向连续变化有七个点时(或者连续有七个点在中线的同一侧时),就认定项目质量控制出现失控状况而应该采取控制措施,使项目质量过程回到受控状态。控制图法是建立在统计质量管理方法基础之上的,它需要利用有效数据建立控制界限,观察与分析所得到的项目质量数据,并根据分析采取质量控制措施。

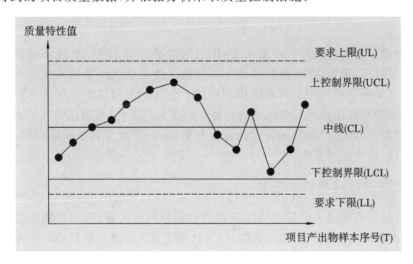

图9-4 控制图

4. 帕累斯图法

帕累斯图可以分析和发现项目质量问题的关键影响因素。这也是项目质量控制中经常使用的一种方法。帕累斯图又叫排列图。它将关于项目质量问题的要素进行分类,从而找出相对重要的少数(A类)因素和次要的多数(C类)因素,以便对这些要素按照ABC分类管理的方法对项目进行质量控制和管理。

5. 统计样本法

统计样本法是指选择一定数量的项目工作样本，然后通过检验样本得到的统计数据去推断项目总体的质量情况，以获得项目质量信息和开展项目质量控制的方法。这种方法适用于有大批量项目产出物的项目质量控制，因为只有这样才能够获得足够数量的样本去科学准确地推断项目整体的质量情况，并由此来减少项目质量控制的成本。统计样本法在项目质量控制中也是很重要的方法之一。但是由于项目的一次性、独特性等特性，使这种方法在某些项目质量控制中使用时还有一些困难。

6. 流程图法

流程图法在项目质量管理中是一种非常有用和经常使用的质量控制方法，这是由项目的过程性所决定的。这种方法主要用于分析项目质量问题将要或实际发生在项目流程的哪个环节，以及造成这些质量问题的原因和这些质量问题形成和发展的过程。

7. 趋势分析法

趋势分析法是指使用各种预测分析技术来预测项目质量未来发展趋势和结果的一种质量控制方法。这种方法预测的依据为项目前期数据资料。趋势分析法常用于项目质量的监控。这种方法基于统计分析和预测的原理，包括回归分析、相关分析、趋势外推分析等一系列的统计分析预测原理和方法。

第五节 旅游项目风险管理

任何一个项目都会有风险。一般认为，项目风险是指由于项目所处环境和条件本身的不确定性，项目业主、项目组织、项目其他相关利益主体主观上不能准确预见或控制影响因素，使项目最终结果与项目相关利益主体的期望产生背离的可能性。如果不能很好地管理项目风险，就会给项目相关利益者造成各种各样的损失。因此，在项目管理中必须积极地开展项目风险管理，必须通过项目风险管理去充分识别、科学度量和控制项目的各种风险，从而保证项目目标最终能够实现。

一、旅游项目风险管理的内容

旅游项目风险管理过程包括项目风险识别和项目风险度量、制定和使用各种项目风险应对措施、全面管理与有效控制项目风险，以及处理项目风险事件所造成的不利结果等。

（一）项目风险识别

项目风险识别是一项贯穿项目全过程的项目风险管理工作。这项工作的目标是识别和确定项目究竟存在哪些风险，这些项目风险究竟有哪些基本特性，这些项目风险可能会影响项目哪些方面等。在项目风险识别的过程中，不仅要全面识别项目风险可能带来的各种损失，而且要识别项目风险的不确定性可能带来的各种机遇，这种项目风险不确定性带来的机遇是一种正面影响和获得额外收益的可能性。项目风险识别内容包括以下几个方面。

1. 识别并确定项目有哪些潜在的风险

这是项目风险识别的第一项工作目标。在项目风险识别工作中，首先要全面分析项目发展变化的各种可能性,从而识别出项目潜在的各种风险并整理汇总成项目风险清单。

2. 识别引起这些项目风险的主要影响因素

这是项目风险识别的第二项工作目标。在项目风险识别中要全面分析各项目风险的主要影响因素及其对项目风险的影响方式、影响方向、影响力度等。然后,要运用各种方式,如图表、文字或数学公式等,将项目风险和这些风险主要影响因素的相互关系描述清楚。

3. 识别项目风险可能引起的后果

这是项目风险识别的第三项工作目标。项目风险识别的根本目的是找到项目风险和缩小、消除项目风险带来的不利后果,如果能够预知项目风险可能引起的后果,就可以采取相应的风险应对措施了。

在项目风险识别阶段,人们对项目风险的识别和分析主要是一种定性分析,对项目风险的定量分析属于项目风险度量的任务。

(二) 项目风险度量

项目风险度量是对项目风险大小、项目风险影响程度和后果所进行的评价与估量。项目风险度量包括对项目风险发生可能性(概率大小)的评价和估量、对项目风险后果严重程度(损失大小)的评价和估量、对项目风险影响范围的评价和估量,以及对项目风险发生时间的评价和估量等多个方面。项目风险度量的主要作用是根据这种度量去制定项目风险的应对措施以及开展项目风险的控制。项目风险度量的主要工作内容如下。

1. 项目风险可能性的度量

项目风险度量的首要任务是分析和估计项目风险发生概率的大小,即项目风险可能性的大小。一个项目风险的发生概率越高,造成损失的可能性就越大,对它的控制就应该越严格。

2. 项目风险后果的度量

项目风险度量的第二项任务是分析和估计项目风险后果的严重程度,即度量项目风险可能带来的损失大小。如果一个项目风险发生的概率并不大,可它一旦发生则后果十分严重的话,就必须对它进行严格的管理和控制,否则这种项目风险的发生会给整个项目造成十分严重的损失。

3. 项目风险影响范围的度量

项目风险度量的第三项任务是分析和估计项目风险影响范围的大小,即项目风险可能会影响项目的哪些方面和哪些工作。如果一个项目风险发生的概率和后果都不太严重,但它一旦发生便会影响项目各个方面和许多工作,也需要对它进行严格的管理与控制,以防止其影响整个项目的工作和活动。

4. 项目风险发生时间的度量

项目风险度量的第四项任务是分析和估计项目风险发生的时间,即项目风险可能在项目的哪个阶段或什么时间发生。项目风险管理与控制必须根据项目风险发生的时间进行安排,一般先发生的项目风险应该优先控制,后发生的项目风险可以延后采取措施,通过监视和观察项目的发展进程做进一步风险识别和风险控制。

(三) 项目风险应对措施

完成项目风险识别和度量以后,就可以根据由此获得的信息制定项目风险应对措施。经过项目风险识别和度量而确定出的项目风险一般会有两种情况:一种是项目风险超出了项目组织或项目客户能够接受的程度;另一种是项目风险未超出项目组织或项目客户可接受的程度。这两种不同情况各有一系列不同的项目风险应对措施。对于第一种情况,项目组织或项目客户基本的应对措施是停止项目或取消项目,从而规避项目风险;对于第二种情况,项目组织或项目客户要积极主动地努力采取各种措施避免或削减项目风险损失。所有用于规避和避免项目风险损失的措施都属于项目风险应对措施的范畴。

(四) 项目风险控制的概念

项目风险控制是指在整个项目过程中,根据项目风险管理计划和项目实际发生风险与变化所开展的各种控制活动。通过项目风险识别与度量,人们已识别出项目的绝大多数风险及其特性,所以这些项目风险多数是相对可控的。只要能够通过项目风险识别和度量得到足够多的有关信息,然后通过采取正确的项目风险应对措施,就可以实现对项目风险的有效控制。

项目风险是发展和变化的,在人们对其进行控制的过程中,这种发展与变化会随着人们的控制行为而发生变化。在这一过程中产生的各种信息,会进一步完善人们对项目风险的认识和把握程度,使人们对项目风险的控制行为更加符合客观规律。实际上,人们对项目风险的控制过程,就是一个不断认识项目风险、不断修订项目风险控制决策与行为的过程。这一过程是一个通过有意识的行为使项目风险逐步从不可控向可控转化的过程。

二、旅游项目风险管理的方法

(一) 项目风险识别的方法

项目风险识别的方法有很多,既有结构化方法也有非结构化方法,既有经验性方法也有系统性方法。使用最多的项目风险识别方法有以下几种。

1. 系统分解法

系统分解法是一种利用系统分解的原理,将一个复杂的项目分解成一系列简单和容易认识的子系统或系统元素,从而识别项目各子系统、系统要素和整个项目中各种风险的方法。比如,在投资建造一个旅游项目时,人们可以首先根据项目本身的特性,将项目风险分解成市场风险、投资风险、经营风险、技术风险、原材料或资源供应风险、环境污染风险等子系统风险,然后可以对这些项目子系统风险做进一步分解,如将项目市场风险进一步分解成竞争风险(由于市场竞争而造成对未来经营成果的不确定)、替代风险(由于出现替代产品对未来经营成果的不确定)、需求风险(由于市场出现需求不足对未来经营成果的不确定),从而全面识别这一旅游项目的各种风险。

2. 流程图法

项目流程图给出了一个项目的工作流程,给出了项目各部分之间的相互关系,包括项目系统流程图、项目实施流程图和项目作业流程图等各种不同详细程度的流程图。项目风险识别中使用的流程图法就是使用这些流程图分析和识别项目风险的方法,这种方法的结构化程度比较高,所以对识别项目风险和风险要素都是非常有用的。这种方法使用项目流程图分析和识别项目各个环节中存在的风险以及项目风险的起因和影响。例如,一个建设项目就有一个由可行性分析、技术设计、施工图设计、计划、施工组织等一系列环节构成的流程,这些流程构成的项目流程图就可以用来分析和识别该项目的各种风险。

3. 头脑风暴法

对于项目风险识别来说,头脑风暴法是一种非结构化的方法,它是运用创造性思维、发散性思维和专家经验,通过会议等形式识别项目风险的一种方法。在使用这种方法识别项目风险时,要允许与会的各方面专家和分析人员畅所欲言,共同搜寻和发现项目存在的各种风险。在使用这种方法时,组织者要善于提问和引导,能够及时整理项目风险分析与识别的结果,促使与会者能够不断地发现和识别出项目的各种风险和项目风险影响因素。一般在使用这种方法时,需要专家们回答的主要问题包括实施这个项目会遇到哪些项目风险,这些项目风险的后果严重程度如何,这些项目风险的主要成因是什么,项目风险事件的征兆有哪些,项目风险有哪些基本特性等。

4. 情景分析法

情景分析法是通过对项目未来某个状态或某种情景的详细描绘与分析,从而识别出项目风险与项目风险因素的一种项目风险识别方法。项目情景是对项目未来某种状态或情况的描述,这种描述可以使用图表、文字或数学公式等形式。对于涉及影响因素多、分析计算比较复杂的项目风险识别作业,可借助计算机信息系统进行情景分析。使用情景分析法识别项目风险一般需要先给出项目情景描述,然后找到项目变动的影响因素,最后分析项目情景变化造成的风险与风险后果。情景分析法可以识别项目风险、分析和识别项目风险影响因素、分析和识别项目风险后果、分析和识别项目风险波及范围和检验项目风险识别的结果。

(二)项目风险度量的常用方法

1. 损失期望值法

这种项目风险度量方法首先要分析和估计项目风险发生概率的大小和项目发生风险所带来的损失大小,然后将二者相乘,以求出项目风险损失的期望值,并使用项目损失期望值度量项目风险的大小。具体做法如下。

(1)项目风险发生概率的确定。

确定项目风险发生概率及其分布是项目风险度量中最基本的内容。一般来说,项目风险发生概率及其分布应该根据历史信息资料来确定。当项目管理者没有足够历史信息资料时,就需要利用理论和经验去估计和确定项目风险发生的概率。由于项目具有一次性和独特性等特性,所以在许多情况下人们很难找到大量的历史信息资料,而只能根据有限的历史资料去估算项目风险发生的概率,甚至有时在一定程度上要依靠人们的主观判断。项目管理者在很多情况下要使用自己的经验和主观判断去度量项目风险发生概率及其分布。依据经验和主观判断得到的项目风险发生概率被称为先验概率,虽然它是凭经验和主观判断估算或预测出来的,但它并不是纯粹的主观随意性的估计,因为项目管理者依照过去管理经验的主观判断,具有一定的客观性。

(2) 项目风险造成损失的确定。

项目风险造成的损失大小可以从三个方面来衡量：其一是项目风险造成损失的性质；其二是项目风险造成损失的大小；其三是项目风险造成损失的时间分布。项目风险造成损失的性质是指项目风险造成的损失可能是环境危害性的、经济性的、技术性的或其他方面的。项目风险造成损失的大小是指项目风险可能带来损失的严重程度，它们需要用损失的数学期望与方差表示。项目风险造成损失的时间分布是指项目风险是突发的，是随时间的推移逐渐变化的。

(3) 项目风险损失期望值的计算。

项目风险损失期望值的计算一般是将上述项目风险发生概率与项目风险造成损失相乘得到的，其计算公式如下：

$$E_{(L)} = \sum_{i=1}^{n} L_i P_i$$

式中，$E_{(L)}$为风险损失的期望值；P_i为项目第i种风险的发生概率；L_i为项目第i种风险的损失；i为项目第i种风险，i从1到n。

2. 模拟仿真法

模拟仿真法是用计算机模拟仿真模型分析度量项目风险的方法。这种方法可用来度量项目各种能够量化的风险，它通过系统仿真模拟项目风险事件发生时的各种条件和影响因素，然后使用计算机模拟仿真计算，给出项目风险概率及其分布和损失大小的统计规律与结果，并由此得到项目风险度量结果。例如，项目工期风险和项目成本风险的度量就可以使用模拟仿真方法。模拟仿真法多数用在大型项目或是复杂项目的风险度量上，一般小项目多数使用前面给出的损失期望值法。由于项目质量、工期和造价的风险直接关系项目成败，所以模拟仿真法在这些项目风险的度量中广为使用。

3. 专家决策法

专家决策法也是在项目风险度量中经常使用的方法之一，它可以代替或辅助损失期望值法和模拟仿真法。在许多大型和复杂的项目管理中都会邀请各方面专家，并要求他们运用自己的经验做出项目范围、项目工期、项目成本、项目质量等各方面项目风险的度量。这种项目风险度量通常比较准确可靠，甚至有时比损失期望值法和模拟仿真法确定的项目风险度量结果还要准确和可靠，因为这些项目专家的经验通常是一种比较可靠的思想型信息数据。另外，在很多项目风险度量中仅要求专家给出高、中、低三种项目风险概率的估计和多种项目风险损失严重程度估计的数据，这种估计所要求的精确程度并不高，所以使用专家决策法去做项目风险度量，其结果一般足够准确和可信。投资机构需成立投资决策委员会，委员会由机构负责人、金融专家、风控专家、管理专家、经济专家及旅游专业技术人员组成，建立平等民主机制，一人一票，平等表决，从而对风险的预期研判和后期控制形成科学的决策管控机制。

(三) 项目风险应对的主要措施

1. 风险规避措施

这是从根本上放弃项目或放弃使用有风险的项目资源、项目技术、项目设计方案等，从而避开项目风险的一类应对措施。例如,对于不成熟的技术坚决不在项目实施中采用就是一种项目风险规避措施。

2. 风险遏制措施

风险遏制措施是从遏制项目风险引发原因的角度出发应对项目风险的一种措施。对可能因项目财务状况恶化而造成的项目风险,如因资金断绝而造成项目停工等,采取注入新资金作为保障措施就是一种典型的项目风险遏制措施。

3. 风险转移措施

这类项目风险应对措施多数用来应对那些发生概率小,但是损失大或者项目组织很难控制的项目风险。例如,通过购买工程保险将工程项目风险转移给保险商的办法就属于风险转移措施。

4. 风险化解措施

这类措施从化解项目风险出发,去控制和消除项目具体风险的引发因素。例如,对于可能出现的项目团队内部和外部的各种冲突风险,可以通过采取双向沟通、调解等消除矛盾的方法解决,这就是一种项目风险化解措施。

5. 风险削减措施

这类风险应对措施是应对无预警项目风险的主要应对措施之一。例如,对于一个工程建设项目,在因雨天而无法进行室外施工时,采用尽可能安排各种项目团队成员与设备从事室内作业的方法就是一种项目风险削减措施。

6. 风险应急措施

这也是应对无预警项目风险的一种主要措施,特别是对那些会造成巨大损失的潜在项目风险,应该积极采取这种风险应急措施。例如,准备各种灭火器材以应对可能出现的火灾、购买救护车以应对人身事故的救治等都属于风险应急措施。

7. 风险容忍措施

风险容忍措施是针对那些项目风险发生概率很小而且项目风险造成后果较轻的风险事件采取容忍接受的一种风险应对措施。这是一种经常使用的项目风险应对措施,但应该注意的是不同组织的风险容忍度必须合理地确定。

8. 风险分担措施

风险分担措施是指根据项目风险大小和项目相关利益者承担风险能力的大小,分别由不同项目相关利益主体合理分担项目风险的一种应对措施。这种项目风险应对措施多数采用合同或协议方式确定项目风险分担责任。

另外还有许多项目风险应对措施,但是在项目风险管理中,上述项目风险应对措施是较常使用的几种项目风险应对措施。

(四)项目风险控制方法和步骤

1. 建立项目风险事件控制体制

这是指在项目开始之前根据项目风险识别和度量报告所给出的信息,制定出整个项目风险控制方针、项目风险控制程序以及项目风险控制的管理体制。包括项目风险责任制、项目风险报告制、项目风险控制决策制、项目风险控制的沟通程序等。

2. 确定要控制的具体项目风险

这是根据项目风险识别与度量报告所列出的各种具体项目风险,确定对哪些项目风险进行控制,而对哪些项目风险容忍并放弃对它们的控制。通常要按照项目具体风险后果严重程度和风险发生概率以及项目组织的风险控制资源等情况确定。

3. 确定项目风险的控制责任

这是分配和落实项目具体风险控制责任的工作。所有需要控制的项目风险都必须落实具体负责控制的人员,同时要规定他们所负的具体责任。每一项项目风险的控制工作都要由专人负责,不能分担,而且要由合适的人员去担负责任。

4. 确定项目风险控制的行动时间

这是指对项目风险控制要制订相应的时间计划和安排,规定解决项目风险问题的时间限制。许多项目风险失控因而造成损失都是因为错过了风险控制时机,所以必须制订严格的项目风险控制时间计划。

5. 制定各个具体项目风险的控制方案

根据项目风险的特性和时间安排,还要制定出各个具体项目风险的控制行动方案。首先要制定出能够控制项目风险的各种备选方案,然后对方案做必要的可行性分析和评价,最终选定要采用的风险控制方案并编制项目风险控制方案文件。

6. 实施各个具体项目风险控制方案

这一步要按照确定的具体项目风险控制方案开展项目风险控制活动。在这项活动中,还必须根据项目风险的实际发展与变化,不断地修订项目风险控制方案与办法。对于某些具体的项目风险而言,项目风险控制方案的修订与实施几乎是同时进行的。

7. 跟踪各个具体项目风险的控制结果

这一步的目的是收集项目风险控制工作的结果信息并给予反馈,然后不断地根据反馈信息修订和指导项目的风险控制。通过跟踪而得出项目风险控制工作信息,再根据这些信息去改进具体项目风险控制方案及其实施工作,直到项目风险控制完结为止。

8. 判断项目风险是否已经消除

如果认定某个项目的风险已经消除,则具体项目风险的控制工作就已经完成。如果判定某个项目风险仍未解除就需要重新进行项目风险识别和度量,然后再开展新一轮项目风险控制作业。

本章小结

项目管理是将管理的知识、工具和技术运用于项目活动上,以解决项目的问题或满足项目的需求。本章介绍的项目时间管理、项目成本管理、项目质量管理、项目风险管理等都是项目管理的重要组成部分。通过对这些内容的理解,能够为旅游项目管理过程具体实践提供引导和参考价值。

思考与练习

1. 旅游项目管理和其他管理相比较有哪些特点?
2. 旅游项目管理的知识体系有哪些内容?
3. 旅游项目时间管理包括哪些方面的内容?有哪些常用的方法?
4. 旅游项目成本管理包括哪些方面的内容?有哪些常用的方法?
5. 旅游项目质量管理包括哪些方面的内容?有哪些常用的方法?
6. 旅游项目风险管理包括哪些方面的内容?有哪些常用的方法?

实践篇
Practice part

近几年,可持续发展的理念逐渐为政府、企业、行业组织等市场经济中的各种主体所接受、认同。在旅游开发中,旅游规划与策划的作用越来越受到重视。除了传统的风景区的总体规划、详细规划的编制以外,不同尺度区域的旅游发展规划、管理规划也相应出台,在部分地区甚至个别乡、镇、村落也编制了旅游发展总体规划和建设性详细规划。

规划虽然不少,但是经过市场检验,能够较成功实施的却不多。究其原因,主要是旅游策划水平不高。目前旅游界最缺少的就是高水平的策划。旅游规划更多的是要求遵循技术性规范,而旅游策划则是对旅游规划的创新,旅游策划是旅游规划的灵魂。

本部分遴选了近几年笔者主持的五个旅游项目,其中既有完整的旅游策划项目,也有旅游规划项目中的策划部分;既有景区策划,也有全域旅游策划。同时,相应补充了同类型的国际案例以做出对比和参考。本书节选的策划案例实践部分尽量完整地介绍策划项目的整体面貌,与理论部分对应,包括项目背景、资源评价、市场评价、策划内容等,并列出思考与练习内容,让读者能够将理论与实践紧密结合,更好地掌握理论知识和策划方法。

第十章

找差异,做特色:石柱县全域旅游总体规划

案例背景

石柱土家族自治县(简称石柱县)位于长江上游地区、重庆东部,森林覆盖率达57.4%。这里旅游资源丰富,集中体现出绿色生态、土家风情、历史文化三大特色。但总体上看,石柱县缺乏名山大川,观光资源品级不高。在全国大力发展全域旅游的背景下,如何通过旅游策划深入挖掘石柱县的发展潜力,找到石柱县全域旅游目的地的核心竞争力,是本次策划的重点和难点。本案例重点介绍全域旅游策划的编制体系、SWOT分析、定性定位、全域空间引导规划、重点项目策划等策划的核心部分。

第一节 策划方案的编制体系

根据项目地的实际情况,在满足目的地发展需要的前提下,课题组重点梳理和构建了全域旅游目的地策划方案的内容体系,将策划内容分为分析篇、定位篇、项目篇、保障篇,并依次展开相关章节内容,以期在国内较早地构建起科学的全域旅游目的地策划方案内容体系。

一、分析篇

分析篇主要调查和研究了石柱县开发全域旅游的基础条件,包括策划背景(项目背景、策划范围、相关规划研究)、现状评析、市场环境分析(社会经济趋势分析、旅游市场趋势分析、市场需求分析、度假产品供给分析、旅游市场现状分析、与渝东南旅游强县武隆的对比分析),全面分析了石柱县的经济、地理、交通、产业及市场发展环境,为后续的项目策划奠定了基础。

二、定位篇

定位篇包括总体发展思路(全域旅游发展战略、战略定位与目标)、旅游产业体系策划(产业体系图谱、核心产业发展规划、旅游产品策划)、全域旅游空间引导策划(全域空间规划引导、旅游空间格局、黄水康养度假发展空间规划引导、七曜山地质公园空间规划引导)。定位篇从宏观视角对石柱县进行了战略定位和总体布局,明确近中远期的发展目标与策略,是石柱县开发全域旅游的总纲。

三、项目篇

项目是旅游发展的支撑和主题。项目篇针对全域旅游的发展进行了重点项目策划,涉及黄水森林康养度假小镇、冷水度假组团、枫木度假组团、太阳湖片区、石柱县城、千野草场、西沱古镇、银杏堂、万寿寨、藤子沟国家湿地公园、七曜山国家地质公园、黄水国家级度假区等项目。项目篇详细分析了每个重点项目片区的现状条件,对项目定位、主要内容、用地、交通、游线等进行了概念性规划,为石柱县梳理并建立了完善的康养度假产品体系。

四、保障篇

制定切实可行的保障措施是石柱县实施全域旅游的前提。保障篇包括全域旅游支撑体系策划(旅游交通体系、旅游购物体系、旅游住宿体系、特色餐饮体系、户外运动体系、公共服务体系)、旅游村镇体系策划(城镇体系规划、旅游村落体系规划引导)、营销策划(营销目标、营销战略、形象策划、营销措施)、投资估算及效益分析(旅游项目库与投资估算、效益分析)、保障措施及近期行动计划(保障措施、近期三年行动计划)。

第二节　石柱全域旅游SWOT分析

项目文案详细分析了石柱县的区位交通、资源条件、场地条件、市场条件等，由于篇幅限制不宜展开，本小节仅以SWOT分析作为发展条件的总结，让读者了解石柱县全域旅游发展所面临的宏微观环境。

一、优势

(一) 生态优势

石柱县森林覆盖率达57.4%，位居重庆市第三位。石柱是我国莼菜品质最好、种植面积最大的区域(莼菜生长所需要的生态环境远远优于度假生活所需要的环境)，石柱县拥有丰富的水系分布，全域水系均可达到饮用水源标准，森林片区水系达到国家一级水源标准。

(二) 空间优势

石柱县75%的面积位于海拔800—1900米，其中坡度15%以下的山顶和平面空间约240平方公里，森林、草场、溪流、湖泊等生态资源与台地组合极好，高速公路和国省道直达。

(三) 避暑优势

石柱县夏季平均气温为21℃，年相对湿度达到80%，拥有98%的优良空气天数，负氧离子平均3000个/cm^3，极限值为75000个。

(四) 物产优势

石柱县拥有国家地理标志产品3个、无公害农产品61个、绿色食品22个、有机食品9个，是"中国黄连之乡""中国长毛兔之乡""中国辣椒之乡""全国莼菜基地第一大县""西南第一大辣椒基地县"。

(五) 区位优势

石柱县位于长江交通走廊，高速公路和高速铁路直达县城，距离重庆主城区225公里。高速铁路可实现1.5小时至重庆，3.5小时至成都和武汉。

二、劣势

(一) 资源劣势

石柱县整体资源品级欠佳，缺乏精品旅游资源，观光型资源价值不高。此外，自然保护区、森林资源、温泉资源、湖泊资源、山地资源等核心资源在成渝经济区内广泛分布，不具备唯一性、垄断性。

(二) 产品劣势

石柱县已开发产品较为初级，以旅游房地产开发为主，缺乏公共旅游吸引物和户外活动产品，度假生活枯燥、乏味，产品的价值链还没有建立起来，新产品、新业态开发严重滞后。

（三）品牌劣势

石柱缺乏具有全国性和国际性影响力的品牌形象和旅游产品，旅游市场局限在重庆市和周边地区。

（四）季节劣势

石柱旅游季节性强，目前只有夏季避暑旅游，缺乏秋季、冬季和春季旅游产品，企业经营时间短，连续性不强。

（五）成本劣势

与湖北利川、丰都、梓潼等地相比，石柱县的避暑地产开发的土地成本相对较高，在价格上处于劣势地位。

三、机会

（一）政策机遇

石柱县集长江经济带、少数民族地区、三峡库区、武陵山集中连片贫困区、国家级重点生态功能区于一体，新一轮政策红利集中释放，旅游用地、城乡基础设施建设、生态环境建设等取得进一步突破，为石柱旅游业新一轮发展提供强大支撑。

（二）市场机遇

旅游市场消费全面提档升级，康养旅游、避暑旅游、户外运动、自驾车旅游、休闲垂钓、低空飞行等新的旅游方式不断涌现，区域旅游市场不断扩大。同时，本地及周边游客对休闲度假的需求高，游客对深度体验型、休闲养生型旅游产品喜爱有加。

（三）技术机遇

低空飞行等新型旅游业态，以及电子商务、旅游OTO、多媒体与虚拟现实等新技术高速发展将助推石柱县旅游开发升级。

（四）基础设施升级

石柱县社会经济持续发展，高铁、高速、国省道、县道和乡道等交通设施以及电力、水务、通信、互联网设施覆盖率全面提升，石柱旅游产业发展机遇越来越明显。

（五）发展热情高涨

全县旅游初步发展，人民在旅游经营中的获得感持续提升，旅游发展热情持续高涨，迎来了乡村旅游、康养旅游和新业态发展机遇。

四、威胁

（一）竞争威胁

重庆市及周边共有47个项目在作为"旅游度假区"进行开发，旅游地产销售存量巨大，据不完全统计，在800万平方米以上，同质化竞争激烈。

（二）替代品的威胁

旅游市场青睐更加成熟、知名度更高的旅游目的地，同时，海外旅游目的地的增长也对国内高端旅游市场产生较大影响。

（三）经济环境变化的威胁

宏观经济不确定性持续增长，股市震荡、楼市复苏乏力、国内传统客源市场所在区域经济转型升级难度大。欧美日经济持续低迷严重影响入境旅游市场。

（四）市场需求不确定的威胁

人们的出游经验越来越丰富，获取信息的渠道越来越多，对旅游环境和服务质量越来越挑剔，市场需求难以把握。

（五）生活方式改变的威胁

青年人口外迁影响文化承续，旅游发展将有可能对石柱县传统生产和生活方式造成冲击。

第三节 全域旅游实施的"四个转变"

一、从夏季避暑旅游向四季康养旅游转变

季节性是石柱旅游的首要问题，石柱县必须实施四季旅游策略以延长可游期，保持企业经营的延续性。四季策略的实施路径如下。

大力发展冬季旅游，如滑雪、温泉、观鸟观动物、冬疗等；开发西沱古镇、地质公园、万寿山、银杏堂、土地文化城等文化性、科普性资源；根据季节变化，充分利用季相、天相景观和山地资源，发展体育建设和节庆旅游；大力开拓商务会议、拓展培训、学术会议、婚庆典礼等专项细分市场；鼓励旅游企业兼营和联营，例如农业项目兼容旅游业态，漂流项目与滑雪项目联营。

二、从封闭景点旅游向全域开放旅游转变

石柱县观光资源价值不高，难以推出名山大川，门票经济在石柱县行不通，需要保持公共资源的开放性，实现旅游产品从观光开发向休闲度假开发转变。开放策略的实施路径如下。

鼓励景区免费/低价开放；严格控制收费性景区开发，在资源聚集区，鼓励发展体验性游乐项目和全包价旅游酒店产品；打造自驾车风景道和重点片区的风景小径体系，串联森林、红叶、峡谷、梯田、喀斯特地貌等景观，将特色交通打造成为免费开放的公共产品和核心吸引物；以旅游理念建设水利设施、土地整理和旅游公路项目，将基础设施项目建设成为开放性的特色景观。

三、从分散粗放开发方式向集中集约开发方式转变

石柱县旅游资源分布相对分散，不利于开发建设。采取相对集中的布局方式，有利于资源要素配置，有利于节约资金，有利于形成规模效益，有利于核心吸引力体系营造。

明确并强化冷黄片区的龙头地位,使土地、公共资金和其他生产要素相对集中,在此基础上,引导康养旅游项目向冷黄片区集中。

全域构建自驾车风景道体系,串联特色小镇、古村落、梯田、草场、地质景观,沿风景廊道适度配置旅游要素,引导乡村旅游、自驾车旅游、特色小镇、景区景点等旅游业态开发。

坚持集约用地,一方面,控制房地产项目开发;另一方面,探索利用生态弹性空间建设生态营地、木屋和吊脚楼酒店建筑、户外游乐设施。

四、从条块分割方式向联动融合方式转变

旅游部门的综合协调能力不强,产业发展过程中条块分割是石柱旅游发展的机制障碍。未来石柱需要打破机制障碍,走向部门联动和产业融合发展。主要策略有打破条块分割,形成党政一把手亲自抓旅游的新格局,整合旅游、交通、水利、农业、文化等相关部门资源,共同发展旅游产业;探索联动协作机制,争取在旅游重大事项决策、旅游基建协调、旅游综合执法、旅游综合营销等方面实现突破;发挥石柱县物产和牧场资源优势,重点研究、推进农旅融合,争取在以有机食品为核心的康养领域实现新突破。

第四节 战略定位与目标

一、石柱旅游战略地位

(一)旅游是石柱生态建设的内在动力

石柱属于武陵山区生物多样性与水土保持重点生态功能区,是长江上游的生态屏障,保护生态环境、建设生态文明是石柱的第一要务。发展旅游,有利于石柱人民生态保护意识的觉醒,有利于国家和地方生态保护工程的实施,有利于全域石柱生态品质的提升。

(二)旅游是石柱经济发展的主导产业

与其他产业相比,旅游是石柱带动作用较强、发展前景较好、受限制因素较少、较有条件引领全域经济社会全面可持续发展的优势产业。将旅游确定为石柱经济发展的主导产业,有利于提升工农业产品附加值,有利于提升服务业在国民经济中的比重,有利于提升县域经济效益。

(三)旅游是石柱地方文化的重要载体

旅游具有重要的文化保护功能。石柱县位于重庆市唯一的土家族自治县,民族风情浓郁,历史文化和民俗文化深厚。发展旅游,有利于挖掘并激活文化遗产潜在价值,有利于历史文化遗迹保护和非物质文化遗产传承。

(四)旅游是石柱消除贫困的重要手段

石柱属于国家级贫困县,贫困是石柱的基本县情。旅游具有重要的富民功能。发展旅游,有利于带动石柱乡村地区经济发展,有利于转移和吸纳农村剩余劳动力,有利于扩大农村就业,有利于增强乡村地区的造血能力,有利于消除贫困。

二、石柱旅游战略定位

秉承有机、生态、健康的生活理念,围绕四季型、全域型、国际型旅游发展方向,突破观光旅游和避暑旅游的现实局限,构建全国最佳生态休闲康养旅游目的地。引领全域经济、社会、文化、生态全面协调和可持续发展。建设国际生态康养旅游目的地的核心支撑是世界莼菜养生中心、国家级森林疗养基地、国家级中医药健康旅游示范基地、国家级有机食疗旅游基地、长江中上游避暑旅游目的地、长江中上游会议康体旅游目的地。

三、发展目标

(一)旅游经济目标

1. 旅游经济指标预测

以石柱县现有旅游统计数据为基准,参照重庆市国民经济增长数据,按照旅游增长略高于GDP增长的原则进行接待人次数和人均消费预测,预计到规划期末(2030年)石柱县接待人次1933万,旅游综合收益292亿元。

2. 旅游增长目标设定

通过努力,争取到2020年,实现游客人次和旅游消费翻一番,游客量达到1000万人次,人均旅游消费达到1000元,旅游综合收入超过100亿元。争取到2030年,实现游客量和旅游消费在2020年基础上翻一番,游客量达到2000万人次,人均旅游消费达到2000元,旅游综合收入超过400亿元。

(二)品牌建设目标

争取在2020年之前,将黄水建设成为国家级旅游度假区,将千叶草场、西沱古镇、银杏堂创建成为国家AAAA级旅游景区,将县城创建成为全国旅游休闲示范城市(县城),将全县创建成为国家康养旅游示范基地、国家全域旅游示范县、全国休闲农业与乡村旅游示范县。

(三)项目建设目标

1. 公共性项目建设

到2020年,争取完成冷水世界莼菜农业公园、黄水森林慢生活康养公园、西沱古镇、千野草场景区、银杏堂景区等公共性重大项目建设并营业,争取黄水重庆森林度假小镇、冷水世界莼菜小镇等项目建设完工,每年择机举办2—3次国际性或全国性高端论坛、会议和体育赛事,如开展中国森林旅游节,黄水有轨电车完成前期工作,并争取开工。

2. 商业开发项目建设

到2020年,依托现有酒店,争取改造2—3家度假型康养酒店,争取大风堡、绿宫、油草河漂流、云中花都、林海雪原等经营性项目实现产品内容、规模和设施全面提档升级;争取万寿寨、懒人山谷等重大在谈项目实现一期建设并投入运营;争取太阳湖水上运动基地、冷水温泉度假村、黄水滑雪场等项目实现招商引资并开工建设;争取开工建设10处以上配套项目,如汽车营地、主题酒店、乡村酒店、有机庄园、养老社区等。

四、战略路径

争取通过10年左右的努力,将石柱县从现在的避暑旅游地升级为康养旅游目的地;再通过10年左右的努力,将康养旅游目的地升级为生态健康产业高地。

现阶段,围绕"生态康养旅游目的地"的目标和定位,需要"六位一体"推进康养度假基础设施、公共服务设施、度假生态环境和景观环境、康养度假业态、康养度假保障体系建设。

(一)以城乡统筹为路径建设康养度假基础设施

在城乡基础设施建设中,考虑原有功能诉求的同时,加大旅游和康养功能诉求的考量,让各类基础设施建设满足城乡居民生产生活需求的同时,也满足康养度假游客的需求。具体来讲,城乡建设资金的来源和路径主要有:一是争取城乡建设专项资金,二是争取政策性银行贷款和基金,三是应用PPP模式激活民间资本。

(二)以特色小镇为重点完善公共服务设施

以新型城镇化为主要路径,以黄水、冷水、枫木、西沱等特色小镇建设为重点,出台专门政策和措施,完善教育设施、医疗设施、文化体育设施、商业服务设施、金融设施、邮电物流设施及市政公用设施,为康养度假生活提供完善的公共服务设施配套,形成城市公共设施与生态度假环境的完美融合,从而确立新的竞争优势。

(三)以跨界融合为路径建设生态环境和景观环境

以旅游+的理念推动康养度假与农业建设、林业建设、城乡建设、文化建设、水利建设融合发展,推进生态环境保护和景观环境提升。一是加强生态本底和文化遗产保护;二是加强城乡环境治理;三是营造特色农林景观;四是结合美丽乡村建设提升乡村环境。

(四)以模式创新为路径建设康养度假业态

康养度假业态是康养旅游目的地的核心内容,建设体系完善、内容丰富且富有吸引力的康养度假业态是康养旅游目的地建设的决定性因素。康养度假业态对康养资源的依赖程度较低,在石柱能够发展的康养业态在其他大部分山区都能发展,因此,康养旅游目的地之间对康养业态的争夺和竞争就十分激烈,非常有必要创新康养度假的新业态招商模式。一是加大公共性项目投资力度,采用PPP等方式,促进公共资源性景区和公共空间的免费开放,为康养业态引进创造空间和条件;二是主动对接科研机构、全国性(区域性)行业协会、国际国内专业组织和机构(如森林康养协会、中国营养学会、世界球拍组织、中华户外网等),打通康养业态进入石柱的信息渠道;三是坚持定向招商,对于核心吸引物级别的重大项目,按照一事一议原则,通过谈判明确业态建设条件。

(五)以区域协作为路径建设康养保障体系

将石柱放在整个区域的背景之下,探索研究区域发展政策、资源协调开发、环境保护治理、社会治安联防。一是积极参与、主动融入长江经济带、武陵山区、长江三峡库区等国家战略重点区域的各项规划,通过区域协作规划,争取区域发展的政策保障;二是建立与周边区县的协调机制,如武陵山区旅游产业联席会议等议事协调机制,以此作为相互交流意见和促进合作的平台;三是签署发展协议和规制协议。

（六）以跨界整合为路径构建康养度假品牌形象

品牌形象是康养度假目的地的灵魂,必须构建特色显著的品牌形象。通过跨界融合,整合域内热点话题进行品牌传播,能够明显降低营销成本。一是明确营销传播的时间节点,在夏季营销的基础上,加大秋季运动产品和冬季滑雪、温泉和文化产品营销,延长旅游经营时间;二是在营销方式上,以节会活动为节点进行整合营销,如体育赛事、国际会议等;三是加大石柱康养产业相关品牌的曝光率和宣传力度,如黄连、莼菜、有机生态产品等。

第五节 全域旅游空间引导策划

一、全域空间规划引导

以旅游产业为引领,以三次产业融合联动为理念,根据县域产业现状和自然资源分布情况,制定全域空间发展战略,形成生态康养旅游区、沿江文化旅游区、城郊休闲旅游区、地质观光旅游区四大板块,如图10-1所示。

（一）生态康养旅游区

该区是全域高山台地、森林、水系和乡村资源组合最好的片区,以农旅融合、林旅融合、文旅融合、镇旅融合为路径,打造全域旅游产业发展极和康养度假核心区,引领全域旅游、经济、社会、文化全面持续可协调发展。

（二）沿江文化旅游区

该区拥有石柱县唯一的长江深水码头,也是古镇资源保存最完好的片区。规划以文旅融

图 10-1 全域空间规划引导图

合为路径,打造石柱面向长江航道的水上门户和三峡旅游重要节点。同时,以西沱古镇为龙头,引领旅游与工业、农业和村镇建设相融合发展。

（三）城郊休闲旅游区

该区是石柱县城所在地,是文化遗产最丰富、对外交通最发达、基础设施最完善的片区。规划以城旅融合为路径,打造全域旅游门户区、城郊乡村休闲区。同时,依托城市休闲和商务休闲市场,引领旅游与工业、农业和村镇建设融合发展。

（四）地质观光旅游区

该区地形地貌变化丰富,峡谷、河流、绝壁、台地、天坑等多元地貌共存,是一个天然的喀斯特熔岩地貌博物馆。规划以道路交通建设为重点,提高可进入性的同时,打造户外运动天

堂和国家级地质公园,引领旅游与农业、村镇建设融合发展。

二、旅游空间格局

(一)全域旅游战略要求下的空间应对

(1)兼顾黄水发展极的提升和全域协调发展。
(2)切合转型初期的发展阶段,多元发展。
(3)生态优先下的适度集中发展,避免全域开花。
(4)充分利用高铁站、高速公路出口等战略资源。

基于上述四点考虑,石柱县全域旅游空间模式为中心带动、融合联动,即依托核心资源形成核心吸引物和产业中心,通过产业融合带动周边产业、城镇和乡村发展。

(二)全域旅游空间格局

根据全县核心资源分布,规划形成"1151"的旅游空间格局,引导旅游核心吸引物和旅游产业聚集。"1151"即1个发展极、1个休闲城、5个发展组团和1个地质公园,全县旅游空间格局如图10-2所示。

1个发展极:黄水康养度假发展极。

1个休闲城:土家风情休闲城。

5个发展组团:西沱古镇组团、千野草场组团、滕子沟组团、万寿寨组团、银杏堂组团。

1个地质公园:七曜山地质公园。

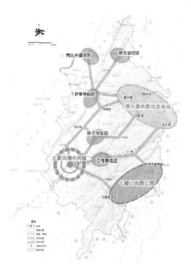

图 10-2　石柱县旅游空间格局图

第六节　重点项目策划

策划方案在石柱县全域布局11个重点项目,包括黄水——中国黑森林、冷水——世界莼养小镇、枫木——土家山歌小镇、太阳湖——中国动湖、石柱县城——土家风情休闲城、千野草场——撒野天堂、西沱古镇——巴盐文化小镇、银杏堂——西南第一禅林、万寿寨——土司兵寨、滕子沟——中国野钓湖、七曜山——自驾天堂。每个重点项目均从策划范围、发展思路、发展定位、专题研究、规划引导、重点项目策划、土地利用规划等方面进行展开。由于篇幅限制,本节仅选取黄水森林康养度假小镇项目做简要介绍,供读者作为编制全域旅游重点项目策划时的参考。

一、黄水森林康养度假小镇策划范围

便于规划衔接,本次策划范围选取黄水镇镇区规划范围23.72平方公里,其中建成区3.17平方公里。

二、黄水森林康养度假小镇发展思路

黄水旅游在避暑地产开发导向下获得了极大成功,但是,随着交通条件的变革,同处重庆周边、开发条件不佳的地区(如利川、丰都和黔江等),以及避暑地产的迅速发展,使黄水旅游陷入同质化低端竞争中难以自拔。黄水旅游发展必须寻求新的方向和发展路径,实现对周边产品的超越,重新获得竞争优势。

黄水镇拥有重庆市面积最大的国家级森林公园,其保存着我国仅有的水杉、银杏、红豆杉等古老树种,森林覆盖率高,水源充足,物产丰富,拥有疗养级的负氧离子浓度和森林芬多精,具备绝佳的森林疗养条件。

森林康养具有市场潜力大、与国家政策契合度高的特点,是黄水旅游理想的方向。依托森林,研究森林,改造森林,大力发展森林疗养、心理疏导、森林保健、森林教育等国际专业的森林康养业态,构建森林康养系列基地,将黄水镇从森林包围的城镇提升为森林疗养基地包围的城镇,从森林避暑小镇提升为国际森林康养慢城。

三、黄水森林康养度假小镇发展定位

中国黑森林——全国首个森林康养度假小镇

四、黄水森林康养度假小镇空间规划引导

黄水镇整体形成"141"的空间结构,即优化提升1个老镇区、优质发展4个新组团、特色发展1个度假交通环线(见图10-3)。

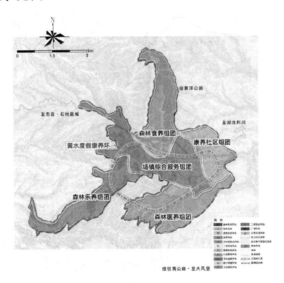

图 10-3 森林小镇布局图

(一)国际康养慢城

全面提升老镇区基础设施、服务设施和景观风貌,打造一个森林康养基地包围的国际康养慢城,作为整个度假小镇的公共服务中心。

（二）康养社区组团

依托森林和森林产品,优质发展康养社区,将森林和森林活动与社区建设融合,打造高端森林康养社区。

（三）森林医养组团

发挥中医药产业优势,以森林医学服务为中心,优质发展森林医养组团,打造功能完整、体系齐全的森林医学疗养基地。

（四）森林乐养组团

以森林教育、森林运动和森林娱乐为中心,优质发展森林乐养组团,打造乐活森林。

（五）森林食养组团

依托林下物产和月亮湖,以森林食疗为中心,优质发展森林食养组团,打造乡村康养民宿产业集群。

五、黄水森林康养度假小镇重点旅游项目策划

（一）国际康养慢城

（1）发展目标:国际慢城——申报并通过国际慢城联盟认证。

（2）建设内容:按照国际慢城的理念和标准,对黄水镇老镇区进行综合提升,打造国际慢城。其工作内容有:

第一,全面提升基础设施和公共服务品质,特别是医院、幼儿园、中小学等;

第二,对老镇区进行景观风貌改造,增添标志性景观、广场和景观节点,提升镇区美学特征,在此基础上,建设一批以特色美食、特色购物、夜间娱乐为主要业态的休闲步行街;

第三,对现有酒店、餐厅等经营性业态进行提升引导,鼓励酒店发展森林康养、会议等新业态,鼓励餐厅发展特色菜品;

第四,按照国家级旅游度假区标准,完善提升游客中心、旅游公交、停车场旅游公共服务设施。

（3）主要项目。

①土家慢生活步行街。

挖掘土家族的文化元素融入黄水老场镇的风貌改造之中,通过交通梳理和业态梳理形成一条特色街区,丰富夜间旅游产品,同时树立一处夜间地标性项目。

②森林度假酒店。

目前黄水镇大部分度假酒店都缺乏相应的度假活动设施,游客入住酒店后缺乏活动空间,但是部分酒店周边生态环境较好,具有配置和开发活动设施的空间,可通过室内外休闲项目的引入,对这一类酒店进行提升改造。

③度假服务中心。

对旅游度假服务中心的硬件设施进行升级换代,引入智慧旅游的服务系统、按A级标准打造旅游厕所、完善交通换乘体系,让游客到达以后无缝换乘。

（二）森林疗养基地

（1）目标:国家森林体验基地——申报并通过国家林业局森林体验基地认证;国家森林

养生基地——申报并通过国家林业局森林体验基地认证;国家中医药旅游示范基地——申报并通过国家旅游局、国家中医药管理局相关认证。

(2)建设内容:7个森林疗养基地及串联森林疗养基地的自行车绿道系统(见图10-4)。

图10-4 黄水镇自行车绿道系统规划引导图

①森林安息疗法基地。

依托重庆医科大学附属康复医院,整合中草药观光园及周边森林整体打造,针对重庆及其周边的地区常见地方病,如关节炎、呼吸道疾病、宫颈癌等,建设森林安息疗法基地。

建设核心内容是各类专科机构和森林疗养林,要求专业森林疗养小径总数不低于20条,可配套建设森林养生餐厅、森林建设俱乐部等设施。

②森林心理疏导基地。

针对城市人的抑郁、焦虑、失眠等心理问题,建设森林疏导疗法基地。建设森林睡眠中心、森林疏导医院等专业设施,建设睡眠疗养林、狂躁症疗养林、抑郁症疗养林、自闭症疗养林等专业疗养森林,配套建设"好心情"餐厅、宣泄森林浴场、冥想森林浴场。

森林睡眠中心:针对大城市失眠症患者的专门设计和建设,通过在森林环境中的适当运动以及和专业疗养师的交谈等,达到治疗或减缓失眠症状的作用。

睡眠疗养林:利用薰衣草、郁金香等促进睡眠的芳香植物建设睡眠疗养小径,让游客在花中漫步,在愉悦的心情中促进睡眠质量改善。

③森林芳香疗法基地。

针对城市亚健康群体,打造森林芳香疗法基地。建设体检中心,以及森林瘦身步道、降脂降压步道、颈椎疗养步道等20种专业疗养林,引进亚健康诊疗医院。配套建设无边界游泳池、无边界森林SPA、林下鲜花小径、森林度假酒店、森林降脂餐厅等设施。

森林瘦身步道:利用天竺葵、蓝甘菊、玫瑰、柠檬等植物,在柏树、杉树林中建设减肥疗养步道。

颈椎疗养步道:通过在森林中培育观花乔木、设置摆手舞平台等方式,建设颈椎病、腰椎病疗养林。

森林浴场:森林浴场与无边际泳池、森林 SPA、森林小木屋等设施结合,建设森林浴场,让游客在私密的森林中与自然无边界的接触。

④林下花径森林疗养基地。

"林下花径"森林康养基地以森林芳香疗法为主,项目占地1222亩,同时提供其他丰富的森林疗养旅游产品,如森林漫步、森林向导陪游、越野式森林漫步、森林健身项目、森林瑜伽气功以及自立训练法、森林体验项目、植树体验项目等。

⑤森林教育基地。

针对家庭亲子游乐和养老度假群体,打造森林教育基地。重点建设无边界幼儿园、自然学校、森林亲子厨房等设施,配套森林餐厅、森林露营地、专业森林步道、观鸟俱乐部等设施,配套开发养老度假地产、避暑度假地产等。

无边界森林幼儿园:以自然森林为背景,以人类为媒介,利用科学有效的方法,使儿童融入大自然,通过系统的手段,实现儿童对自然信息的有效采集、整理、编织,形成社会生活有效逻辑思维。无边界森林幼儿园以森林为主要的活动范围,占地面积一般是数百亩到一千余亩,没有墙体围合,给幼儿提供一系列参与性活动,幼儿可以在里面种植和收获蔬菜,为动物筑巢或洞穴,在溪水中探索水的特性等。通过这些活动,幼儿可以获得动手操作的机会,运用多感官获取直接经验。

⑥森林运动疗法基地。

针对青年群体,打造以时尚、动感、欢乐为主题的森林运动基地。建设全国最大的ZIP-LINE 森林穿梭系统、全国首创森林过山车、夜间奇幻森林,配套建设森林餐厅、水晶教堂、森林剧场、青少年户外营地、精灵世界、萤火虫森林,配套避暑地产、养老地产开发。

全国最大 ZIP-LINE 乐园:利用溜索、绳索、索桥、树冠步道等设施,借助森林树干,在接近树冠的高度上,建设一个全国最大的森林滑翔乐园,让游客在树梢上做一会儿"鸟人"。

全国首创森林过山车:利用山地地形,借助过山车设备,建设全国首个森林中的过山车,让游客在森林中体验刺激。

青少年户外营地:在林间规划户外帐篷营地区,满足孩子们亲近自然的需要,也是作为亲子活动的重要场所。

⑦森林食物疗法基地。

依托森林物产和有机产品,整合周边村庄,打造森林食物疗法基地。建设食疗体验中心、汽车露营地,结合村庄建设食物森林、有机菜园、有机鱼塘等设施,配套建设有机酒店、有机厨房、有机餐厅等设施,同时改造周边村庄民宿主题村落。

食疗体验中心:游客首先通过专业体检,确定健康状况;其次,根据健康状况,与注册营养师交流,注册营养师针对性地开具营养处方,游客按照营养处方要求,参与有机食物生产、有机餐饮制作过程;最后享用有机食品,达到缓解疾病、保持健康的功效。

汽车露营地:依托月亮湖的美景,在月亮湖湖畔规划选址建设,包含房车服务区、生态露营区和休闲娱乐区三大板块,分别给游客提供房车修理保养服务、露营住宿服务。

黄水食养村:选择月亮湖沿岸的三个村庄,通过绿色种植和生态散养的形式,保证食材质量的同时,开发美食产品,力争做到"一村一主题,一户一美食",初步确定三个村的主题为"山珍食养村""药膳食疗村"和"调理食补村"。

⑧森林劳动疗法基地。

针对重庆市大型企业集团,划分若干个森林劳动疗养板块,以林业经营权出让的方式,打造森林劳动教育基地。

建设森林木工坊、企业会所,划分植树林、砍伐林、食物林等专业劳动森林,配置游步道及相关设施,配套建设森林木酒店、养生餐厅。

游客通过参与植树造林、砍伐树木、森林采摘、家具和木制工艺品制作等各种森林经营劳动的方式进行森林疗法体验。黄水镇旅游项目布局如图10-5所示。

图 10-5　黄水镇旅游项目布局图

国际案例

成熟的全域旅游度假目的地——瑞士阿尔卑斯地区

阿尔卑斯山脉位于欧洲中南部,覆盖了意大利北部、法国东南部、瑞士、列支敦士登、奥地利、德国南部及斯洛文尼亚七个国家和地区。阿尔卑斯地区是欧洲久负盛名的旅游度假胜地之一,其中,瑞士与阿尔卑斯地区紧密相连,共同打造了世界著名的全域度假旅游目的地。以下就瑞士阿尔卑斯地区创建全域旅游的经验进行介绍。

一、瑞士与阿尔卑斯的结合

瑞士是欧洲经济发达国家中传统文化与生活方式保留较完整的一个国家,农牧业仍为该国的重要与品牌产业门类。瑞士人对自然的热爱和对生态的保护堪称全球典范,这里的山山水水得到最大限度的保护,令人向往。瑞士人热情好客,勤勉认真,有能力提供体现最优品质和最佳感受的旅游度假服务和各类精工产品。

瑞士是阿尔卑斯山地占国土面积比例最大的国家,其也由此被打上最深厚的阿尔卑斯"烙印",全球游客公认其为体验阿尔卑斯的最佳地区。瑞士阿尔卑斯地区包括国内文化与生活习惯各异的所有语区,在这个山地小国游览,便可感受法、意、德等国的风土人情,附加值很高。由此,旅游度假业是瑞士阿尔卑斯地区名副其实的全域主体产业之一。

二、机动化交通体系——发达便捷的公共交通网络保证区间通勤效率

以铁路交通为主体,这是针对其山势地形起伏较大,冬季道路状况不佳,城镇村落较分散等实际情况的最优选择。

在铁路方式不经济或难以到达的地区,公交线路成为通勤首选。即使在最艰险的山地,还有缆车能够解决进入性问题。通过铁路、公路、缆车等多种交通方式,瑞士阿尔卑斯地区整体构成无所不及的高效公共机动交通网络,为全域度假奠定坚实的交通基础。

在瑞士,列车内部设施和服务均体现了度假地的品质要求,为各方来客提供难忘的山地旅行经历,其本身已经成为瑞士旅游的著名吸引物之一。实际上,瑞士阿尔卑斯地区的铁路沿线通常都设有公路,供自驾型游客通勤,且途中各接待点的机动车辆租赁和寄存服务十分完善,方便游客自由换乘。

三、非机动化交通体系——"慢悠"交通方式具有典型度假地特征

瑞士阿尔卑斯山地区的非机动交通道路通常是供自行车、徒步和骑马等交通方式共用的。一般与机动车道分隔,之间保留山体、植被等视线屏障,建设地址选择坡地、谷地等地形,路线曲折蜿蜒,同时特别注意构建沿线湖泊、河流中的水上交通方式,水陆共同营造度假地"慢悠"交通氛围。同时,这里的自行车/徒步线路由旅游和交通部门整合规划建设,推出众多"官方推荐线路",并综合考量坡度、长度、路面条件等指标,对线路进行难度分级,适合不同类型旅游者的需求。

四、住宿业体系——合理的分级布局形成协调互补的城乡多元度假住宿设施体系

(一)经济型/星级酒店

如图 10-6 所示,红点为旅游点,橙点为经济型/星级酒店;1——日内瓦,2——洛桑,3——伯尔尼,4——卢塞恩,5——苏黎世。酒店主要面向全部消费层次的普通度假游客,提供住客熟悉习惯的标准化接待服务,消费水平丰俭由人。各档次酒店的空间分布较均衡,且从密度上看,酒店仍明显为瑞士阿尔卑斯地区的主要度假住宿形式。

(二)度假公寓

如图10-7所示,红点为旅游点,黄点为产权/私有度假公寓;1——日内瓦,2——洛桑,3——伯尔尼,4——卢塞恩,5——苏黎世。

图10-6　经济型/星级酒店分级布局图　　　图10-7　度假公寓分级布局图

度假公寓主要面向开展低强度休闲活动的家庭度假游客,强调交通便利和完善的城市化服务设施,消费水平适中。度假公寓在与城市较近一面的山地景点周边相对集中,并多分布在道路两侧。

(三)青年旅馆/农庄/客栈

如图10-8所示,红点为旅游点,绿点为青年旅馆/农庄客栈;1——日内瓦,2——洛桑,3——伯尔尼,4——卢塞恩,5——苏黎世。

图10-8　青年旅馆/农庄/客栈分级布局图

青年旅馆和农庄客栈广泛分布于各度假目的地,但基本不出现在地区中心城市。其主要面向爱好自然、富有探索精神的青年人群,强调原生态体验性,仅需要基本服务,消费相对较低。

(四)细分化和特色化的阿尔卑斯山住宿体系

阿尔卑斯山地区住宿场所(见图10-9)的"细分化"和"特色化"营造还体现在以下方面。

(1) 在住宿场所的建筑营造上,尽可能选用本地建材和传统山地建筑结构,形成举世知名的"瑞士式""阿尔卑斯式"建筑风格。

(2) 在住宿场所的设施配备上,对客户需求进行细分研究,无论酒店、租住屋、度假村,都有针对不同消费能力和活动诉求客户群体的专属场所。

五、瑞士阿尔卑斯地区游乐活动相关主要产业门类

图10-10所示为阿尔卑斯地区主要游乐活动产业门类图。

图 10-9 阿尔卑斯山住宿体系

夏季山地运动

强调亲近自然,类型多样,包括徒步、山地自行车、马术骑游、山地高尔夫、激水漂流、滑翔伞、热气球等。其徒步、自行车路线上都设有全国通用的黄色标识牌,方便游客自主选择线路和留宿地点。

冬季山地运动

这里拥有 200 多个滑雪场,13 条齿轨铁路,50 部缆车和约 600 条空中索道,4000 名专业滑雪教练在 200 所滑雪学校任教,并开展曲线滑雪等独有活动。每年冬季这里都会成为"全球滑雪圣地"。

绿色生态观光

依托类型丰富、品质绝佳的自然景观,包括四季景致变换的山峰、冰川、湖泊、山谷、瀑布、岩洞等,政府优中选优,设立一系列国家自然公园和动植物园,由山地火车、公交车和汽轮作为观光交通工具。

农耕/历史文化体验

在田园牧歌般的瑞士农场里参与奶酪制作,在葡萄园中修枝剪叶,亲手制作地道的瑞士巧克力,在中世纪的老城里探索历史遗迹,游客全身心沉浸到原真地域文化的全方位体验之中。

图 10-10 瑞士阿尔卑斯地区主要游乐活动产业门类图

六、瑞士阿尔卑斯地区的餐饮产业体系

瑞士阿尔卑斯地区特别注重保留和强化各地区的特色美食传统,并以其作为表现这些区域文化差异性的重要元素。同时,本地区还注重餐饮场所的分级引导建设,既有米其林三星级餐厅,也有农庄乡土食堂,为不同消费能力和诉求的游客提供原汁原味。

各色美食不仅承担餐饮服务功能,还已成为本地区的特色吸引物,激发游客在不同语区间流连忘返,遍尝美味(见图10-11)。

图10-11　瑞士阿尔卑斯地区餐饮产业图

七、瑞士阿尔卑斯地区的康疗产业体系

在瑞士阿尔卑斯地区购物绝不会是不得已而为之的消极活动。"瑞士"和"阿尔卑斯"本身便是举世公认的"高品质"代名词,二者叠加成就高绩效消费业体系。该地区的康疗产业体系如图10-12所示。

八、瑞士阿尔卑斯地区的节事产业体系

瑞士阿尔卑斯地区的娱乐活动以传统民俗节庆为主,这与其旅游度假地区的形象特征完全吻合。在小镇乡村不断举行的传统民俗节庆活动成为令来客热情高涨的理想娱乐活动(见表10-1)。

传统优质美食	精密机械产品
瑞士巧克力和奶酪是名扬天下的标志性产品，瑞士有著名的传统糖果利口乐，瑞士"国饮"Rivella汽水，以及作为有"贵族咖啡"美誉的瑞士咖啡(Cafe Crema)。	钟表几乎已成为瑞士的某种象征，带来了无尽的商机，与钟表同为精密机械产品，瑞士军刀的价格更为平易近人，适合作为所有游客在瑞士旅程的签证和纪念。
	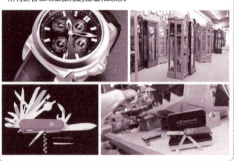

图 10-12　瑞士阿尔卑斯地区康疗产业图

表 10-1　阿尔卑斯地区的节事产业体系

四季不断的传统民俗节庆活动			
春天的搏动	夏天的欢欣	秋收的喜悦	冬季的喧闹
冰雪融化，山花盛开。各种迎接春天的传统习俗在瑞士各地展开	夏天到了，开展各项有趣的民俗活动。人们兴致勃勃地参与其中	秋天到了，收获了累累硕果，大家品尝丰收的美酒，向大自然感恩	圣诞节、狂欢节……寒冷的冬季反而成为节庆最密集的季节
·升天节骑马游行仪式 ·受难节游行 ·哀悼耶稣受难 ·圣体节游行 ·社区边线日 ·美丽五月天 ·群众露天选举大会 ·苏黎世的六鸣节 ·阿尔卑斯山上聚会	·圣加仑的少年节 ·母牛决斗争夺"牛皇后" ·温特图尔的阿尔班节 ·瑞士国庆节 ·良马展览比赛会	·纳沙泰尔葡萄酒丰收节 ·伯尔尼洋葱节 ·卢加诺葡萄酒丰收节 ·历史战争纪念仪式 ·吕特立射击比赛 ·射鹅比赛 ·清理河道感恩节 ·白萝卜灯雕刻节 ·苏黎少年射击比赛 ·阿尔卑斯山感恩节	·假面狂欢节 ·圣尼古拉节 ·摇铃节 ·新年前夜大游行 ·日内瓦的攀城节 ·格劳宾登州赶雪节 ·燃烧稻草人 ·除夕夜游行 ·鱼狂欢节

瑞士阿尔卑斯地区还在各城镇和景区举办一系列的现代/古典音乐集会和运动/艺术表演，这些活动与传统民俗节庆活动相得益彰，共同构成本地区极富魅力的娱乐活动体系。

九、总结及启示

一个地区实现全域度假发展的关键,在于构建门类齐全、品质优越、容量充足、特色突出的"大度假产业体系"。瑞士阿尔卑斯地区在此方面堪称全球典范。

(一)交通

便捷路网和多样化方式是山地度假区形成规模效应和延长游客停留时间的关键,由铁路、公路、航空、徒步/自行车组成的立体化交通体系将瑞士阿尔卑斯地区各片区连为有机整体。

(二)住宿

瑞士阿尔卑斯地区的住宿设施既在外观上体现和谐统一的山地风情,又在内部设施和价位上体现对各细分市场的针对性关怀。因而,所有访客均能获得令人满意的住宿体验。

(三)游乐

游乐活动是旅游度假地区的基础和支撑,规避季节性问题至关重要。瑞士阿尔卑斯地区有着四季皆宜的游乐产品体系,且活动强度划分合理,适应绝大多数人群。

(四)餐饮

美酒佳肴是客人必然产生的享乐诉求,甚至能够成为主要的到访动机。瑞士阿尔卑斯地区的餐饮服务丰富多样、品质超群,自然令来客流连忘返。

(五)购物

购物常常是相对消极,甚至引发矛盾的活动。然而,瑞士阿尔卑斯地区凭借其具全球独占性和度假消费特征的系列商品,实现旅游购物收益最大化。

(六)娱乐

娱乐活动不可或缺,但常规的城市型娱乐活动方式难获游客青睐。瑞士阿尔卑斯地区以传统民俗节庆和激情文体集会为主体的娱乐体系效果良好。

(备注:以上图文资料来自瑞士阿尔卑斯地区旅游局官方网站。)

思考与练习

1. 根据本章的策划内容,总结和思考石柱县旅游项目策划的亮点在哪里?
2. 查阅相关资料,分析其他国家的阿尔卑斯地区是否也开展了全域旅游活动?是如何开展的?

实践与练习

试以你的家乡或你熟悉的某一地区为例,运用所学知识,按照本章的策划结构,以小组的方式完成一个旅游项目策划方案。

第十一章

传统文化类景区的创意与开发:洛阳上清宫老子道源文化旅游区总体策划

案例背景

洛阳上清宫老子道源文化旅游园位于洛阳市邙山翠云峰上清宫森林公园内,策划总面积2300亩。春秋时期,老子作为东周王朝管理国家图书馆的官员,长期在洛阳生活。翠云峰是当年老子读书著书、修道悟道的地方,是老子思想形成的场所,也是中国道家思想的发源地和诞生处,拥有"道源"的天下美誉。现洛阳上清宫森林公园景色优美,是洛阳历史文化中轴线(龙门—隋唐宫城—上清宫)的北端起点,也是俯瞰洛阳城的制高点。

如何将抽象的老子文化和道学知识转化为游客喜闻乐见的旅游产品,既保护道源遗产,又能带动项目地经济发展,弘扬老子文化,是本次策划的重点。本次策划以上清宫道源圣地为文化源点,按照国家5A级旅游景区标准,通过创新型的策划思路,融合文化、生态、旅游三大要素,打造老子文化体验、生态休闲、养生度假等文化旅游品牌,提升园区自身盈利能力,实现文化弘扬与经济效益的有效兼顾,力争将园区打造为具有持久生命力的洛阳旅游新地标。

第一节　背景分析

一、发展机遇

机遇1：洛阳的文化复兴

洛阳是中国十三朝历史古都、河洛文化的中心,是能够影响世界文化的为数不多的城市之一,恰如北京、西安之于世界的地位。但洛阳目前在国际上的文化知名度还不够,还未能成为有世界影响力的文化旅游目的地城市。其关键在于洛阳的文化遗存少(仅有白马寺、龙门石窟),缺乏能够与世界文化接轨、对话的平台。因此,洛阳必须复兴有世界影响力的文化遗产,建设能够与世界对话的文化平台。

机遇2：文化旅游产品创新发展

《国务院关于促进旅游业改革发展的若干意见》明确指出要创新文化旅游产品,同时要组织开展群众参与性强的文化旅游活动。

《中共中央关于深化文化体制改革推动社会主义文化大发展大繁荣若干重大问题的决定》提出"加快发展文化产业,必须构建结构合理、门类齐全、科技含量高、富有创意、竞争力强的现代文化产业体系。"

机遇3：老子文化申报世界文化遗产

2014年11月,由国际老子文化协会组织的"老子申遗工作研讨会"召开,提出了将老子文化(出生地:河南省鹿邑县;久居地:河南洛阳;出关处:河南省灵宝市;归隐地:陕西周至县终南山的楼观台)联合申遗。

会议确定申遗目标,提出了加强全球性的老子文化研究与交流、加大古迹的修缮与文物保护、做好老子文化历史文献的整理与保管工作、联合举办老子的诞辰祭祀与庆典、促进老子文化系列产品的开发等意见。

机遇4：道德经列入高中国学教材

2015年9月,国内第一套自主研发的高中传统文化通识教材出版,其中《道德经》为原文全本讲解。

本项目应抓住宏观机遇,建成洛阳与世界对话的文化平台之一。在文化旅游产品创新的要求下,发展科技含量高、富有创意的文化体验项目。

二、区位交通

(一)区位

项目地位于洛阳市老城区北郊城乡接合部,离市中心仅10分钟车程。距离北郊机场6.3公里,距龙门高铁站12.4公里。距离白马寺仅15公里,具备旅游线路整合的优势。

（二）交通

洛阳市交通便利，洛阳机场已开通至北京、上海、广州、大连、青岛、成都、杭州、重庆、昆明、深圳、沈阳、福州、天津、海口、杭州、呼和浩特、海口、厦门、香港、曼谷等多条国内地区和国际航线。四小时内高铁可通达西安、武汉、石家庄、北京等城市。三小时高速可达省内三门峡、济源、平顶山、郑州、开封、许昌、焦作、新乡等城市。

（三）文化旅游发展环境

2013年，洛阳市全市接待游客人数8606万人次，旅游总收入485.02亿元。洛阳市政府下发《关于加强全市旅游重点项目建设督导推进工作的通知》，提出从2014年至2019年，开展总投资高达1834亿元的50个重大旅游项目的建设（见表11-1）。

表11-1　洛阳市重大旅游项目建设一览表

项目类型	名称
精品旅游度假景区	嵩县白云山国家旅游度假区（120亿）、伊滨区万安山、汝阳县西泰山、龙门石窟世界文化遗产园区、伊河源生态观光及栾川县老君山、重渡沟、伏牛山等
文化休闲特色旅游园区	老城区东西南隅历史文化街区保护与整治项目（83亿元）、中央新影中原影视文化产业园（226亿元）、洛龙区河洛古城、伊川县凤凰水城、孟津县卫坡古民居旅游开发、瀍河回族丝绸之路伊斯兰风情街、隋唐洛阳城国家遗址公园、汉魏故城国家考古遗址公园、白马寺佛教文化园等
五星级、高档次旅游接待设施	西工区希尔顿国际连锁酒店、嵩县白云山国际大酒店、新安县黛眉国际大酒店、洛宁县龙泰假日国际酒店、汝阳国际大酒店等
旅游新业态及演艺产品	汝阳县大虎岭户外运动基地、孟津县承大房车自驾游露营基地、小浪底体育休闲苑、伊川县中国动漫之都（洛阳）产业园、高新区中原影视文化产业园、涧西区《功夫诗·九卷》等
旅游公共服务	洛阳城市智慧旅游项目、洛阳游客接待中心项目等

据不完全统计，洛阳市区已规划了8处大型旅游项目（见表11-2），建成后将形成洛阳旅游产业集群，丰富市区旅游产品体系，增强市区旅游吸引力，也将为本项目带来客源。

表11-2　洛阳市区主要旅游项目一览表

名称	位置	基本情况	投资
中央新影中原影视文化产业园	—	规划影视拍摄区、影视产业区（国学讲堂、博物馆群落、主题商业街、影视文化总部基地）、影视娱乐区（滨河酒吧街、影视主题乐园、电影乐园、超五星级酒店、大运河码头、灯树）	226亿，占地6600亩
万安山区域综合开发	洛阳新区（原偃师）	中华源文化健康休闲超级花园的核心愿景，提出"中华源文化休闲经济的创兴区、河南龙少文化旅游带的枢纽区、郑汴洛都市型山野休闲的主要承载地、洛阳打造世界级旅游文化名城的先导平台"	800亿（其中文化旅游投资不少于160亿）

续表

名称	位置	基本情况	投资
洛都皇苑项目	西工区	规划内容涉及各国国花欣赏、牡丹文化体验、河洛地区市井生活体验、皇家园林、文化活动场景游乐、生态休闲基地等	179亿
老城区东西南隅历史文化街区	老城区	规划城墙遗址文化公园、民俗博物馆群、传统商业休闲街、府文庙—鼓楼—妥灵宫—玉虚观建筑群,建造集文化展示、文化创意、文化商业于一体的文化示范区	80多亿元
洛阳天香文化旅游产业创意产业园	涧西区	——	6亿元
洛阳中国文化休闲(婚礼)产业园	高新区	——	19亿元
洛阳隋唐百戏城(杂技演艺产业园)	高新区	杂技演艺文化产业	20亿元
牡丹花仙大型山水实景演出	涧西区	招商中	6亿元

(四)小结

洛阳市正在向旅游目的地城市转型,市区旅游正从点状的单一观光型景区向旅游产业集群化发展。

第二节 市场分析

一、需求市场分析

(一)大众旅游市场

洛阳市区年游客量有1000多万人次,从客源构成看,外地游客中省内游客占42.7%,省内短途游客是洛阳主要的客源市场。省外游客中,河北、北京、陕西、江苏、山西、湖南、上海游客较多,所占比例分别为15.7%、5.6%、4.5%、4.5%、3.4%、3.4%、3.4%。

1. 超六成游客选择自助出游

从出游方式看,自助游已成为多数游客的选择。调查显示,60.7%的来洛游客为自助出游,仅有39.3%的游客选择随旅行社组团出游。以家庭团、亲友团为主的自驾游、自助游成为洛阳旅游市场的重要组成部分。

从交通方式看,37.1%的游客选择自驾游,30.8%的游客选择乘坐普通列车,15.2%的游客选择乘坐大巴,12.4%的游客选择乘坐高铁,4.5%的游客选择乘机来洛。

随着私家车不断增多,自驾游游客的比例在不断加大,乘旅游大巴出游的人数逐渐减少。同时,随着经过洛阳的高铁车次增多,西安、郑州、武汉、北京等高铁沿线城市的游客纷纷选择乘高铁来洛旅游。

2. 游客主要选择去龙门、白马寺等著名景点

来洛游客去过和准备去的景点的排名依次为龙门石窟、白马寺、关林、王城公园、白云山、小浪底、神州牡丹园、天子驾六博物馆、国花园、重渡沟、鸡冠洞。多数游客来洛主要为游览龙门石窟、白马寺。

3. 了解洛阳途径:以朋友介绍为主

在被问到"你通过什么渠道了解洛阳"时,选择"听朋友介绍"的游客占52.8%;其次是选择"旅行社介绍"的游客,占23.5%;通过"网络"了解洛阳的游客,占23.5%。此外,通过"报纸"和"电视"了解洛阳的游客分别占15.7%和1.2%,两项合计占16.9%。洛阳旅游的宣传营销还有很大的提升空间,特别是全国性的报纸和电视等传统宣传渠道,今后有待进一步加强。

4. 人均消费:1104.6元,超三成用于吃住

来洛游客的人均旅游消费为1104.6元。其中,花费在500元以下的游客占30.8%,这部分游客多是看完即走,花费少,所占比例较大。

从游客旅游消费支出的构成情况看,按消费支出高低依次是住宿、餐饮、门票、交通和购物。其中,住宿花费最高,占19.8%;其次是餐饮,占17.7%。

住宿和餐饮仍是游客花费的主要支出。随着人们生活水平的不断提高,乘坐高铁、飞机等交通工具以及自驾游的游客逐渐增多,使交通消费逐渐增加。由于来洛游客停留时间较短,很多游客仅停留一天,造成购物和娱乐消费较低。

5. 旅游目的:六成游客来观光,三成为休闲度假

调查显示,60%的来洛游客表示以观光、游览景区为主,34.7%的游客表示来洛以休闲、度假为主。因此,洛阳旅游发展应重点关注观光市场,同时也需要关注休闲市场。

(二)洛阳市民休闲消费能力分析

2013年洛阳市常住人口209万人,流动人口100多万人。人均年消费支出达到1.6万元,占人均可支配收入的64.3%。市场规模和市场消费能力较大。

旅游消费成为洛阳市城镇居民文化消费的主要增长点。据统计,2012年洛阳市城镇居民人均旅游花费总额为663元,占文化消费总支出的比重达到54.3%,十二年间提升18.2%。

根据"市民周末休闲偏好研究分析",市民的周末休闲活动以逛公园、逛街等为主。其中,到公园游玩所占比例最高,为18.46%。文化程度较高的市民,更注重身心放松。不收门票的城市公园特别受到洛阳市民周末休闲的青睐。

从市民对洛阳本市的休闲活动吸引物类型的偏好来看,自然风光、森林的喜好比例最高

(38.5％),其次是乡村田园风光(28.04％)、历史名胜(22.82％)。

从不同年龄分组分析来看,年龄18岁以下的市民对景区的青睐最低,青少年更喜欢主题体验化的公园项目。随着年龄增长,对生态自然胜地、宗教圣地的喜好逐步增强。36—45岁年龄段的市民对养生休闲、历史名胜最为青睐。

(三)专项潜在市场分析

1. 国际老庄道家文化研学市场分析

(1)老庄道家文化研究群体。

国内外研究老庄文化的人群以学者为主,其次是老庄文化崇拜者和爱好者。中国大陆对老庄文化研究较早,研究的领域较丰富且深入。港台地区对道家学说的研究,从20世纪五六十年代以来持续不断,其研究成果十分丰富,著作产生的影响也较广泛。

老子是西方人(美国、英国、加拿大、澳大利亚)较感兴趣的哲学家之一。特别是西方科学家对老庄道家思想有很大兴趣,对老子思想有普遍的关注和赞同。据联合国教科文组织统计,被译成外国文字发行量最多的世界文化名著,除了《圣经》就是《道德经》。在近邻日本、韩国,老子具有巨大影响,近些年来更在韩国成为热门话题。在亚洲的其他国家如越南、印度,道教文化研究也受到重视。

(2)对"老子""道德经"感兴趣人群的地域分布特征。

从百度搜索关键词数量来看,仅以"老子"为关键词的热度搜索达到1亿次,"道德经"的搜索量为2600万次,市场的关注度和热度均处于较高的位置。

从搜索的区域来看,对"老子""道德经""道家"三个关键词的访问人群主要集中在东部沿海经济发达的省市,排名前五位的是北京、广东、浙江、山东、江苏,这些人群是本项目应该关注的重点市场。

2. 道家养生市场

据统计,中国精英人群中近60％处于严重亚健康状态。他们渴望回归自然,调养身体,放松身心。这些都推动高品质养生、休闲度假项目的大发展。道家养生是养生行业的朝阳行业,正处于快速发展的上升态势。

中国的富人、高管阶层对参加各类道教大师授课的培训学习趋之若鹜。许多人热衷于道家以及道教,并非完全出于对宗教的崇拜,养生是其主要诉求。另据学者的相关调查研究表明,人们对道家养生兴趣浓厚,且不同人群所选择的道家养生方式各不相同,如,有些人群对太极拳、气功等养生运动感兴趣;有些则对回归自然、天人合一的道家养生环境感兴趣;有些则喜欢道家养生膳食。

道家辟谷历史可以追溯到3000年以上,远比中医及西医久远,堪称"国粹"。辟谷针对"三高"等慢性疾病效果好,又能减肥、驻颜抗衰,深受市场的欢迎。武当山八天的辟谷费用达1.7万元,深圳、北京等辟谷养生课程(通常3—5天)达5000—7000元/期,且供不应求。

道家药膳不仅具有延年益寿功效,还有美容作用。道家驻颜回春术能够延缓衰老,祛病延寿,甚至会出现年龄回溯的现象。一些明星也热衷于道家理念下的美容。道家推拿术、经络引导术、点穴按摩术等深受市场欢迎。

二、竞争市场分析

（一）主要竞争者分析

1. 河南周口市鹿邑县（老子出生地）：老子故里旅游区

资源及品牌：老子故里，AAAA级旅游景区，其中太清宫为全国重点文物保护单位。

区域环境：自然环境一般，缺乏体现老子思想的地脉和环境营造。

开发情况：恢复了太清宫、明道宫唐宋鼎盛景观，新建了老子文化广场、老子故居、道源碑林、翰轩苑、老子文化博览园、李母墓等景点，目前景区规模已达800余亩。

经济效益：门票收入为主。

2. 甘肃临洮老子文化园（老子飞升地）

资源及品牌：老子晚年隐居和"飞升之地"，有老子"第二故里"之称。

区域环境：在岳麓山公园的核心游览部分，自然风光优美。

区位交通：位于甘肃省临洮县，距离兰州市95公里。

开发现状：建设老子博物馆区、祭祀广场区、老子飞升纪念景区、老子研究院区、临洮传统民俗街区等。目前，临洮已重新修缮了凤台、文峰塔，新建了展现老子传道讲经历史的伯阳宫、讲经台、超然阁等纪念性建筑物，并在老子飞升处设立了老子汉白玉雕像，碑刻了《道德经》，维修了道统祠。

3. 西安楼观中国道文化展示区

资源及品牌：楼观台是老子著书立说、传道讲经之道教发祥地，已有三千余年历史，素有"天下第一福地""洞天之冠"的美誉。

区位交通：距离西安市区75公里。

规划状况：占地918亩，主要由三大景区组成，即道教文化区、化女泉景区以及延生观景区。道教文化区（700亩）——以道教文化旅游为内容的华夏文化寻根朝拜旅游项目，设三清殿、玉皇殿等道教文化建筑群。化女泉景区（104亩）——养性胜境，以老子点化徐甲的故事为基础，融合了女子养生、品泉文化、道茶文化等内容。设置凤舞广场、品泉阁广场、化女泉广场、山门、竹里馆、品泉阁、鑫盛坊和庙宇区。延生观景区（114亩）——养生道源：紫庆门、延生殿、应道馆、悟道馆、上清殿、修真堂等。服务配套：商业街、滨水酒店、财富网酒店、商业街青年旅社。

4. 国内其他老子文化园旅游项目

表11-3所示为国内其他老子文化园旅游项目一览表。

表11-3 国内其他老子文化园旅游项目一览表

区位	项目名称	距主要城市距离	主要项目
河南温县	东口老子文化产业苑（规划）	位于焦作市河南温县东口村，距洛阳市95公里，距郑州105公里	世界之最的"和谐宝鼎"。恢复"太清宫"，建设老子文化研究院；建设世界"名人书院"及五星级大酒店、国际会议中心以及"珍宝馆"；建设世界养生度假村、珠龙凤情古街、国际购物城、养生院、新农村别墅区等

续表

区位	项目名称	距主要城市距离	主要项目
陕西洛南	老君山主题旅游风景区(规划)	位于陕西洛南县巡检镇,距离西安市区180公里	形成生态旅游登山观光区、老君洞喀斯特地貌观赏区、奇石盆景展览馆、道教文化艺术碑林、太上老君纪念馆、群山飞瀑与山水湖光游览区、玉皇殿观赏区、老君山索道、青牛洞岩溶地貌观赏区、秦岭动植物园等
河南栾川	老子文化园	位于洛阳市栾川县老君山风景区,距离洛阳市150公里,距县城8公里	建设《道德经》文化墙、老子艺术造像、老子书院、老子文化展览馆、和谐广场等。其中,老子铜像高度为38米。另外还将建设老子养生园,现有9栋家庭宾馆已对外营业。灵官殿修复建设项目也已建成
甘肃临洮	老子文化园	位于甘肃临洮岳麓山景区,距离兰州市95公里	以岳麓山公园为核心,建设老子博物馆区、祭祀广场区、老子飞升纪念景区、中国老子研究院区、临洮传统民俗街区及居住区等
北京房山	圣莲山中华道家文化复兴基地(规划)	位于北京市房山区圣莲山景区,距离北京市区90公里	道家文化博物馆、老子文化主题公园、道家文化学院、道家养身院、中华道文化艺术团、老子书画研究院、中华道文化影视基地
河南鹿邑	老子故里旅游景区	位于河南鹿邑县太清镇,距离县城7公里,距许昌市180公里,距亳州市25公里	太清宫、明道宫、老子文化广场、老子故居、道源碑林、翰轩苑、老子文化博览园、李母墓等景点,老子文化国际研讨会、"聚祖庭·议和谐·话发展"研讨会、老子庙会、公祭老子大典、世界李氏宗亲恳亲祭祖大典、纪念老子诞辰全国书法展等活动
陕西西安	楼观台道文化宫旅游区	位于楼观台国家森林公园,距离西安市75公里	三清殿、玉皇殿、紫庆门、延生殿、应道馆、悟道馆、上清殿、修真堂等

(二)市场竞争分析小结

(1)大多数老子文化景区以门票收入为主,经营状况堪忧,市场认可度不高。

(2)大多数老子文化旅游项目有"形"而无"魂"。各地老子文化旅游项目都以重修宫观或陵园、新建纪念馆、大型老子塑像和大规模的祭祀广场为主,但对老子及道家思想如何转化为群众易于感知和体验的产品研究不足。

(3)产品单一、雷同,缺乏创新,无法形成深度体验。各地老子文化项目以观光为主,观光内容主要是静态的塑像、碑刻、文化墙。方式简单,缺乏创意,缺乏深度体验的产品,访客无法深入领会老子道家思想的精髓。

（4）新规划的老子文化产业项目重视养生产品的引入和旅游产业要素（餐饮、住宿等）的配置。

可见，虽然国内已经开发了众多的老子项目，但是洛阳是老子生活最久的地方，并且项目地相比其他项目地而言，交通便利，具有区位条件比较优势，因此本项目是最适合建设老子文化园的地方。

第三节 资源分析

一、老子文化资源梳理

（一）老子文化梳理总体脉络

老子文化梳理分解图如图 11-1 所示。

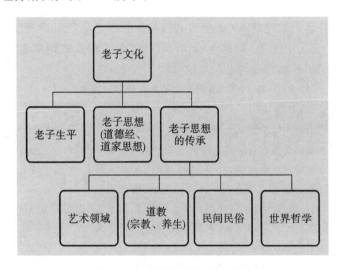

图 11-1 老子文化梳理分解图

（二）老子文化主要内容

1. 老子生平

老子当年来到洛阳，在周王室掌管王家典籍，时任周朝的征藏史，每天除了处理王室公务，还在邙山翠云峰参悟道的真谛。洛阳是老子生活最久的地方，老子在此地生活了 60 多年，唐代在此建立第一座皇家道观——上清宫，以纪念老子。老子生平经历图如图 11-2 所示。

2. 老子思想

中国拥有众多的文化印记，但文化思想的精髓始终在于"外儒内道"，外表看起来是儒家的君臣父子、社会伦理、礼乐仁爱，实际上都是修炼的老庄哲学。老子思想影响了中华上下

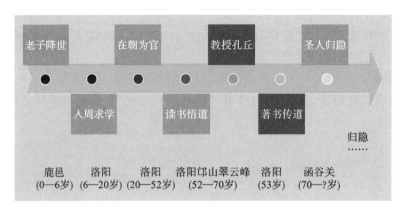

图 11-2　老子生平经历图

5000 年的文明发展,是东方哲学的源泉,并在现代越来越被西方世界接受,成为影响全世界的东方智慧文明。

二、实物资源分析

洛阳目前保存有老子故宅砖雕(藏于市文物局)、孔子入周问礼碑等历史遗迹资源,后人为纪念老子,设置了老子纪念馆,目前也有老子学会、老子相关书籍等老子文化资源。这些资源为项目开发奠定了基础和支撑(见表 11-4)。

表 11-4　洛阳市老子文化资源一览表

老子资源	简述
上清宫	上清宫所在翠云峰是老子读书著书的地方,是老子思想形成的场所,也是中国道家思想的发源地和诞生处。东汉时期后人为纪念老子,在翠云峰上修建了老子祠。唐高宗时期在翠云峰上建上清宫以镇鬼,后改为太微宫祭祀老子(封老子为太上玄元皇帝)。唐玄宗时期在太微宫基础上扩建,形成了气势恢宏的皇家道观——玄元皇帝庙,并设置崇玄学(国立道教学院)。它在中国道教史上享有崇高地位。玄元皇帝庙至金元时期废弃,明嘉靖时期大规模重建(重建为一座宫殿式园林建筑群,从南面戏楼到后殿长 150 米,东西宫垣相距 100 米。中轴主建筑有四重大殿)。后历经战乱毁坏,现存遗址较少。上清宫现有山门、财神殿、翠云洞(明代)和东西两侧厢房,翠云洞上有玉皇阁。上清宫为市级文物保护单位
老子故宅砖雕以及孔子入周问礼碑	老子故宅位于洛阳市第二十四中学校园内。2005 年在一座正在拆掉的民宅处发现了写有"老子故宅"的砖雕七块和孔子入周问礼的石碑。"廛东寺老子故宅"砖雕现存市文物局仓库 孔子入周问礼碑刻立于清朝雍正五年(公元 1727 年)。碑高 3.056 米,宽 0.92 米,碑面阴文刻着"孔子入周问礼乐至此"九个大字。碑是清朝雍正五年(公元 1727 年)河南府尹张汉与洛阳县令郭朝鼎重修文庙(孔庙)时立的。原立于廛河影院附近,近年迁至廛河边西侧

续表

老子资源	简述
老子纪念馆	全国重点文物保护单位祖师庙(清代重建),供奉真武大帝。一进院落,通过石碑、民间道教文物展等手段,展示老子在洛阳的故事
洛阳老子学会	由洛阳市从事老子思想文化研究的众多专家、学者及热心弘扬老子思想文化的各界人士自愿结成的地方性学术团体,旨在通过深入挖掘、研究老子哲学思想及道学文化精髓
相关书籍	《老子与洛阳》《老子说》漫画书等

第四节 定位与策略

一、总体定位

(一)目标定位

目标定位为国际旅游目的地(见表11-5)。

表11-5 老子道源景区发展目标一览表

范围	文化	旅游	生态
国际	人类文化遗产地 国际道学文化传播中心	国际研学旅游目的地 世界道源旅游目的地	——
国内	国家级文化产业园区 中学生道德经实践教学基地	国家AAAAA级旅游景区 国家研学旅行目的地	国家生态示范区 全国低碳旅游示范区 中国首个道意森林公园
河南省	河南省文化、旅游、生态融合发展示范区		
洛阳市	洛阳文化地标	洛阳城市休闲后花园 洛阳城市会客厅	洛阳城市生态绿肺

(二)功能定位

功能定位为文化交流+道家体验+宗教朝拜+养生度假+城市休闲+研学教育。

(三)市场定位

市场定位具体见表11-6。

表 11-6 洛阳市旅游市场定位

旅游/城市休闲市场	大众/研学市场	国内/国际市场	具体内容
旅游市场	大众旅游市场	国内旅游市场	一级市场：洛阳、郑州、西安及中原城市群、北京、广州、上海、杭州、济南、南京、武汉 二级市场：长三角城市群、珠三角城市群 三级市场：成都、长沙、南昌等其他省会城市
		国际旅游市场	一级市场：日本、韩国 二级市场：美国、加拿大、澳大利亚及东南亚其他地区 三级市场：国外其他地区
	研学旅行市场	国内专项市场	河南省省内大中城市、北京、上海、广东、浙江、山东及江苏省的大中城市
		国际专项市场	日韩、美国、加拿大、澳大利亚、德国及东南亚其他地区
城市休闲市场	——		洛阳市区及周边1小时车程县市

（四）市场规模预测

（1）旅游人群。2013年洛阳市区游客量达到1000万人次，年增长率10%，保守估计本项目运营初期（按2017年计，建设期两年）将分流全市3.5%的游客量（全市2017年预测1400万人），年旅游人数可达50万人次，规划期末（2030年）约471万人次。

（2）城市休闲人群。项目地周边居住小区人群达30万人。

（3）运营初期，游客量按照80万人次计算。

二、开发策略

（一）绿色建筑和道路景观做特色，构建核心吸引物

从项目地现状来看，虽然项目地的地位高，老子文化本身是具有国际吸引力的文化资源，但文化遗存少，缺乏核心吸引力，因此，如何将老子文化这一世界级影响力的文化资源转化为文化旅游产品，是项目成功与否的关键。

因此，应打造世界级影响力的建筑和景观，并将老子"道法自然""天人合一"的思想融入其中，既具备眼球效应，同时游客在参观景区时也能"被教育"。

景观原则：道法自然。

景观内容：每一处景观应能反映老子的哲学思想，游客在观光的同时受到老子思想的熏陶。

景观做法：道法自然、顺应自然，减少盲目的人工改造环境；人工建设应遵从"虽由人做，宛自天开"的原则。

（二）创新策略

对文化的展示方式、传播方式、保护方式进行创新，将老子思想通过有形化的、物象化的

方式进行展示和传播,如园林景观、故事表演、讲学等多种方式,使之更易于现代人接受。

(三)产业延伸策略

以观光产业为主,延伸到养生、演艺、餐饮住宿、文化教育、零售、户外运动等产业,打造文化旅游产业集群。

(四)公共性策略

在发展文化旅游产业的同时,兼顾其作为城市森林公园的公共性,为市民提供公共的、公益性的休闲场所和空间。整个项目地封闭管理,整体免收门票,个别场馆收门票,主要通过餐饮、住宿等获取收益。

三、产品体系

产品体系如图11-3所示。

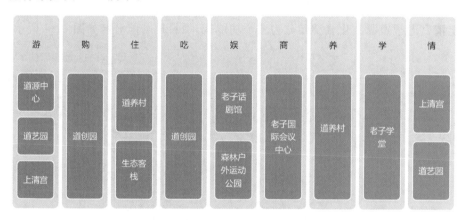

图11-3　产品体系图

第五节　总体布局及项目策划

一、场地分析

(一)地形地貌

项目地北高南低,整体较平坦,局部为台地,平均坡度4%—8%。最高点在北侧上清宫,海拔250米,最低点在西南侧翠云谷,海拔177米,翠云谷为天然沟壑,长406米,宽75米,深约20米,底部有积水。

(二)用地

主要用地为园地和林地,有少部分耕地。林地主要位于项目地中部,西北部有一处村庄建设用地。

（三）植被

项目地植被单一，以松、柏、槐、果林为主，植被景观较差。

（四）基础设施

现状道路笔直生硬，没有环路。水、电、排污等基础设施接入城市市政设施。有多条高压线从景区西北部、东部穿过，项目地南部有水渠，可保证项目地景观用水。

（五）村庄

涉及营庄村部分区域。

（六）水系

项目地内西侧、南侧、东侧有三条较大的天然汇水沟渠。

二、功能分区

将上清宫老子道源文化旅游园分为三个功能区，项目地功能分区如图11-4所示。

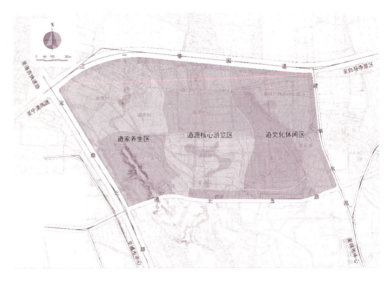

图 11-4　老子道源文化旅游园功能分区图

（一）道源核心游览区

道源核心游览区布局在项目地中部，与洛阳市城市历史中轴线保持一致，打造老子文化、道教文化的核心游览体验区。

（二）道家养生区

道家养生区布局在项目地西部，该片区内有居民点、养老院、深沟，可自然积水，适合在此地及其基础上布局养生养老产品，打造以道家养生为主题的功能区。

（三）道文化休闲区

道文化休闲区布局在东部，与东侧规划的商住区域紧密互动，打造以文化休闲为主题的功能区。

三、总体布局

老子道源文化旅游园总体布局如图 11-5 所示。

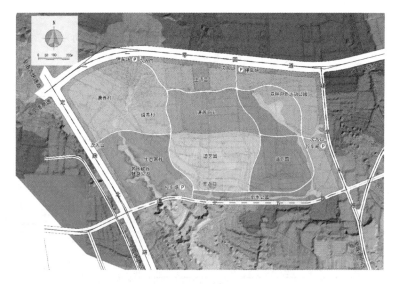

图 11-5　老子道源文化旅游园总体布局图

四、项目策划

（一）道源核心游览区

1. 主要功能

道源核心游览区的主要功能有文化观光体验、研学教育、文化传播交流、宗教朝拜、旅游集散等。

2. 重点项目

道源核心游览区的重点项目有道源中心（道源主题体验馆、老子国际文化会议中心、老子纪念馆、老子话剧馆、道藏馆、老子学堂）、上清宫、道艺园（道意景观、老子故事园、活水公园、雨水花园）、主入口（游客中心、停车场）。

（二）道家养生区

1. 主要功能

道家养生区的主要功能有养生养老、旅游住宿等。

2. 重点项目

道家养生区的重点项目有道养村、生态客栈、康养村、若水峡谷健身公园等。

（三）道文化休闲区

1. 主要功能

道文化休闲区的主要功能有休闲健身、餐饮购物、文化艺术创意等。

2. 重点项目

道文化休闲区的重点项目有道创园、森林户外运动公园等。

五、项目建设规模

项目建设用地和建筑规模如表 11-7 所示,重要指标如表 11-8 所示。

表 11-7 建设用地和建筑规模统计表

类别	项目	占地规模(亩)	建筑规模(平方米)
文化旅游项目	上清宫	30	10000
	道源中心	9	15000
	道创园	80	30000
	入口区(游客中心)	1	1500
	小计	120	56500
商业及养老地产项目	道养村	60	12000
	康养村	150	30000
	小计	210	42000
合计	——	330	98500

表 11-8 重要指标统计表

指标	规模
总用地面积	2070 亩
总建筑面积	9.85 万平方米
毛容积率	0.07
净容积率	——
建筑密度	5%左右
绿化率	85%左右

六、项目亮点和创新

策划站在创造世界人类遗产的高度,对项目地内的建筑景观提出了高标准和高要求,以反映老子"天人合一""道法自然"的思想。对老子思想的体现,不再是通过单一的讲述培训模式,而是通过构建多方位、多角度、多层次的体验性、参与性的旅游项目引导游客接受,将晦涩难懂的老子思想通过轻松的方式传递给游客。和传统的老子文化园项目相比,本园区不仅是纪念老子,更是对老子思想的传承、发扬、传播。

基于此理念,策划了国内首个道意园林——道艺园、老子思想的核心体验和传播场所——道源中心、国内首个创新型道观建筑——上清宫等一系列文化旅游项目,以及一系列的低碳生态建筑和养生场所。

第六节 投资运营

一、投资估算

（1）土地、拆迁、绿化景观、基础工程：9.21亿元（见表11-9）。

表11-9 投资估算表

项目	规模	单价	投资
征地费用	2070亩	30万元/亩	6.21亿元
拆迁安置费用	—	—	2亿元
绿化景观、道路广场、市政工程	—	—	1亿元
小计			9.21亿元

（2）项目投资：5.77亿元（见表11-10）。

表11-10 项目投资一览表

类别	项目	投资（万元）	备注
文化旅游项目	上清宫	10000	可通过社会募捐获得
	道源中心	15000	含建筑、装修
	道创园	10500	含建筑
	入口区（游客中心）	450	含建筑、装修
	若水峡谷健身公园	500	含休闲游憩设施
	森林户外运动公园	300	含游憩设施
	小计	36750	其中上清宫1亿元
商业及相关项目	康养村	12000	含建筑、装修
	道养村	6000	含建筑、装修
	生态客栈	3000	含建筑、装修
	小计	21000	—
合计	—	57750	—

（3）总投资：14.98亿元。

二、开发分期

分期开发规划如表11-11所示。

表 11-11　分期开发规划表

分期	建设内容	说明
一期（前三年）	入口区 道源中心、上清宫、道艺园 植被更新 基础设施	打造文化核心项目，聚集人气
二期（第四年至第六年）	道创园 康养村 主题客栈	地产销售和租金回收部分减小资金成本压力
三期（第六年至第七年）	森林户外运动公园 道养村 生态客栈 若水峡谷健身公园	进一步完善服务配套项目，提升景区品质

三、运营建议

（一）组织机构

1. 成立老子文化申遗委员会

委员会成员由老子文化研究专家、企业、政府人员等组成。委员会主要开展老子文化申遗以及老子相关的实物遗产整理、申遗、文化发掘等工作。

2. 注册上清宫老子文化旅游开发有限公司

该公司全面负责景区经营筹备、经营管理，包括规划设计、招商引资、项目运营、人员培训、营销推广等。

3. 成立老子文化产业发展促进会

邀请全球著名的老子文化专家、道家文化专家、道教权威人士、海外道家学派领头人以及信奉道家思想的著名企业家成立老子文化产业发展促进会，统筹运作各类资源开展学术研究、论坛会议、教育培训、社会募捐、投资引进等。

（二）经营管理建议

总体建议为"总体开放＋点状封闭"。

（1）总体开放：项目地整体为封闭园区，但不收取门票。其主要原因有以下几个方面。

①洛阳市区的旅游项目门票费用整体较高，一般团队游客门票费用在300元左右，如果收取门票，将会增加团队游客负担，限制景区发展；

②项目地内道艺园、森林户外运动公园等项目属于公共性、公益性产品，其服务对象为城市居民，免收门票市民可经常前来活动，带动景区商业消费；

③项目地封闭便于景观管理、维护、安全、环卫等工作的开展。

（2）点状封闭：场馆类设施都属于封闭管理，少部分需单独收取门票，如道源中心等。

（三）营销建议

1. 营销形象

老子故乡，道源圣地。

天下道源，养生圣地。

老子悟道处，道学发源地。

一部道德经，从洛阳上清宫说起。

2. 营销策略

（1）事件营销：引起市场关注。

举办国际建筑设计大赛，进行全球方案征集，对"道源中心"在全球范围内进行征集活动。在全球范围内征集道意景观设计方案，以"心中的道"为创意设计题材。

（2）捆绑营销：带动大众观光市场。

针对旅行社推出捆绑营销，将洛阳上清宫与龙门石窟、白马寺等景点捆绑，推出德道剧场票价优惠政策，针对旅行社营销。

（3）节事活动：获得可持续性关注。

举办各种节事活动，如老子文化国际论坛、世界道学文化大会、道家文化艺术节、老子文化美食养生节、国际读书日、不定期的学术交流活动、修道慈善公益活动等。

（4）老子相关的旅游商品开发。

推出与老子形象相关的商品，如老子漫画书籍、影音纪念品、老子形象纪念品（公仔、雕塑、泥塑、木雕、瓷器、铸铜、剪纸做成的老子形象）、老子画像；推出与道德经相关的商品，如道德经漫画书、道德经口袋书、简帛书、道德经书雕刻工艺品、道德扇子、书画、道德经讲解DVD、书籍等音像制品；推出与老子养生理念相关的商品，如道家药膳产品、道家丹药保健品、道家保健排毒品、道家药浴产品、道家茶疗产品、道家酒产品、中草药、中药油产品、道意景观家居摆件、园林书画艺术品、园林家庭摆件工艺品、洛阳本地民俗手工艺品等。

 国际案例

烟花主题小镇英国 Pepperstock 村的复兴

烟花作为特色产业对区域经济发展具有较强的带动作用，因此而形成的浓郁的烟花文化氛围则是不可多得的旅游资源。如何将相对小众的烟花文化做精做深，将抽象的烟花文化转化为游客喜闻乐见的旅游产品，英国的一个小村为我们提供了国际经验。

一、背景简介

英国具有西方国家最好的烟火活动习惯，延续着丰富多彩的公共和私人活动烟火助兴的习惯与方式。英国 Pepperstock 村位于距伦敦中心城区以北不足 50 公里处的赫特福德郡卢顿市境内，到伦敦中心城区车程约 30 分钟。这里是英格兰历史最悠久、最负盛名的烟花产业聚集区，并成立了最早的现代烟花演艺服务公司——

Fantastic Fireworks,日常工作人员达到 150 人,主要负责营销和管理工作。该公司作为英国乃至欧洲公认的顶级烟花活动承办机构,曾成功完成若干欧洲名城的大型纪念活动,同时提供一系列民用型主题烟花活动产品,业务遍及英国本土,并辐射海外。

二、本地烟火产业业态功能布局

以 Fantastic Fireworks 公司为核心的本地区烟火产业,有着传承历史的合理业态布局(见图 11-6)。

本地烟火产业的业态空间布局令各产业功能承接便利,效率很高。周边大尺度、原生态的田野景观,很好地营造了传统烟花源地应有的农耕时代氛围。与伦敦的便利通勤,则是业务持续发展的必要保障。

A:公司总部办公用房。
B:度假村,用于接待来访观看传统烟花表演的游客。
C:烟花表演场,举办最原汁原味的英式传统烟花演出和最具创意的新型烟花展示。
D:周边的传统烟花加工村,生产公司经营烟花中最优质的产品。
E:机场快速路。
F:直抵伦敦主城区的 M1 快速干道。

图 11-6　Pepperstock 村烟火产业业态功能布局图

三、本地烟火产业的产品体系

以 Fantastic Fireworks 公司为核心的本地区烟火产业,构建有最完善的烟火产业体系(见图 11-7)。

Fantastic Fireworks 公司的表演门类为产业体系带来知名品牌与丰厚收益,而辅助门类则为产业体系提供必要支撑和有效延伸。两个产业门类协同一致,令以 Fantastic Fireworks 公司为核心的本地区烟火产业始终占据市场高端。

四、本地承办的著名烟火活动/特色表演

以 Fantastic Fireworks 公司为核心的本地区烟火产业,构建有最完善的烟花产品体系,在消费档次、个性选择上可满足各类客户的需要(见表 11-12)。这些烟火活动/特色表演都可在本地的表演场呈现,既作为特色旅游项目,也起到产品展示作用。这些活动/表演也均可在英国全境乃至全球范围按客户要求随时随地提供。

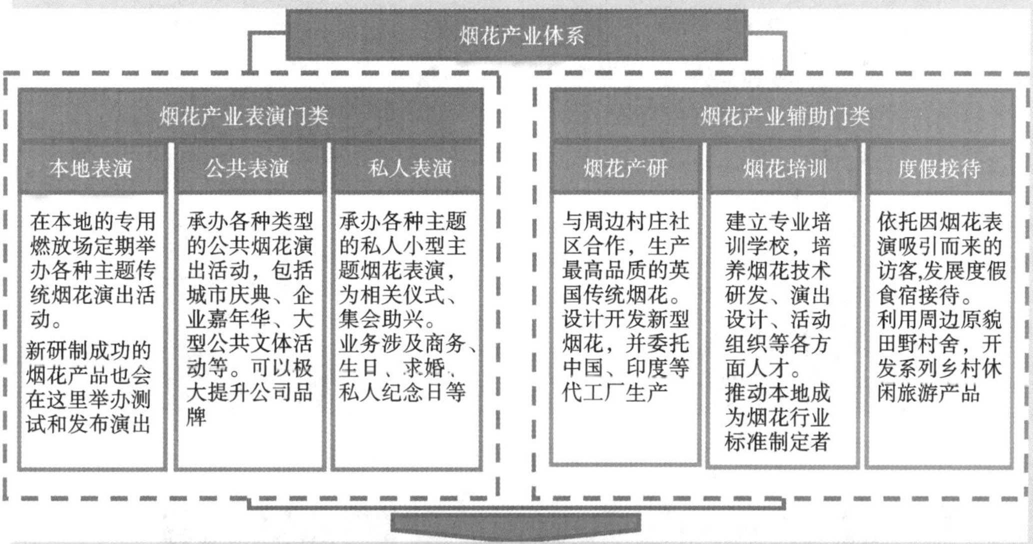

```
                                    烟花产业体系
            ┌──────────────────────────┴──────────────────────────┐
            烟花产业表演门类                                          烟花产业辅助门类
    ┌──────────┬──────────┬──────────┐            ┌──────────┬──────────┬──────────┐
    本地表演      公共表演      私人表演                烟花产研      烟花培训      度假接待
```

烟花产业表演门类			烟花产业辅助门类		
本地表演	**公共表演**	**私人表演**	**烟花产研**	**烟花培训**	**度假接待**
在本地的专用燃放场定期举办各种主题传统烟花演出活动。新研制成功的烟花产品也会在这里举办测试和发布演出	承办各种类型的公共烟花演出活动，包括城市庆典、企业嘉年华、大型公共文体活动等。可以极大提升公司品牌	承办各种主题的私人小型主题烟花表演，为相关仪式、集会助兴。业务涉及商务、生日、求婚、私人纪念日等场景	与周边村庄社区合作，生产最高品质的英国传统烟花。设计开发新型烟花，并委托中国、印度等代工厂生产	建立专业培训学校，培养烟花技术研发、演出设计、活动组织等各方面人才。推动本地成为烟花行业标准制定者	依托因烟花表演吸引而来的访客，发展度假食宿接待。利用周边原貌田野村舍，开发系列乡村休闲旅游产品

图 11-7　Pepperstock 村烟火产业产品体系图

表 11-12　Fantastic Fireworks 公司的烟花产品体系

烟花表演产品	初级	中级	高级
单个烟花星簇直径	20 米	30 米	40 米
持续时间	3 分钟	5 分钟	6 分钟
通用内容	漂亮的心形图案，烟花以精彩绝伦的金色星团收尾		
基本价格	1200 英镑起	3000 英镑起	4000 英镑起
升级内容	完全定制烟花图案及延长 1 分钟表演时间，自选表演配乐、高档扩音系统（仅中、高级）		
升级价格	2400 英镑起	4000 英镑起	5000 英镑起
惊喜内容	令人惊叹的激光投射表演，如在夜空中打出"我爱你"，价格为 795 英镑起		

(1) 私人表演中最受欢迎的产品——求婚/婚礼烟火表演的特色场景（见图 11-8）。

(2) 丰富多样的烟火表演主题——本地烟火产业可以为任何主题的活动提供专门打造的助兴烟火表演产品（见图 11-9）。

五、本地组织的烟火表演系列课程

Fantastic Fireworks 希望向社会大众传播本地对烟火的无穷热情，并告知有关烟火的安全须知。为此，公司对本地的特色烟火表演进行了流程总结，设计出不同深度的烟火表演课程，开设了相应的"烟火表演培训学校"（见表 11-13）。

图11-8 求婚/婚礼烟火表演特色场景

图11-9 烟火表演产品

表11-13 烟火表演系列课程

课程	入门系列	专业系列
授课时间	1日	2日
简介	"非专业性"课程,面向热情高涨的入门爱好者,教授他们运用零售版烟火组织表演的秘诀。内容轻松愉悦、强调创意,介绍公司商演中的最新实战技巧。学员将收获新创意和安全知识,对烟火的兴奋度有增无减	面向希望成为专业烟火燃放者的"终极"爱好者。内容轻松愉悦、强调创意,介绍公司商演中的最新实战技巧。公司的技术骨干将在户外提供"手把手"式的授课,学员可做短时燃放实验,并有机会组织一次小型表演

续表

课程	入门系列	专业系列
内容	烟火家族各式产品认知、场地选择与置放风险评估、健康与安全考量、表演前中后操作流程、烟火产品选择、表演设计、安全摆放规则、手持燃放	烟火家族各式产品认知、扎制与引信技术、燃放规则、电子燃放技术、安全须知、操作勘误、业务交易工具、健康与安全性评估、存储与运输
价格	195 英镑/人	395 英镑/人
升级实践	学员可租用公司的表演场地,在全系列烟火产品中自由选择搭配,设计呈现个性化表演 该项目加价 1250 英镑/次起	

这些课程旨在培养合格的烟火表演活动承办人/项目经理,扩大公司在全国乃至全球烟火产业内的影响力,提升品牌价值,以及增加中高端业务比例。这些课程被组合为两个系列,即入门系列和专业系列。

六、案例总结与启示

英国 Pepperstock 烟火产业传统村及 Fantastic Fireworks 烟火公司是世界烟火产业的成功范例,存在若干可借鉴之处。

(1) 建立完善对接市场需求的产品体系。烟火表演产品体系必须对应细分化的市场需求,产业视野应放眼全国全球,引领产业发展方向。

(2) 借势大型活动提升自身品牌形象。与大型活动合作,借势令自身品牌增值,如 Fantastic Fireworks 烟火公司就曾承办利物浦 800 周年、台北 101 大厦开业、大阪 1400 周年等表演。

(3) 通过外延业务扩大主导业务影响范围。通过培训增加专业人员数量,从而为扩大业务规模和覆盖范围做好准备。

(4) 与当地社区良好合作以保持必要的人文氛围。传统烟火表演需要良好田园景观与乡村氛围的烘托,这依赖社区合作。

思考与练习

根据本章提供的老子文化资料,查阅相关文献,对如何提升老子文化产品提出自己的见解和看法。

 实践与练习

选取国内某一知名的宗教类景区,如宗教名人故里、宗教知名祖庭等,通过查阅相关资料,按照本章的宗教型景区策划思路,以小组形式进行实践练习,编制一个景区的旅游策划方案。

第十二章

创新策划,活化遗址:开封城摞城遗址文化旅游开发总体策划

案例背景

作为文化遗产丰富的大国,我国面临着遗址保护与可持续发展的重大历史任务。如何将深邃、久远、抽象的历史遗址类资源转化为市场接受度高的旅游产品,是学界和业界一直以来关注的问题。遗址类景区既要满足遗址保护的需要,又要完成弘扬历史文化的重任,还要使游客参与寓教于乐的活动,这对旅游策划者提出了挑战。开封作为七朝古都,漫长的历史岁月积淀了深厚的历史文化底蕴,因朝代的更替而形成的不同时期的城池更迭具有重要科学价值。城摞城指的是不同朝代的古都、古城叠加在一起的城摞城奇观。历经20多年的考古发掘,我国考古学家在古都开封地下3米至12米处,发现上下叠压着的6座城池,其中包括3座国都、2座省城及1座中原重镇,构成了城摞城的奇特景观。本章以开封城摞城遗址的旅游策划为例,探讨通过创新策划,活化遗址类景区的方法与途径。

第一节 项目背景

一、项目概况

(一)项目由来

项目地开封城摞城遗址即新郑门遗址,是北宋东京城外城中保存较完好的一座城门。根据考古工作证实,开封地下3—14米深处,上下叠压着6座城池,是开封七朝古都和开封历代城市发展变迁的见证者,具有重要的历史文化价值,是展示开封城摞城奇观的重要窗口。

为了保护城摞城遗址,并深入挖掘新郑门遗址的核心价值,填补北宋东京城大遗址保护研究的空白,弘扬历史文化,开封市委市政府提出打造开封城摞城考古遗址公园(以下简称"公园")。2013年9月,开封城摞城建设发展有限公司委托来也股份进行《河南开封城摞城遗址文化旅游开发总体策划》的编制工作。

(二)策划需要解决的关键问题

第一,如何挖掘新郑门城摞城遗址的核心文化价值?

在真实、全面地保存城摞城遗址并延续其历史信息及全部价值的前提下,梳理城摞城的文化脉络,确立其文化核心内涵及价值,并将其转化为旅游价值。

第二,如何创新文化产品?

根据市场需求策划遗址文化旅游产品,通过差异化的新项目引导市场需求,聚集人气。

第三,如何在有限的用地范围内进行合理的空间布局?

在项目用地紧张,遗址保护的要求之下,运用旅游产业布局理论,进行项目空间和功能的布局。

第四,如何实现综合效益?

实现社会效益和经济效益,实现以景区来带动地方社会经济发展的重要目标。

二、策划依据

(一)相关法律和行政法规

《中华人民共和国城乡规划法》(全国人民代表大会常务委员会,2008)。
《中华人民共和国文物保护法》(全国人民代表大会常务委员会,2002)。
《中华人民共和国土地管理法》(全国人民代表大会常务委员会,2004)。
《中华人民共和国环境保护法》(全国人民代表大会常务委员会,1989)。
《中华人民共和国旅游法》(全国人民代表大会常务委员会,2013)。
《中华人民共和国文物保护法实施条例》(国务院,2003)。

（二）国家标准、行业标准、规范和政策依据

《旅游规划通则》（GB/T18971-2003）。
《城市道路绿化规划与设计规范》（CJJ75-97）。
《公园设计规范》（CJJ48-92）。
《博物馆建筑设计规范》（JGJ66-91）。
《国家考古遗址公园规划编制要求（试行）》。
《国家"十二五"时期文化改革发展规划纲要》（2012）。

（三）地方性规范、规划与政策依据

《开封市城市总体规划》（2010—2020）。
《开封宋都古城风貌保护与重现工程规划》（2009）。
《开封市宋都古城文化产业园区发展规划》（2008—2015）。
《中共河南省委、河南省人民政府关于加快文化资源大省向文化强省跨越的若干意见》（2007）。
《中共开封市委、开封市人民政府关于加快推进文化改革发展试验区建设的实施意见》（2010）。
国内外有关开封城发展的其他历史资料、书籍及文献。

三、与上位规划的衔接

（一）与《开封市城市总体规划（2010—2020）》的衔接

《开封市城市总体规划（2010—2020）》提出，"结合宋外城地下遗址保护要求和绿地系统规划，建设宋外城遗址公园"，因此，本项目将在保证满足周边环境植被覆盖率、绿化率高的要求下，打造城摞城考古遗址公园。

（二）与《开封宋都古城文化产业示范园区发展规划（2008—2015）》的衔接

《开封宋都古城文化产业示范园区发展规划（2008—2015）》提出，建设城摞城遗址博物馆产业区，做强文化旅游业。本项目将贯彻和深化这一思路。

（三）与《开封市旅游发展总体规划（2005—2020）》的衔接

《开封市旅游发展总体规划（2005—2020）》提出，建设表现"地下城摞城"奇观的新郑门地下瓮城遗址展览室。本项目将贯彻这一想法，建设新郑门遗址展示区。

第二节　外部条件分析

一、区位条件

项目地位于河南省开封市开封新区西部，东距开封市中心（开封古城）2.1公里，西距开封新区中心城区3.5公里，处于开封新老城区的交会处，距郑东新区44公里，区位优势十分明显（见图12-1）。

图 12-1　项目地区位图

二、交通条件

项目地依托夷山大街和金明大道,与 G30 连霍高速、郑开大道、宋城路、G310 国道相互贯通,距开封火车站 6 公里,距开封市金明汽车客运站 1.6 公里,距离在建的轻轨开封城际站 4 公里,交通十分便捷(见图 12-2)。

图 12-2　项目地交通图

三、政策条件

(一)国家层面

《国家"十二五"时期文化改革发展规划纲要》(2012 年)明确提出,"加强中华文明起源研究和成果宣传,在考古研究中积极应用高新技术""鼓励各地积极发展依托文化遗产的旅游及相关产业,发展特色文化服务,打造特色民族文化活动品牌。推动文化遗产信息资源、数字资源开发利用,提升中华文明展示水平和传播能力"。

(二)省级层面

《中共河南省委、河南省人民政府关于加快文化资源大省向文化强省跨越的若干意见》(2007年)明确提出,"运用先进的科学技术和现代的生产方式改造传统文化产业,培育新的文化业态,提升我省文化产品的科技含量,延伸服务领域,拓展服务内容,增强市场竞争力"。

(三)市级层面

《中共开封市委、开封市人民政府出台关于加快推进文化改革发展试验区建设的实施意见》(2010年)明确提出,"以文化旅游、演艺餐饮、工艺美术、休闲娱乐等为载体,将文化产业发展和城市运营相结合,成为全国知名的休闲文化旅游产业试验区""重点抓好……大宋博物馆'城摞城'新郑门遗址等重大文化项目的建设"。

结论:本项目应贯彻和落实国家相关政策,在新郑门城摞城遗址项目的策划规划中,将文化遗址与高新科技结合作为重要的发展思想,打造文化与科技结合的标杆性项目。

四、社会经济条件

开封市经济保持平稳较快发展的良好态势。2012年,开封市实现国民生产总值(GDP)1212.15亿元,比上年增长11.1%。其中,第一产业增加值为257.66亿元,增长4.5%;第二产业增加值为538.36亿元,增长14.4%;第三产业增加值为416.13亿元,增长11.0%。三次产业结构为21.3∶44.4∶34.3。城镇居民人均可支配收入17545元,比上年增长12.8%;人均消费性支出13832元,增长14.5%。农民人均纯收入7414元,增长14.2%;农民人均生活消费支出4641元,增长17.1%。

五、市场条件

(一)需求市场分析

1. 调研范围及对象

在目标市场范围内有针对性地选择调查对象。

基于项目的类型和区位,重点针对文化旅游市场,对来开封旅游的游客进行调查。

基于考古遗址展示与高科技相结合项目的开发计划,对具体项目的市场欢迎度进行调查,如展陈方式、展陈内容等。

基于考古遗址项目进行产品测试,全面获取目标人群对项目产品的倾向性基础数据,如活动参与形式调查等。

2. 调研方法

问卷调研与电话咨询相结合。

(1)问卷。

时间:2013年9月9—12日。

调查对象:来开封旅游的游客,年龄在16—50岁。

调查方法:问卷调查。

发放问卷:130份。

收回有效问卷:116 份。

有效回收率:89%。

发放区域及地点:开封龙亭景区、开封清明上河园。

调查内容:游客对城摞城的了解度、博物馆活动参与形式、博物馆展陈内容的兴趣度和博物馆展陈方式的兴趣度等。

(2)电话咨询。

开封青年国际旅行社员工。

3. 问卷分析

(1)知道城摞城遗址的游客比例不高(仅占38%),因此,城摞城文化旅游产品推出后应加大宣传力度。

(2)遗址博物馆内开展的相关活动中,游客对观看演出(41%)和动手实践(22%)的兴趣较高,因此,应设置相关主题演出及动手挖掘、修复等实践活动。

(3)游客对城摞城遗址文化(40%)和开封城市变迁文化(29%)的兴趣度非常高。这类主题应作为公园文化挖掘的重要方面。

(4)在遗址类博物馆的展陈方式中,游客最注重实物展示内容(50%),此外,对高科技的多媒体影像(21%)与互动体验(15%)的兴趣也较高。在公园文物较少的条件下,应充分利用高科技手段设置高科技展示与互动体验项目。

4. 旅行社咨询

通过多次与开封青年国际旅行社的交流咨询了解到,目前开封对外主推的旅游线路包括郑洛汴游线、开封—云台山游线、开封—少林寺游线三条线路。到开封游览的游客主要为过境游客,国内游客以山东、江苏、山西、湖北4省为主。而国外游客较少,以东南亚地区的华侨及在开封本地留学、工作的外国人为主。

(二)供给市场分析

1. 全国古城类国家考古遗址公园分析

我国正式成立或已经立项的古城类国家考古遗址公园有10余个,重点选取目前国内知名度最高及中原城市群中的遗址公园进行分析(见表12-1)。分析得出,现有古城类国家考古遗址公园均以综合性公园的开发为主要模式,遗址保护、文化展示、教育均与旅游产业发展相结合,并注重高科技在文化遗址保护、展示中的运用,公园的建设更符合现代人的审美需求。因此,未来公园的开发,也应重点考虑以上因素。

表 12-1　全国古城类国家考古遗址公园开发现状

名称	地区	特点	开发情况
殷墟考古遗址公园	河南安阳市	集文化遗产保护、古都文化展示、考古体验与休闲度假于一体	已开放。面积为50平方公里,核心区为9.2平方公里,呈"一核两水四区"的基本格局。"一核"包括殷墟国家大遗址核心保护展示区,"两水"指以洹河、南水北调为轴心,形成东西两大开发建设板块,"四区"是指规划建设保护展区、文化旅游区、配套服务区、居住度假区等四个功能区

续表

名称	地区	特点	开发情况
隋唐洛阳城考古遗址公园	河南洛阳市	集文化遗产保护、文化展示、旅游于一体	已开放。总面积约4平方公里,以展示隋代、唐代、宋代宫城遗址为主要内容。设置弧幕影院、3D全景影院,利用调光玻璃技术等世界先进的声、光、电各种手段让游客体验洛阳的历史,感悟盛唐的文化
大明宫考古遗址公园	陕西西安市	集遗址保护、教育、科研、游览等多项功能的城市公共文化空间	已开放。总面积3.5平方公里,建有遗址博物馆、IMAX3D影院、考古探索中心、餐饮娱乐住宿设施等,并且园内有定时演出
晋阳古城考古遗址公园	山西太原市	集遗址保护与展示、旅游于一体	已开放。总面积200平方公里,利用现存遗迹保护展示、植被标识展示、原址保护展示、考古学现场宣传展示、设立标志说明展示、复原展示、明太原县城的保护展示以及建设晋阳博物苑、建设专题博物馆等手段向游客呈现晋阳古城文化
鲁国古城考古遗址公园	山东曲阜市	集文物保护与展示、旅游于一体	规划建设中。公园以周公庙宫殿区遗址作为建设的重中之重,规划面积86公顷。建设"望父台墓葬区""舞雩台""立新联众冶铁遗址"、城墙遗址、城门遗址等保护展示区,以及鲁国故城遗址博物馆等
汉魏洛阳故城考古遗址公园	河南洛阳市	集文物保护与展示、旅游于一体	规划建设中。公园包括汉魏故城宫城西南墙、汉魏故城永宁寺塔基、阊阖门、北魏宫城二道门、铜驼大街等遗址保护展示,计划建设汉魏故城遗址博物馆等
郑州商城考古遗址公园	河南郑州市	集遗址展示、宣传、研究和郑州文物保护科研于一体	规划建设中。正在建设商代都城遗址博物院、郑州市文物考古研究院等

2. 开封市区主要旅游景区(点)分析

开封市区旅游景区(点)较多,在此主要选取 16 个主要旅游景区(点)进行分析(见图12-3)。其中包括 10 个纯文化观光类景区(点)、4 个文化与自然观光类景区(点)、2 个文化观光与生态休闲类景区(点)。

分析结论:

(1) 旅游景区(点)大多集中在古城区,新区较少。主要旅游景区(点)大多分布在市中心、市区东南部及西北角,市区西部旅游景区(点)较少。随着郑汴一体化发展和汴西新区的建设,开封城摞城遗址作为市区西部重要的文化旅游资源,具有较大的开发价值。

图 12-3 开封市区主要旅游景区(点)分布图

（2）市区内主要以文化型景区（点）为主，且多以宋文化为主题，对开封其他朝代的文化挖掘和体现的产品少。开封城摞城遗址的开发，可全面展示开封七朝古都的历史文化、城市变迁。

（3）景区以静态展示为主、参与性较差。

目前，开封市区除清明上河园、龙亭湖风景区、开封府、中国翰园、万岁山森林公园、禹王台公园定时有节目演出外，其他景区都以静态的观光为主，体验性较差。开封博物馆也主要以静态的图片展示为主，展陈手段较单一。

第三节　内部条件分析

一、资源分析与评价

（一）资源概况

新郑门为北宋外城西墙南部的一个城门，因直通郑州，又与内城上的郑门相对，故称新郑门。始建于后周显德年间，时称迎秋门。北宋太平兴国四年改名顺天，新郑门乃老百姓的俗称。北宋时期，新郑门通往郑州的大道南北两侧分别有琼林苑和金明池，是当时的郊游胜地。

新郑门遗址位于西郊南郑门村北侧，宋城广场南侧，由城门、瓮城西墙上的瓮门及围城一周的城墙墙体三部分构成。整个瓮城平面呈长方形，南北长约160米，东西宽约100米。

考古工作证实，开封地下3—14米深处，上下叠压着6座城池，即战国时期魏国的大梁城、唐代的汴州城、五代及北宋时期的东京城、金代汴京城、明代开封城和清代开封城，称之为"城摞城"。

根据国家《旅游资源分类、调查与评价》标准，新郑门遗址的旅游资源为遗址遗迹主类、社会经济文化活动遗址遗迹亚类，包括历史事件发生地、军事遗址、交通遗迹、废城与聚落遗迹四个基本类型，资源类型相对单一。

（二）资源评价

1. 优势

新郑门遗址历史文化价值、考古价值、科研科普教育价值较高。

（1）历史文化价值。

新郑门遗址作为开封城摞城的一处重要遗址，是开封七朝古都和开封历代城市发展变迁的见证者，具有重要的历史文化价值，是展示开封城摞城奇观的重要窗口。

（2）考古价值。

新郑门遗址埋藏较浅，形制较为典型，不但城门保存较好，而且城墙下面还叠压了后周时期的东京城遗址，具有重大的考古价值。

（3）科研价值。

由于东京城遗址整体埋藏较深，目前所开展的工作是钻探多、发掘少，对东京城城墙的建筑结构和城门的建筑形式等还不清楚,新郑门的发掘和保护必将进一步把开封遗址的保护和研究工作引向深入,并为北宋东京城的保护规划提供科学的依据。这对研究开封城市变迁,具有重要的价值。

(4) 科普与教育价值。

新郑门遗址是公众了解开封城市变迁、城市格局、城摞城奇观以及黄河与开封兴衰关系的窗口,具有重要的科普和教育意义。

2. 劣势

城摞城遗址观赏价值有限,目前出土的文物仅限于清代民居庭院遗迹、古水井、农田遗迹、马道、排水沟遗迹等,旅游资源单体规模小,丰度不高,类型单一,可直接利用的资源较少,且观赏性较差,旅游吸引力不强。因此,需要对其文化内涵进行深入挖掘,进行文化产品的创新,增加资源的丰度,延长游客的游览和停留时间。

二、场地条件分析

(一) 规划范围

项目地南起南郑门村,北接晋安路,西侧紧邻金明中学、森康园、振兴花园东侧,东临夷山大街,南北长 413.7 米,东西宽 182.01 米,总面积 7.41 公顷。

(二) 场地现状

项目地地势平坦,北部为宋城广场,绿植较丰富,为市民休闲活动场所;南部为新郑门遗址(即瓮城遗址)所在地。南北长 160 米,东西宽 100 米,目前已发掘区域为瓮城一角,发掘面积为 2000 平方米,建设有临时搭建的工棚,未来计划发掘区域为瓮城中部城门以及两侧城垛。项目地内有少量架空电线、土路等设施。地块南北长、东西短,东部和西部用地有限,项目地地下遗址穿越地块南北。

三、文化梳理

(一) 开封城摞城历史变迁梳理

从图 12-4 中可以看出,开封的发展史像一座连绵起伏的山峰,其中,北宋时期是巅峰,战国大梁达到高峰,明代开封是小高峰。开封的兴衰演变除政治、军事因素外,与历代黄河的安流与泛滥息息相关,其"兴也河、衰也河"。

夷门自古帝王州——魏大梁城:春秋战国时期,魏惠王为避秦国侵扰,谋本国霸业迁都开封,筑城安邦开河(鸿沟)兴商。后因几次战争失败,最终被秦国将领水灌大梁,城毁魏亡。

水陆要冲咽喉地——隋唐汴州城:隋炀帝开凿运河,通黄、淮、长江,建水陆都会,一片繁荣。唐朝扩筑汴州城,圈汴河入城内,设城门七座水门两座,汴州城经济、军事地位不断提高。

五代十国四朝都——五代新罗城:五代之小有后梁、后晋、后汉、后周四代建都开封,使开封在水淹大梁城 1100 多年之后,再次变为国都。后周世宗柴荣大力整顿政治、经济、军事,修筑开封外城,为开封的城市建设、规划和城市发展奠定了基础。

汴京富丽天下无——北宋东京城:赵匡胤建北宋,定都开封。筑浚开凿五丈河、蔡河、金

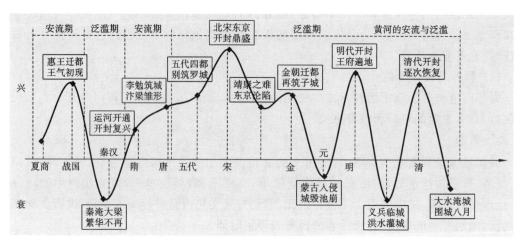

图 12-4　开封发展史

水河,八方辐辏,万国咸通。修宫城,外城增瓮城,制同边疆。破坊市制,坊市合一,兴夜市,交易繁盛。北宋 160 多年的经营使开封成为世界大都会。

金碧辉煌不胜言——金宋汴京府:北宋末期,金人三次围攻开封,东京沦陷,繁华不再。金海陵王完颜亮对开封城进行过一番营建,曾迁都开封三个月。后宣宗迁汴,再筑子城,使难民回流,经济发展。金末元军入侵,城毁池崩。

天下藩封数汴中——明代开封城:明开封在金汴京基础上修建,全为青砖包砌。后为朱元璋第五子封地,王府遍地,势若两京。明朝开封水患频繁,有于谦修筑护城堤。明末李自成三次攻打开封,引黄河水灌城,开封城第二次水淹城毁。

东京梦华几销尽——清代开封城:清康熙年间在开封城北修建兵营,后在营房基础上修建里城,城市格局由"外城、内城、皇城演变为土城、开封城墙、满城"。清代开封屡遭水患,洪水曾围城八个月不退,在城内形成大量湖泊。

(二)开封城摞城变迁的脉络梳理

开封城摞城的变迁史如表 12-2 所示。

表 12-2　开封城摞城变迁史

历代开封城	魏都大梁城	隋唐汴州城	五代四都新罗城	宋都东京城	金陪都开封府	元汴梁城	明开封城	清开封府
水利建设	挖鸿沟,建水路交通。西门豹修筑漳河	开通济渠,通黄、淮、长江,建水陆都会	后周先后疏浚了胡卢河、汴河、五丈河等	筑浚开凿五丈河、蔡河、金水河			于谦修筑护城大堤	林则徐筑堤

续表

历代开封城	魏都大梁城	隋唐汴州城	五代四都新罗城	宋都东京城	金陪都开封府	元汴梁城	明开封城	清开封府
城市建设	建内城	扩筑汴州城,圈汴河入城内,设城门七座水门两座	建外城,百姓外迁,打破坊市制	修宫城,外城增瓮城,制同边疆。从坊内店肆到临街店肆,到侵街店肆,到夹街店肆	再筑子城,扩筑东京内城,皇城宫城分离	建外城,以汴梁四面城门,只留五座,以通往来,余八门俱塞	青砖包砌,夯土墙心,设城门五座,吊桥五座。修筑护城堤	明代残基之上增高加筑城市格局,演变为外城+内城+满城
重要事件	魏王迁都;开凿鸿沟	李勉筑城	赵匡胤"跑马圈城";周世宗建外城	北宋建都开封;金人入侵,靖康之耻	宣宗迁都,再筑子城		筑堤护城,铸犀镇河;周王封开封,藩王遍汴京;兵临城下,洪水灌城	林则徐筑堤;水灌南门,围城八月

(三)开封城门文化的挖掘与梳理

开封城门文化梳理如图 12-5 所示。

新郑门为四座正门之一。后周时称迎秋,宋太平兴国四年改名顺天。又因向西可直通郑州且与内城郑门相对,故又俗称新郑门。

新郑门外大道南北分别为北宋琼林苑和金明池,时系碧波潋滟、景色秀丽的游览胜地。

(四)开封城墙文化的挖掘与梳理:地处中原、制同边疆

1. 建都历史背景

唐灭亡后,中国历史进入了五代时期,五代之中,有四个朝代建都开封。

后梁定都:朱全忠称帝前是唐宣武军节度使,其治所汴州是其势力范围重心之地。五代时期长安、洛阳等地因战乱荒废,唐时全国经济中心南移,江南富庶,其物资可由运河直达汴州。此后,后唐、后晋、后周皆定都于此。后后周任殿前都点检的赵匡胤陈桥兵变,建立北宋,亦定都开封。

	正门	偏门	水门
东	新宋门	新曹门	汴河东水门　善利水门
南	南熏门	戴楼门　陈州门	蔡河上水门　蔡河下水门
西	新郑门	固子门　万胜门	金水河水门　汴河西水门
北	封丘门	卫州门　新酸枣门　陈桥门	
城门造型	直门两重，皆留御路。城门、瓮城两两相对，瓮城平面呈长方形。为供皇帝巡行、玩赏出入的城门。	城门皆瓮城三层，屈曲开门。城门、瓮城互不相对，瓮城平面呈半圆形。	水门跨河，有铁裹窗门，于水门外设拐子城，夹岸百余丈，用以捍卫水门。

开封外城：门有偏正，形制迥然

图 12-5　开封城门文化梳理

2. 开封地理条件

一般都城：选址可恃名山大川之固而有一统天下之便。例如西安、洛阳。

开封：地处中原，四周平壤千里，无名山大川之险，为四方争战之地，不利于军事防御。

3. 外城加固

为永保江山，后周、北宋均对外城增修多次，以后周世宗、北宋真宗、神宗、徽宗时的增筑、重修最多，规模最大。

后周世宗显德三年（956 年）：发丁夫十万，别筑罗城，"取虎牢关土为之，坚密如铁，受炮所击，唯凹而已"。

北宋真宗大中祥符九年至天禧三年（1016—1019 年）：增筑外城，费时三年。

神宗熙宁八年至元丰元年（1075—1078 年）：役"羡卒"万人，首次使用飞土梯、运土车等机械工具，加快筑城速度。周长 50 里 165 步，较后周世宗所筑之城增加了近 2 里（1 里＝500 米），"始四面为敌楼，作瓮城及浚治壕堑"城外四周开辟护城河，城墙各门之外增筑瓮城。

神宗元丰七年（1084 年）：修置京城四御门及诸瓮城门，封筑团敌马面，城墙之上增设马面、敌楼、战棚、女头等。

徽宗时期：四正门也加筑瓮城。

第四节　定位与策略

一、总体战略

新郑门城摞城遗址应充分发掘其城门文化和反映城市变迁的文化精神内涵，充分借助国家鼓励各地积极发展依托文化遗产的旅游及相关产业,运用先进的科学技术和现代的生产方式改造传统文化产业,培育新的文化业态,打造遗址保护与展示、体验、参与为一体的深度体验式遗址文化公园,与开封市内现有文化类旅游景区及国内其他遗址类景区差异化发展,形成新郑门城摞城遗址公园的综合竞争优势。

二、总体定位

充分挖掘城摞城遗址的资源价值和文化内涵,发挥项目地区位、场地条件等优势,利用国家和河南省支持文化产业及旅游发展的政策,借助开封古城建设"国家级文化产业示范园区"、郑汴区域经济一体化发展、中原经济区建设等机遇,将开封城摞城遗址打造成以开封城摞城文化、城门文化为核心主题,集遗址保护、科研、教育、旅游等功能于一体的国家考古遗址公园、开封城摞城文化体验地。

三、发展目标

(一) 近期(2013—2015 年):省级考古遗址公园

按照省级考古遗址公园标准对开封新郑门遗址及城摞城遗址进行科学保护与开发。通过营销宣传等手段,扩大城摞城考古遗址公园的影响力。

(二) 中期(2016—2020 年):国家考古遗址公园

通过完善遗址保护、加强文物修缮、完善管理制度和机构等措施申报并成为国家考古遗址公园。通过新产品和新项目的开发,积极扩大游客量,延长游客停留时间,提高重游率,促进游客平均消费增长。

(三) 远期(2021—2025 年):精品国家考古遗址公园

通过继续加强遗址保护与展示、科普科研工作,持续开展文化教育活动,将城摞城遗址建设成为我国精品国家考古遗址公园和全国青少年教育基地。

四、发展策略

(一) 产品联动策略

采取开封城摞城考古遗址公园与开封市周边旅游景区(点)联动发展模式,丰富游览体验项目,达到客源共享、互补共赢的目的。

(二) 体验互动策略

在展示方式、表演形式上重点设置互动型的项目,增加游客的体验性,加深游客对新郑门遗址及城摞城遗址的印象和对开封城市变迁发展的感受,深入体会新郑门、城摞城遗址的文化内涵。

(三) 高科技支撑策略

通过高科技的手段(3D互动投影、全息影像、XD、多点触摸等)对城门文化、城摞城文化进行展示,让游客通过全新的技术手段对开发新郑门、城摞城进行深度的了解和认识。

（四）文化内涵延伸策略

对新郑门的城门文化和开封城摞城文化进行深入挖掘。新郑门作为开封北宋东京城外城中保存最完好的一座城门，是开发城市变迁的见证地，规划应从城门遗址向开封城市变迁的文化内涵进行延伸，让游客通过新郑门遗址深入了解开封城市变迁的过程，感受开封城摞城的文化。

五、功能定位

（一）遗址保护与展示功能

通过设置遗址保护设施和制订保护方案，加强对新郑门遗址的保护。利用传统手段与高科技相结合，展示新郑门遗址的城门文化和开封城摞城历史的变迁。

（二）科研科普功能

通过对遗址的考古研究，为开封城摞城现象、开封历代城市发展变迁提供新证据。游客通过参观考古遗址区和参与科普活动，加深对开封历史文化的了解。

（三）旅游、游憩功能

为周边市民、游客提供一个文化体验、休闲游憩的场所。

六、产品体系构建

图 12-6 所示为开封城摞城产品体系。

文化核心	产品功能	内容	旅游产品	评价
开封城摞城变迁、城门文化	遗址的展示	城墙、城门遗址展示；考古挖掘	城墙遗址展示；考古培训课堂；考古挖掘；景观打造	感受开封新郑门的震撼场景
开封城摞城变迁、城门文化	城摞城变迁的活态体验	黄河与开封城的关系；历代开封城建城、兴盛、衰退等重大事件；历代开封城名人轶事	XD影院；黄河与开封关系的展示；开封城市变迁重要事件的展示；重要典故的角色扮演	感受开封城摞城的城市变迁和历史文化
开封城墙文化	城墙文化的展示	城墙修建过程；城墙中瓮城、马面、敌楼、战栅等元素的解读；三种不同城门的区分；城门军事价值的体现；新郑门文化展示	城墙修复的展示；修建城墙的景观打造；攻城场景展示；新郑门景观打造	感受开封城墙的重要性

图 12-6　开封城摞城产品体系

总结：单纯的遗址展示可以满足游客了解开封城摞城的壮观景象，但体验性较差，游览时间短。应以开封新郑门的城门文化、城市变迁的过程、不同朝代在开封的重大事件、开封城墙文化为展示内容,通过多样化的展示方式向游客讲述历史,更应深入挖掘城摞城的文化内涵,通过游客喜闻乐见的方式让游客获得深度的体验过程。

七、市场定位

(一)启动市场

启动以沿黄"三点一线"(指郑州、洛阳、开封三个地区的黄河沿线)旅游市场及河南省除郑州、开封、洛阳以外的城市为主的国内市场,以开封本地留学、工作的外国人为主的国外市场。

(二)主力市场

主力市场为以山东、江苏、山西、湖北4省为主的国内市场,以东南亚地区为主的国外市场。

(三)机会市场

机会市场为全国其他地区及日本、韩国、欧美市场。

第五节 总体布局与项目策划

一、规划构思

以保护、展示考古发掘现场为目的,同时考虑便于今后考古发掘工作的开展,融入北宋新郑门瓮城的城门、城墙、城楼等文化符号,将博物馆放大覆盖至整个瓮城遗址。以北宋新郑门为原型结合遗址展示馆的功能,设计以瓮城为主题形象的城摞城遗址博物馆。于北部宋城广场添加设置文化雕塑,提升其文化内涵,以设置城市变迁为主题的亭廊、雕塑、浮雕等为手段,打造绿化空间景观,为将项目地打造成国家考古遗址公园而营造浓厚的文化氛围。

二、总体布局

规划布局为两区:文化休闲区、遗址展示区(见图12-7)。
(1)文化休闲区:包括北侧宋城广场及周边绿地,总用地26700平方米。项目设置有宋城广场。
(2)遗址展示区:位于新郑门城摞城遗址处,总用地46400平方米。项目设置有城摞城文化广场、遗址博物馆。

三、重点项目策划

(一)宋城广场

位置:项目地北侧。
功能:市民休闲。
内容:保持项目地北侧原宋城广场及周边绿化不变,在广场周边设置以宋文化为主题的雕塑及休息座椅,供当地市民休息游憩。

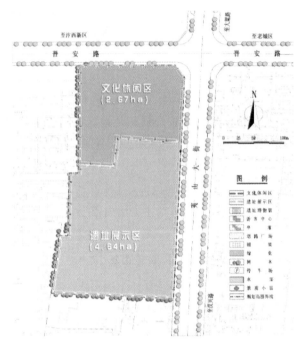

图 12-7　博物馆总体布局图

（二）城摞城文化广场

以游客集散、城摞城文化展示为核心，重点设置游客中心、VIP 停车场、城摞城残墙景观、修建城墙群雕景观，并在地面上设置开封城摞城变迁历程图（从北至南设置魏都大梁城、隋唐汴州城、北宋东京城、明清开封城城市地图），展示城摞城发展变迁的过程。

入口残墙景观标志：以城摞城挖掘遗址的城墙为元素，塑造城墙摞城墙的主题标志景观。

（三）遗址博物馆

1. 博物馆方案

（1）博物馆方案选型一。

在北宋新郑门遗址之上，完全依照北宋新郑门形制，以有着古城墙纹理的玻璃为材质，配以磨砂玻璃的文化浮雕，诠释北宋新郑门以及开封城市变迁的文化内涵（见图 12-8）。

优势：完全按照遗址进行复原，直观上更有助于人们了解新郑门当年的盛况，保留了历史的原真性，再现了历史上新郑门的震撼场景。

劣势：工程建设与中远期考古发掘区域有冲突，遗址的保护与今后考古挖掘工作的开展会产生一定的矛盾。

方案一夜景鸟瞰效果图（见图 12-9）。

采用现代的玻璃、钢等材质，打造富有创新特色的遗址博物馆，博物馆四周城墙镶嵌 LED 屏，在夜间可进行灯光秀表演，再现新郑门的震撼景观，东西城门外设置出入守卫、人群、车马等雕塑。

图 12-8　博物馆方案选型一

图 12-9　博物馆方案一夜景鸟瞰效果图

（2）博物馆方案选型二。

博物馆主要出入口、城门、城楼沿用北宋时期的形制，外立面采用砖石古城墙的造型，并设置以城市变迁为主题的文化浮雕，同时，残墙尽端设置流水，由顶端层层叠落而下，展示历史长河给开封城留下的文化与沧桑（见图 12-10）。

优势：更好地诠释当年新郑门的盛况，全顶空间形式更有利于遗址的保护和挖掘工作的开展。

劣势：建筑跨度大，工程施工有难度，投资大。

2. 博物馆内部项目策划

博物馆一层为新郑门遗址展示区，通过对新郑门、城摞城遗址挖掘现场的展示，让游客感受新郑门及城摞城遗址的震撼场景；二层设置城摞城 XD 影院、遗址挖掘文化展示馆、城摞城变迁体验馆、新郑门历史体验馆、城摞城考古体验馆、公园管理处、科普教育课堂等文化展示、体验类项目等（见图 12-11）。

（1）游客中心。

游客中心设置于博物馆一层入口区域，按照国家 AAAAA 级旅游景区标准修建，内部

图 12-10 博物馆方案选型二

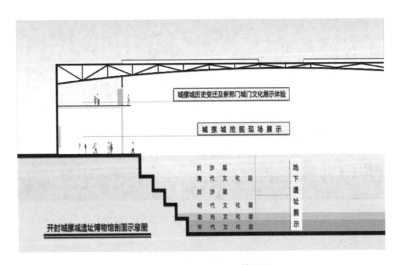

图 12-11 博物馆内部策划图

设置售票点、A 级厕所、导游咨询室、语音讲解租赁处、游客休息室、医务室等。

(2) 新郑门遗址展示区。

依托新郑门遗址打造遗址展示区,以城摞城遗址展示、遗址考古挖掘为主。通过对城摞城遗址挖掘现场的展示,让游客感受城摞城遗址的震撼。

入口处设置大型环幕 LED 屏,滚动播放城摞城遗址所处历代开封城的盛衰景象,穿插考古工作者的工作情景、已挖掘的清朝田园风光复原图等。在展示区设置触摸屏、文字解说、二维码扫描,对挖掘现场进行解说。

城摞城地下遗址展示区考虑设置地下 3 层,对地下不同时期的城墙遗址、文物进行实景展示。围绕挖掘出的城摞城城墙和遗迹设置游览走廊,并将遗址和文物结合进行实景展示,结合高科技的立体投影技术,在不同时期的遗址区域,投影出不同历史时期开封城市的格局,让游客了解所处的遗址区域在不同时期的情况和历史内容,通过电子语音导游进行讲解。让游客能够真实感受地下开封城摞城的历史变迁和震撼场景。在部分挖掘区域设置玻璃栈道,展示开封从清至宋不同时代的城门、马道。游客可沿玻璃栈道及阶梯从上向下游览清至宋代不同时期的城墙、城门、马道、车道等。

游线设计:根据历史文献记载,城门中部的道路为贯穿东西的进、出城道路,规划设置一条玻璃栈道,游客可在玻璃栈道上深入遗址进行参观。

(3)遗址挖掘文物展示区。

设置于博物馆城楼处。展示区包括序厅、宋代文物展示厅、金元时期文物展示厅、明代文物展示厅、清代文物展示厅。

在城楼中部设置序厅,东西两侧分别设置金元城门摞宋城门、清城门摞明城门的两套城摞城。游客可直观感受城门摞城门、马道摞马道的震撼场景。馆内各朝代城门通过实物展示、图文展示、挖掘现场复原、高科技展示对应相应时期的出土文物。

序厅:设置在城楼中部,序厅中央设置大型的数字沙盘,周围设大型LED显示屏,沙盘投影展示6座城池叠摞的虚拟影像,游客可通过触摸屏选择某一朝代的城池、沙盘和LED显示屏配合展现当时的城池与周边环境。

宋代文物展示厅:宋代的出土文物以原址展示为主,展馆将出土的铁器、陶器、瓷器以及陶制建筑构件等文物与宋代商贸文化结合,创作一条万国朝圣、出入城门的商贸故事画廊,游客可在画廊前的电子触摸屏选择故事观看,了解文物的用途与宋朝的繁华。

金元时期文物展示厅:展馆将出土的战场整体套取,在展厅内展示,游客可在玻璃栈道上观看战争残骸,想象当时宏大的战斗场景。周围陈列金辽契丹族、元朝蒙古族的不同战争武器、服饰装备。

明代文物展示厅:通过实物、模型、图片和高科技(全息影像、3D技术、幻影成像等)展示出土的兵器、战车等文物。同时明朝开封处于军事频发期,可利用高科技设置军事体验项目如射击、开炮等,让游客体验当时的战争场景。

清代文物展示厅:主要通过实物、图片、微缩模型并结合高科技手段展示清代出土的民居、农田、陶器、水井、马道等,同时设置水车、古代马车等体验项目,让游客体验当时的民居生活。

(4)城摞城XD影院。

拍摄《开封城摞城》《开封城门的故事》等影片作为游客进入博物馆后进行遗址科普、教育的重要内容之一。影院平时也可播放一般的商业电影。

(5)城摞城历史变迁体验区。

城摞城历史变迁体验区设置于博物馆的二层,通过高科技手段展示城摞城的形成现象和城市历史变迁,让游客了解开封城摞城形成的原因。

城摞城变迁馆内每个历史时期的展示将通过环幕电影、幻影成像、全息影像等手段,为游客讲述各个朝代发生在开封的城市变迁故事,新型的展示手段,也能够让游客身临其境般地体验开封城摞城变迁的历史。如通过环幕电影可讲述魏都大梁城建都时挖鸿沟、建水路交通、建内城的壮观景象;通过视频与场景结合的手段展示唐朝李勉扩建汴州城,将汴河引入城内,并设置两座水门以保证开封城水运的安全来反映唐朝开封漕运的发达;通过地面3D投影技术向游客展示北宋王朝建都开封后,多次营建东京城,通过对外城、里城、宫城的修葺使东京城固若金汤;通过对坊市制度的瓦解、东京城内部格局变化的展示让游客感受北宋都城的繁华;通过场景布置与全息影像结合的手段展示五代时期后梁朱全忠打江山、建都开封及后周周世宗修建外城的故事;通过全息影像的技术与3D画面相结合,讲述林则徐筑堤,防治水患的故事。

(6) 新郑门历史及开封城门文化展览区。

以城门为主题,通过图文、影像等方式向游客讲述开封城门的故事。重点展现北宋的正门、偏门、水门,将北宋外城与边疆防御城墙对比,体现城门制同边疆的格局。如通过图文、模型展示后周至北宋时期东京外城修建过程;利用全息影像技术反映皇帝出新郑门巡行、到金明池赏玩的情形。

(7) 城摞城考古体验区。

考古科普教室:由专业科考人员为游客讲解系列考古科学知识。

文物修复工坊:游客可在考古专家的指导下,将收集到的文物碎片进行修复。还可参与文物拼图游戏。

室内挖掘场馆:模拟考古现场设置小型的室内遗址挖掘场馆,场地内设置各朝代城墙砖块、瓦片、陶器等各类仿制文物碎片,将不同类型的仿制文物标上不同的序号。向游客提供考古挖掘的手套、刷子、桶、卷尺、筛子、铲子等工具,游客可在志愿者带领下挖掘同类型的仿制文物。

(8) 公园科普管理中心。

占地面积:350平方米。

设置公园办公室、会议室、考古研究中心、综合管理室、科普教育课堂等。

科普教育课堂:可与郑州、开封的中小学进行合作,作为中小学校的历史科普第二课堂,并举办中小学生夏令营活动。招募遗址考古专业学生或社会人士组成志愿者团队,通过讲解培训后为各类参观者提供讲解服务。

四、文化活动策划

以皇帝出城巡游为主题,编排皇帝出巡大型室外剧,设置城楼阅兵仪式,骑兵步兵仪仗队检阅,表演以盾牌、弓箭为道具的骑射舞蹈,设置大型宋代宫廷舞曲,营造皇帝出城的宏大场面。活动场地围绕瓮城布置,主要表演场地设置在城中的瓮城广场。

五、游客体验设计

(一) 开封城门文化体验之旅

由XD动感剧幕穿越时空,感受城墙见证过的黄河侵袭、战争跌宕的千年历史。在遗址现场感受真实的历代城墙。

体验项目:新郑门城摞城遗址展示现场—城摞城XD影院—新郑门历史及开封城门文化展览区

(二) 开封城摞城变迁体验之旅

参观由高科技搭建的历史舞台,感受从魏大梁到清开封几千年间的开封城市变迁的过程,生动体验并感受城摞城形成的过程和历史。

体验项目:新郑门城摞城遗址展示现场—城摞城 XD 影院—城摞城历史变迁体验区。

(三)考古科普体验之旅

上一堂考古培训课,当一回考古工作者。穿上考古专业服,拿着考古工具,进入模拟的考古现场,体验文物复原的过程,了解考古知识。

体验项目:新郑门城摞城遗址展示现场—城摞城 XD 影院—遗址挖掘文物展示区—城摞城考古体验区。

第六节 游客容量与游客规模测算

一、游客容量测算

根据城摞城遗址公园的实际情况,选用面积法、线路法和卡口法测算公园的空间容量。

(一)面积法:年游客空间容量为 40.23 万人次

对游客中心、城市变迁体验馆、考古挖掘体验馆、新郑门历史展览馆、广场、绿地采用面积法计算。

$$C_{面} = \frac{A}{a} \times \frac{T}{t}$$

式中,$C_{面}$——景区环境容量,单位为人次;A——可游览面积,单位为平方米(m^2);a——每位游人应占有的合理面积,单位为平方米(m^2);T——每日开放时间;t——人均每次利用时间。

参考风景名胜区规划规范(GB50298-1999)、公园设计规范(CJJ48-92)、博物馆建筑设计规范(JGJ66-91)等国家相关标准,确定空间容量指标。游览空间容量计算表如表 12-3 所示。

表 12-3 游览空间容量计算表

名称	可游览面积(m^2)	人均生态占用面积(m^2/人)	日周转率	瞬时游客容量(人)	日游客人容量(人次)
游客中心	160	8	3	20	60
城摞城变迁体验区	2500	25	3	100	300
城摞城考古体验区	1000	50	3	20	60
新郑门历史展览区	200	25	3	8	24
广场	14711	100	3	147	441
绿地	57505	400	3	143	429
总计	—			438	1314

备注:a.根据游客人均每次利用 160 分钟,城摞城遗址公园每天开放 8 小时计算,则各场馆、广场和绿地的日周转率为 3;

b.根据公园的实际情况,每年开放时间按 300 天计算。

(二)线路法:年游客容量为 6 万人次

对新郑门遗址展示区采用线路法计算。

$$C_{线} = \frac{M}{m} \times \frac{T}{t}$$

式中,$C_{线}$——瞬时游人容量,单位为人次;M——游道面积,单位为 m^2;m——每位游客占用合理游道面积,单位为 m^2;T——每日开放时间;t——人均每次利用时间。

新郑门遗址展示区游线长 386 米,宽以 1.2 米计,为步行道。则道路总面积为:

$$S = 386 \times 1.2 = 463.2 (m^2)$$

游客空间容量测算见表 12-4。

表 12-4 新郑门遗址展示区空间容量测算表

游道面积(m^2)	人均占用游道面积(m^2/人)	日周转率	瞬时游客容量(人)	日游客人容量(人次)	年游客容量(万人次)
463.2	8	3.5	58	203	6

备注:a. 人均占用游道面积按照《风景名胜区规划规范》中的相关规定设定;
　　b. 根据游客人均每次利用 135 分钟,旅游区每天开放 8 小时计算,则新郑门遗址展示区日周转率为 3.5;
　　c. 根据公园的实际情况,每年开放时间按 300 天计算。

(三)卡口法:年游客容量为 14.4 万人次

对 XD 影院按照设施容量的计算方法来测算,采用卡口法,以 80 个座位进行核算,则 XD 影院年游客容量为 $480 \times 300 = 14.4$ 万人次(见表 12-5)。

表 12-5 XD 影院游客空间容量

名称	座位数(个)	日周转率	瞬时游客容量(人)	日游客人容量(人次)
XD 影院	80	6	80	480

备注:a. 考虑游客观看时间及清场时间,游客人均每次利用时间按 80 分钟计算,公园每天开放按 8 小时计算,日周转率为 6;
　　b. 根据旅游区的实际情况,每年开放时间按 300 天计算。

二、游客规模测算

2013—2015 年为公园建设期,暂不对外开放,预计 2016 年开始接待游客。游客基数根据开封市接待量推算。依据 2008—2012 年开封市接待的海内外游客人数数据,得出游客量(N)与第 Y 年的一元回归方程式为:

$$N = 609.3Y + 2055$$

通过一元回归方程式预测开封市 2013—2016 年游客接待量如表 12-6 所示。

表 12-6 开封市 2013—2016 年游客接待量预测表

年份	2013	2014	2015	2016
游客接待量(万人次)	5101.5	5710.8	6320.1	6929.4

根据经验推断,2016 年公园游客量占开封市游客量 0.5%,总人次数达到 34.65 万人次。

根据项目规划实际情况、产品吸引力等因素,只要市场营销开展得当,旅游区 2017—2020 年游客增长率在 10%—25%,2021—2025 年是市场成熟期,游客数量逐渐趋于稳定,增长率为 15%—25%。以此预测未来 2016—2025 年内各年度游客接待目标数据(见表 12-7)。

表 12-7　公园 2016—2025 年游客接待量预测表

阶段	年份	增长率(%)	接待人次(万)
中期	2016	——	34.65
	2017	10	38.12
	2018	12	42.69
	2019	15	49.09
	2020	20	58.91
远期	2021	25	73.64
	2022	25	92.05
	2023	2	110.46
	2024	15	127.03
	2025	15	146.08

根据预测结果,至 2020 年末游客量接近 59 万人次,至 2025 年末游客量超过 146 万人次。

第七节　效益分析

一、社会效益

公园的建立可为开封及周边地区提供学习开封城摞城文化的"第二课堂",青少年通过实物欣赏、接触及倾听讲解等途径可在充分享受教育乐趣的过程中了解开封城摞城文化、城墙文化。

遗址公园自身的科学性、教育性、休闲娱乐性为开封市的文化建设起到了推波助澜的作用,有助于增强开封市民对开封城的了解。

博物馆志愿者队伍的建立,既能缓解馆内工作人员不足的问题,又能为参观者提供更周到、免费的服务,也为志愿者提供了一个学习开封城摞城文化、接触社会的机会,可谓是三赢活动。

公园绿地的优化、休息座椅等基础设施的完善,为周边社区市民休闲游憩提供了便利。

二、经济效益

(一)项目开发时序

规划 2013—2015 年为建设期,所有建设项目均在此阶段建设完成。公园 2016 年对外开放。

(二)投资分析

公园重点项目投资约 1.5 亿元,详见表 12-8。

表 12-8 公园项目投资估算

建设项目		单位	数量	单价(万元)	投资额(万元)	备注
遗址博物馆建筑		建筑面积(m²)	10676	0.6	6405.6	建筑主体
遗址博物馆内部展陈设施	游客中心	面积(m²)	500	0.3	150	内部设备
	新郑门遗址展示区	面积(m²)	2000	0.5	1000	解说系统、内部游道
	遗址挖掘文物展示区	面积(m²)	2000	0.5	1000	内部设备
	城摞城 XD 影院	项	1	1500	1500	内部设备
	城摞城历史变迁体验区	面积(m²)	2500	1	2500	内部设备
	新郑门历史及开封城门文化展览区	面积(m²)	200	0.5	100	内部设备
	城摞城考古体验区	面积(m²)	1000	0.2	200	内部设备
	公园科普管理中心	面积(m²)	350	0.15	52.5	内部装修
道路广场		面积(m²)	14619	0.03	438.57	新增道路广场面积
绿化景观		面积(m²)	3264	0.04	130.56	新增绿地面积
停车场		面积(m²)	2767	0.03	83.01	
小计					13560.24	
其他未预见费用					1356.024	按项目投资 10%计算
合计					14916.264	

（三）利润估算

利润估算如表12-9所示。

表12-9　利润估算表

年份	接待人次（万）	人均消费（元）	收入（万元）	利润（总收入的20%）
2016	34.65	100	3465	693
2017	38.12	100	3812	762.4
2018	42.69	100	4269	853.8
2019	49.09	100	4909	981.8
2020	58.91	100	5891	1178.2
2021	73.64	150	11046	2209.2
2022	92.05	150	13807.5	2761.5
2023	110.46	150	16569	3313.8
2024	127.03	150	19054.5	3810.9
2025	146.08	150	21912	4382.4

国际案例

日本登别伊达时代村的旅游开发策划

一、日本登别伊达时代村简介

伊达时代村位于日本北海道登别市，是一座全面再现江户时代风貌的文化体验场所。村内建筑细节和业态配置都经严格考据，精心复制。该项目由此成为日本最具知名度的传统民俗文化主题体验地。

这里共有94栋木造建筑，各具江户时代背景下的独立风格，游客能观赏名妓的花魁剧场及忍者格斗武打秀，甚至参与其中。与游人接触的人员均为江户装束的"古人"，游人也可租用传统服装，亲身体验江户时代的茶道、饮食和手工艺等。

伊达时代村的建筑街景（见图12-12）。

村内每一场所的名称都在门前的招幌上标明。

村内建筑的外观样式与色彩和谐有致，原汁原味地再现了江户时代的历史街景。

图 12-12　伊达时代村建筑街景

伊达时代村的空间结构(见图 12-13)。

图 12-13　伊达时代村空间结构

伊建筑群落与园林片区协调相融,空间上动线流畅。

各建筑物的体量虽有差异,但空间布局与组合得当,丝毫不显突兀。

伊达时代村的氛围营造(见图 12-14)。

图 12-14　伊达时代村环境氛围

村内无论建筑外观、细节装饰、色彩配搭,还是人员妆扮,都以完美再现江户时代风情为诉求,营造出极具感染力的环境氛围。

伊达时代村的舞台感(见图12-15)。

图 12-15　伊达时代村舞台感

村内服务人员均以传统服饰妆扮示人,且随处上演传统歌舞与礼仪,加之游客亦可身着传统服饰在村内游赏,令村内仿佛一处大舞台。

二、业态布局

伊达时代村的业态布局功能导向清晰、空间安排合理,引领项目的整体运行。图12-16为村内业态的布局图。其中1—4为主要演艺业态场所,5—10为主要游乐业态场所,11—14为主要修学业态场所,15—19为主要餐饮业态场所,20—23为主要购物业态场所。

图 12-16　伊达时代村业态布局图

以下对各类业态进行专项分析。

(一)演艺业态场所

伊达时代村演艺业态场所如图12-17所示。

图12-17 伊达时代村演艺业态场所

由图12-17可知,伊达时代村内的演艺场所散布在村内游线的中后段,令游客在经过前段游线的情绪培养后,自然乐于欣赏更具冲击力与感染力的演艺活动。

游客可以按照村内公布的演艺活动时间表,自由安排欣赏顺序,可以在两场演艺的间歇游赏周边的游乐场所(见表12-10)。

表12-10 伊达时代村演艺活动时间表

夏期スクシール(平成24年4月1日—10月31日)9:00—17:00								村内演艺活动时间
时长	9时	10时	11时	12时	13时	14时	15时	16时
①忍者ガな屋数(20分钟)	9:30	10:50			13:30		15:40	
②日本云统文化剧场(30分钟)		10:05	11:25			14:05		16:10
③大江户剧场(25分钟)		10:05		12:30			15:10	
④野外ショー忍者砦(15分钟)				12:05		14:45		
⑤野外ショー花魁道中(10分钟)					13:10			

演艺场所也是村内人气最高的场所,特别是户外舞台,总能吸引大量游客聚集,而每场限量进入的室内演艺活动,则更增加了对游客的吸引力(见图12-18)。

①江户时代诸侯家族忍者技能与仪礼日常训练表演	②江户时代顶级歌舞伎剧目演出，获奖知名演员驻场	③时代村吉祥物出演的大江户时代民风民情展演	④露天舞台上演的江户时代忍者实战主题互动性剧目	⑤村内头牌演员的公共见面活动，与游客自由互动

图 12-18　伊达时代村演艺活动

演艺节目的主题多种多样，均体现了江户时代风情，演员阵容强大，保证了演出质量，特别强调演出的互动性，通过引导游客参与来提升体验。

（二）游乐业态场所

游乐业态场所如图 12-19 所示。

图 12-19　伊达时代村游乐场所分布图

如图 12-19 所示，伊达时代村内的游乐场所均匀分布于游线全程中，是最主要的业态类型。

这些场所的主题丰富，既有民俗博物馆、历史业态街巷等静态展示场所，也有传统民艺体验所、民间传说惊叫屋等动态体验场所（见图 12-20）。

同时，街巷中随时随处可见江户时代"扮相"的服务人员，游客可与其留影，也可以穿着不同阶层身份的历史服装，进入各个主题建筑场景内，深入切身地感受江户时代独具特色的人文魅力（见图 12-21）。

图 12-20　伊达时代村游乐场主题体验场所　　　　图 12-21　游客看传统服装留影图

（三）修学业态场所

图 12-22 所示为伊达时代村修学场所分布图。

图 12-22　伊达时代村修学场所分布图

"修学"是伊达时代村的特色业态，在提高重游率和人均消费方面效果显著。

如图 12-22 所示，修学场所主要分布于村内游线的前段和后段，避开了人员较密集、也较喧闹的中段。伊达时代村的修学内容以江户时代的传统民风为主题素材，形成丰富的体验活动。修学场所主要面向中小学生群体，同时也接待其他社会人群。在费用上对学生客群给予优惠，以鼓励其多次重游，全面体验各个主题的修学活动。

如表 12-11 所示，小学生的"学资"仅相当于社会客群的一半，而传统礼仪是首要教学内容（见图 12-23）。

表 12-11　伊达时代村修学场所收费标准

团体	特别着替えコース	着替えなしコース
小学生	2,100 円	1,600 円
中学生	2,500 円	2,000 円
高校生	2,900 円	2,400 円
一般	4,000 円	3,000 円

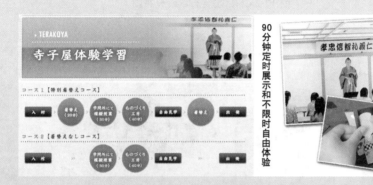

图 12-23　伊达时代村修学场所教学内容

江户街作为村内的主要游线,其两侧分布的各处江户时代主题文化展示与体验场所,是修学活动定时展示部分的主要活动场所,"学子"们可在 11 处场所及日式园林中感悟文化(见图 12-24)。

图 12-24　江户时代主题文化展示与体验场所

(四)餐饮业态场所

图 12-25 所示为餐饮业态场所分布图。

伊达时代村中的餐饮场所分为两类。

①设于村口之外的团体食堂(见图 12-26):接待团队游客和中小学生修学客群,提供的餐食性价比高,一定程度体现江户时代特色的用餐环境与餐食搭配。

图 12-25　餐饮业态场所分布图

图 12-26　伊达时代村团体食堂

②设于村内的传统风味餐馆集群(见图 12-27):接待散客,每一个餐馆在外观装饰、菜品主题等方面均独具特色,原汁原味地再现江户时代的美食风情。

这两类餐饮场所良好实现了对不同需求特征客群的分流服务。

图 12-27　伊达时代村传统餐厅与其中的风味美食

团队餐厅对学生客群给予相当的优惠,而对普通旅游团队,则在合理价位上提供效率较高、品质尚可的餐饮服务(见表 12-12)。

表 12-12　团队餐厅对学生客群的收费标准

团体	特别着替えコース		着替えなしコース	
	お食事なし	お食事付きメニュー○	お食事なし	お食事付きメニュー○
小学生	2,100 円	2,940 円	1,600 円	2,440 円
中学生	2,500 円	3,340 円	2,000 円	2,840 円
高校生	2,900 円	3,740 円	2,400 円	3,240 円
一般	4,000 円	—	3,000 円	—

（五）购物业态场所

伊达时代村购物场所分布及购物纪念品店如图 12-28 和图 12-29 所示。

伊达时代村中的购物场所主要布局于游线的前段（见图 12-28），这显然是考虑到游客在回程即将离开该村时最容易产生购物需求，也不必在游程中携带所购商品而增加麻烦。

图 12-28　伊达时代村购物场所分布图

这些购物场所在售的旅游纪念品尽管都以江户时代文化为主题，但每家店铺均独具特色，绝不雷同（见图 12-29）。

图 12-29　伊达时代村购物纪念品店

主要购物场所有四处,它们均不兼具演艺、游乐、餐饮等其他业态功能,从而避免了与这些主营业态的同质化竞争,令每种业态功能场所各得其所。

三、项目吉祥物——伊达犬的设计与推广

本项目的吉祥物——伊达犬选择具亲和力的小狗身份,设计为江户时代"古人"造型,在发型、衣着上均突出特色(见图12-30)。伊达犬人偶在村内随时巡游,与游人互动,还开发了伊达犬寻宝活动,吸引少儿客群参与,伊达犬同时还作为旅游纪念品的主题素材与对外宣传的形象大使(见图12-31)。

图12-30 吉祥物——伊达犬

图12-31 游客与伊达犬人偶合影图

四、灵活有致的定价策略

伊达时代村的定价策略灵活有致,针对性强。

由表12-13知,伊达时代村以组织形式、残障人士等为分类标准,为多样化客群提供多级别定价,优惠幅度向团队游客、儿童、老年人和残障人士等倾斜。

表12-13 伊达时代村对不同人群的定价标准

个人一般	入村料金
大人料金(中学生以上)	2,900 円
子供料金(小学生)	1,500 円
幼儿料金(4岁~未就学儿)	600 円
团体一般	**入村料金**
大人料金(中学生以上)	2,500 円
子供料金(小学生)	1,300 円
幼儿料金(4岁~未就学儿)	500 円
残障人士	**入村料金**
大人料金(中学生以上)	1,800 円
子供料金(小学生)	900 円
幼儿料金(4岁~未就学儿)	500 円

同时,对各类车辆的停放容量与定价也做出合理配置。特别安排了摩托车停车位,以低廉的价格,吸引青年自由行和周边客群随机来访(见表12-14)。

表 12-14　各类车辆定价标准与停放容量

车辆种类	驻车料金	收容台数
家用轿车	500 円	1,000 台
摩托	200 円	100 台
旅游大巴	1,500 円	50 台

五、总结与启示

日本北海道登别市伊达时代村传统民俗文化主题体验地已经获得实践成功,其为同类主题文化旅游项目提供了以下几点启示。

(一)文化主题的聚焦选定与呈现

伊达时代村选择江户时代作为统一的文化主题与背景,所有内容均紧密围绕其展开与呈现。

(二)合理的场所业态与空间配置

村内各场所基本设定为单一业态,通过合理的功能与空间组合,令游客感受丰富而不杂乱。

(三)细分客群的特征研究与对接

对客群进行多标准细分,针对各客群需求特征,在定价策略和活动内容上进行针对性满足。

备注:以上图文资料来自该项目官方网站。

 思考与练习

遗址类资源的特点是什么?策划人员是如何将遗址类资源转化为历史文化旅游产品的?遗址类景区的策划应注重哪些方面的内容?

 实践与练习

实地调研你所在地区某一遗址类景区,讨论如何通过旅游策划开发遗址资源,或提升已有的遗址类景区,并形成调研报告和策划方案。

第十三章

小主题,大智慧:茅台国坛酒庄旅游综合体总体规划(策划部分)

案例背景

随着旅游资源概念的不断延展,旅游开发向更广阔的领域挺进,许多传统意义上的小众资源也通过规划开发进入旅游市场,形成具有独特魅力的旅游景区。如何挖掘小主题,开发大市场,就需要策划者拥有大智慧。被誉为"国酒"的茅台酒是中国白酒典范,茅台镇的发展面临产业转型与升级的巨大机遇,笔者主持了茅台镇的系列策划规划,并通过旅游策划、修建性详细规划、业态规划、招商策划等一条龙服务助力茅台镇从普通的工业镇向特色小镇的成功转型。现节选茅台镇系列规划之《茅台国坛酒庄旅游综合体总体规划》的部分内容,以飨读者。

第一节 规划总则

一、规划背景

2012年,贵州省小城镇建设发展大会确定了"把茅台镇建设成贵州第一、全国一流、世界知名"的特色小城镇。为切实承办好省、市旅游发展大会,仁怀市委、市政府坚持"规划引领、群工优先、保障为要、项目落地"的原则,全面启动茅台示范镇建设,积极鼓励白酒产业转型升级,强化白酒产业和文化旅游的融合发展,大力发展文化旅游,助推古镇振兴,以打造白酒酒庄群落为突破,强化项目引领示范。

中华华丹·国坛酒庄是仁怀白酒酒庄群落中规模最大,投资最多的酒庄,所在区域生态环境优良,山水相融,植被茂密,资源组合度好,尤其是国坛企业品牌价值突出,酱酒文化底蕴深厚,在国内白酒市场中占有重要地位,有着打造白酒酒庄的资源载体。为此,贵州国坛酒业发展有限公司特委托成都来也旅游发展股份有限公司编制《中华华丹·国坛酒庄旅游综合体策划暨总体规划》(见图 13-1),以期打造中国首个规模最大、功能最全、档次最高的白酒文化旅游综合体,引领仁怀白酒产业转型升级,构建全国白酒工业转型示范。

图 13-1　中华华丹·国坛酒庄旅游综合体总体规划

二、规划范围

本次规划范围涉及茅台镇中华村区域,东以茅坛快速公路为界,西以马桑坎溪谷为界,南以象鼻子山为界,规划总面积约为 2.06 平方公里。

三、规划期限

本着分期、分步滚动开发和按市场需求弹性实施的原则,并考虑到本项目的引领、示范作用,本规划期限为 2015—2020 年,具体分为两个阶段,即一期:2015—2016 年;二期:2017—2020 年。

四、规划原则

本次规划应遵循以下原则:第一,生态保护原则,保护自然山林溪流,建筑、设施要生态化和环保化;第二,传承发展原则,传承酱香白酒文化和国坛企业文化;第三,区域协作原则,加强与周边旅游资源的互补协作发展,构建区域大旅游格局;第四,差异化发展原则,以创新的模式和手法开发差异化的白酒深度体验产品,构建白酒与旅游融合发展产业链;第五,设施标准化原则,按照相关标准,以国家 AAAA 级旅游景区设施标准配套国坛酒庄的旅游服务体系。

第二节 旅游资源分析与评价

一、旅游资源分类

按照《中国旅游资源分类、调查与评价》(GB/T18972-2003)进行分类,中华华丹·国坛酒庄旅游综合体旅游资源涵盖 8 个主类中的 6 个、31 个亚类中的 11 个、155 个基本类型中的 23 个,资源单体总数为 46 个。整体来说,规划区形成了以自然资源为主、人文资源为辅的资源结构,其中自然生态为核心优势资源。

二、旅游资源定量评价

根据旅游资源定量评价因子,对规划区的旅游资源进行定量评价,中华华丹·国坛酒庄旅游综合体旅游资源共评出四级资源 5 个,三级资源 7 个(见图 13-2)。

四级旅游资源:国坛酒、赤水河谷、龙湖、石龙、仙人洞。

三级旅游资源:中华村传统民居、野猪洞、酸草洞、马桑坎溪流、马桑坎岩壁、栎树林、半山草地。

三、特色旅游资源

(一)有形资源

规划区的有形资源以自然生态资源为主,包括植被覆盖率高、气候舒适、地形变化丰富

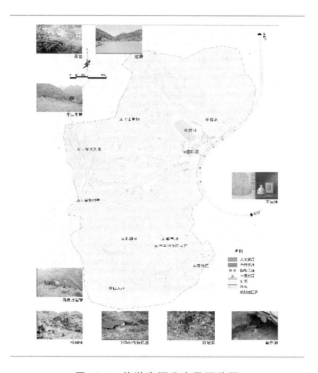

图 13-2 旅游资源分布及评价图

的山地生态旅游资源,形成了生物景观、喀斯特岩溶地貌景观、水系景观、气象景观等多元化的景观谱系。实体人文资源包括国坛系列酒、传统手工产品与工艺品等。

（二）无形资源

国坛文化："国坛酒"定位为民族礼仪之酒、千年文化之酒、天人合一养生之酒和民族精神之酒,致力于成为与传统文化对话的桥梁,成为彰显传统礼仪、展现天人合一道德理念和民族精神的重要象征,这与龙、牡丹、甲骨文等三大文化所蕴含的深厚文化内涵和文化价值具有较高的契合度。

国坛丹道养生文化：包括太极打通经络、通过静坐安精定神、通过站桩提神健脑、用丹药滋阴扶阳、用养生酒补血益气、用穴位疏通脉络、用音乐催眠养神、用生态健康饮食,在养生方法上体现出身心结合、内外结合、动静结合、补疗结合的综合特点。国坛丹道养生文化继承了传统道教养生文化的精髓,是道医合一、融贯古今的综合健康养生方式,是传统中医养生与国际尖端生命科学完美结合的养生方式,开创了全方位、个性化、高品质的特色养生新模式。

民俗文化：民俗节庆、民俗演艺、特色服饰等传统民俗文化。

四、旅游资源总体评价

（一）世界遗产级资源汇聚之地,区域资源内涵丰富,资源品级高,整合优势明显

规划区域良好自然生态基底和区位环境,与酒文化、大川盐古道、赤水丹霞等世界遗产级资源交相辉映,在旅游功能和结构上互为补充,资源整合优势突出,易形成区域旅游合力。

（二）生态环境优良，地形变化丰富，景观多元，适宜开展山地休闲度假活动

规划区植被覆盖率达80%，是名副其实的"天然氧吧"，四季分明，气候垂直差异较大，山地地形条件和临近赤水河谷形成了"山地小气候"环境，气候舒适。规划区包括浅丘、平坝、峡谷、中低山等地形单元，形成了山、林、溪、谷、池、石、洞、田、居等多元的景观谱系，适宜于开发旅游休闲度假设施。

（三）以国坛文化为代表的文化品位高，为酒庄开发多元化的产品提供依据

国坛文化与龙、牡丹、甲骨文等中国传统文化高度融合，是本项目的文化之魂，可依托国坛酒企业文化、丹道养生文化等为主题，开发多元化的旅游产品体系，创造规划区独特的卖点，带动整体开发，树立酒庄旅游品牌，弘扬中国传统文化。

第三节 旅游发展战略与目标

一、发展战略

落实国家大力推进新型工业化、新型城镇化和"美丽中国"的政策，抓住仁怀市打造全国一流旅游目的地、赤水河流域国际旅游精品线和生态文明先行示范区的机遇，坚持"增长型战略"导向，以促进白酒产业转型升级和工文旅融合发展为主线，以白酒生产、休闲度假和现代服务业为主导，建设国内一流的国际型白酒酒庄旅游度假区。

二、总体定位

（一）主题定位

茅台国坛酒庄主题定位为：中国首个白酒文化养生国际生态旅游度假区。

依托国坛酒庄深厚的酒文化底蕴和良好的养生功效，以及区域优越的生态环境，以国坛养生文化为统领，以白酒养生、丹道养生、生态养生和闲乐养生为四大主题，打造集酒类展示交易、白酒生产和仓储、酒文化深度体验、主题游乐、商务会议、蜜月婚庆、休闲度假、行政办公等功能于一体的中国首个白酒文化养生国际生态旅游度假区。

（二）形象定位

形象定位为：东方拉斐庄园，中国国坛酒庄。

拉斐庄园是西方较具知名度的庄园品牌，代表了葡萄酒庄园发展的较高水平，国坛酒庄项目需要奠定中国白酒酒庄的国际影响力，树立中国白酒酒庄的标杆形象，本定位能较好地体现项目品质和产品特色，强化国坛酒庄的品牌形象。

备选形象定位为：国坛——中国白酒养生第一庄；国坛酒庄，养生天堂。

（三）功能定位

养生度假：主要包括白酒养生度假、丹道养生度假、生态养生度假、闲乐养生度假等四大养生度假等。

国坛酒文化体验：主要包括白酒生产、国坛酒文化展示、国坛酒文化体验、白酒窖藏、白酒交易和商务会议等。

生态观光：主要包括山地观光、森林观光、水域观光等。

主题休闲：主要包括山地休闲、运动休闲、美食休闲、艺文休闲等。

（四）产品定位

以市场需求为导向，发展以国坛养生文化为统领的白酒养生、丹道养生、生态养生和闲乐养生四大主题旅游产品。

白酒养生产品：国坛酒文化体验、白酒养生科普、白酒康疗、养生酒保健、白酒生产包装体验、白酒窖藏、白酒展示交易、白酒商务会议等。

丹道养生产品：太极养生、静坐安精定神、站桩提神健脑、养生酒补血益气、丹药滋阴扶阳、穴位疏通脉络、音乐催眠养神、丹道文化体验、丹道养生科普等。

生态养生产品：健康食疗养生、山地度假养生、滨水度假养生、野奢度假养生、运动休闲养生、森林氧吧养生、生态 SPA 养生、美容保健养生等。

闲乐养生产品：水上主题游乐、山地主题游乐、森林休闲游乐、运动休闲游乐、艺文休闲活动、康体健身活动、体育赛事休闲、茶饮棋牌休闲、自然研习休闲等。

（五）市场定位

基础旅游市场：仁怀本地的近郊节假日休闲及度假需求市场，黔北川南周边 3 小时经济圈的节假日休闲及自驾旅游市场。

重点旅游市场：成渝经济区、黔中城市群的中产阶层休闲度假和商务休闲市场。

机会旅游市场：环渤海、珠三角、长三角的观光休闲及体验市场，赤水丹霞、荔波等周边世界遗产的观光休闲及体验顺游市场。

三、发展目标

发展目标为：全国首创工业、文化、旅游融合发展示范区。

工业、文化、旅游融合发展示范区之"四大示范"如下。

生产方式示范：白酒工业化生产向白酒酒庄精品型生产方式升级。规划以白酒酒庄引领国坛白酒生产的转型升级，强调白酒生产的精品化、定制化、特色化，在白酒原料蒸煮、发酵、包装、仓储方式上实现升级，成为区域白酒产业转型升级的典范。

产业模式示范：工业、文化、旅游多产业融合发展。规划强调第一、三产业的互动，突出白酒生产、文化产业和旅游产业等多产业融合发展，着力构建新型产业联动发展模式，为区域在产业模式构建上形成示范。

产品模式示范：多功能、多业态复合发展。规划遵循市场引领的策略，基于市场多元化、个性化的需求开发多功能、多业态的旅游产品，形成多元产品复合发展的格局，成为区域白酒酒庄产品开发的典范。

品牌形象示范：树立中国白酒养生第一庄的标杆形象。本项目强调树立仁怀，乃至中国白酒酒庄的旅游形象，能够代表中国白酒酒庄发展的最高水平，在建筑、景观、环境品质上体现出特色、档次和品质，为中国白酒酒庄发展树立标杆。

其他目标：国家 4A 级旅游景区、国家生态旅游示范区、国家工业旅游示范区。

四、开发路径

（一）一期：2015—2016 年，争创国家 4A 级旅游景区、国家工业旅游示范区

一期主要完成入口大门、白酒包装生产线、办公大楼、广场、停车场、儿童乐园、湖泊扩建、交易中心、度假酒店等的建设，并进一步加快旅游服务设施、基础设施的配套，初步构建国坛酒庄品牌形象，为二期的加快开发做好准备。规划到 2016 年年底，酒庄年游客量达 50 万人次，旅游年收入达 2 亿元。

（二）二期：2017—2020 年，建设国家生态旅游示范区、国内一流酒文化养生旅游度假区、全国首创工业文化旅游融合发展示范区

二期要加快主题游乐和丹道养生开发，重点建设水上世界、主题休闲街区、休闲度假酒店、丹道养生、运动基地等项目，进一步提升酒庄产品丰度，推动酒庄观光旅游向休闲度假转型，并实现产业的快速发展。同时，启动国坛酒庄系统化营销工程，重点对中远程市场以及国际专项市场进行针对性营销，提升酒庄国际化旅游服务水平，形成国际化的旅游市场吸引力，构建多元经营的可持续发展格局。到 2020 年年底，酒庄年游客量在 150 万人次以上，旅游年收入达到 5 亿元。

五、产业体系

规划围绕国坛养生度假产业，构建白酒养生、丹道养生、生态养生、闲乐养生四大养生主题度假产业集群，形成四大产业相互互补、相互渗透、相互支撑、协调联动的一体化发展格局。

基础产业——生态度假产业：生态度假产业作为旅游观光和休闲度假的环境基础，为旅游开发提升环境效益，提升酒庄环境品质。

引擎产业——闲乐养生产业：项目水上休闲、主题乐园、运动休闲等是重要的旅游吸引物，将起到聚集消费人气，带动其他产业发展的作用。

核心产业——白酒养生产业：整个项目将以白酒养生度假为重点，通过大力发展白酒生产、包装、窖藏、展销和商务会议，特别是白酒养生等核心产业门类，使其成为整个项目可持续发展的重要支撑。

增值产业——丹道养生产业：依托国坛丹道养生优势，重点发展丹道养生产业，进一步提升项目区产品品质，塑造项目的品牌形象。

第四节　空间布局与分区规划

一、总体布局

结合项目地地形地貌、旅游资源和用地情况，以白酒养生、生态养生、闲乐养生、丹道养生四大主题功能构建为依据，将规划区分为入口形象及国坛酒文化交易展示区、山地生态休闲

区、国坛工业生产观光区、原生态饮食文化游乐区、中华丹道康复养生区等功能片区（见图13-3）。

图 13-3　项目布局图

入口形象及国坛酒文化交易展示区：白酒展示交易、国坛酒文化体验、入口综合服务、文化休闲、行政办公等功能。

山地生态休闲区：山地观光、生态度假、文化休闲体验、主题游乐等功能。

国坛工业生产观光区：工业生产、工业旅游、文化体验等功能。

原生态饮食文化游乐区：主题餐饮、休闲游乐、运动健身等功能。

中华丹道康复养生区：道教祈福朝拜、养生度假、生态运动、丹道文化体验等功能。

二、用地布局

中华华丹·国坛酒庄旅游综合体城乡用地汇总及城市建设用地统计分别如表13-1、表13-2所示。

表 13-1　中华华丹·国坛酒庄旅游综合体城乡用地汇总表

用地代码			用地名称	用地面积（hm²）	占城乡用地比例（%）
大类	中类	小类			
H			建设用地	34.85	34.85
	H1		城乡居民点建设用地	34.81	34.81
		H11	城市建设用地	34.81	34.81
	H2		区域交通设施用地	0.04	0.04

续表

用地代码			用地名称	用地面积(hm²)	占城乡用地比例(%)
大类	中类	小类			
E			非建设用地	65.15	65.15
	E1		水域	2.59	2.59
	E2		农林用地	62.57	62.57
			城乡用地	205.94	100.00

表 13-2　中华华丹·国坛酒庄旅游综合体城市建设用地统计表

用地代码		用地名称	用地面积(hm²)	占城市建设用地比例(%)
大类	中类			
R		居住用地	0.99	1.38
	R2	二类居住用地	0.99	1.38
A		公共管理与公共服务设施用地	12.93	18.05
	A1	行政办公用地	5.87	8.19
	A2	文化设施用地	4.42	6.17
	A4	体育用地	2.36	3.29
	A9	宗教用地	0.29	0.40
B		商业服务业设施用地	22.19	30.96
	B1	商业用地	12.77	17.82
	B3	娱乐康体用地	6.03	8.41
	B9	其他服务设施用地	3.39	4.73
M		工业用地	18.51	25.82
	M1	一类工业用地	18.51	25.82
S		道路与交通设施用地	13.83	19.29
	S1	城市道路用地	11.36	15.85
	S4	交通场站用地	2.47	3.45
U		公用设施用地	0.78	1.09
	U1	供应设施用地	0.36	0.50
	U2	环境设施用地	0.01	0.01
	U3	安全设施用地	0.41	0.57
G		绿地与广场用地	2.44	3.40
	G1	公园绿地	0.70	0.98
	G3	广场用地	1.74	2.43
	H11	城市建设用地	71.68	100.00

第五节 分区规划

一、入口形象及国坛酒文化交易展示区

（一）范围

东、南接坛茅快线，西至现状鱼塘西侧山脊，北至鱼塘正对垭口，分区规划总面积合计15.93公顷。

（二）功能定位

功能定位为白酒展示交易、国坛酒文化体验、入口综合服务、文化休闲、行政办公等。

（三）发展思路

提升入口形象：新建入口大门、广场和生态停车场，同时对现状鱼塘进行改造扩建，提升区域景观环境。

完善商务服务功能：对接区域白酒企业需求，建设集白酒展示、销售于一体的商务综合体，积极搭建酒企商务交易平台，重点建设中华国坛白酒交易展示中心、国坛行政中心大楼等项目，配套部分休闲设施，打造区域首屈一指的白酒商务休闲区。

统一规划布局入口交通动线：结合入口区域内交通动线情况，对入口区交通动线进行重新组织，积极推动客货运分离、大车小车分离、车行人行分离，构建系统化的交通格局。

（四）重点项目策划

入口形象及国坛酒文化交易展示区重点项目如表13-3所示。

表13-3　入口形象及国坛酒文化交易展示区重点项目表

项目	说明
国坛龙门（含景墙和游客中心）	位于景区入口区，位置紧邻坛茅快线。规划充分考虑场地开敞空间，大门设计采用大跨度的耐候钢结构塑形，整体造型以龙为原型，以甲骨文、牡丹等为主要装饰元素，整体色调体现国坛主题，突出国坛文化内涵，主要功能包括强化入口引导和塑造形象。同时，于国坛龙门两侧设置景墙，景墙设计采用龙文化、国坛酒文化元素，使景墙与大门融为一体，规划景墙主要采用钢结构、青砖、绿篱等材质和形式，结合景墙配建游客中心
国坛文化广场	主题文化广场，一方面凸显国坛酒庄高端大气的形象，同时作为大型公共活动空间，满足游客空间转换要求。广场通过地面铺装拼接成牡丹造型，设置甲骨文主题的景观小品，广场周边采用本地高大的乔木，特别是古树进行大面积绿化
国坛会展中心	会展中心充分体现生态理念，将树叶等元素融入建筑设计之中，集白酒展示、交易、公共会展等功能于一体，配套服务于高端商务客群的精品型商务酒店，以及国坛品牌旗舰店

第十三章
小主题，大智慧：茅台国坛酒庄旅游综合体总体规划（策划部分）

续表

项目	说明
中华国坛白酒展示交易中心	结合国坛会展中心新建中华国坛展示交易中心，将商务活动空间、公共休闲空间和企业形象展示空间相结合。项目采用独栋式企业会所形式，形成组团式、错落有致的空间布局。交易中心的单体建筑充分融入生态文化元素，其内部功能将商务接待、品牌形象展示、住宿功能进行了整合，滨水空间、建筑空间周边设置茶饮、咖啡等公共休闲设施
国坛行政中心大楼	依托现状鱼塘北侧两山垭口的用地空间，利用其风水聚气格局，新建国坛行政中心大楼，以凸显中国传统文化符号，体现国坛文化和大气庄重的气质为核心理念。建筑融传统元素与现代风格于一体，整体造型以传统"印章"为原型，并借鉴中国传统坛型高台建筑的格局，外立面采用国坛红色、黄色、酱色三色系，整体体现文化、尊贵、大气、神圣的气质，设置阶梯式景观水池，增加龙吐水等景观小品
龙湖	扩建现状鱼塘，整体造型借鉴国坛酒瓶的形状，并对驳岸进行生态化处理，强化沿岸绿化并增加本地水生植物。沿滨湖空间配套滨水栈道和游憩设施，设置龙文化主题水景观，全面彰显国坛文化，塑造国坛品牌形象
龙隐阁	在龙湖中心位置选址建设龙隐阁，建筑造型取意"五龙戏珠"，建筑中间为一玻璃体块造型建筑，周边由五条云龙从水中跃起，整体形态犹如一藏宝阁掩映于龙湖之中。龙隐阁位置相对独立，需乘小船进入，未来龙隐阁将成为一座私立博物馆，承担国坛或区域文物、艺术品的珍藏和展示功能
生态停车场	依托坛茅快线以北，入口大门东侧线形的用地空间，规划按照国家4A级景区标准新建一个大型生态停车场。停车场设计秉持生态环保、集约用地的理念，最大化减少挖方量，规划充分利用场地地形，结合北侧山体堡坎进行建设，采用阶梯式布局形式，形成多台逐步抬升的格局，依次布局大巴停车场、小车停车场，同时配套环保车停车场等设施。同时，停车场设计充分利用国坛文化元素进行包装，提升区域景观环境。本停车场未来将作为酒庄主要的入口配套设施，承担区域停车接待、综合服务、空间转换等重要功能
国坛龙行立交	规划于坛茅快线南北两侧各新建入口立交桥一座。立交桥的设计将文化性、景观性、实用性相结合，将人行道与车行道相结合，整体造型以龙为原型，通过大跨度的钢结构以及流畅的线性龙纹叠加体现大气、庄重、飞翔等特质。同时，结合龙行天桥设置人行过街天桥，强化游客步行引导和便利性。未来该立交桥将成为由茅台镇、仁怀市区进入国坛酒庄的重要交通功能转换设施

二、山地生态休闲区

（一）范围

东接坛茅快线，西、南至对面山脊，北至现状观景台，总规划面积61.06公顷。

（二）功能定位

功能定位为山地观光、生态休闲、文化休闲体验、主题游乐等。

（三）发展思路

大力开发休闲旅游产品，提升区域旅游吸引力。充分利用区域良好的自然生态环境，结合其台地地形条件,新建文化主题酒店、坛坛乐园等休闲度假项目,将区域建设成为项目地综合性的生态休闲旅游板块,全面提升区域旅游吸引力。

提升区域景观环境,营造休闲度假氛围。充分利用仁怀本地景观树种、花卉,积极调整林相,提升景观丰度,营造四季皆景、移步换景的景观格局,全面塑造区域休闲度假氛围。

强化与外围交通衔接。通过环山环保车道、绿道、游道等形式,强化与外围入口及酒文化商务休闲区,以及中华丹道养生区的衔接。

(四)重点项目策划

山地生态休闲区重点项目如表 13-4 所示。

表 13-4　山地生态休闲区重点项目表

项目	说明
卧龙酒店	依托大门东北侧缓坡新建一座以国坛酒文化为核心的主题酒店。酒店设计采用退台形式,酒店整体设计以龙、祥云、流水为核心理念,在风格上体现现代生态型建筑特色,在功能上将文化展示、生态度假、商务休闲相结合,配套会议中心、无边界泳池、客房、餐饮、休闲等设施。在酒店前设置跌水景观,保留现状石龙,增加景观水池
云龙仙居创意基地	考虑到区内有大量行政办公的需求,依托国坛行政中心大楼后山羊子洞等区域用地空间,建设云龙仙居创意基地,采用散落状、组团式布局,建筑风格与周边环境融合,并挖掘国坛文化元素进行内外装饰,强化建筑特色。本项目突出森林观光、生态养生、文化创意等,重点建设创意基地等项目
齐乐天街艺文主题休闲聚落	规划利用云龙仙居西南侧用地空间,建设半山天街艺文主题休闲聚落,根据用地情况形成多个小型的功能组团,包括棋艺轩、书香坊、琴心阁、茶道厅、乐和苑、甜美汇、爱之驿等,各项目建筑造型和内外装饰充分结合项目主题和功能,构建展现仁怀休闲生活、彰显仁怀人文艺术特质的功能板块。 棋艺轩:以棋艺、牌艺等为主要功能的板块,配套简餐、休闲等设施,建筑造型充分体现棋牌主题,通过内外环境和装饰强化建筑和环境特色。 书香坊:以浪漫书吧为主题,包括阅读、休闲、文化展示等,具有公共社交功能。以"展开的图书"为建筑造型,通过景观环境、内外装饰强化"书香"主题。 琴心阁:以琴棋书画等传统艺术展示、交流、拍卖、交易等为主要功能,通过吸引名人开展展览,以及艺术交流会、交易拍卖会等形式,提升项目的吸引力,同时可作为常设性的仁怀区域文化名人艺术创作基地和本地居民日常休闲的区域。 茶道厅:以"品茶论道"为主题,以茶饮休闲、茶文化展示、茶文化体验等为主要功能,可开展相关品茶会、茶文化交流会等活动。 乐和苑:以现代时尚音乐展示、交流、互动、娱乐体验等为主要功能,可开展主题音乐会、乐器展览、音乐欣赏、娱乐互动等相关活动,建设成为仁怀首个音乐艺术互动体验基地。 甜美汇:以全球甜品美食汇为主题的项目,包括冰激凌店、奶茶店、蛋糕店、巧克力店、水果店、蜂蜜店等,同时配套简餐、休闲等设施。 爱之驿:通过架空形式新建爱之驿项目,主要作为情侣蜜月、文化体验和爱情主题休闲的区域

续表

项目	说明
坛坛乐园	规划利用坛茅快线西侧的坡地空间,建设坛坛乐园,配套龙卷风云霄飞车、龙瀑冲浪、坛坛儿童魔法屋、双龙塔、魔力震荡车、极品飞椅、梦幻摩天轮、国坛超级翻滚车、摇摆飞车、蘑菇摇摆乐园、木马旋转车等项目,并以国坛酒坛、龙文化等元素包装
龙香轩	项目选址于规划区最东缘,坛坛乐园东北侧,此地块相对独立,场地较平整,规划充分结合地形和用地块分布,采用组团式空间布局,建筑之间通过开敞式设计的连廊进行连接,使区域内各个建筑形成有机联系。本项目建设主要为坛坛乐园片区进行配套,同时考虑区内员工生活需要,结合功能需要设置餐饮、住宿、停车和员工综合服务等设施
红云台（观摩大楼）	充分利用区域开阔的视野,新建一座观景塔和观景台,观景塔整体样式借鉴中华华丹酒瓶造型,色调采用国坛代表性的红色为主色调,通过钢结构骨架塑形,中间通过龙形空中栈道连接,配套部分餐饮休闲设施,红云台可俯瞰茅台镇区、酒厂中华片区等
香草天空	种植具有本地代表性的景观性花卉草本植物,特别是丹道养生中极具代表性的百草养生植物,以满足国坛丹道养生对百草的大量需求,同时通过不同作物季相、色相的搭配,营造四季花海、步移景异的景观环境,将其打造成为黔北首屈一指的景观性花卉苗木培育基地
森林公园	充分利用项目地东北部良好的森林资源以及大面积的植被覆盖,建设国坛森林公园,通过进一步增加森林覆盖率,增加乔灌木种类,优化区内树种结构,强化森林景观性,以加强动植物保育和水源涵养,并配套游步道等设施,扩大酒庄的游览空间,将其建设成为整个酒庄重要的休闲功能配套区域
五色彩林	整合利用项目地西北部森林资源,通过补植本地景观性树种,特别是乔木型树种,进一步提升区域植被密度,树种补植注重乔灌木结合和树种的协调,强调森林景观的层次性,注重不同树种不同季节的搭配,形成四季型的彩林景观,提升区域旅游吸引力
儿童活动中心	规划结合坛坛乐园,配套建设一座儿童活动中心,采取架空形式建设,建筑下部整体造型为圆形,作为儿童公共活动空间,建筑上部借鉴儿童积木造型元素,多栋建筑叠加,作为办公和教室,建筑立面色调采用红、黄、绿、蓝等组合形式,营造愉悦、欢快的氛围

三、国坛工业生产观光区

（一）范围

国坛工业生产观光区包含大槽与麻窝区域,占地34.44公顷。

（二）功能定位

观光区的功能定位为工业生产、工业旅游、文化体验等。

(三)发展思路

打造景观性国坛生产空间:作为国坛酱酒的生产空间,合理利用地形,布置包装车间、白酒酒库及办公区,规划建筑不仅要满足生产功能要求,也要突出文化性、景观性和生态性,营造国坛酒庄的良好的工业生产形象。

创新游客参观游览方式:开辟游客观光空间,设置旅游线路,创新参观游览方式,引导游客体验国坛酱酒现代化工业生产方式。

(四)重点项目策划

龙文化作为中华文化的内核,也是国坛酒文化的核心。因此,用国坛龙香区统领国坛工业生产的各个环节,包括包装车间、酒库、储罐及办公管理等,该区域建筑布局依山就势、蜿蜒曲折、宛如盘龙,采用立体绿化、文化注入的方式,让国坛酒不仅具有酱香型白酒醇香优雅的味道,还浸透出浓郁的中华传统文化气息。国坛工业生产观光区重点项目如表13-5所示。

表13-5 国坛工业生产观光区重点项目表

项目		说明
国坛龙香区	国坛酒库大门	酒库大门设计用灵动的线条体现赤水河流水线条和龙形,凸显赤水河在仁怀白酒产业发展中的核心价值,大门采用耐候钢塑形,并在表面采用甲骨文、牡丹元素进行装饰,门顶采用绿化装饰,整个大门庄重大气,犹如卧龙匍匐在入口
	陈香酒库	以国坛酒瓶造型为原型设计,酒库直径为88米,高11层,作为整个国坛酒庄的标志性景观,象征国坛酒"一坛来自远古的陈香"的核心地位。1—5层为酒库,6层为防火层,7—10层为参观通道,屋顶为观景平台。建筑采用立面绿化的方式强调建筑的生态性,立面利用红、金、绿、蓝、黄五行色进行线条装饰,凸显国坛的企业文化。酒库前增加跌水景观,诠释酒与水的渊源,夜晚用全息激光秀进行装饰,增加夜景效果
	包装车间	建设灌装车间、半成品库房、成品库房等,采用立面绿化的方式对建筑屋顶和墙面进行装饰,强化"国坛酒生于土木"的文化内涵,屋顶采用流线型轻钢结构,并进行草坡绿化
	留香酒库	酒库采用立体绿化的方式,突出生态性,在立面上增加五彩线条和国坛龙、牡丹、甲骨文元素做装饰,与坛型酒库外观协调,设置社会名人的私人储酒领地,吸引社会各界名流将自己的好酒储存在专业的酒库当中,并挂牌区分,象征品位、时尚及身份,演绎名人与美酒的醇香格调
	溢香储罐区	对储罐罐身和罐顶进行彩绘装饰,彩绘内容以国坛龙、牡丹、甲骨文三大文化元素为主,将单调乏味的白酒储罐塑造成特色景观,丰富国坛工业生产区的游览内容
	勾兑车间	勾兑车间建筑风貌与国坛龙香区其他建筑相协调,为高端消费游客提供制酒体验、勾兑酒体验、品酒体验的旅游休闲空间,商业内部装修空间全部采用中式风格,注入国坛酒文化元素,体现国坛文化特色

四、原生态饮食文化游乐区

(一)范围

原生态饮食文化游乐区包含小槽、马桑坎及红岩沟区域,占地31.50公顷。

(二)功能定位

该游乐区功能定位为主题餐饮、休闲游乐、运动健身等。

(三)发展思路

重点培育旅游吸引物:充分利用现有马桑坎水系,通过工程措施蓄水,并引入现代化、时尚化、主题化的水上游乐设施,针对大众游客,打造水上欢乐世界,弥补仁怀市邻水而不能玩水的缺憾,迅速引爆市场,提高酒庄知名度。

打造主题化美食文化聚落:充分利用沟谷内良好的生态环境和用地空间,针对特定的群体,开发原生态的、高档次的、主题化的美食文化主题聚落,弥补仁怀市大型餐饮方面的市场空白。

配套赛事运动场馆:结合水上世界和马桑坎内用地空间,以国家乙级体育场的标准新建游泳馆一座,作为省级体育赛事和国际赛事的比赛场地,通过体育赛事聚集酒庄人气,提升知名度,也可作为为游客提供运动健身的场所。

(四)重点项目策划

原生态饮食文化游乐区重点项目如表13-6所示。

表13-6 原生态饮食文化游乐区重点项目表

项目	说明
龙嬉谷水上世界	通过工程措施闸坝蓄水,围绕龙文化,引入国际化、新兴时尚的水上娱乐项目,将龙、甲骨文文化元素融入水上乐园的景观建设和游乐设施中,布置超级激流、水森林、激流勇进、翻江倒海、登峰造极、海盗船等,打造以水景为特色、水上活动为主题的水上世界
国坛体育中心	按照标准省级赛事游泳馆建设要求,新建多功能、综合性的国坛体育中心,包括游泳馆(含1个室外标准比赛池,1个室外儿童训练池,1个室内恒温标准比赛短池和1个非标准训练池以及1500人的看台),底层配套商业休闲空间、无边游泳池及人工沙滩,作为仁怀及周边地区规模最大、级别最高的专业比赛场馆,能举办国际精英赛、冠军赛等比赛,通过赛事聚集酒庄人气,带动旅游消费,同时还可为游客提供优质的游泳健身环境及滨水休闲空间,满足游客健身运动和休闲的需求
国坛篮球馆	规划利用马桑坎良好的用地条件,配套建设国坛篮球馆,作为整个仁怀最专业的篮球场馆,未来可承办大型篮球赛事,同时兼具羽毛球场馆等功能。篮球馆的设计以轻盈、生态为核心理念,主要通过大面积的钢结构和大尺度的落地玻璃强化建筑的通透性,建筑立面通过错落有致的钢结构组合形成篮球的造型,并使建筑与周边环境融为一体

续表

项目	说明
鸟语林	依托马桑坎区域良好的植被条件、相对独立的空间环境,规划建设鸟语林,林内放养孔雀、鹦鹉、百灵、画眉等数百种鸟禽,似一个大家族在一起"和平共处",笼内的山石林木取之自然,游人随山间曲径迂回,可与鸟儿亲切"交谈",回归自然,其乐无穷
福乐盛宴美食文化主题聚落	按照不同的主题,打造以餐饮美食为主的福乐盛宴美食文化主题聚落,包括龙饮厅(酒文化主题)、龙吟厅(音乐主题)、龙彩厅(艺术主题)、龙凤厅(婚宴主题)、南山朵颐餐厅(寿宴主题)和北斗宴乐餐厅(生日主题),并配套相应的现场环境布置和服务特色,向顾客传输一种"全新的餐饮服务,全新的用餐体验",构建福乐盛宴美食文化主题聚落。 龙凤厅:围绕浪漫婚庆主题,以四叶草为原型进行设计,按照主题化、生态化方式建设主题餐厅,建筑屋顶造型以四叶草为原型,立面为通透的玻璃材质,体现新人纯洁的爱情,户外婚庆场地融入爱情文化元素。 龙饮厅:以酒文化为主题建设主题餐厅,餐厅为三层建筑,每层容纳15—20人,采用会员制,将酒礼、酒品、酒趣、酒道等传统白酒文化融入餐饮空间当中,内外部装饰均植入酒文化和酒品牌元素,为酒企会员提供宣传和展示空间,构建一种全新的白酒文化体验方式。 龙吟厅:以环保怀旧的设计格调、以钢琴琴键为原型,用音乐元素进行装饰,开辟乐器展示空间和小型表演空间,植入特色业态,营造小资氛围,打造文化高度融合的餐饮空间。 龙彩厅:以艺术为主题的餐厅,充分发挥艺术家的创意思维,对整个餐厅进行设计包装,用艺术品装饰整个餐厅,并开辟艺术品展示空间,让每个角落都透露着浓浓的艺术气息,将用餐作为一种艺术鉴赏来进行。 龙悦厅:针对大众散客,开辟以大众餐饮为主的餐厅,推出遵义市的特色美食,如合马羊肉、竹笋、腊肉、黑豆花、乌江豆腐鱼、马临羊肉、冷水鱼、黄焖鸡等。整个餐厅结合原生态的绿意,作为极具景观性的生态建筑,与周边山林环境相协调,内部装饰要营造欢愉、热闹的氛围。 南山朵颐餐厅:以寿宴为主题,从餐厅的设计装潢、功能布局、装修装饰风格,到服务内容和经营的特色菜系,都要体现一定的寿宴文化主题和内涵。 北斗宴乐餐厅:以中年生日为主题,在形式上突出生日的特色,作为生日宴会的举办场地。可将古今中外的生日典故和庆贺形式融入主题餐厅的装饰中,让消费者感到在此过生日不但有意义,还能获得知识和趣味。 玉堂春会厅:以青年生日为主题的餐厅,餐厅在内部装修、菜品设计、餐具摆设、餐饮服务上突出青春和活力,布置年轻人喜爱的青春剧照和网络语言,渗透火热的青春活力。 金阙童乐厅:以儿童生日为主题,以儿童为主要服务对象,餐厅装修、菜品设计、活动都以儿童为主要市场的特色主题餐厅,主题颜色应该以暖色调为主,体现欢乐、梦想、奇幻的氛围,并设置专门的儿童活动区或游戏区(聚会举办区)。 鸟巢餐厅:餐厅提供独一无二的树上用餐享受,让宾客在一个新奇而私密的环境中拥抱大自然,享受毕生难忘的浪漫二人世界。餐厅超乎想象地把宾客的用餐地点安排在树上一个大大的"鸟巢"内,阳光点点散落身上,十分惬意,放眼四周,满目翠绿,令宾客完全融入大自然的怀抱。还有一个"飞行"服务员来回送餐

五、中华丹道康复养生区

(一)范围

中华丹道康复养生区包括苗家山区域,占地面积63.00公顷。

(二)功能定位

该养生区的功能定位为道教祈福朝拜、康复养生、生态运动、丹道文化体验等。

(三)发展思路

新建合仙山观道观:按照道教建筑规制依山就势新建合仙山观,构建山上的视觉焦点,为中华丹道康复养生区提供深厚的道教文化背景,为游客提供祈福朝拜的场所。

重点打造丹道养生场所:依托片区内良好的生态资源和静谧的环境氛围,将传统中医养生与丹道养生相结合,以回归自然、净化心灵、养生乐活为诉求,提倡八大养生主义,针对高端人群,开发丹道养生中心,配套中医检测、健身运动、健康饮食等项目,构建养生—养性—养心为主线的丹道养生模式,打造世界一流的健康养生园区。

建设康复养生配套设施:围绕丹道养生文化,开发金丹酒店、云鹤酒店、抱朴康复养生木屋、云中君草地运动场、洞天壶地溶洞体验等养生配套设施,丰富该片区体验内容。

(四)重点项目策划

中华丹道康复养生区重点项目如表13-7所示。

表13-7 中华丹道康复养生区重点项目表

项目	说明
合仙山	整合仙人洞道教历史及周边良好的生态环境,打造合仙山道教活动场所,配套采气场、洞天福地、合仙山观等道教文化体验项目,丰富酒庄游览内容。 合仙山观:结合仙人洞,严格按照道教宫观建筑规制依山就势进行修建,按中轴线布局山门、宫殿,两侧有配殿、执事房、客堂、斋堂和道士住房等,色彩基调以传统道家建筑的青色为主,作为民间信仰的信众祭祀、供奉和求庇佑的宗教朝拜的场所,为丹道养生提供文化背景。 洞天福地:利用仙人洞及传统的道教文化,将养生与音乐结合,对内部空间进行改造利用,设置道教音乐的表演场地,实现音乐养生的目的,丰富丹道养生内容。 采气场:汲取道法自然的养生观,利用天然太极的灵气在仙人洞侧开辟自行修行的室外修炼场,配套各种木质平台、休息亭等。在场地设计上要融入太极文化景观元素,游客可通过吊桥去采气场采气,与丹道养生中心连为一体
洞天壶地	将白酒文化与养生文化相结合,对摆渡车停靠站西侧溶洞内部空间加以改造利用,作为丹道养生酒的洞藏基地,并对游客进行开放,并根据内部空间状况,为游客提供观光、品鉴、购买和体验的空间,作为片区内的配套项目,丰富和创新养生内容
洞天酒地	充分利用酸草洞,对内部空间加以改造利用,设置休闲酒吧,打造集休闲、品酒、商务、聚会、藏酒、观赏于一体的地下溶洞酒吧,为国内原生态森林溶洞首创

续表

项目	说明
洞天奇地	对垂直溶洞进行勘探和考察,在保证安全的条件下,针对探险爱好者,开发溶洞探险项目,为游客提供游览、观光、探险、科考等旅游项目
丹庐 (丹道接待中心)	作为丹道养生文化的展示中心,将养生丹药、养生酒、丹道养生流程等进行集中展示。作为丹道养生的第一个环节,提供养生咨询、报名、登记等接待服务。建筑采用新中式风格并融合道教文化元素,该建筑为一层建筑,使到达游客感受环境的静谧,获得心灵的安宁
丹房 (丹道养生中心)	依托原生态的环境,利用独特的丹道养生体系,针对现在的亚健康人群,新建丹道养生中心,采用两层环形建筑,中心为外场练功场,外围配套静坐房、五行音乐养生坊、经络养生坊、健康饮食养生堂、配药房、中医问诊室等,为游客提供全方位、个性化、高品质的健康指导和治疗方案。 中医问诊室:丹道养生的第一个环节,以中医理论为依据,将传统的望、闻、问、切四诊,运用现代科技手段加以延伸、提高,并以数据形式表达,强调客观评价人体健康状态和病变本质,对所患病给出概括性判断,提出有效的健康指导和治疗方案。 健康饮食养生堂:采用中医体质智能检测系统,对每个人的健康状态进行诊断,经权威养生专家解读,精选生态健康食材,根据个人体质状况,采取针对性健康食疗,专业化配置适合每个人体质的药膳食疗方法,从日常健康饮食中收获健康。 经络养生堂:结合传统中医养生方法及现代养生方法,运用丹道穴位疗法,依子午流注循行,以推拿、拔罐、刮痧、针灸、拔筋等辅助治疗手法,快速疏通脉络、排除毒素、缓解疼痛、调理亚健康,提高人体免疫力,开启生命能量,满足游客追求健康的需要。 五行音乐养生房:运用丹道养生中心独创的健康养生音乐,开辟音乐养生空间,使游客在聆听音乐的同时调整心情,使身心得到放松,从而缓解疲劳,达到修心养性的效果。 静坐房:充分运用武当道教养生方式,开辟太极静坐养生空间,并由丹道养生专家指导,现场施教,达到安精定神的功效。 配药房:按照古代医堂的风格进行内部装修和装饰,恢复古代医堂的历史面貌,内部开辟专门空间展示中医药制药过程,并根据游客个人的实际状况,为客人提供丹药产品。 外场练功场:利用中间中草药散发的养生气息和绿色生命气息,周边放置数个丹庐,共同构建聚日月之精华、合天地之灵气的聚气空间,养生会员围绕该空间进行太极修真功养生、太极静坐养生和太极混元桩养生,使养生效果更好
练功房	作为丹道养生中心的配套,引入拉丁舞、爵士舞、古典舞、室内健身等培训项目,以及丹道养生系列专题讲座,引导会员学习道艺,打造时尚健康的生活方式,为追求健康生活的丹道养生会员提供全方位的健身服务
金丹酒店	按照小型奢华酒店标准进行修建,整个建筑温暖而古朴、小巧而精致,隐藏在郁郁葱葱的山林之中,重点强调它特有的低调奢华美和杰出的人性化服务,内外部装饰上融入丹道养生文化元素,为游客提供一个纯净、自然、宁静的避世之地

续表

项目	说明
避世养心谷	以"沐浴在森林氧吧里"为核心卖点,重新梳理森林景观,植入丹道养生文化景观小品,注入新的养生方式,设立森林徒步线路,开发登山、漫步、瑜伽、太极等有氧运动,使人充分吸收森林中散发的负氧离子,在森林中思考静修,使身心得到充分锻炼,沿线配套独栋简约别致的林间木屋,为游客提供休息场所
醉了桥(吊桥)	新建丹道养生中心至仙人洞洞天壶地的吊桥,强化两者之间的交通连接,方便游客前往采气养生,同时也丰富了该片区生态体验项目
攀岩基地	紧邻福乐盛,利用天然山体,通过人工措施形成攀岩墙,针对青少年及背包一族,构建极具时尚性、刺激性、吸引力和参与性的户外攀岩基地。该基地可设置多条攀登路线,分职业、普通、初级、趣味四类,满足不同类型游客的需求
云中君草地运动场	针对高端商务游客和国坛内部员工,依据项目地地形地势配套草地运动场,设置草地滚球、门球等运动,投资小,参与性高,作为整个酒庄的运动配套
抱朴康复养生木屋	依托云中君草地运动场良好的环境,利用山坡地带,在现有地形的基础上,配套丹道养生新建养生木屋群,以山地生态建筑风格为主,建筑错落有致,隐现于山林之中,以构建"隐、野、奢"的康复生活方式为核心,构筑一个修身、养性、怡心、怡情的高端私密养生区域
归真员工宿舍	作为国坛工业生产员工和旅游服务人员的归真员工宿舍及生活配套区,建筑采用现代中式建筑风格,墙面增加国坛文化元素做装饰,中间一层为员工食堂和活动室,屋顶为公共活动广场,作为员工休闲锻炼的公共空间,周边3栋5层规则建筑为员工宿舍,该宿舍可容纳1800人
云鹤酒店	面向高端商务度假客群,依山就势,以生态型建筑为主,融入丹道文化元素,建设国际养生度假酒店,配套道源食疗、道茗茶舍、道风理疗馆、道音演艺馆、道理书屋,打造集住宿餐饮、休闲娱乐、养生度假于一体的养生度假综合体,提升仁怀市旅游接待能力和档次
婚纱摄影基地	对现状林相结构进行调整,引进四季花卉和水果,营造地势起伏、富有层次、视野辽阔的七彩森林景观,演绎四季与众不同的旋律,同时,配套特色游步道、休息亭等设施,将其打造成为拍摄婚纱照的理想外景地

第六节 旅游产品及线路规划

一、旅游产品规划

(一)规划思路

1. 以观光为基础,丰富酒庄游览内容

充分发挥规划区资源价值、丹道养生价值和国坛自身的企业文化价值,加强国坛酒庄旅游吸引物的建设,开辟工业观光、生态观光、企业文化观光、宗教文化观光等旅游空间,丰富景观和文化要素,促进观光内容的多样化,提升酒庄的旅游价值。

2. 以主题游乐为特色,引爆酒庄旅游市场

在充分研究市场需求的基础上,开发水上游乐和坛坛乐园等项目,吸引周末、节假日家庭市场,通过项目快速引爆市场,聚集整个酒庄人气,带动整个酒庄旅游业的快速发展。

3. 以养生为特色,打造精品特色酒庄

为了在中国最大的酒庄群落中脱颖而出,国坛酒庄必须提升自身档次树立养生品牌,打造具备核心竞争力的产品体系。国坛酒庄围绕养生主题,将分散的各个功能片区用养生主题统一起来,形成内涵一致、特色鲜明的产品,打造以养生文化为核心,以白酒养生、生态养生、闲乐养生、丹道养生为特色的养生旅游产品体系,形成酒庄的拳头产品,创造自己独特的卖点,带动产品的整体开发。

4. 丰富创新节庆旅游产品

节庆旅游产品能够聚集人气,对形成旅游品牌有很重要的意义。国坛酒庄可依托独特资源和养生文化,积极创新,针对不同目标市场需求,推出中华华丹·丹道养生文化节、中国国坛·酒都白酒交易展示会、龙嬉谷·水上狂欢节等,形成节庆旅游产品体系,并形成连续的信息流冲击,主动吸引旅游者参与。

(二)旅游产品规划

针对规划区的资源条件和旅游市场需求的发展趋势,现将国坛酒庄旅游产品结构体系构建为三个层次,即精品品牌产品、人气产品和配套产品。

1. 品牌产品

精品品牌产品是指丹道养生旅游产品,是规划区旅游业发展的拳头产品或者说是核心产品,是景区差异化发展的优势产品,产生价值较大。中华华丹·国坛酒庄旅游综合体品牌产品体系如表13-8所示。

表13-8 中华华丹·国坛酒庄旅游综合体品牌产品体系表

产品类型	依托项目	内容
中医药养生旅游	丹房(丹道养生中心)	中医体质智能健康监测、中医药护理、中医经络,为康复养生提供纯天然、高品质的中医药养生旅游产品
道教养生旅游产品	丹房(丹道养生中心)	道家太极养生产品、药疗养生产品、排毒养生产品、音律养生产品,开辟独有的"养身、养神、养生、养心"系列养生旅游产品
丹道养生文化体验	丹庐(丹道接待中心)	丹道养生课堂、丹道养生培训、丹道养生展会、丹道养生论坛、丹道养身文化展示、国坛酒养生科普等文化体验产品
饮食养生旅游	能量膳食馆	给游客提供各种主题特色饮食或者药膳,使其根据自己的体质进行选择,通过丹道、养生酒、药膳等方式达到食疗养生的效果
运动康体养生旅游	丹道养生中心、采气场	室内开发瑜伽术、形体训练、棋牌、器械等,户外开发登山、跑步、骑车健身、球类等运动养生系列产品

2. 人气产品

在精品品牌产品的感召力下,将其细化并形成主题不同、特色突出的产品体系,包括主题游乐旅游、商务会展旅游、工业观光旅游、文化休闲旅游和生态养生旅游,这一层次的产品消费频率较高,产生价值较大,人气聚集多,是景区发展的关键。中华华丹·国坛酒庄旅游综合体人气产品体系如表 13-9 所示。

表 13-9　中华华丹·国坛酒庄旅游综合体人气产品体系表

产品类型	依托项目	内容
主题游乐旅游	坛坛乐园、龙嬉谷水上世界	针对家庭市场开发主题游乐项目,丰富酒庄产品类型,弥补仁怀市场空白,迅速引爆市场,聚集人气,提升知名度
商务会展旅游	国坛会展中心、中华国坛白酒交易展示中心	针对商务游客,依托多样住宿、会议设施,开发企业文化展示、商务洽谈、白酒交易、商务休闲等商务会展旅游产品
工业观光旅游	包装车间、陈香酒库、留香酒库、溢香储罐区	发展以包装、储酒工艺为主题的观光、体验旅游,丰富产业结构,也丰富旅游产品结构,同时为游客带来特殊的旅游体验
文化休闲旅游	齐乐天街	围绕不同的文化主题,开发书香坊、爱之驿、琴棋书画、茶道厅、棋艺轩、乐和苑等文化休闲旅游产品
生态养生旅游	齐乐天街艺文主题休闲聚落、福乐盛宴美食文化主题聚落、丹道养生中心	以生态为手段的养生开发,享受森林浴、森林氧吧、饱览自然美景,感受自然,亲近自然,感谢自然并与自然和谐相处

3. 配套产品

在规划区丰富其产品体系,聚集人气、商气,面对大众的旅游产品,配套产品价值贡献较少,但是是项目发展的基础,是游客参与度较高的产品。中华华丹·国坛酒庄旅游综合体配套产品体系如表 13-10 所示。

表 13-10　中华华丹·国坛酒庄旅游综合体配套产品体系表

产品类型	依托项目	内容
生态观光旅游	齐乐天街艺文主题休闲聚落、福乐盛宴美食文化主题聚落、森林公园、五色彩林、香草天空	以体验原生态自然风光为核心诉求,开发山地水景、生态景观、溶洞、彩林等生态观光旅游产品,吸引和集聚人气
祈福朝拜旅游	合仙山观	道教宫观游览、道教文化展示、宗教祈福朝拜等旅游产品

续表

产品类型	依托项目	内容
企业文化观光	国坛会展中心、中华国坛白酒交易展示中心	展示国坛及入驻酒企的企业文化,为游客提供一个了解企业文化的窗口
滨水休闲旅游	龙湖、龙嬉谷	滨水观光、休闲茶饮等滨水休闲旅游产品
蜜月婚庆旅游	龙凤厅、婚纱摄影基地	婚礼、婚宴、婚纱摄影等一条龙、个性化、定制化的婚庆服务
节庆体验旅游	国坛会展中心、丹道养生中心、龙禧谷水上世界	依托中华华丹·丹道养生文化节、中国国坛·酒都白酒交易展示会、龙嬉谷水上狂欢节等节庆和旅游活动带动的节庆旅游产品,扩大国坛酒庄知名度
体育赛事旅游	国坛体育中心	依托游泳馆、篮球场、网球场、羽毛球场、乒乓球场,引入省级赛事,利用赛事聚集人气
美食体验旅游	福乐盛宴美食文化主题聚落	依托福乐盛宴美食文化主题聚落,针对特定群体,开发美食体验旅游
山地运动旅游	攀岩基地、草地运动场、森林公园、五色彩林等	登山、攀岩、山地自行车、草地运动等山地运动旅游产品

二、旅游线路规划

（一）外部旅游线路

1. 成为黔北旅游线上的重要节点

赤水—习水—仁怀（国坛酒庄）—遵义—乌江峡谷—梵净山。

2. 以茅台为核心,打造顶级白酒休闲游

贵阳—仁怀茅台—国坛酒庄—泸州老窖—宜宾五粮液—成都。

3. 美酒河酒文化体验游

金沙—仁怀（国坛酒庄）—习水—赤水—叙永—古蔺—合江。

（二）内部旅游线路

1. 一条精品游线

国坛酒庄精品游线：国坛龙门（游客中心）—坛坛乐园—红云台—齐乐天街—香草天空—龙嬉谷水上世界—国坛体育中心—福乐盛宴—鸟语林—合仙山—丹道养生中心—云中君草地运动场—国坛龙门（游客中心）。

2. 两条主题游线

工业观光主题游线：国坛龙门（游客中心）—国坛酒库大门—溢香储罐区—包装车间—陈香酒库—留香酒库—国坛会展中心—国坛酒库大门—国坛龙门（游客中心）。

丹道养生主题游线：国坛龙门（游客中心）—福乐盛宴—合仙山—醉了桥—丹房—丹庐—洞天酒地—洞天壶地—云中君草地运动场—国坛龙门（游客中心）。

第七节　市场营销策划

一、营销目标

（一）总体目标

根植"东方拉斐庄园，中国国坛酒庄"品牌形象，依托白酒养生文化，打造中国养生白酒第一庄。

（二）近期目标（2015—2016年）：形象导入期

设计、制作国坛酒庄旅游宣传品、户外广告等，推广白酒交易展示、主题游乐等产品，树立"东方拉斐庄园，中国国坛酒庄"旅游形象，重点突出以仁怀本地、黔北、川南周边3小时经济圈为主的近程市场，重点突出以白酒交易为主的商务市场、周末家庭休闲、自驾车市场。

（三）中期目标（2017—2020年）：市场形成期

根据产品的入市时间，启动多样化的推广活动，如举办中国国坛·酒都白酒交易展示会、中华华丹·丹道养生文化节、龙嬉谷水上狂欢节等，以轰炸式品牌营销占领市场，重点开拓以商务市场、周末家庭休闲、康体疗养为主的专项市场，同时巩固成渝经济区、黔中城市群等周边旅游市场。

二、营销战略

（一）宣传口号

东方拉斐庄园，中国国坛酒庄。

备选：中国养生白酒第一庄；国坛酒庄，养生天堂。

（二）营销战略

1. 品牌引领战略

围绕养生酒庄，以"东方拉斐庄园，中国国坛酒庄"为总体品牌，实施"大市场、大品牌"战略，推进以品牌为核心的营销资源配置及推广，彰显酒庄风格特色，树立品牌形象，增强品牌核心竞争力。

2. 节事名人战略

通过举办中国国坛·酒都白酒交易展示会、中华华丹·丹道养生文化节等节庆活动，并

设置各种体验活动,提升项目地的整体旅游形象和人气,同时邀请明星名人来国坛酒庄参加节事活动,借助名人效应及其对公众的影响力,开拓客源市场。

3. 精准营销战略

一是对客户经营数据进行科学采集分析,为产品精准投放提供数据支撑,确保精准营销准确;二是注重不同群体的不同产品需求的精准营销服务;三是通过网络问卷、电话回访等渠道,掌握消费者对品牌、产品等的看法,依据市场群体需求及时调整、更新营销策略。

(三)整合营销战略

一是整合旅游品牌,实现由个体品牌向区域型综合品牌的转化;二是整合营销方式,实现由单体分散营销向整体合作营销方式的转化;三是整合旅游文化,实现传统文化、现代文化与市场的有效结合。

三、市场营销策略

(一)广告强化覆盖

国坛酒庄通过广告对产品展开宣传推广,如在报纸、广播、电视、网络等媒介上投放广告,宣传国坛酒庄品牌形象,促成消费者的直接购买,扩大产品的销售,提高酒庄知名度、美誉度和影响力。

(二)新媒体营销

利用互联网、手机短信、微信、微博等新媒体,在消费者中赢得更多的关注。

(三)专项市场攻破

1. 酒庄商务市场

依托仁怀市众多的酒企,利用白酒交易展示平台,举办中国国坛·酒都白酒交易展示会,吸引仁怀市白酒企业入驻,并在节会期间举办论坛、研讨会,要求知名白酒品鉴专家、酒文化研究专家等参加,提升国坛酒庄的知名度。

2. 家庭市场

从住宿、餐饮、休闲、娱乐等方面提供家庭化的设施和服务项目,让每个家庭成员都能找到适合于自己的活动。特别是注重儿童休闲娱乐设施的配套,使家庭旅游者通过旅游真正达到让孩子"行万里路、读万卷书"的目的。制定优惠措施,刺激家庭出游,并针对孝敬父母型、亲子型、情侣型等细分的家庭型市场采取差异化的促销手段。

3. 婚庆市场

以"浪漫""温馨""热烈""宁静""回忆"等创意吸引婚庆旅游市场,依托仁怀市的婚庆服务公司、旅行社、酒店、旅游景区景点等资源联合打造国坛酒庄蜜月山谷婚庆旅游系列产品,为新人量身打造个性化的旅游产品,与婚庆相关企业包括旅行社、婚庆公司、婚纱摄影、美容中心、酒店、花店等以互动营销的方式合作。

4. 康体养生市场

针对高端人群康体养生的需求,选择在《西南航空》《财富圈 TIDE》《中国汽车画报》等发行量较大的航空类、财富类、汽车类、旅游类、摄影类高端杂志上做宣传,重点宣传丹道养生旅游产品。针对老年人,可选择对老年人影响最大的广告媒体,如报纸、电视进行宣传,也可通过亲朋好友、老年活动中心以及公益节目进行口碑宣传。

四、重要节事活动营销策划

中华华丹·国坛酒庄重要节事活动如表13-11所示。

表13-11 中华华丹·国坛酒庄重要节事活动一览表

节事活动	时间	地点	内容
中国国坛·酒都白酒交易展示会	每年12月	国坛会展中心	举办开幕式、白酒企业文化展、白酒品牌展销会、全球代理商大会、白酒采购商订货会及签字仪式等
中华华丹·丹道养生文化节	每年2月	丹道养生中心	太极神韵——开幕式、祈福众生——合仙山观落成典礼暨祈福大法会、论道华丹——丹道养生高端论坛、天籁之音——丹道养生音乐表演、道在养生——道家养生体验与展示活动等五大系列专题活动
龙嬉谷水上狂欢节	每年7—9月	龙嬉谷水上世界	欢乐泼水活动、水上T台泳装秀、水上乒乓球、水上足球、快乐滑梯、水上蹦蹦乐、水枪大战等

第八节 投 资 估 算

一、旅游项目投资估算

旅游项目投资估算如表13-12所示。

表13-12 旅游项目投资估算表

分区	项目	占地规模(m²)	建筑面积(m²)	建设单价(元/m²)	分期投资 一期(万元)	二期(万元)
入口形象及国坛酒文化交易展示区	国坛龙门(含景墙和游客中心)	1510			2000	
	国坛文化广场	14300			3000	
	国坛会展中心	13500	25300	12000	30360	
	中华国坛白酒交易展示中心	26100	15510	18000	27918	
	国坛行政中心大楼	5500	7800	30000	23400	
	龙湖	21600			2000	
	龙隐阁	300	280	15000	420	

续表

分区	项目		占地规模（m²）	建筑面积（m²）	建设单价（元/m²）	分期投资	
						一期（万元）	二期（万元）
山地生态休闲区	卧龙酒店		17900	25830	18000	46494	
	配套客房		16400	13530	18000	24354	
	云龙仙居创意基地		53100	48250	18000		86850
	坛坛乐园		34900	12600		24000	
	龙香轩		11000	5125	8000	4100	
	红云台（观摩大楼）		1600	2000	10000	2000	
	半山天街艺文主题休闲聚落	棋艺轩	6400	1800	15000		2700
		书香坊	500	750	15000		1125
		琴心阁	1300	850	15000		1275
		茶道厅	900	770	15000		1155
		乐和苑	2800	1200	15000		1800
		甜美汇	3100	2700	15000		4050
		爱之驿	1700	1100	15000		1650
	香草天空		119300	2000		8000	
	森林公园		200300				3000
	五色彩林		64700				5000
	儿童活动中心		2100	2250	8000		1800
国坛工业生产观光区	国坛酒库大门		700			800	
	陈香酒库		9700	66000	6000	39600	
	留香酒库		97000	254140	3000	76242	
	溢香储罐区		21800			2000	
	包装车间		38800	54000	3000	16200	
	成品、半成品仓库		14000	24880	3000	7464	
	厂区办公楼		1700	3520	15000	5280	
	勾兑车间		2100	4080	4000	1632	

小主题，大智慧：茅台国坛酒庄旅游综合体总体规划（策划部分）

续表

分区	项目		占地规模（m²）	建筑面积（m²）	建设单价（元/m²）	分期投资 一期（万元）	二期（万元）
原生态饮食文化游乐区	龙嬉谷水上世界		10600	9500			36000
	国坛篮球馆		6900	2760	8000		2208
	国坛体育中心		16700	14500	8000		11600
	福乐盛宴美食文化主题聚落	龙饮厅	4500	1310	15000		1965
		龙吟厅	2300	3000	15000		4500
		龙彩厅	4500	2350	15000		3525
		鸟巢厅		200	15000		300
		龙悦厅	2500	2900	15000		4350
		龙凤厅	10600	2670	15000		4005
		南山朵颐餐厅	3300	990	15000		1485
		金阙童乐厅	1200	600	15000		900
		玉堂春会厅	1200	1000	15000		1500
		北斗宴乐餐厅	1170	1800	15000		2700
	鸟语林		6200	300			2000
中华丹道康复养生区	合仙山	合仙山观	2900	1600	10000		1600
		采气场	300				100
		洞天福地	800				500
	攀岩基地		3700	140			500
	洞天壶地		600				500
	醉了桥(长度330米)		650				500
	丹庐(接待中心)		4800	995	12000		1194
	练功房		1000	630	12000		756
	金丹酒店(小型奢华酒店)		17700	8700	30000		26100
	云鹤酒店		31500	37000	15000		55500
	云中君草地运动场		2100	700			3000
	洞天奇地		600	420			500
	洞天酒地		1400	525			500
	抱朴康复养生木屋		23600	12850	20000		25700
	归真员工宿舍		9900	21000	8000		16800
	丹房(丹道养生中心)	静坐房	3200	400	10000		400
		五行音乐养生房		400	10000		400
		经络养生房		195	10000		195
		健康饮食养生堂		400	10000		400
		配药房		195	10000		195
		中医问诊室		195	10000		195
合计						345264	322978
总计						668242	

备注：投资估算包括建筑建设成本、装修成本、环境营建、游乐设施设备等成本，不包括白酒生产设备成本、基酒成本等。

二、基础设施投资估算

基础设施投资估算如表13-13所示。

表13-13 基础设施投资估算表

项目		数量	单位	标准及描述	单价(元)	金额(万元)
道路	快速路引道	沥青路面	750	m	宽16 m	5000	375
	景区主要车行道	沥青路面	7100	m	宽7 m	3500	2485
	景区次要车行道	沥青路面	1100	m	宽6 m	3000	330
	景区游步道	青石板、木质栈道等路面	12000	m	宽2—3 m	1000	1200
	国坛工业生产观光区入口车行道	沥青路面	260	m	宽16 m	5000	130
	国坛工业生产观光区主要车行道	沥青路面	1850	m	宽9 m	4000	740
	国坛工业生产观光区次要车行道	沥青路面	2900	m	宽7 m	3500	1015
停车场	入口小车停车场	阶梯式布局生态停车场	12350	m²	小车位:390个	500	617.5
	入口大巴停车场	生态停车场	2760	m²	大巴车位:16个	500	138
	会展中心停车场	生态停车场	1640	m²	小车位:58个	500	82
	丹道接待中心停车场	生态停车场	1400	m²	小车位:34个	500	70
	酒厂停车场	生态停车场	4550	m²	货车车位:20个	500	227.5
	摆渡车停车场	生态停车场	6930	m²	摆渡车位:25个	500	346.5
其他市政工程	给水设施						900
	排水设施						2900
	燃气设施						700
	电力						700
	电信						600
合计							13556.5

三、总投资估算

总投资估算如表13-14所示。

表 13-14 总投资估算表

项目	一期投资(万元)	二期投资(万元)
基础设施	8000	5556.5
旅游项目投资估算	347264	323173
合计	355264	328729.5
	683993.5	

国际案例

以小产业做大文章——奥地利莱希镇的旅游产业发展

如何通过小主题的切入,带动大项目发展,是考验旅游策划师水平的重要标志。茅台国坛酒庄的策划就是以相对小众的白酒文化为主题,撬动了庞大的康养度假市场。在国际旅游市场上,以小主题带动大区域发展的案例也不乏先例,以下介绍奥地利著名滑雪胜地莱希镇的旅游开发模式。

一、莱希镇简介

莱希镇是奥地利阿尔卑斯山的一处高端滑雪度假地,毗邻莱希河。该镇已经发展成为世界顶级滑雪目的地之一。这里的雪道整洁,缆车顺畅,并有6个村落作为服务基地。

莱希镇是欧洲皇室成员和全球名流热衷的度假目的地,汤姆克鲁斯、查尔斯王子、荷兰女王及皇室成员等都经常来访。

莱希镇位于阿尔卑斯山系中部,被视为欧洲顶级滑雪度假目的地中较适宜家庭和商务旅游的度假地(见图13-4)。这里与瑞士、法国的高山区形成差异特色,是阿尔卑斯山地区四季综合气候最怡人,活动适应人群范围最广泛的度假地。

冬夏季节的莱希镇缓坡景观,大尺度的缓坡空间弱化了常规高山滑雪地的峰峦压迫感,增添了安逸祥和的原乡体验感。

图 13-4 莱希镇滑雪度假胜地

二、莱希镇的主要活动

莱希镇的冬季主要活动
- 雪道滑雪
- 自由滑雪
- 单板滑雪
- 雪地徒步
- 滑雪运动学校
- 滑雪俱乐部
- 圣诞滑雪嘉年华

莱希镇的夏季主要活动
- 深度远足
- 健身慢跑/漫步
- 老爷车景观之旅
- 高尔夫
- 儿童活动
- 风味野炊区
- 飞碟射击与狩猎俱乐部
- 山地自行车
- 森林游泳池
- 家庭游乐公园

三、莱希镇的特色美食服务

莱希镇非常重视餐饮产业发展,被欧洲权威度假评奖机构授予"世界美食村"的称号。

莱希镇强调食材原产性,尽可能选用距离当地车程30公里半径内的优质高山蔬果、肉品和乳制品,这保证了本地食材拥有远高于常规城市超市食材的成熟程度和安全程度。

莱希镇通过一系列合作计划,吸引全球名厨来此献艺,例如,邀请米其林三星餐厅前来开业一年、举办全球名厨烹饪大赛等(以本地原产牛肉、奶制品为主题),这些餐厅使用本地食材推出环球菜式,推出四季主题限定菜式,并注重与滑雪运动的营养诉求相搭配。因此,莱希镇的美食服务成为很多客人的来访动机,滑雪则成为餐前活动。

四、莱希镇的儿童活动组织——了却后顾之忧

全家到访的游客,其各自的活动偏好不同。想要体验中高强度滑雪和户外运动的成年游客,就无法带上孩子同行。

为此,莱希镇提供丰富的儿童活动选择和完善的儿童看护服务。这使莱希镇吸引到更多拥有高质高价滑雪运动消费诉求和能力,且重游频次较高的中青年高端客群。

乐孩儿俱乐部:提供每日上午9:30至下午4:00的儿童看护服务。经过专业培训的员工带领孩子们开展户外运动、自然探索、文娱体验、野炊烧烤等趣味活动。

户外运动:开展团队远足、夏季山地自行车学习、冬季滑雪学习、春夏秋林间泳池活动等。

自然探索:开展动植物种辨识与标本采集、环保科普教育、度假地有机农事体验等。

文娱体验:学习传统手工艺、奶制品加工等,并排演各类文化演出,作为晚间亲子活动内容。

野炊烧烤：采蘑菇、钓鱼、挖野菜等，在安保水平很高的林间、草坪野炊地开展烧烤活动。

五、莱希镇的室内健身设施——令健康服务众口可调

室内健身设施对于山地运动主题度假区而言不可或缺。

（一）恶劣天气

在冬季大雪、夏季大雨，以及大风等恶劣天气下，来客不能到户外活动，如果只能在酒店内无所事事，则会严重影响以户外运动为诉求的游客的热情。高规格的室内健身设施可以使来客在舒适环境内一边运动，一边直面窗外的漫天大雪或瓢泼大雨，获得难忘体验。

（二）老幼妇孺

对于老幼妇孺而言，在室内一边适当运动，一边欣赏家人的滑雪英姿，将是令人舒适的选择。莱希镇室内健身设施如图 13-5 所示。

专业健身房

多功能球类场地

儿童趣味攀岩墙

女性专享健身室

图 13-5　莱希镇室内健身设施

六、白环与绿环——四季皆宜的户外游赏体验线路

白环是莱希镇的主要户外活动线路，全长数十公里，串联当地所有观景点、服务村落和游乐节点。其活动强度适中，游赏体验丰富，非常适合家庭和小团队。在夏季，白环被宣传为"绿环"，给游客带来别样体验（见图 13-6）。

图 13-6　莱希镇白环

七、专业康疗——滑雪度假地的现金牛

专业运动恢复和美体护肤理疗是滑雪度假地的高利润率服务，周身劳累的男士和整天日晒的女士都愿意为真正有效的康疗服务支付高昂费用。

八、其他活动

（一）雪幕电影和主题活动

冬季以雪坡为屏幕的电影放映和主题派对是最具吸引力的晚间娱乐和社交活动（见图 13-7）。

图 13-7　雪幕电影

（二）雪地高尔夫

晴好天气的和缓雪坡给高端人士带来难忘的雪地高尔夫体验，为球友提供冬季社交平台（见图13-8）。

图13-8　雪地高尔夫

（三）特色购物体验

莱希镇的各个村庄根据主流客群的需求特征，发展多样化购物业态。滑雪运动中心村聚集了专业滑雪装备用品店。度假酒店中心村保留了包括小吃摊在内的传统乡土集市。每当圣诞节、复活节等传统节庆和音乐节、国际赛事等时尚节庆举办时，这些村落还会举办购物嘉年华活动（见图13-9）。

图13-9　莱希镇购物嘉年华

（四）企业和团体滑雪之旅——顶级品质、无双风格和独特活动

顶级度假村、多样滑雪道和优质游乐体验使莱希镇成为企业和团体开展公商务主题滑雪之旅的绝佳选择。除了这些常规服务门类外，莱希镇拥有专业强大的定制化主题活动举办团队，可以令客户的任何需要"心想事成"，取得理想的公商务接待成效。莱希镇的度假食宿接待能力和档次具有区域性优势，保障随叫提供定价合理的团队接待容量。住宿类型分类为两种：一种是单体容量适中的住宿接待设施（度假酒店）集群；另一种是大型木屋别墅可租可售，非常适合高端游客（见图13-10）。

图 13-10　莱希镇住宿接待设施

应客户要求可举办焰火晚会等在城市中难得一见的主题活动,增强商务接待效果(见图 13-11)。

图 13-11　莱希镇焰火晚会

（五）度假酒店实例——因地制宜、功能灵活

由于位于中高山地，冬季水量小，需要储水，莱希镇滑雪场附近的主要度假酒店大多数配有较深的大容量水池，夏季作为戏水泳池，深秋用于造雪，严冬还可作为溜冰场（见图13-12）。

图 13-12　配备大容量水池的莱希镇度假酒店

度假公寓实例——容量更大、租售灵活度更高，保障客源黏着度与重游率，降低经营风险。

九、莱希镇案例总结

（一）合理搭配专业性与游乐性

专业化程度过高的滑雪地往往收益不理想，特别是在处于市场培育期的地域，以大容量游乐滑雪空间和展示性专业滑雪空间相搭配，是更为实际的选择，之后随市场成熟逐渐调整比例。

（二）平衡冬夏季节性产品组合

冬夏产品丰富度和品质感差距过大的度假地不但不利于稳定经营，而且容易造成市场认可度下降。莱希镇的夏季产品比冬季更加丰富，因而在阿尔卑斯山度假地中脱颖而出。

（三）对空间的集约化复合利用

莱希镇以"白环"+"绿环"、森林游泳池+造雪蓄水池等方式，实现对空间的集约化利用，前者复合四季游赏体验功能，后者复合三季游乐和冬季造雪功能，保证节约和环保。

（四）将增值服务提升为吸引物

"世界美食村"、顶级专业康疗、特色购物、商务活动承办等增值服务都已成为莱希镇的主流吸引物，滑雪往往成为配套活动，这样的结果是实现更高的利润率和抗风险能力。

（五）借势外部品牌实现多赢

与高公信力的装备供应商、区域营销组织、公益慈善组织的合作，有助于莱希镇

降低运营成本,提高服务品质,优化品牌形象,使本地作为顶级度假目的地的市场认可度更高。

(六)以多元化物业保证覆盖率

合理配置经营性住宿接待场所、产权/可售度假公寓、可售度假别墅等多元门类的度假物业,降低物业开发风险,并保证度假地人气,避免过度高端造成的冷清场面。

备注:以上图文资料来自该项目官方网站。

 思考与练习

1. 本章是如何通过围绕国酒文化,整合周边资源,丰富旅游产品体系的?
2. 莱希镇以滑雪为主题进行了深度开发,除了文中所述的开发方向,还有哪些项目可以进行整合深化?

 实践与练习

开拓思维,发挥想象,讨论生活中还有哪些小众资源能够开发成旅游产品?并对这一资源进行开发策划,形成策划方案。

第十四章

旅游导引下的城市新区蝶变：南岳衡山国家级旅游度假区总体规划

案例背景

　　五岳之一的南岳衡山名满天下。2009年，成都杨振之来也旅游发展有限公司（现成都来也旅游发展股份有限公司）编制完成《南岳衡山旅游发展总体规划》，助力衡山转型升级。2017年，来也股份再次助力衡阳市滨江新区的建设，高起点、高标准编制完成了《南岳衡山国家级旅游度假区总体规划》。本章节选了规划方案中的策划部分，向读者展示如何以旅游规划整合和引导城市新区的规划建设。

第一节 规划总则

一、规划缘由

在中国共产党第十九次全国代表大会上,习近平总书记明确提出,加快生态文明体制改革,建设美丽中国;提高保障和改善民生水平,加强和创新社会治理;坚定文化自信,推动社会主义文化繁荣兴盛。

衡阳市委市政府对滨江新区建设提出了"生态立区、旅游旺区、产业兴区、商贸活区"的发展理念。本次规划将结合新区山水环境保护及衡阳市相关上位规划的要求,将滨江新区打造为衡阳市"健康谷"的核心区和"国家级旅游度假区"。

滨江新区具有独特的地理地貌环境和丰富的历史文化底蕴,打造"国家级旅游度假区",是衡阳市实施全域旅游的战略,打造宜居宜游特色鲜明的旅游文化名城,培育旅游业成为现代战略支柱产业的要求和体现。

二、规划范围

结合衡阳市城市总体规划,按照城市整体区域规划、整体发展的原则,度假区拟规划区域具体范围为北至衡大高速、南至京广铁路、西至湘江、东至东三环(原东外环)之围合区域,地域面积为 16.28 平方公里。

三、规划期限

考虑区域旅游度假区发展的战略构想,结合项目地资源本底和项目开发现状,考虑近期重大项目的建设引入以及未来城市运营的时间节点,按照市场需求、弹性实施、分期开发的基本原则,本规划期限为 2017—2030 年,其中,近期:2017—2019 年,基本建成;中期:2020—2023 年,全面建成;中远期:2024—2030 年,持续运营。

四、指导思想

(一)整体协调、统筹发展

南岳衡山旅游度假区作为衡阳市的一个重大项目,规划应当立足于衡阳市总体发展战略,审视度假区的发展,坚持"一个整体"的上位原则,整体统筹把控,组团协调,差异发展,处理好与衡阳市中心城区及各相关组团或板块之间的关系。

(二)产城融合、三位一体

产业是南岳衡山旅游度假区规划建设的必要支撑,规划强调"海绵城市,绿色城市,国际慢城"的理念,在规划中实现现代旅游产业、现代休闲生活、时尚旅游都市大本营"三位一体",实现产业发展与城市功能的有机融合与互动,打造"产城一体化"的滨江旅游度假新城。

(三)集约发展、绿色低碳

发展循环经济,集约节约利用资源,体现节能减排的要求。保护生态环境,充分体现公共交通主导的绿色交通发展理念,强化慢行交通和公共交通在空间布局中的组织作用。

(四)突出文化、彰显特色

充分挖掘项目地的历史文化内涵,坚持以人为本、科学布局的规划原则,把度假区建设成生态文明、环境友好、设施先进、开放包容、社会和谐、产业有序集聚的"现代旅游新区、商贸新城、宜居生态新镇、国家级旅游度假区"。

五、规划原则

(一)可持续发展原则

充分尊重、合理利用度假区的现有生态条件,保护典型而富有示范性的自然资源和人文活动场所,做到"在保护中开发,在开发中保护",实现区域的可持续发展。控制区域及重点旅游片区的环境容量,禁止对生态环境的人为消极行为,控制和降低人为负荷,提高自然环境的复苏能力,避免和减少未来发展可能导致的生态破坏,营造绿色环保、和谐发展的生态环境。

(二)精品性原则

作为一个高品位、多功能的旅游度假区,其旅游开发建设必须高起点、高水平、高标准,做到精心规划、精心设计、精心施工、精心管理。使每一个旅游项目、每一处旅游社区和城市公共服务设施等都成为精品,每一个环节都精益求精,点线面结合、环环相扣,最终形成有竞争力、有市场潜力、游客满意的旅游精品度假区。

(三)设施共享原则

南岳衡山旅游度假区是衡阳城市建设示范项目,因此,度假区的属性就决定了未来规划区应当从属于旅游客群和城市本地居民两种客群属性。旅游项目(景区)和滨江旅游新城的公共服务设施应作为一个综合类的空间,实现主客共享的基本内涵,以设施共建共享的原则对区域内的旅游项目和城市公共服务设施进行谋划布局,从空间和形态上实现对游客和本地居民的综合覆盖和资源共享。

(四)区域合作,扩大开放原则

区域合作的目的是通过对各区域旅游产业链的有机整合,推行和打造区域之间的无障碍旅游设施和无缝隙服务。扩大开放是旅游业不断向前发展的必要阶段。将区域合作与扩大开放相结合,促进旅游经济的增长。

(五)以人为本,强化管理原则

在旅游开发过程中要坚持"以人为本",满足当代旅游者的个性化需求。同时,度假区的管理方式要不断更新,不断强化,这样才能促进旅游活动的健康有序推进。

第二节 环境条件分析

一、区位交通条件

(1) 衡阳市位于湖南省中南部的湘江中游,是大湘南区域的中心,是湖南重要的交通枢纽城市。衡阳市紧靠沿海,临近港澳,承东接西,是沿海的内地和内地的前沿。东邻株洲市,南抵郴州市,西南接永州市,西北挨邵阳市,北达娄底市、湘潭市,距离省会长沙180公里。衡阳旅游度假区总体规划如图14-1所示。

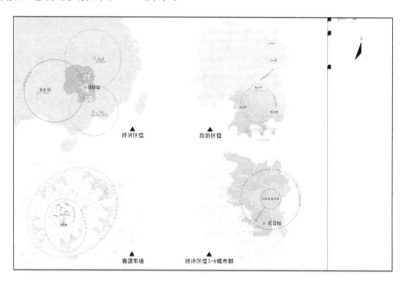

图 14-1 南岳衡山国家级旅游度假区总体规划

(2) 项目地位于衡阳市珠晖区,规划区域具体范围为北至衡大高速、南至京广铁路为界、西至湘江、东至东三环(原东外环)之围合区域。

(3) 项目地距衡阳南岳机场仅40分钟车程,航空运输便利。项目地到衡阳站和衡阳东站等市区主要铁路站点均不到半小时车程。

(4) 衡阳是全国45个公路交通主枢纽城市之一,衡阳市境内有G4京港澳高速、G72泉南高速、S80衡邵高速公路、京港澳复线、南岳高速及东延线、衡炎高速公路、娄衡高速公路。茶(陵)祁(阳)高速进入规划。国道有107国道、322国道。

二、资源条件

(1) 项目地山水环绕,地形起伏,植被良好,生态环境优良,又有丰富的盐卤资源,具有开发旅游度假区的自然基础条件。

(2) 盐卤作为稀缺资源,可打造为体验式度假产品,使衡阳旅游产品结构发生质的飞跃。盐卤与盐浴世界形象匹配,为项目地开发盐疗养生项目提供了丰富的资源基础,是项目地重要的旅游资源。盐卤含有多种有益人体健康的矿物盐和微量元素,开发价值极高。湘衡盐矿盐卤储量亚洲第一,具有一定影响力和竞争力,开发基础较好,利于先期快速启动。盐卤与项目地内丰富的淡水水系相呼应,构成立体水资源体系。

(3) 书院作为一种园林建筑,具有审美独特性;书院作为一种教育、讲学方式,具有时代特征性;书院作为一种精神,具有文化感染力;书院作为名人活动场所,具有历史纪念性;书院可以转化成满足人们审美情趣、求知欲望、修身养性、参观博览的旅游产品。

(4) 水资源丰富,生态良好,可与缓坡丘地共同构成项目地的景观骨架,为项目地开发水项目提供基础。创造温和湿润的生态环境,有利于休闲度假项目开发。湿地景观有利于改变项目地山水景观不突出的劣势,增加项目地的景观丰度。

(5) 珠晖塔作为宗教建筑,是人们朝拜祈福的场所。清幽的环境满足人们登山、健身、休闲的需求。

(6) 项目地空气质量优于全市平均水平,优良的空气条件适宜休闲度假户外活动。分析显示,项目地休闲度假适宜性指数为54.62,位于-1级气候区,属于人体感觉偏凉、较舒适的气候。项目地人文环境优良,具备开展休闲度假活动的良好社会背景。

小结:综合对比湖南省旅游度假区的发展情况,发现规划区内的盐卤主题资源在湖南具备唯一性,与周边森林、丘陵、水系等度假资源的组合较好,具备良好的休闲度假环境条件。度假资源具备与市场需求相匹配的资源规模、区域内领先的资源质量、较高的资源独特性和资源多样性,具备建设国家级度假区的资源条件。

三、市场需求条件

项目组详细调研了衡阳市的休闲度假市场环境。调研显示,衡阳市的省内游客量占游客总量的比重为67.99%,同时,散客游客量在总接待游客量中比重超过50%,说明目前市场客群还是以湖南省本地市场为主,但是随着自驾出行逐步成为出游的主要方式以及游客旅游需求的变化,外地市场有着较大的增长空间。

(1) 衡阳客源市场需求。以修养身心和回归自然为动机。休闲地以郊区为主,汽车和火车成为休闲旅游的主要交通工具。双休日是休闲旅游的首选时间,季节性不强,以自助游为主。游客消费以基本消费为主。

(2) 国内基础客源市场需求。家庭自驾游成为主要出游方式,短线及本地游十分受欢迎,出游时间以两到三天为主。自然风光类景点备受青睐,复合型景区成为旅游热点。娱乐项目上游客消费较高,其次为食宿消费。

(3) 国内重点拓展客源市场需求。游客多选择2—3天的停留天数,其次是3—5天,这与国内尚未与国际接轨的带薪假期相关,对度假环境的选择,在海滨和山地环境上比例大致相同;在度假产品偏好方面,对自然观光类选择超过50%,同时对参与性较强的产品偏好明显;对度假设施的选择,则更偏向于家庭旅馆、星级酒店和主题酒店。

四、市场竞争

(1) 度假区竞争分析。通过选取湖南省级以上的度假产品进行比较分析,目前湖南省省内的旅游度假主要依托资源为温泉和湖泊,但是整体度假区的产品主要还是就资源做资源,同时配套开发度假地产。对比其他度假区的开发,本项目的资源略有不足,因此,开发的旅游度假产品应突出特色和主题,这样才具有更强的竞争力。

(2) 景区竞争分析。通过选取衡阳市主要旅游景区进行比较分析可以看出,衡阳市旅游还是以衡山旅游一家独大,其他景区存在规模小、产品开发不够、项目创意不足等问题。

第三节 综合现状

一、地形地貌

衡阳市处于湖南省凹形面的轴带部分,地貌类型以岗丘为主。地形分布基本格局为:中部盆地,周边地带山地环绕,盆地南高北低。湘江、耒水、蒸水于衡阳市域几何中点汇合(见图 14-2)。

图 14-2 衡阳市地形地貌

(1) 耒水以南地块。地块地形较为平缓,大部分为城市建城区,沿江道路路基已经推出,但尚未硬化。目前已建设一处安置小区和一处污水处理厂。该区域集中分布湘南学联、申公馆、省立三中等文保单位。从交通上看,该地块南北都有跨江大桥通过,也是距离衡阳市区最近的区域,交通通达性较好。

(2) 耒水以北,三环路以南地块。该区域地势复杂,山体森林资源丰富,山谷大多为水塘,谷地开发价值较大,但是南部紧邻京广铁路受噪音影响较大。目前,该地块交通道路体系已经修建完成,在建一处安置小区,交通上北临三环路,可进入性较好。

(3) 三环路以北,邵衡高速以南地块。该区域地形以浅丘为主,植被茂密,林相丰富。从交通上看,该地块紧邻邵衡高速出口,交通通达性较好。目前该区域尚无工程介入,整体环境保持较好。

二、气候条件

衡阳市处于我国中亚热带季风湿润气候区,年降水量1315mm。2016年,衡阳全年平均气温18.2℃,全市极端最低气温-2.9℃,全市极端最高气温38.7℃,气候条件利于农业生产。

三、生态条件

衡阳生态环境良好,项目地被湘江、耒水环抱,水资源丰富。项目地绿地面积为447.75公顷,占景区总面积的39.67%,森林覆盖率相对较高。有大面积樟树、松树、竹林,生态植被较好,鸟鸣虫唱,环境清幽。

四、矿产条件

衡阳矿产资源丰富,是全国著名的"有色金属之乡""非金属之乡"和"鱼米之乡"。盐卤储藏量丰富,项目地湘衡盐矿盐卤储量占衡阳总储量的70%以上。

项目地山水环绕,地形起伏,植被良好,生态环境优良,又有丰富的盐卤资源,具有开发旅游度假区的自然基础条件。

第四节 战略定位

一、战略思路

(一)品牌驱动战略

整合衡阳城市文化与自然生态资源,构建山水田园观光、休闲度假康养、城市历史文化体验三大核心品牌,将度假区打造成为京珠高速旅游带上的旅游目的地。

(二)可持续发展战略

切实保护生态环境不受破坏,维护生态多样性,营造良好的景观,达成旅游环境与游客行为的和谐统一。根据市场需求变化不断推出新的旅游产品,更新产品内容,实现规划区的可持续发展。深入挖掘、保护和利用衡阳的城市文化,维护真实性,进行有效传播,树立自身的文化品牌。

(三)产业升级战略

休闲度假产业的打造要整合第一、第三产业,结合产业的升级和产品结构的调整,通过景区美化、农业进化、旅游深化完成规划区旅游环境的提升,营造良好的休闲度假环境,并在此基础上引入休闲度假产业,立足大产业的打造带动整个区域的大旅游发展,进一步推动其他产业与旅游业的结合和升级。

(四)高端引领战略

以优质的生态环境为基底,以底蕴深厚的衡阳城市文化为魂,以顶级服务、高端休闲度假产品为核心,高标准、高起点打造高端休闲度假目的地。

二、总体定位

(一) 主题定位

以生态山水田园环境为基底,以衡阳博大深厚的城市文化为魂,以"让历史文化回归城市生活"为宗旨,以多主题旅游服务区为主体,融合"城市山水观光、盐泉康疗养生、历史文化体验、特色运动休闲、度假旅居置业"五大体验,集会议酒店、商业商务、文化设施、旅游服务配套设施于一体,建成符合国际标准、国内一流的南岳国际康养慢城。

(二) 形象定位

形象定位为南岳康养慢城,中华享福之地。

(三) 功能定位

(1) 旅游休闲功能——衡阳市民需要一个新的休闲空间。

(2) 文化展示功能——衡阳深厚的历史文化需要一个展示空间。

(3) 康养度假功能——衡阳需要一个新的旅游引爆点与衡山互动互补。

(4) 置业居住功能——衡阳城市发展的必然需要。

(5) 城市商务功能——承接城市产业转移的新需要。

(6) 旅游集散功能——旅游发展的格局与交通区位共同决定。

三、发展目标

(一) 总体目标

近期:国家级旅游度假区,国内顶级的都市型旅游度假目的地。中远期:国际康养慢城。

(二) 旅游发展目标

项目地到规划近期2019年实现年游客接待量87万人次,旅游年收入达到1.74亿元;到规划中期2023年实现年游客接待量154万人次,旅游年收入6.15亿元;到规划远期2030年实现年游客接待量463万人次,旅游年收入37.04亿元。

(三) 生态环境目标

度假区内绿化覆盖率保持在55%以上。建立度假区环境保护监测系统,加强环境保护投入,使度假区的水环境质量达到国家《地表水环境质量标准》二级标准,空气质量达到国家《环境空气质量标准》一级标准,大部分区域声环境质量达到《城市区域环境噪声标准》一类标准。建立完整、科学的环境管理体系,通过ISO14001认证。

(四) 社会发展目标

建立完善的旅游管理规章和设施建设标准,积极引导度假区内居民发展生态旅游。通过发展旅游业及相关产业,协调城乡发展,创造更多的就业机会,促进城市新区发展。创造更具吸引力的都市度假空间,与衡山共同成为展现衡阳形象的窗口。

(五) 品牌发展目标

衡阳市旅游品牌发展目标为中国城市型国家级旅游度假区、国家级康养旅游示范基地、衡阳市"健康谷"核心区、文旅融合发展示范区、大健康产业体验中心、衡阳城市客厅。

（六）产业发展目标

产业发展目标为加大力度,优化环境,落实各项工作部署,大力加强旅游公共服务供给,大力加强旅游营销工程,大幅提升旅游服务质量,谋划并开工建设一批重大旅游基础设施和特色旅游项目,使旅游对当地经济的综合贡献达到一定水平。旅游业对 GDP 的综合贡献率在 15% 以上,旅游税收占地方财政税收 10% 左右,旅游业成为第三产业的龙头产业以及幸福生活导向型支柱产业。

四、开发策略

（一）山、城互动推进品牌建设

衡阳旅游目前以衡山单核驱动,未来发展要形成市区与衡山的双核驱动的格局,以山、城互动推进衡阳的城市形象建设与旅游品牌建设。

（二）主客共享推动设施建设

明确公共性、经营性旅游休闲设施体系,以及慢行交通和基础设施体系作为南岳衡山度假区实物载体的支撑地位。

（三）产业融合推进项目建设

南岳衡山度假区未来作为国家级旅游度假区,其产业发展和品牌建设必须以核心吸引物和重大旅游休闲项目为抓手。核心吸引物必须突出体现衡阳地域自然和文化特色或具备高密度资金投入与世界级技术水平,有能力在长三角、珠三角城市群区域市场竞争中形成差异化优势,可以推动衡阳旅游目的地城市品牌的升级塑造。

第五节　空间结构与功能分区

一、空间结构

根据区域资源分布和功能需求,形成"一带一环三区"的空间格局(见图 14-3),引导旅游核心吸引物和旅游产业聚集。一带,即湘江风光带;一环,即旅游产业发展环;三区,即文化展示体验区、城市发展核心区、生态文化度假区。

二、功能分区

（一）文化展示体验区

该功能区东至二环东路,西、北为湘江,南至东山路。规划面积约 1.23 平方千米。整合该区域沿江散布的湘南学联、粤汉码头、申公馆、省立三中等历史文化保护单位,以"文保为点＋商业延续"的理念对整个滨江沿线进行整合,打造粤汉风情街区,形成滨江新城与衡阳城区的互动关系。结合现状的安置区在组团西侧形成居住社区,在社区中间布局公共商业服务设施,并对滨河景观进行改造,形成滨河景观绿化带,整体承担入口形象展示功能、文化展示体验功能和城市娱乐休闲功能。

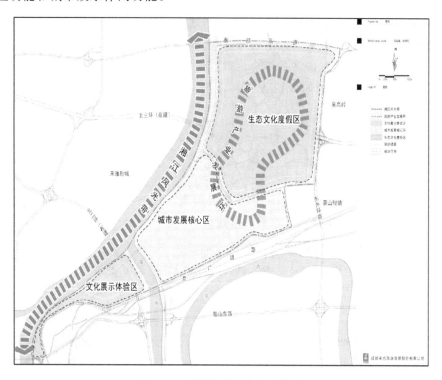

图 14-3　衡阳旅游产业空间格局

（二）城市发展核心区

该功能区东至东三环,西至耒水,南至京广铁路,北边以湘江—临塔路—珠晖塔路—塔前路—新城路—北三环一线为界。规划面积 3.5 平方千米。打造 CBD 商业中心,承载公共商业和行政办公等功能,借助 CBD 商业中心带动整个衡阳城市发展,成为衡阳城市功能的互补和区域差异,并通过核心产品引入带动相关旅游服务产业进入,在重大项目周边形成旅游商业服务产业区。通过环境营造和重大旅游项目的招商建设,带动区域内及周边土地升值。

（三）生态文化度假区

该功能区东至东外环路,西至湘江、珠晖公园,南至京广铁路,北至邵衡高速。规划面积约 11.6 平方千米。以打造国家级度假社区为目标,利用该区内山、水、田、林等生态元素,将文化、慢生活理念贯穿度假生活和旅游活动,保留纯美田园意境,实现景区、园区、社区三合一,再造归乡慢生活度假游憩体验新空间,打造一种不可复制的归乡旅居度假生活方式。

三、产品体系规划

依据项目地资源特征,总体形成包括 3 个核心景区、5 个旅游综合体、2 个生态公园、1 条特色云轨线、5 大主题酒店、30 多项室内外主题活动的产品体系,详见旅游产品体系规划表（见表 14-1）。

表 14-1 旅游产品体系规划一览表

产品类型	具体产品
3 个核心景区	"华夏五千年"历史穿越主题景区、"烟雨濛濛"琼瑶浪漫小镇、"粤汉记忆"民国风情小镇
5 个旅游综合体	全天候户外运动综合体、国际室内冰雪乐园综合体、"未来感"智慧演艺综合体、国际漂浮主题度假综合体、"盐泉湾"国际盐疗综合体
2 个生态公园	珠晖森林运动公园、雁渡潇湘康养公园
1 条云轨游线	"南岳1号"云轨游线
5 大主题酒店	"云水间"主题度假酒店、"衡州公馆"民国主题酒店、"冰雪奇缘"主题酒店、漂浮假日度假酒店、"盐房子"主题酒店
10 多项室内设施/活动	茶室、酒吧、剧院、按摩/SPA、水疗、棋牌、手工体验、游泳池、会议、乒乓球、台球、沙狐球、健身房、体育馆
20 多项室外设施/活动	漂浮平台、水上自行车、水上超人、水上高尔夫、沙滩、水滑梯、森林溜索、湿地公园、热气球、垂钓、烧烤、露天剧场、露营、"湘江之光"观景塔、草地运动、自行车运动、徒步登山、滨江观光、卡通雕塑、水上森林观光

第六节 重大项目及游线策划

一、重大项目策划

(一)"华夏五千年"历史穿越主题公园

项目位于度假区东北侧,紧邻衡邵高速出口与东外环路。规划面积约 2000 亩(1 亩≈666.7 平方米)。以中国上下五千年历史文脉为线索,归纳出"三皇五帝,华夏起源"的上古时代,"三代更迭,青铜时代"的夏商周,"百家争鸣,问鼎天下"的春秋战国,"乾坤一统,丝路远播"的秦汉,"乱世英豪,群雄争霸"的三国两晋南北朝,"文成武略,中华盛世"的隋唐,"璀璨文明,欧亚帝国"的宋元,"风云激荡,帝国黄昏"的明清,"内忧外患,救亡图存"的晚清民国,"中华民族,伟大复兴"的新中国共十大历史阶段,综合运用历史场景重现、COSPLAY 与数字虚拟技术,通过深度创新诠释历史文化,将中华五千年历史文化精粹与现代旅游产业完美结合,打造国内时间跨越最长、体验内容最丰富、沉浸感最真实的历史穿越主题公园。

主要项目包括华夏起源、青铜时代、问鼎天下、丝路远播、群雄争霸、中华盛世、文明高峰、帝国黄昏、走向共和、中华复兴。

(二)"烟雨濛濛"琼瑶浪漫小镇

项目位于珠晖运动公园东北侧,规划面积 1000 亩,依托湘江秣水,弘扬湖湘浪漫,营建浪漫生活社区,旨在以东方浪漫生活方式,构建"琼瑶心中的浪漫世界",打造"在水一方"商业休闲区、"一帘幽梦"文化体验区、"庭院深深"旅居度假区、"水云间"景观创意区,形成所有人的"言情胜地"、面向全世界的"中式爱情体验地",让身心愉悦,让情有所托,让爱有所依,

让心有所归。

主要项目包括烟雨水街、"心语花海"景观创意公园、中华梦剧场、寒烟巷、幽梦巷、深庭巷、碧云巷、彩云巷、"云水间"主题度假酒店、西方城堡园、东方连理园。

(三)"粤汉记忆"民国风情小镇

项目位于耒水南岸,规划面积 1380 亩,依托湘南学联、申公馆、省立三中等,通过时空重建,复原原汁原味的民国风情,同时植入特色业态、娱乐休闲、文化体验等民国主题的主力业态,创造一种怀旧的、经典的、时尚的民国街区,集观光游览、情景体验、影视演艺、休闲度假等功能为一体,打造民国文化深度体验的风情小镇。

主要项目包括"粤汉记忆 1944"艺术主题街区、民国风情水街、"衡州公馆"民国主题酒店、民国文化公园、湖湘名人公园、铁路生态公园、耒水湿地公园、湘南学联、粤汉码头、申公馆、育婴堂、特色商业街。

(四)全天候户外运动综合体

项目规划面积 120 亩,引进来自欧洲、技术领先的大型综合性户外运动主题休闲项目。"一站式"解决户外运动体验的几个"痛点"。一是将户外运动的典型场地、设施、方式"复制"到室内,可以提供四季全天候服务。二是可以将远离城市的户外运动空间"复制"到城市社区附近,便于开展日常休闲运动。三是提供更可靠的安全和更标准化的培训服务,解决游客技能和经验准备不足、品质体验不佳和安全保障偏低的问题。

主要项目包括高科技虚拟运动中心、运动学校/俱乐部、室内运动基地、户外装备服务中心。

(五)国际室内冰雪乐园综合体

项目规划面积 90 亩,国际室内冰雪乐园综合体采用世界最先进的北欧造雪技术,实现全年四季冰雪体验,模拟真实下雪,带你感受爱斯基摩人的生活方式,即使夏天也可以带着孩子在这里尽情打雪仗、堆雪人,还有高耸旋转的冰雪滑道,可以体验高速下滑的刺激。相比其他室内滑雪乐园,本项目有着较好的体验感和较低的能耗。

主要项目包括室内常冬运动场、冰雪餐厅、"冰雪奇缘"主题酒店。

(六)"未来感"智慧演艺综合体

项目规划面积 60 亩,挖掘湖湘地区的浪漫文化,编排成表演剧目,引入加拿大太阳马戏团表演。运用灯光、音效、舞美等技术,把魔术、杂技、小丑等与舞台剧相结合,制造出一种超乎想象的浪漫效果,打造国际水平的夜间娱乐盛宴。

(七)国际漂浮主题度假综合体

项目规划面积 450 亩,国际漂浮主题度假基地包括水上浮萍母港、云端休闲基地和七大浮动平台,形成度假基地核心吸引项目。巧妙利用盐卤漂浮、设施设备漂浮技术打造全国唯一的漂浮主题公园。

主要项目包括"漂浮人生"度假基地、滑水巨无霸、母港浮坪、黄金海岸娱乐沙滩。

(八)"盐泉湾"国际盐疗综合体

项目规划面积 400 亩,以盐文化为主题,通过室内外相结合的方式,打造集休闲、娱乐、养生、商业、度假等功能于一体的旅游集聚区。利用海盐、池盐、井盐工艺特色设计不同的体验区;利用盐制作过程形成特色艺术景观场景、景观小品;利用盐城文化设计酒店建筑外观。

主要项目包括湖盐体验综合体、海盐盐田休闲滩、盐卤趣味慢漂河、海底盐泥娱乐池、井盐养生综合体、井盐室内外泡池、井盐文化互动馆、淡水娱乐水公园、盐文化主题公园、"盐"发创意中心、盐房子主题酒店。

（九）珠晖森林运动公园

项目位于珠晖公园，规划面积为2100亩。围绕珠晖塔，打造主客共享的森林运动公园，通过不着痕迹原生态手法塑造成文化意境空间，打造森林运动公园。同时，利用珠晖塔北门山谷地打造一处亲子娱乐区，为衡阳的城市居民及度假客提供一处休闲娱乐的区域，可以在草坪上享受阳光、阅读、野餐、聚会、玩耍等亲子活动。

主要项目包括珠晖塔、慢行绿道系统、拜龙绕珠主题步道、山地自行车赛道系统、儿童体育训练基地、儿童运动乐园、山林 Zipline 系统、草地运动俱乐部、拓展运动营地、小球场地运动。

（十）雁渡潇湘康养公园

项目位于大林塘，规划面积1800亩，引入国际康复医院、三甲医院、国际健康体检中心、健康护理培训基地等健康产业项目，作为滨江新区打造衡阳"健康谷"核心区的重要支撑，同时也是北部休闲度假片区的生态绿地，为周边旅游休闲产品和康养度假产业配套健康游憩生态公园。

主要项目包括山水健身绿道、湘江之光观景塔、观光热气球、星空营地、富氧森林、无边际幼儿园、一站式学校、高等学府、国际康复医院、CCRC 康养社区、户外运动中心。

（十一）"南岳1号"云轨游线

打造一条环度假区的空轨旅游线路，总长13.5公里，设置7个站点，串联度假的核心产品与主要项目，既是一条交通线路，也是一条空中移动的风景线。

二、旅游线路策划

（一）内部游线

（1）滨江主题游线。民国文化公园—"粤汉记忆"民国风情小镇—珠晖森林运动公园—琼瑶浪漫小镇—雁渡潇湘康养公园—国际漂浮主题度假综合体—"华夏五千年"历史穿越主题公园。

（2）运动主题游线。国际漂浮主题度假综合体—雁渡潇湘康养公园—国际室内冰雪乐园综合体—珠晖森林运动公园—全天候户外运动综合体—湘江皮划艇基地。

（3）康养主题游线。雁渡潇湘康养公园—琼瑶浪漫小镇—"盐泉湾"国际盐疗综合体—"未来感"智慧演艺综合体—珠晖森林运动公园。

（4）文化体验主题游线。"华夏五千年"历史穿越主题公园—琼瑶浪漫小镇—珠晖塔—湖湘名人公园—"粤汉记忆"民国风情小镇—民国文化公园。

（二）外部游线

（1）"衡阳之旅"市域游线。南岳衡山—滨江新区—石鼓书院—酃湖水上度假中心—回雁峰—江口鸟洲 蔡伦竹海。

（2）"湖南名山之旅"游线。壶瓶山—张家界天门山—大围山—岳麓山—韶山—衡山（滨江新区）—云阳山—阳明山—莽山—九嶷山。

（3）"潇湘八景"湘江沿线游线。永州—衡阳（南岳衡山旅游度假区）—湘潭—长沙—益阳—岳阳。

国际案例

以旅游度假小镇引领都市区转型升级——美国奥兰多

作为以旅游业引领城市发展的经典案例,美国奥兰多吸引着众多专业旅游策划工作者的目光。本节通过分析美国奥兰多都市区转型升级的前因后果,为读者提供一个国际成功的范例。

一、奥兰多简介

奥兰多长期位居美国最受欢迎的旅游城市榜首,也是美国第三大会展城市。历史上以柑橘种植为主要产业,即便自20世纪50年代起航空产业在都市区内聚集,也并未带来实质性产业升级。而今,奥兰多作为全美人口排名第79位(25万人)的中等城市,却拥有全美第二多的酒店客房(仅次于赌城拉斯维加斯),并成为美国重要的高新技术产业中心之一。

这种天翻地覆的变化,从根本上源于1971年"奥兰多迪士尼世界"旅游度假小镇的出现,其带动了整个城市从品牌形象到产业经济的全面崛起。

奥兰多迪士尼世界是名副其实且首屈一指的旅游度假产业特色小镇。奥兰多拥有全球面积最大的迪士尼乐园,其面积是香港迪士尼乐园的100倍,总面积达124平方千米,有4座超大型主题乐园+3座水上乐园、32家度假饭店+784个露营地+6个高尔夫俱乐部,年接待游客近4800万人。奥兰多迪士尼乐园是全世界最大的单一项目雇主,雇员6.5万人,旅游商业和度假地产开发规模超过1000万平方米。

二、奥兰多发展大事记

奥兰多发展大事记如图14-4所示。

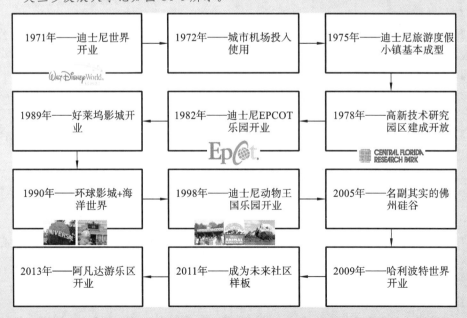

图14-4 奥兰多发展大事记

三、城市品牌与产业发展脉络——一只老鼠,打造一座小镇,颠覆一座城市

奥兰多城市品牌与产业发展脉络如图14-5所示。

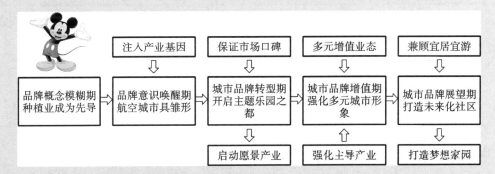

图14-5 奥兰多城市品牌与产业发展脉络

可见,对希望发展现代高新产业但基础薄弱的城市,以文化旅游产业特色小镇为突破点,转化、优化、强化城市品牌是可行的先导途径。

四、奥兰多宜游宜居的业态体系

经过40多年的发展,奥兰多已经形成了宜游宜居的业态体系,为游客居住者提供多元优质的服务,被评为"全球最佳休闲城市"之一(见图14-6)。

图14-6 奥兰多旅游业态体系

五、奥兰多的旅游业态空间格局

奥兰多的城区及近郊区以旅游产业为导向,形成清晰合理的功能分区,各类旅游服务业态在各分区间形成差异鲜明、协调互补的空间布局(见表14-2和图14-7)。

表 14-2　奥兰多旅游业态空间布局表

分区		产业功能
1	中心城区	城市休闲服务与客流集散，布局官方设立的城市旅游服务中心，围绕 Eola 湖形成城市中央休闲区
2345	由环球影城、国际会议中心、海洋世界和迪士尼世界组成	主题游乐、公共文化活动与度假住宿，实为目的地城市的旅游主体功能区，实现最高水平的直接旅游收益
6	佛州购物广场区	本地为旅游主题购物目的地，实为城市 RBD
7	国际机场区	主要交通门户区，围绕机场形成商务旅行接待设施集聚
8	大学与高新园区	旅游联动产业门类的人才与商企集聚区，本地优质客流策源地
9	郊野休闲社区	旅游休闲活动的拓展区，房地产业、都市农业等门类的发展区

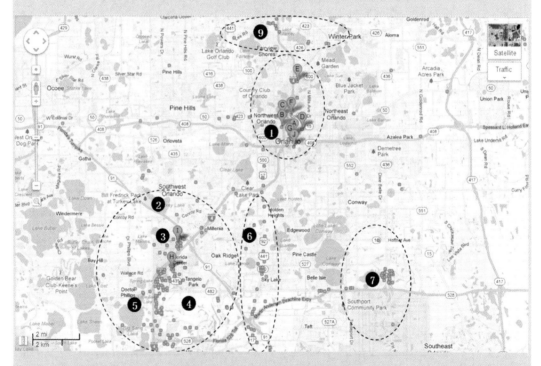

图 14-7　奥兰多旅游业态空间布局图

备注：以最具代表性的住宿服务业为例。

①中心城区的高星级酒店密度最高；②③④⑤旅游主体功能区（核心景区及周边）集聚了类型和数量均最多的住宿服务场所；⑥城市 RBD 的住宿场所以经济型特色项目为主，沿主干道轴向分布；⑦空港门户区集聚了一定数量的商务型住宿服务场所；⑨郊野休闲社区散布有特色农庄、养老社区等都市农业和旅游地产项目。餐娱业态分布类似。

第十四章
旅游导引下的城市新区蝶变：南岳衡山国家级旅游度假区总体规划

六、奥兰多以旅游度假小镇为先导推动城市产业整体升级的成果

奥兰多以旅游度假小镇为先导推动城市产业整体升级的成果如图14-8所示。

旅游业统计	房地产业统计	高新产业统计	增值产业统计
·年游客量超过4800万人次 ·年度旅游业税收达到80亿美元 ·6座主题乐园 ·全美最多的酒店，全美第二多的酒店客房，全美第三多的会展活动，航班数量排名全美第13，旅游直接就业人数约10万人(城市居民总数为25万人左右)	·佛罗里达州GDP总量居全美第3位，仅次于加州和德州，经济较为发达 ·奥兰多作为佛州规模第五的城市，住房中位价格超过州内的迈阿密、坦帕等大城市，居全美前十位 ·房价越级表现源自丰富的休闲游乐场所、优越的人居环境和良好的高薪就业条件	·产值134亿美元，雇员5.3万人 ·每1000位居民中有48位工程师，比例居全美前列 ·主导产业门类： ·航空城——火箭、军人培训模拟、快速汽车引擎 ·主题公园——游乐设备设计、动漫设计 ·中产阶级和养老度假——手术自动化、先进制药	·影视娱乐业——环球影城、好莱坞影城等体验场所；奥兰多互动娱乐学院、仿真模拟技术研究院等学术机构；EA等著名视频游戏设计公司 ·医疗康复业——佛罗里达州唯一国标最高级别外伤诊疗中心和新生儿加护病房，对应高端运动康复和孕期疗养

图14-8　奥兰多产业整体升级成果

备注：以上图文资料来自该项目官方网站。

思考与练习

1. 南岳衡山提升了衡阳市的城市知名度，是衡阳旅游的形象窗口。思考如何通过适宜的开发模式与营销方式，促进衡山景区与衡阳市区的协调发展。
2. 奥兰多的发展历史对国内主题公园与城市的发展有何借鉴意义？

实践与练习

以小组为单位，以国内其他知名山岳型景区及依托的城市为例，如黄山景区与黄山市、泰山景区与泰安市等，编制该地区城市新区建设的策划方案。

References

[1] McIntyre G. Sustainable tourism development: guide for local planners[M]. Madrid: World Tourism Organization,1993.

[2] Smith V. Introduction: the quest in guest[J]. Annals of Tourism Research,1992(19).

[3] Song H. and Witt S F. Tourism demand modeling and forecasting: modern econometric approaches[M]. New York: Elsevier Science,2000.

[4] Usyal M. and Crompton J L. An overview of approaches used to forecast tourism demand[J]. Journal of Travel Research,1985(23).

[5] Witt S F. and Witt C A. Modeling and forecasting demand in tourism[M]. London: Academic Press,1992.

[6] Witt S F. and Witt C A. Forecasting tourism demand: A review of empirical research [J]. International Journal of Forecasting,1995(3).

[7] Charlotte M. Echtner, Tazim B. Jamal. The disciplinary dilemma of tourism studies [J]. Annals of Tourism Research,1997(4).

[8] Keul A. Interdisciplinary revival in central europe[J]. Annals of Tourism Research,1998(2).

[9] Nicholas J M. Project management for business and technology [M]. Beijing: Tsinghua University press,2001.

[10] John Tribe. Indisciplined and unsubstantiated[J]. Annals of Tourism Research,2000(3).

[11] John Tribe. The indiscipline of tourism[J]. Annals of Tourism Research,1997(3).

[12] Leiper Neil. An emerging discipline[J]. Annals of Tourism Research,2000(3).

[13] Ratandeep Singh. Dynamics of modern tourism[J]. Kanishka Pulishers Distributors,1996(3).

[14] Burke J and Resnick B. Marketing and selling the travel product[M]. New York: Delmar/Thompson Learning,2000.

[15] Fennell D. Ecotourism[J]. Routledge,2003(4).

[16] Galloway G. Psychographic segmentation of park visitor markets: evidence for the utility of sensation seeking[J]. Tourism Management,2002(6).

[17] Gunn C. and Var T. Tourism planning: basics, concepts, cases [M]. New York:

Routledge,2002.
- [18] Kolter P. Marketing management: analysis, planning and control[M]. New Jersey: Prentice Hall,1988.
- [19] Zhang H Q. ,Chong K. and Ap J. An analysis of tourism policy development in modern China[J]. Tourism Management,1999(20).
- [20] Zuckerman M. Sensation seeking: beyond the optimum level of arousal[M]. New Jersey:Lawrence Erlbaum Associates,1979.
- [21] Lim C. Review of international tourism demand models. Annals of Tourism Research,1997(4).
- [22] Deasy G. and Griess P. Impact of a tourist facility on its hinterland[J]. Annals of the Association of America Geographers,1966(1).
- [23] Ritchie J. and Crouch G. Are destination stars born or made: must a competitive destination have star genes? [J]. Annals of Conference Proceedings,2000(1).
- [24] Ritchie J. and Crouch G. Special issues on the competitive destinations[J]. Tourism Management,2000(3).
- [25] 李天元.旅游学概论[M].天津:南开大学出版社,1999.
- [26] 魏小安,张凌云.共同的声音:世界旅游宣言[M].北京:旅游教育出版社,2003.
- [27] 谢彦君.基础旅游学(第二版)[M].北京:中国旅游出版社,2004.
- [28] 辞海编委会.辞海[M].北京:光明日报出版社,2002.
- [29] 现代汉语大词典编委会.现代汉语大词典[M].北京:汉语大词典出版社,2000.
- [30] 谷衍奎.汉字流源字典[M].北京:华夏出版社,2003.
- [31] 辞源编委会.辞源[M].北京:商务印书馆,1983.
- [32] 司马迁.史记·齐太公世家[M].北京:中华书局,1998.
- [33] 苏珊.现代策划学[M].北京:中共中央党校出版社,2002.
- [34] 陈放.策划学[M].北京:中国商业出版社,1998.
- [35] 吴灿.策划学:基本原理及高级技巧[M].成都:四川人民出版社,2001.
- [36] 李宝山,张利库.企业策划学[M].北京:企业管理出版社,2003.
- [37] 雷鸣雏.中国策划教程[M].上海:上海远东出版社,2004.
- [38] 沈祖祥,张帆.旅游策划学[M].福州:福建人民出版社,2000.
- [39] 蒋三庚.旅游策划[M].北京:首都经济贸易大学出版社,2002.
- [40] 杨振之.旅游资源开发与规划[M].成都:四川大学出版社,2002.
- [41] 杨振之,等.旅游原创策划[M].成都:四川大学出版社,2005.
- [42] 杨振之,陈谨."形象遮蔽"与"形象叠加"的理论与实证研究[J].旅游学刊,2003(2).
- [43] 杨振之.旅游资源的系统论分析[J].旅游学刊,1997(3).
- [44] 陈放.中国旅游策划[M].北京:中国物资出版社,2003.
- [45] 欧阳斌.中国旅游策划导论[M].北京:中国旅游出版社,2005.
- [46] 申葆嘉.论旅游学的研究对象与范围[J].桂林旅游高等专科学校学报,1999(3).
- [47] 王德刚.略论旅游学的理论体系[J].旅游学刊,1999(1).

[48] 冈恩,瓦尔.旅游规划:理论与案例(第四版)[M].吴必虎,等,译.大连:东北财经大学出版社,2005.

[49] 艾尔·巴比.社会研究方法[M].邱泽奇,译.北京:华夏出版社,2000.

[50] 李怀祖.管理研究方法论(第二版)[M].西安:西安交通大学出版社,2004.

[51] 贝塔兰菲.一般系统论[M].秋同,袁嘉新,译.北京:社会科学文献出版社,1987.

[52] 徐红罡,保继刚.系统动力学原理和方法在旅游规划中的运用[J].经济地理,2003(5).

[53] 彼得·圣吉.第五项修炼:学习型组织的艺术与实务[M].郭进隆,译.上海:上海三联书店,1998.

[54] 丹尼斯·舍伍德.系统思考[M].邱少良,刘昕,译.北京:机械工业出版社,2004.

[55] 罗伯特·路易斯·弗勒德.反思第五项修炼:掌握系统思考在不可知中学习[M].赵恒,译.北京:中信出版社,2004.

[56] 保继刚,等.旅游区规划与策划案例[M].广州:广东旅游出版社,2004.

[57] 沈祖祥.世界著名旅游策划实战案例[M].郑州:河南人民出版社,2004.

[58] 陈传康,刘振礼.旅游资源鉴赏与开发[M].上海:同济大学出版社,1990.

[59] 冯维波.对我国旅游开发规划中若干问题的研究[J].重庆建筑大学学报(社科版),2001(1).

[60] 傅文伟.旅游资源评估与开发[M].杭州:杭州大学出版社,1994.

[61] 李天元,王连义.旅游学概论[M].天津:南开大学出版社,1991.

[62] 刘振礼,王兵.新编中国旅游地理[M].天津:南开大学出版社,2002.

[63] 于定明.旅游规划法律问题探析[J].旅游学刊,2004(4).

[64] 宋子千,黄远水.旅游资源概念及其认识[J].旅游学刊,2000(3).

[65] 孙文昌,郭伟.现代旅游学[M].青岛:青岛出版社,1997.

[66] 吴必虎.区域旅游规划原理[M].北京:中国旅游出版社,2001.

[67] 肖铁.项目策划[M].成都:西南财经大学出版社,2001.

[68] 艾伦·法伊奥.旅游吸引物管理——新的方向[M].大连:东北财经大学出版社,2005.

[69] 谢彦君.旅游地生命周期的控制与调整[J].旅游学刊,1995(2).

[70] 辛建荣,杜远生,冯庆来.旅游地学[M].天津:天津大学出版社,1996.

[71] 邢道隆,王玫.关于旅游资源评价的几个基本问题[J].旅游学刊,1987(3).

[72] 杨富斌,韩阳.我国旅游景区管理法制状况述评[J].北京第二外国语学院学报,2006(1).

[73] 赵西萍,王磊,邹慧萍.旅游目的地国国际旅游需求预测方法综述[J].旅游学刊,1996(6).

[74] 范泉兴,屠苏莉.发挥地块特色 提升风景价值——常熟亮山工程设计体会[J].中国园林,2005(11).

[75] 因斯克谱.旅游规划:一种综合性的可持续的开发方法[M].张凌云,译.北京:旅游教育出版社,2004.

[76] 陆大道.区位论及区域研究方法[M].北京:科学出版社,1988.

[77] 陆大道.区域发展与空间结构[M].北京:科学出版社,1995.

[78] 罗明义.旅游经济学:分析方法·案例[M].天津:南开大学出版社,2005.

[79] 任少华,袁勇志,华冬萍,王玉玫.关于发展苏州大旅游的思考[J].社会科学家,2004(6).

[80] 陶臻.世博地块城市环境分析评价及改善措施[J].山西建筑,2006(4).
[81] 王瑛,王铮.旅游业区位分析——以云南为例[J].地理学报,2000(3).
[82] 王铮,王莹,李山,翁桂兰,宋秀坤.贵州省旅游业区位重构研究[J].地理研究,2000(3).
[83] 保继刚.滨海沙滩旅游资源开发的空间竞争分析[J].经济地理,1995(2).
[84] 保继刚.名山旅游地的空间竞争研究——以皖南三大名山为例[J].人文地理,1994(2).
[85] 保继刚.喀斯特石林旅游开发的空间竞争研究[J].经济地理,1994(3).
[86] 窦文章,杨开忠,杨新军.区域旅游竞争研究进展[J].人文地理,2000(3).
[87] 李蕾蕾.旅游地形象策划:理论与实务[M].广州:广东旅游出版社,1999.
[88] 许春晓.旅游规划新论——市场导向型旅游规划的理论、方法和实践[M].长沙:湖南师范大学出版社,2002.
[89] 许春晓.旅游资源非优区适度开发与实例研究[J].经济地理,1993(2).
[90] 许春晓.欠发达地区周末度假旅游初步研究[J].经济地理,1997(3).
[91] 许春晓.论旅游资源非优区的突变[J].经济地理,1995(4).
[92] 许春晓.旅游地屏蔽现象研究[J].北京第二外国语学院学报,1995(1).
[93] 张凌云.旅游地空间竞争的交叉弹性分析[J].地理学与国土研究,1989(1).
[94] 卢石泉,周惠珍.投资项目评估[M].大连:东北财经大学出版社,1993.
[95] 杨明生,马能泽.中长期贷款项目评估[M].北京:中国金融出版社,1999.
[96] 刘丽云,郑军.短视频营销在旅游App中的应用探究[J].经贸实践,2018(3).
[97] 戚安邦.项目管理学[M].天津:南开大学出版社,2003.
[98] 舒森,方竹根.项目管理精华读本[M].合肥:安徽人民出版社,2002.
[99] [美]巴迪鲁,巴拉特.项目管理原理[M].王瑜,译.北京:清华大学出版社,2003.
[100] 中国(首届)项目管理国际研讨会学术委员会.中国项目管理知识体系纲要[M].北京:电子工业出版社,2002.
[101] 蒋兆祖,刘国冬.国际工程咨询[M].北京:中国建筑工业出版社,1996.
[102] 吴贺新,等.现代咨询理论与实践[M].北京:科学技术文献出版社,2000.
[103] 杨子竞,等.咨询理论与方法[M].北京:北京图书馆出版社,1998.
[104] 秦铁辉,等.信息分析与决策[M].北京:北京大学出版社,2001.
[105] 郑永福.预测分析与1-2-3 for Windows在经济管理中的应用[M].北京:经济科学出版社,1998.
[106] 中国国际工程咨询公司.投资项目可行性研究指南[M].北京:中国电力出版社,2002.
[107] 陶树人.技术经济学[M].北京:经济管理出版社,1999.
[108] 中国国际工程咨询公司.投资项目可行性研究指南[M].北京:中国电力出版社,1998.
[109] 中国国际工程咨询公司投资项目可行性研究与评价中心.投资项目可行性研究报告编写范例[M].北京:中国电力出版社,2002.
[110] 王建国.城市设计[M].南京:东南大学出版社,1999.
[111] 徐彬.环境景观艺术[M].沈阳:辽宁科学技术出版社,2002.
[112] 方惠.叠石造山[M].北京:中国建筑工业出版社,2001.
[113] 吴为廉.景观工程规划设计[M].上海:同济大学出版社,2005.

[114] 吕正华.城市环境规划设计[M].沈阳:辽宁科学技术出版社,1999.
[115] 王浩等.城市道路绿地景观设计[M].南京:东南大学出版社,2005.
[116] 张国强,贾建中.风景规划——《风景名胜区规划规范》实施手册[M].北京:中国建筑工业出版社,2003.
[117] 艾·里斯,杰克·特劳特.营销战(修订版)[M].北京:中国财政经济出版社,2002.
[118] 时代光华图书编辑部.市场竞争策略分析与最佳策略选择[M].北京:北京大学出版社,2004.
[119] 科特勒.营销管理(第十版)[M].梅汝和,梅清豪,周安柱,译.北京:中国人民大学出版社,2001.
[120] 黄景清.100个令你拍案叫绝的营销案例[M].北京:中华工商联合出版社,2004.
[121] 彭一刚.建筑空间组合论[M].北京:中国建筑工业出版社,1998.
[122] 朱立新.中国当代的旅游演艺[J].社科纵横,2010(4).
[123] 吴晓.旅游展演与民间艺术审美主体的复杂性[J].青海民族大学学报,2010(6).
[124] 刘明广.旅游景区文艺表演的文化内涵和商业化运作[J].吉林省教育学院学报,2010(10).
[125] 陆军.实景主题:民族文化旅游开发的创新模式——以桂林阳朔"锦绣漓江.刘三姐歌圩"为例[J].旅游学刊,2006(3).
[126] 徐红罡,田美容.少数民族歌舞旅游产品管理模型初探——以贵州黔东南苗族侗族为例[J].贵州民族研究,2004(2).
[127] 冯美玲.基于网络评论的民宿市场营销研究——以 Airbnb 为例[D].四川:四川大学,2017.
[128] 国家旅游局人教司.旅游规划原理[M].北京:旅游教育出版社,1999.
[129] 王兴斌.区域旅游规划[M].北京:中国旅游出版社,2000.
[130] 王大悟,毕吕贵.旅游规划新论[M].北京:黄山书社,2002.
[131] 邹统钎.旅游开发与规划[M].广州:广东旅游出版社,1999.
[132] 邹统钎.旅游度假区发展规划——理论方法与案例[M].北京:旅游教育出版社,1996.
[133] 崔凤军.中国传统旅游目的地创新与发展[M].北京:中国旅游出版社,2002.
[134] 王云才.现代乡村景观旅游规划设计[M].青岛:青岛出版社,2003.
[135] 张建萍.生态旅游理论与实践[M].北京:中国旅游出版社,2001.
[136] 亢亮,亢羽.风水与城市[M].天津:百花文艺出版社,1999.
[137] 徐进.旅游开发规划及景点景区管理实务全书[M].北京:燕山出版社,2000.
[138] 郑宗成,陈进.市场研究实务[M].广州:中山大学出版社,2002.
[139] 彭德成.中国旅游景区治理模式[M].北京:中国旅游出版社,2003.
[140] 保继刚,钟新民,刘德龄.发展中国家旅游规划与管理[M].北京:中国旅游出版社,2003.
[141] 王其亨.风水理论研究[M].天津:天津大学出版社,2003.
[142] 王衍用.区域旅游开发战略的理论与实践[J].经济地理,1999(1).
[143] 杨振之,郭凌,蔡克信.度假研究引论[J].旅游学刊,2010(9).
[144] 周坤.旅游演出产品开发论纲[J].重庆文理学院学报,2012(3).

[145] 杨振之.论旅游的本质[J].旅游学刊,2014(3).
[146] 杨振之,等.旅游项目策划[M].北京:清华大学出版社,2007.
[147] 袁林敏.移动电子商务模式下的网络营销新思路——自媒体营销[J].电子商务,2015(4).
[148] 李艳.旅游景区自媒体营销策略研究[J].采写编,2017(1).
[149] 翟红华.自媒体营销现状分析及对策[J].时代经贸,2017(12).
[150] 赵婧旸,罗震宇.新兴旅游目的地自媒体营销策略探析[J].现代营销(学苑版),2013(8).
[151] 文瑾.大数据时代企业精准营销策略分析[J].中国商论,2018(3).
[152] 王晖.旅游大数据精准营销术[J].决策,2017(5).
[153] 郭强,何昌.OTA产业发展与相关研究综述[J].现代商业,2017(2).
[154] 翁钢民,宁楠.我国在线旅游(OTA)发展潜力评价及应用研究[J].商业研究,2015(1).

教学支持说明

全国普通高等院校旅游管理专业类"十三五"规划教材系华中科技大学出版社"十三五"规划重点教材。

为了改善教学效果,提高教材的使用效率,满足高校授课教师的教学需求,本套教材备有与纸质教材配套的教学课件(PPT 电子教案)和拓展资源(案例库、习题库视频等)。

为保证本教学课件及相关教学资料仅为教材使用者所得,我们将向使用本套教材的高校授课教师免费赠送教学课件或者相关教学资料,烦请授课教师通过电话、邮件或加入旅游专家俱乐部 QQ 群等方式与我们联系,获取"教学课件资源申请表"文档并认真准确填写后发给我们,我们的联系方式如下:

地址:湖北省武汉市东湖新技术开发区华工科技园华工园六路

邮编:430223

电话:027-81321911

传真:027-81321917

E-mail:lyzjjlb@163.com

旅游专家俱乐部 QQ 群号:306110199

旅游专家俱乐部 QQ 群二维码:

群名称:旅游专家俱乐部
群　号:306110199

教学课件资源申请表

填表时间：_____年____月____日

1. 以下内容请教师按实际情况写，★为必填项。
2. 学生根据个人情况如实填写，相关内容可以酌情调整提交。

★姓名		★性别	□男 □女	出生年月		★职务	
						★职称	□教授 □副教授 □讲师 □助教

★学校		★院/系	
★教研室		★专业	
★办公电话		家庭电话		★移动电话	
★E-mail（请填写清晰）				★QQ号/微信号	
★联系地址				★邮编	

★现在主授课程情况	学生人数	教材所属出版社	教材满意度
课程一			□满意 □一般 □不满意
课程二			□满意 □一般 □不满意
课程三			□满意 □一般 □不满意
其他			□满意 □一般 □不满意

教材出版信息						
方向一		□准备写	□写作中	□已成稿	□已出版待修订	□有讲义
方向二		□准备写	□写作中	□已成稿	□已出版待修订	□有讲义
方向三		□准备写	□写作中	□已成稿	□已出版待修订	□有讲义

请教师认真填写表格下列内容，提供索取课件配套教材的相关信息，我社根据每位教师/学生填表信息的完整性、授课情况与索取课件的相关性，以及教材使用的情况赠送教材的配套课件及相关教学资源。

ISBN（书号）	书名	作者	索取课件简要说明	学生人数（如选作教材）
			□教学 □参考	
			□教学 □参考	

★您对与课件配套的纸质教材的意见和建议，希望提供哪些配套教学资源：